U0452182

黑格尔《精神现象学》讲座

穿越意识哲学的自然和历史

〔德〕贺伯特·博德 著

戴晖 译

商务印书馆

2017年·北京

图书在版编目(CIP)数据

黑格尔《精神现象学》讲座：穿越意识哲学的自然和历史 /（德）博德著；戴晖译.—北京：商务印书馆，2016（2017.12重印）
ISBN 978-7-100-11940-5

Ⅰ.①黑… Ⅱ.①博…②戴… Ⅲ.①黑格尔，G.W.F(1770~1831)—现象学—研究 Ⅳ.①B516.35 ②B089

中国版本图书馆 CIP 数据核字(2016)第 024083 号

权利保留，侵权必究。

黑格尔《精神现象学》讲座
—— 穿越意识哲学的自然和历史
〔德〕贺伯特·博德 著
戴晖 译

商 务 印 书 馆 出 版
(北京王府井大街36号 邮政编码100710)
商 务 印 书 馆 发 行
北京市艺辉印刷有限公司印刷
ISBN 978-7-100-11940-5

2016年10月第1版　　开本 880×1230　1/32
2017年12月北京第2次印刷　印张 17
定价：43.00元

译　者　序

一、关于作者

——圆满的思是在当下运思

2013年12月4日,德国当代伟大的思想家贺伯特·博德教授(Prof. Heribert Boeder)于奥斯纳布吕克(Osnabrueck)去世,享年85岁。博德教授1928年生于德国阿德瑙(Adenau),1954年在弗莱堡大学以关于柏拉图早期对话的论文获博士学位,海德格尔是其主要老师。① 1958年赴剑桥考察,为剑桥大学国王学院成员。1959年11月回到弗莱堡,1960年1月完成教授资格论文《根据和当下作为早期希腊哲学的追问目标》,随即于弗莱堡大学任教。1972年任德国布伦瑞克大学教席教授(Ordinarius)。1988年任德国奥斯纳布吕克大学教席教授,1996年底退职,退职演讲为"理性关系建筑学地思"②。

作为当代思想家,博德先生原创的**理性关系建筑学**(Logotektonik)实现了重新以理性的态度来对待理性。以理性关系为元素的建筑学破译了西方传统的理性基础——这是从继承的方面来说;从

---

① 本文曾于2012年夏季作为"作者简介"由黄水石和谢晓川交给博德教授本人审阅,文中引用的博德先生的原话皆出自这场交谈,作者根据谈话录音对本文做了补充和修改。

② "理性关系学地思"的德文标题为"Logotektonisch Denken",发表于《智慧》53期,1998(Sapientia LIII, 1998)。博德教授首次以"理性关系建筑学"为其思想工作命名。

革新的方面来看，理性关系建筑学对于哲学历史、现代世界和后现代语言的整体建筑，不仅实现了理性与自身的区分，也实现了语言与自身的区分，前者关乎哲学的理性形态，后者则开创了西方的智慧形态。智慧是哲学的源泉。智慧形态在每一个历史时代皆以自身的开端性奠立对人性的知及其相应的居住，其法度在我们的记忆中保持为思想的当下。

理性与自身的区分标志着当下思想面对哲学历史的谨慎态度，它在现代省思走向其诸因素的可能的全体性之后才完成，也就是说它以现代世界的完满建筑为中介。自然理性、世界理性和概念继承的理性，这三大理性形态①出现在西方历史的每一个时代并且在现代世界的建筑中得到反省；理性形态的差异性与思想所承载的不同使命密切相关，而不同的理性使命的完满实现造就了它们各自本具的当下，其法度分别在思想（C－关系项）、事（B－关系项）和尺度（A－关系项）上清晰可鉴。② 哲学史呈现为三大时代的多元而富有规定性的历史，其中爱－智慧（哲学）每一次皆以不同的方式实现了对智慧的爱。

理性形态的完满当下在现代世界留下巨大的影像，现代各个因

---

① 用博德的符号来直观地表示：思想（C）之事（B）的尺度（A）。

自然理性：
C B A
A C B
B A C；

世界理性：
B A C
C B A
A C B；

概念把握的理性：
A C B
B A C
C B A。

② 参见"'我服务于智慧'——育恩·穆勒与贺伯特·博德的谈话"以及"贺伯特·博德对西方思想的阐述"。发表在《哲学资讯》第四期，28－39页，2005年10月（"Ich diene der SOPHIA, Jörn Müller im Gespräch mit Heribert Boeder", "Heribert Boeders Deutung des abendländischen Denkens, Dargestellt von Jörn Müller", *Information Philosophie* 4, Oktober 2005）。中译文收于本书第三部分。

素的完整性①虽然不在当下,但却寄之于将来。尤其是现代核心省思(马克思、尼采和海德格尔)把迄今世界的否定性规定推向经验的整体性,以这种基本经验的危机促成迄今世界与将来世界的彻底区分。鉴于这个将来,现代和历史不再共享在相互衡量和较量中得到双方尊重的当下。因此,历史与现代的划分不同于在历史中时代与时代的变迁,现代不承认哲学作为第一科学的原则地位,没有对旧的世界秩序的追忆。现代省思在三种维度上阐明自身,它们分别是自我阐释的生活世界,服务于生活世界的科学技术和现代人的本质。

对"生活及其实践的世界"的省思是现代理性结构的第一种形态,代表人物有狄尔泰、胡塞尔和维特根斯坦。它模仿概念把握的理性形态。对科学和技术的世界的省思由弗雷格、石里克和库恩来完善,它模拟自然理性形态。对创造性的人的本质的省思亦称现代的核心省思,马克思、尼采和海德格尔构成现代核心省思的完整关系,它从力量、意志和知,即与自然进行物质交换的力量、建立价值目标的意志和关于可朽者的居住的知——这三个层面体现着世界理性形态,在对将来世界的筹划中说明和解释人对自身的知。

单数意义上的现代打破了解释学的历史连续性的假象,体现其世界理性的核心省思直指现代人的本性,对世界的当下做出了崭新的规定(社会生产的自由、自我超越的生命、可朽者的居住),以世界

---

① 单就现代而言,完整性的思想受到压制。而理性关系学的思想一开始就遵循圆融的全体性,它不是从没有解决的问题出发,而是从全体性出发。这是一个向当下的转身! 转身看见我们的当下。现代拒绝圆满,"圆满"在德语里和"推理"是一个词(sich schließen 或者 Schluß),在现代数学家弗雷格那里可以看到,在逻辑工具意义上的推理遭到排斥,现代不是圆满了,而只是结束了。现代的完整性是理性关系建筑学所赋予的。——博德

当下的区分取代自古以来的人与自身的区分,而后者是智慧所思的主题。然而这个世界的当下才仅仅是现代的将来——它没有到来。在对将来的期盼中,现代思想耗尽了自身的辨别力。现代性的积极意义何在?现代核心省思对哲学历史的彻底否定彰显了历史的冥界的宁静,其另一个杰出的、然而似乎不经意的贡献在于:让我们把哲学和智慧分开。对人性的知这一智慧的主题在现代核心省思中以否定的方式保持为思想的关怀。

语言与自身的区分标志着当下思想面对智慧的言辞所抱的谨慎态度。现代基本经验的衰微是后现代的滥觞。无序之思和人性一样古老,它作为后现代思潮而流行于今天,是源自现代的没落。现代的理性意图不再可能是后现代的使命,有鉴于此,与其说"后"现代,不如说"亚"现代——这是当今思想之所在。针对现代和亚现代思想的质的差异,博德先生谈道:

> "现代自己谈省思(Besinnung),这与反思(Reflexion)截然不同。反思是在二十世纪六十年代插进来的,那时狂热地为反思开道,现代省思没落了。省思仍旧有目标。相反亚现代没有思想的目标,这是已经实现的虚无主义。没有目标。"

思想史彻底掉落了,不再需要去反抗传统。取代世界和历史的关系的是语言和世界的关系。在后一种关系中理解的差异性让位于言说意向的差异性。不是语言拢集了一个世界,进而具有居住的本性,而是语言交往的原始差异性瓦解了生活世界的任何边界。这种"他性"的绝对趋向拒不接受任何建设性的整体目光,在飘零的或然性上甚至时间也不现前,没有现在时。

然而,在历史和现代世界那里我们已经认识到理性关系建筑学的圆满建筑,它对亚现代反思的介入祛除了当今思想的多元主义,在三重维度上结束了亚现代话语的无限开放性。这三重维度分别是无序的反思(梅洛-庞蒂、福柯、德里达)、结构主义的反思(雅各布森、罗兰·巴特、列维-斯特劳斯)和语言分析的反思(赖尔、奥斯汀、达米特),它们既是对现代的三种省思形态的模仿,也是对其世界的颠覆,世界性的当下变成了这种当下在日常语言中的缺失。理性关系建筑学重新赢得的是建筑的逻各斯的当下。用理性关系来建筑,这不属于历史上的理性在自身的存在,但是却创造性地转化了纯粹理性概念和纯粹知性概念,让西方历史的宝贵财富服务于我们合理地识别当下。

当下是否现前?这其实是智慧的抉择。博德先生就此谈道:

"辨别'当今'和'当下',这很重要。由此我迈出的步骤,也就是迈向当下才是可能的。当今已经是实现了的虚无主义。这一点处处可见。就像尼采说的:缺少目标。缺少'为什么',缺少论证。根据没有了。今天的人不知道身在何处。所以,海德格尔说'回步'是必要的。但是他的回步通往哪里呢?这一步导致与现代的分离。然而他为亚现代留下余地。

知道'当今'和'当下'的区别非常重要,这里,由智慧所承载的思想的必然性才跃出来,这种思不再是哲学,而是智慧之思。但是如上所说,现代结束了,亚现代也结束了,这种智慧之思的必然性才出现。一种经历过自我辨别的思想方式,它甚至看见人与自身的区分是圆满的。作为圆满的,它是智慧。

不是尚待完成的区分,而是已经圆满的区分,是思想的使命。不是将来,而是当下,思想转向当下地运思。当下地运思,亦非过去。当下由圆满所规定着,它已经圆满了。一如巴门尼德说:'决断就在于此:是或者不是。已然和势在必得'(《残篇》

8,第15－16行)。它按照必然性是已然的:现在完成时。必然性是没有困境的思想的必然性。重复一遍:没有困境。① 这样来把握当下,这个当下很美妙。这儿,完美者在整个历史中焕然生辉。"

理性关系建筑学通往智慧之思,这个思想带来全新的知,它一开始就从圆融的整体性出发,让我们踏上**智慧的故乡**。随着语言本质在亚现代的开放,语言与自身的区分成为当下思想所面临的任务。在历史连续性中变得多义的语言表现为语言在自身中无限制的差异。理性关系建筑学首先打破历史连续性,这不仅消除现代的解释学魅惑,把理性和智慧的诸形态放回其所曾是的真理中去;更重要的是:虽不以理性与自身的区分(哲学)继承智慧所馈赠的尺度,却以思想在当下的区分回忆起智慧之所思,在貌似深渊的陌生地带显示思想的富有成效的建筑力量。

此项工作所展现出的历史、世界和语言这三大整体性,正是我们当今思想所面临的"万物";认识万物——这个哲学曾经拥有的目标,当下地实现在博德先生对西方智慧形态的思想建筑上。博德先生进一步明确道:

"第一是哲学历史的整体,第二是现代省思的整体,第三是亚现代反思的非－整体。这三个步骤通往思想当下的使命。思想经过了历史,回到现前的当下,才发现思想的尊严。现前的这个当下是智慧的当下。

---

① 现代所谈的必然性往往是生活世界的困境,最明显地表现在马克思、尼采和海德格尔所体现的现代核心省思这里,现代人的本性分别在物质生产、价值创造和思想源泉上遭受剥夺。智慧之思的必然性与现代相区别,值得注意的是它也绝非回到哲学的所谓"原点",但却使哲学史和现代世界乃至亚现代皆得到理解和包容。——译注

智慧从来没有这样在与哲学的区分中成为主题。哲学不是作为思想,而要成为科学。所以在希腊人那里,作为 noein[理性洞见]的思想和作为 fronein[思量]的思想的区分是基本的。科学已经掏空了其生命。今天被奉为科学的东西,没有合理的形构,而只是个'多',许多知识。

识别当下,在辨别中开始。慎思明辨是首要的,第一性的不是历史,不是世界,也不是语言,语言不过流于无休止的多元。首先我们的当下区别于当今,亚现代的今天根本不再有哲学的痕迹;与之相区别的是当下作为现代的将来,现代的将来是第二个当下。这个将来要求理性关系建筑学、建筑历史的诸理性关系、现代的乃至亚现代的诸理性关系。

现在您有了自身工作的坚实基础。这个基础是湛然不动的。哲学曾在其集大成处寻找它。"

智慧的言辞并没有随着哲学历史而沉寂,由智慧所传承的思想当下地看见人与自身相区分所取得的成就。现代丧失本性的人、后现代瓦解为他性的人,通过人与自身的区分重新获得自身的人性。人居住在透彻的思及其建筑的美之中。如此卓越的美一如既往地属于语言的因素,或者说属于智慧的诗性。

作为当代西方思想家,博德先生毕生的工作不仅廓清了思想当下的目标和任务,他所贡献的智慧之思无疑也为东西方思想文化的平等交流和比较研究提供了新的平台,兴许是东西方在平等的前提下真正相互学习的开始吧!西方思想的智慧形态和哲学的理性形态一样是可教可学的,在语言活跃的当代具备优先于哲学历史传统的地位。智慧之思的突出地位无疑也把东方思想传统推向前沿,在中华民族复兴的时代,理解和认识这个以智慧形态为引导的中西会通的思想基础,让东方思想传统突破历史性的局限,具备世界范围内的包容性,这是当下共同的思想使命。

二、关于《精神现象学》讲座
——忆入精神自身的根据

博德教授一生以黑格尔为专题的各种讲座课和研讨班总共在三十个学期以上,具体名称详细列举在奥斯纳布吕克大学出版社的《古典智慧和现代理性——献给贺伯特·博德》(*Antike Weisheit und modern Vernunft-Heribert Boeder zugeeignet*, Universitaetsverlag Rasch Osnabrueck)中,可以参见该书第297页以下的"贺伯特·博德的课程"。《精神现象学》讲座是博德教授1971年至1972年冬季学期撰写的讲稿,结集了多个学期的讲课内容,讲本由博德教授提供。原文标题曾在括弧中加"选段"二字,在征得博德教授同意之后,译者删除了这两个字。显然,先生从一开始就在整体上考量黑格尔的思想,授课内容"根本就不可能是诸片段,而只能是一次提炼"。(博德2007年7月11日的来信)

按照费利克斯·迈纳出版社新出版的黑格尔全集第九卷《精神现象学》(Hegel, *Gesammelte Werke 9, Phänomenologie des Geistes*, Herausgegeben von Wolfgang Bonsiepen und Reinhard Herde, Felix Meiner Verlag, Hamburg 1980),译者更新了讲本中旧的引文出处,少量源自《逻辑学》的引文由谢晓川博士根据以上版本的黑格尔全集第十一卷逐一核对并更新出处。博德全集已经在筹备之中,负责整理出版的布瑞纳特博士(Dr. Marcus Brainard)把

1971年至1972年冬季学期的《精神现象学》讲座也列在目录里。本书为讲座首次正式出版,中文读者有福了,可以先睹为快。

《精神现象学》讲座以黑格尔的逻辑学的反思规定为索引,透彻地阐明了《精神现象学》各个章节的内容及其整体关系的发展,使《精神现象学》成为把握近代哲学历史进程的"拓扑学",同时也说明了后黑格尔时代的思想主题乃至现代意识形态的历史渊源。

就近代思想形态从意识、自我意识、理性、精神直至宗教和绝对知的发展而言,黑格尔自己的思想起点是精神。如果理性的特征在于要求自身是一切实在,那么,精神则实现了这个理性的要求,精神就是实存,它扬弃了理性概念的抽象。《精神现象学》到这里才真正开始。在《精神现象学》讲座第八讲的论述中可见,理性的立法本质总是执着于理性与实在的分离,因此造成两者在"精神动物王国"的苟合,博德先生指出:

"没有一个意识的形态像理性自身那样在其教养的进程中妨碍自己,……进程的发展仅取决于这种真理本身成为对真理的全面冲击。如果这没有发生,那么,已成为理性的特征的唯心主义就变成意识形态。

对本课程的真正主题的探讨尚没有开始,鉴于这一点,这里不加详细论述,只是扼要地在此说明:如果人们要概念,那么,只有一种意识形态;正如只有一个理性;意识形态的诸区别只是些发展水平和纯粹性的差异;显然,这里所说的理性明确地在起源上与自我意识和意识紧密联系——这又是按照理性的概念——,于是,意识形态在本质上是近代的现象。它寄生于意识的教养,具体说近代第一哲学所完成的意识教养。它依赖于理性在回忆自身发展时所达到的内容的规定性。意识形态不可能有在这种规定之外的内容。"

《精神现象学》讲座形式上总共有二十九讲,每一讲都能独立成章,内容上又相互照应,每每提纲挈领,画龙点睛,引导学人登堂入室。本次课程的讲解侧重于宗教和绝对知,博德先生在回顾这一点时再度说明:

> "至于近代宗教,它已经决定了不再是基督的宗教,卢梭就已经坚定而清楚地对之做出了区分。试图用历史连续性抹去这些区分,这在今天是一场灾难。此外,因为硬塞给基督教一个虚伪的当下,这也败坏了基督教。划时代的、原则上的对基督教的不同态度仍在黑格尔《精神现象学》那儿跃入眼帘;宗教作为意识的形态,注定了不得不灭亡——而在思辨科学则不同。"(博德2007年7月11日的来信)近代宗教是精神对自身的认识,这种认识的近代特征在于意识,换句话说《精神现象学》里的宗教是精神的自我意识。《精神现象学》虽然已经是黑格尔的科学体系的第一部分,却才是思辨哲学的入门;思辨哲学在《逻辑学》和《哲学全书》中真正展开,那里,宗教不再是意识的形态,而是和艺术和哲学一道并列为绝对科学。①

意识可以说是人的思想,其特性为观念表象,而观念表象活动所遵循的规律是反思:同一性,区别,矛盾或者根据。从西方历史的最后一个时代——近代公民的时代——开始,这种思想形态才成为哲学的概念。近代意识指人的理性活动,区别于在现代世界出现的意识流的思想活动。因为公民的理性本质,人在近代意义上是与绝对自由的精神构成张力的有限精神,这一点区别于现代人类学在文化

---

① 参见戴晖,"新时代的新宗教",刊于《宗教与哲学》第三辑,社会科学文献出版社,2013年。

研究中所考察的人。当人作为精神而思考理性本质的绝对自由时，这位"绝对者"首先在意识经验中为了认识而对象化了，成为精神现象。因而，最早黑格尔称《精神现象学》为"意识经验的科学"。这种精神现象遵循着反思逻辑的规定在真理和确定性之间往复映现，追求两者的同一性，由此发展出意识活动的不同认识形态。真理和确定性彼此分离又相互映照，笼统地说，这是从笛卡尔到费希特的意识哲学的基本特征。

作为精神的自我意识，宗教出现在精神的意识阶段的发展之后，而意识阶段的发展经历了伦理、世界化的现实性教养和道德性。与意识阶段的区别是，在宗教阶段，精神为自己而呈现自身，把绝对自由的内容观念表象化，在观念表象的外在性中不失自身，自身与自身相区分并且规定自己的运动。在它的自我认识圆满之处，启示宗教寂灭于绝对知。绝对知已经是对精神的绝对自由的认识，它在黑格尔的《逻辑学》中展开，由"显现的知"上升为逻辑的真理。因此，黑格尔说"精神是最崇高的概念，是新时代及其宗教的概念。"[①]这与中世纪的上帝有着天壤之别。

顺带提起，在博德先生的讲义中反复提到《精神现象学》的宗教与希腊神话的区别；而宗教作为精神的自我意识，它与启蒙宗教的普遍有用性的区别，与道德宗教的良心庆典的区别，黑格尔本人在《精神现象学》"宗教"这一章的概述中论述得十分清楚，同时可以研读《精神现象学》讲座第十七讲以及前后相关论述。

---

① 《黑格尔全集》第 9 卷，《精神现象学》(*Gesammelte Werke 9*, *Phänomenologie des Geistes*, *Herausgegeben von Wolfgang Bonsiepen und Reinhard Herde*，Felix Meiner Verlag, Hamburg 1980)，第 22 页 5 行。又见：《精神现象学》上，贺麟、王玖兴译，商务印书馆，1997 年，序言第 15 页。

为了阐明《精神现象学》、《逻辑学》和《哲学全书》之间的内在联系，译者在《精神现象学》讲座之前增译了贺伯特·博德教授的著作《形而上学的拓扑学》(Heribert Boeder, *Topologie der Metaphysik*, Verlag Karl Alber Freiburg/München 1980)的相关内容"科学的绝对根据"，作为本书的第一部分。它用最简练的方式呈现了黑格尔的科学体系的全貌，其中三个章节"实践理想的穷尽"、"创造性理念的科学"和"在理念中的'自然'理论"分别对应《精神现象学》、《逻辑学》和《哲学全书》。作为译著的第一部分名之为"黑格尔思想之事的规定——理性与自身相区分的历史性当下"。理性与自身相区分在此指近代思想从意识哲学的观念表象向逻辑学的概念把握的飞跃，它同时是概念把握的理性与自然理性在西方历史的最后一个时代的完整区分。这一历史性的当下在黑格尔的科学体系上得到完整的规定。

近代哲学在其完满之处让我们清楚地认识到，"自然"是近代理性的诗性特质的表达。作为自由思想的创意，自然在意识哲学中是精神现象，在《哲学全书》中是经过逻辑论证的精神实相。现象的光明本质的熄灭才是逻辑科学建构自身的道路的开始。《逻辑学》是创造性的科学，为自由的理念开辟其真理的居住地。然而这个住所就像黑格尔所说的那样仍是"影子王国"，自由的理念实现了这理念的自由，同时以充沛的创造力将自身作为自然而释放出全体性的力量。因此，终极意义上的自然是绝对精神本具的他在，逻辑理念的建构的辛劳转化为精神认识的理论的极乐。

本书第三部分收入了博德先生的主要著作(《形而上学的拓扑学》，《现代的理性形构》和《亚现代的装置——当今哲学的建筑学》)

中的前言、导论和后记。收录得并不完整，目的是为了解理性关系建筑学事业的思想动机提供一个导引。

向博德教授征求对书名的意见时，先生的建议是《黑格尔——哲学的完满及思想向现代的变革》，其中突显了这项工作所具备的继往开来的作用。在历史完满之处黑格尔哲学本身成为一种知，因此称之为"哲学的完满"。而"思想向现代的变革"则是历史所造成的后果。不过，博德先生也一再说明中文有自己在表达上的特点，他的建议只是为了满足我们做学生的再三请求。

译者曾担心，未能够较完整地译出博德先生的主要著作而先行出版这部讲义，这会误导读者，以为作者是一位现代学术中流行的专家。因此，译稿搁置了多年。后来，又有年青留学生去博德教授那里学习，局面因之焕然一新，可以指望很快有中文的博德先生论文集出版，学界可以用中文较详细地学习和了解理性关系建筑学的思想。译者不必纠结于时间上的区区先后。

有时，时间会不期然而然地停止。2013年12月4日上午博德先生安然辞世了。我们在哲学与智慧中与老师相会——按照博德先生的顺序是"智慧与哲学"。在理性关系建筑学所开辟的言辞的当下，大地上的生活会再度学会亘古而常新的秩序。

目 录

第一部分 黑格尔思想之事的规定
——理性与自身相区分的历史性当下

科学的绝对根据 ·· 3
  一 实践理想的穷尽 ·· 9
  二 创造性理念的科学 ······································ 52
  三 在理念中的"自然"的理论 ······························ 86

第二部分 《精神现象学》讲座
——穿越意识哲学的自然和历史

第一讲 ·· 111
第二讲 ·· 124
第三讲 ·· 135
第四讲 ·· 145
第五讲 ·· 154
第六讲 ·· 163
第七讲 ·· 173
第八讲 ·· 183
第九讲 ·· 193
第十讲 ·· 203

第十一讲	213
第十二讲	223
第十三讲	233
第十四讲	243
第十五讲	253
第十六讲	263
第十七讲	273
第十八讲	283
第十九讲	294
第二十讲	304
第二十一讲	315
第二十二讲	326
第二十三讲	337
第二十四讲	348
第二十五讲	360
第二十六讲	371
第二十七讲	381
第二十八讲	393
第二十九讲	404

第三部分 访谈和论文

一 "我服务于智慧"——育恩·穆勒与贺伯特·博德的谈话 ………………………………………………………… 423

    附录:贺伯特·博德对西方思想的阐述——育恩·穆勒陈述 ………………………………………………………… 434

二 历史当下的形而上学 …………………………………… 443

三	单数意义上的现代	468
四	现代的完整性	474
五	《亚现代的装置》导论	480
六	"当下地"——《亚现代的装置》后记	501
	附:博德教授的著作和部分论文目录	519

第一部分

黑格尔思想之事的规定

——理性与自身相区分的历史性当下

科学的绝对根据[①]

[579]谢林对于黑格尔,就像休谟对于康德,雅考比对于费希特。谢林把黑格尔的眼光引向所有意识哲学的片面性。费希特所完成的绝对知是绝对我的绝对知,黑格尔高度评价了谢林给绝对知以真正的绝对内容的努力。就何而言是真正的?费希特将意识的第一确定性真理化了,绝对内容不再局限于这样的真理,而是将真理释放到自然的"客观"真理之中,是这种自然唤起了人的精神的必然行动连同它们的意识;必然行动在创造中,意识在启示中。

自然既不由我们的观念表象能力,也不由我们的欲求能力来规定,不再只是我及其绝对自发性的另一面(das Andere),而是我的源泉。自然只是间接地对象化,并且是为了审美观照,因为在艺术作品中,艺术作品是一种既无意识的,也有意识的创造。如果所有实在都是启示——这里"一种信仰发生了",具体说是那样一种信仰,费希特将它上升到确定性——,这只是因为自然的此在是创造,更贴切地说是绝对实在的自我呈现。

---

① 德文原标题是:"Der absolute Grund der Wissenschaft",译自博德先生的著作《形而上学的拓扑学》,弗莱堡/慕尼黑 1980(Heribert Boeder, *Topologie der Metaphysik*, Verlag Karl Alber Freiburg/München 1980),第 579 页至 678 页。方括号内的数字是原著的页码。脚注皆为译注。

谢晓川比照康德、赞希特和黑格尔标准版全集,核查了《形而上学拓扑学》黑格尔部分里的所有引文注释,并把博德先生原来的注释改成了当前通行的标准版本的页码和行码。在第一部分末尾所附的"引文说明"中,谢晓川列举出引文所涉及的哲学家及其著作,对现在的脚注格式和原来博德先生的引用方式做了详细说明。

这里，第一不再是一种确定性，这种确定性急于把所信的变成真理，然而第一是一种真理，作为启示自身的真理，它需要在意识中得到确定。正是因此，道成肉身对于启示的主体是本质的，由此可以将主体理解为上帝。绝对者的自我呈现作为创造的自然因而是"神学的过程"。

尽管有所冲击，但是对于第一哲学的进程，另一哲学的洞见从未成为规定。黑格尔对谢林的批判坚持那样一种规定，这是康德和费希特已经在"我是自由的"确定性上确立起来的规定，进一步说在实在——这种实在是自由——的感情中确立的规定：[580]**自由是理念的实在**，它想说的是：理性－概念，具体说这样一种理性，它——为了自由成为可能——把对象区分为物自体和现象，相应地将自身分为实践的和理论的。这一理念的实在的独特之处在于，只在它的实现中得到概念的把握。可是它并非因为一个人"具有理性"就已经实现了，而是通过他是理性，要说的是：知道自己是理性本质存在，在他的欲望中与作为感性本质存在的相区分。只因为自由，理性才如此地具体。

康德指出：只要主体以为自己是自然－现象，"我是自由的"判断就没有成为真理。"是自由的"，这不是在感觉实在意义上的"实在的"谓词。自由的情感伴随着在我的行动中的自由理念的前提。以这样的前提，我才开始是其作为行动者所应是。通过道德法这个中心，从这个前提方面我规定自己是自由的，我作为个别的领受道德法，作为普遍的臣服于道德法。只有作为这种法主体，我是自由的并且才在实践意义上是"主体"。我不能够直接地——想说：在我的自然给定性中——是自由的，而只通过道德法的中介，我规定自己是道德法的主体；而这种规定是唯一的满足人的理性－尺度的规定。

费希特完成了:"我是自由的"这一判断,作为法的内容来理解是这样的要求:我应该是自由的。这里的前提不再是自由理念,而是教养主体的行动。这是在人的精神的原本和必然行动中发挥作用的自然。而这些行动和我的理念的联系中介是关于行动的意识的自由,意识的自我呈现就是"知识学"。

"自由,或者同样意思的说法,我的直接的行动,作为行动本身"——也就是作为自觉的行动——"是理想性和实在的结合点。我是自由的,这是由于它自由地设定自身,解放自身:而由于它是自由的,它自由地设定自身,或者解放自身。"(《费希特全集》,1:126/28)①。意识到它的必然行动,就确定它的自由,[581]它自己规定自身,扬弃那种为陌生的自然所规定的情感。这却只是瞬间的,在接近"一种自身不可企及的自由"的无限过程中(《费希特全集》,1:277/43)。这里,主体并非在上述臣服的意义上,而是在自我教养的意义上。

费希特的我的绝对的知仅在形式上是绝对的——即作为第一确定性及其科学的完成。它的内容是有限的:有限的纯粹之我的行为。正因如此绝对的形式需要他者的引导,即一个在绝对知的彼岸的绝对者;并且正为了我的自由和相应的教养,它必须保持在我的彼岸。这一点首先就排除了从绝对者方面将绝对者作为主体来把握,进而排斥将之作为自由的主体来把握。考虑到绝对者,谢林的神谱对于黑格尔的思想不仅没有能够成为冲击;相反,它以这样一种满足来对抗黑格尔:取消绝对者的彼岸,在物理的和精神的自然进程中把绝对者对象化,因为对直观开放,绝对者变成了理解的对象。

---

① 本书第一部分文中注采用下述形式:书名,卷:页码/行数。如《黑格尔全集》第1卷,第3页,第10行)写作:(《黑格尔全集》,1:3/10)。

虽然谢林给哲学以绝对的内容,并由此而把另一哲学本身放到已经成为形而上学的假象中。但是,它恰好排斥了近代形而上学的本质所是:**纯粹创造的理性的科学**;谢林科学的绝对内容限制绝对知的所曾是,将之限制在"智性"哲学的片面性中。

黑格尔更新绝对知,他完成自由的和自然的理性行动的区分,智性[Intelligenz]或者理性自身与自身相区分,要说的是:告别作为意识之形态的自身。随后,显而易见的是:把绝对知的形式和内容带往那种平衡是必要的,平衡只能从形式出发;绝对内容是创造的自然,让知的形式只作为启示的产物而得到认识,而不是作为推动启示自身的。诸如此类的来自形式诸根据的解释却忽略了这里迫使第一哲学继续前进的东西——[582]它不是别的,就是在康德和费希特那里已经推动了第一哲学的东西:绝对者的自由。

绝对者的启示需要我们的意识,而意识却从来不能够理解和把握自己是启示的主体。思想因为绝对者的自由而不能够停留于此。黑格尔承认:有理由将意识排除在绝对者之外,但是,只要我们处在并且始终处在自由理念的规定之下,就没有理由把我们排除在绝对者之外(《黑格尔全集,21:14/3》)。由于这种理念,我们不可放弃绝对知,它开始于康德的道德法,就何而言从那里开始?道德法作为已知者,其标志恰好显示在以法规的形式、以法的普遍性和必然性为内容。只有作为道德法的主体,我们才是理性本质存在,而不只是具有理性。

由于费希特——由于自由的行动——把如此之主体的必然行动上升到意识之中,他赋予这些行动以知识体系的原理的形式,而知识体系应该是第一科学。可是这种科学目的在于无限的奋进——一如自由的我向其理想的接近——,因为意识的自然,科学只能够将其原理作为直接的起点状态,而无法将之把握为结论。

就像实践理性才只能够以自由的理念为前提,停留于绝对知的完成过程中的科学,它必须恰是以自由的理念为结论;可是这个结论不是作为在无限中表象化的我与其理念的齐———不是作为应该的结论,而是作为所造就的结论。作为如此之结论,它无法沉溺于一时的教养,而是只能够在科学的完成过程中,科学因为是保持在自身的[bei sich]思,所以是无限的思的科学。它是逻辑学,纯粹概念的逻辑,而概念构筑了自由的王国(《黑格尔全集》,21:14/12)。

费希特曾经特别指出,在诸原理中的形式逻辑必须被看作是形而上学的抽象,这种形而上学是知识学。如果黑格尔的逻辑出现在另一个位置上,那么只是因为这样的洞见,即一切确定性的真理自身必须以科学体系的形态出现并且"仅于概念"获得"其实存的元素"(《黑格尔全集》,9:12/4)。这种科学并不否认逻辑的形式主义,[583]它恰是在逻辑的形式主义中突出这样一种创造的方法,这种创造不仅达到与自然的齐一,而且高于自然,因为自然在逻辑的结论中,具体地说,在绝对理念的结论中表明自身是一种直接性的契机而相对于另一种契机,而后者其实是中介的第一性的契机。

理性的建筑艺术知道科学仅作为体系,作为"多样性的认知在理念下的统一"(《康德全集》,3:538/19),康德已经完成了这样的知。理念在这里仍显现在归属性的位置上,而在费希特的知识学中已经这样来理解理念,即多样性属于理念规定的进程。在黑格尔的科学里,理念却正处在普遍的一切个别性的创造过程中,理念就是这个普遍,于此它完成自身的规定。

造就严密的——因为按照其根据——科学的[东西],就像康德进一步指出的那样,是"自身的最高和内在目的"的效用,"这个目的首先使（建筑学上统一的科学之）整体成为可能"(《康德全集》,3:539/23)。这个根据对于黑格尔的科学是理念本身作为自由的因而绝对的理念。之所以能够谈论理念作为自由的理念，却仅仅是因为理念在致力于其自身的过程中表明自身是真实的主体——一方面臣服于自身的规定，另一方面贯穿并渗透于客体性，扬弃对概念的无所谓，或者说扬弃客体的外在无目的性。在实现了的绝对理念的自由上，自由的理念及其规定对于理性本质存在才成为透彻的。这是《逻辑学》的目标。

黑格尔一方面把《精神现象学》放在逻辑科学之呈现的前面并且是作为逻辑学之可能性的间接证明；他取消了自然意识对绝对者之绝对认知的反抗，尤其是自然意识的实践理性的反抗。另一方面他让科学的"实在的"呈现，也就是《哲学全书》，跟随在逻辑之后，逻辑作为科学的方才仅仅为"理念的"呈现；《哲学全书》在物理的和精神的自然中把纯粹概念的创造性变为直观，让概念的劳作成为享受，正是这样一种享受，自然的生成和变易的结果满足了它，具体说，哲学作为自身自由的科学保证了它。

[584]然而这些著作的顺序才只是显示了黑格尔思想的历史运动，通过这种运动他和康德、费希特的位置联系在一起。近代形而上学的原则使科学体系在诗性[poietisch]的意义上也像在理论和实践的意义上一样是第一科学，近代形而上学原则在体系上的实施和完成并非开始于《精神现象学》，而是开始于无条件地作为诗性科学的《逻辑学》，经过《哲学全书》的理论之知而回到法哲学的实践之知；在这个形态中实践哲学却仅仅还是理论哲学的一个部分。

但是，如果在《精神现象学》中的意识教养历史也具备实践的本质，这种实践本质表现在双重地位上，原因在于不同的本质特征。对近代形而上学的黑格尔的开端所特具的危机的第一个提示正在这里。

一、实践理想的穷尽

知[Wissen]分为理论的知、实践的知和诗性的知，其有序的呈现曾从康德转向费希特，从费希特到黑格尔的转换也同样。这已经让对他的著作的阐述从《精神现象学》开始，《精神现象学》作为实践之知的形态；在费希特的知识学中的最后一次运动就已经具备这样的规定性。

知识学的最高思想——涉及我们作为理性本质存在的规定——曾是统一的理想观念，这是因为我与其理念的齐一或者与已实现的要求的齐一，这个要求是"一切行为应该与我的行为齐一"(《费希特全集》,2：396/20)；这也就是说："它[我]包含一切实在于自身，并且完成无限性。这一要求必然以绝对设定的无限之我为根据"(《费希特全集》,2：409/14)。我却不能够停留于这一理念的确定性，而必须为真理的缘故"反思自身，它是否现实地包含一切实在于自身。这一反思以上述理念为根据，因而和理念一道迈向无限性"，——"理想是我的绝对产品"(《费希特全集》,2：403/16)，因为只有通过我获得每一个规定性——"就其为实践的而言：非绝对的，[585]因为它正是由于反思的趋向而超出自身"(《费希特全集》,2：409/26)。作为实践的我，无法满足的渴望抓住它，而这种不可满足性——由于我自身的理念的缘故——并不能够造成对我的异议。正是作为实践的，我必然意识到它与自身的区分，自身作为无条件地设定自身的绝对之我。面对它自身的要求，这一由自身理念所论证的要求，它不得不问，是否真的包含一切实在于自身。它不得不怀疑自身。并非因为它不是其所应是,而是因为所应是对于它不是具备绝对规定性的内容,或者因为理想本身对于它是每次都只具备有限规定性的对象,于是理想踏上无限的序列,总是重新唤起渴望。"我能够把它追求的对象扩展到无限;假如它在某一特定时刻达到了无限,那么它就会根本不再是客体,无限性的理念将会实现,而这本身是一种矛盾。"(《费希特全集》,2:403/32)在解决这个矛盾的过程中,黑格尔发现了可以实现的无限性理念。

"我是无限的,但只是按照其追求;它追求无限的存在。有限性就已经在追求概念本身中,不受到抵抗的[行动]就不是追求。"(《费希特全集》,2:404/7)我没有其他办法——它必须基于它自身的理念而把自身对象化,也就是通过它自身而是意识,而并非通过外在于它的现成某物:意识即我和对象的关系。它自身作为绝对我的观念表象恰好具有这样的重要性,突出与自身的差异,知道自己是既有限又无限的我,并且在这一种张力中是"实践的"。我的理性连同其是一切实在的确定性,在本质上是实践的;作为如此之理性,它必须排除对自在者的绝对认识,具体说对真实的认识。

我在规定自身的同时追求与其理念的齐一。这种规定却直至无穷,只是对具有透彻规定性的理想的接近。假如它认识到自身实在的整体,无限性的理念就会实现;我将不再具有与其对象相区分的根据,这个对象就是我自身,那么意识将完全被扬弃掉。

[586]相对于人的精神的必然行动,费希特的意识是自由行为,其完成亦是必然行为的"实际历史"(《费希特全集》,2:365/4)——从"观念演绎"出发——,这些必然行动构成理性的自然。知识学是这种自然的历史(Historie)。如果谢林相反地把"客观"意义的自然置于这种"主观"的自然之前,其科学才仅停留于历史,因为谢林不是按

照反思的顺序，而是生成的顺序来考察科学的对象。

即使是黑格尔哲学的抽象开端也已经分开了科学与历史，无论是费希特的历史还是谢林的历史，也就是说，开端处在这样的洞见中：科学首先必须是逻辑科学。由此可见，逻辑，即使作为"形式"逻辑，也不在技术意义上来看待，逻辑在这里不仅等同于"超验"逻辑，而且是优先的。随着这种决断，与其说黑格尔的思想关涉谢林，不如说关涉费希特，具体说它紧扣第一哲学的进程。

相关的耶拿体系草稿（《黑格尔全集》，7）仍把逻辑理解为形而上学导论，在导向形而上学的同时放弃自身；逻辑在这里完成那样一种关涉，意识的形式行为处在关涉行为中。相反，《精神现象学》的出发点已经是：逻辑本身是形而上学或者第一科学；因为科学和意识的分离已经完成，这样的作品才是必要和可能的；而费希特的知识学才是意识的完成，为了意识的自由，知识学理解自身是道德的行动。

《精神现象学》恰好面对它的道德性，后者作为"自我完善的怀疑主义"（《黑格尔全集》，9：56/12）。怀疑的暴力抵达意识，只是因为与之不同的科学的概念。只有科学是"自由的，在它独特的形态里运动的科学"（同上），意识与科学相反是"自然的"意识。并非仿佛它在人们所认为的"自然态度"的意义上是自然的。在这种自然态度的对面，意识由于并且也为了近代形而上学而始终是最高人工性的[587]——既通过意识关涉行为的独立性，也通过其符合方法的完成。

与自由概念的科学相反，所有意识皆为"自然的"，束缚于它的诸必然行动之中。其必然性对于意识始终是不透明的——既在行动的诸形态的环节上，亦在其目标上。虽然意识的实践或者"通往科学本身的路已经是科学"（《黑格尔全集》，9：：61/28）；但是科学不是意识所胜任的，意识不过成为科学的内容，即作为"显现的知"（《黑格尔全集》,9:56/11)。意识的各种形态是科学的现象,这样,黑格尔的现象学也与人们所认为的"意识的现象"根本无关——正如把诸如此类强加于费希特的我已经就是荒谬的一样。

科学的现象是通向科学的路。意识本身不了解它的目标,也没有展望到目标而行动,只有在科学的视线中意识的行动是一种唯一的经验运动。谈论"意识的经验"已经表明,由于和科学的分离,意识已经从"超验的"地位上被放逐出来。然而它的经验和自然现象的经验不属于一类;不如说意识只在自己设定对象的过程中获得经验,对象被设定为真实的。在检验中,关于什么应该是真实者的确定性陷入怀疑;或者说,所造就的确定性是对非真理的确定性,这是关于意识过去自以为真实的东西的非真理。随着这种真实的消失,产生出新的对象——并非任何一个对象,仿佛意识随意撞上一个现存者,而是更高真理的对象,具有更丰富的规定性的对象,这种规定性要求观念形式的转变,并规定了意识自身的"教养"。

"新的对象包含前者的虚无[Nichtigkeit],它是在前者那里所获得的经验"(《黑格尔全集》,9:60/31)。不过,经验和对象的连环并非延伸至无穷,而是终止于"启示宗教"所设想的最后的——因为是绝对的——对象的虚无[Nichtigkeit]。意识的经验不仅穷尽了理想的自身[Selbst],即我[Ich],而且也耗尽了理想的本质。一方的否定性和他方的肯定性其实皆没有根据。[588]而两种绝对者皆无根据的经验消解了意识对绝对知的抵抗,而绝对知知道纯粹概念是根据。正如意识误以为自身是科学的现象,意识也是那种假象,它交付给它的真理作答。

智性[Intelligenz]和自然,两者是有限的实在,它们的积极性和创造性是意识的对象而不是科学的内容。无论是智性还是自然都没有能力把意识规定为这样一种教养,在教养中意识最终献身于绝对知,而这一绝对知就是逻辑。意识自身既没有认识到也没有估计到的科学,将意识带入毁灭过程或者回归科学之途。就自身而言意识固执于它的每一个形态,通过空洞的相同者的重复来维持其对象的真理。于是意识变得呆板,以至于从自身而言在对科学进行抵抗时从来也不可能退让。它自身的教养并非出于本己的冲动;不如说其教养的历史是它蒙受概念的力量的历史。

意识所具有的反抗力在于,它确实设想出一个绝对者,也就是理想的自身或者理想的本质;无论哪一个对于它都是真实的——智性的真实或者自然的真实。即使两者中的任何一个真实提升到双方的统一或者甚至上升为双方的无区别性[Ununterschiedenheit],它仍旧保留其片面性。这样或者那样,皆非整体。只有概念是既否定又肯定的整体,它不是由部分所组成的整体,而是来自诸契机的整体,每个契机又自成整体。

《精神现象学》的实践不仅仅是向绝对知的进发,而且是突出在绝对知中的区别,正如绝对知其实是"纯粹的知"或者科学本身,表面上属于有限的意识或者属于尚不知道自己是概念之宣示的精神。

《意识经验的科学》作为科学必须让其经验的逻辑运动得到认识。然而它遵循哪一种逻辑?根据这部著作的序言,[589]这里只考虑那样一种逻辑,它完成了科学和意识的彻底分离——即使黑格尔在《精神现象学》之后才具体阐述其科学。科学的纯粹概念只在反思形态中与意识相适应;因为意识的对象其实是其诸对象的真理,它区别于我和对象的直接关系,它在关涉到这个关系时,检验这个关系,检验它每一次设定为真实的东西,确定认识和对象的一致。"精神作为我是本质"(《黑格尔全集》,19:316/28),它的显现也遵循"本质的逻辑"。

(I)虽然黑格尔对此做了最具有规定性的明确表述,却无法避免人类学的理解风格在《精神现象学》上的制造的有效性——以众所周知的我,无视笛卡尔就已经将意识之我与人之我区分开来。这个人是什么,这根本不可以插入意识的教养历史或者成为这个历史的前提,尤其是因为人的规定正是在这个历史的征程中才形成的;具体说是在那里,在因为人的物性而必须将人观念表象化的地方。

我,《精神现象学》以之为开始的我,立刻表明自身是意识之我,因为它是关于意识对象之真理的确定性的第一个契机并且仅仅因为确定性的缘故而被引入。这个确定性是直接的,意识在它身上获得了第一个经验。如果知在这里沦为意谓,那么这只说明,为了抵达知,恰恰不能够从意谓开始;意谓总是已经丧失力量的知——丧失了确定性的力量——并且因此对教养毫无益处。意谓不是直接的知,而只是其非真理的经验的结果。

(II)第一个确定性是"感性的",已经不从以直接者的知为开始的要求来理解自己;显然,本质上为实践意识的真正的直接性是"道德教化世界"的显现。[590]相应的世界本质是"精神"。对精神的诸契机的分析因为精神教养历史的缘故是必要的,这种分析要求回溯到无世界的意识的极端抽象之中,在这种抽象中意识只是"理论的"——在知性活动的意义上,知性活动通过感知[知觉]从感性确定性走向规定性。

(III)这个规定的进程甚至开始就已经排除了把知性作为"能力"[Vermoegen]来看待。作为意识的形态,知性像意识本身那样无法是某种既定的[Gegebenes],而是和意识对象一样是"做出来的"["gemacht"]。人只有为自己拿起那种知的自由,意识才存在,这种知为了先行地设定必须在怎样一种观念表象方式中寻找关于特定对象的真理的确定性,它已经扬弃了直接的 conformitas ad obiectum[客体观念]。这并非任何一种反思的事,而是这样一种反思,它本身是一种设定和扬弃的唯一运动,对于意识它却是与在我和对象之关系中的真理的经验。在这种经验上,纯粹概念把握在其反思中本有的扬弃只是作为怀疑而生效,怀疑取消了确定性——直至确定性不再可能是意识的确定性,而必然是科学的确定性。

自然哲学曾经以这样一种方式了解知性和真理的关系,知性的任务是在对事[Sache]的印象中确保真理,而真理是事本身。这种关系是随着被关涉者而被给定的。在自然形而上学中情况则不同。对于它,虽然知性如同事本身一样仍然是某种给定的;但是,被关涉者作为我和对象,其规定指向对真实者的设定,这种设定是来自与真实者的确定性关系。只是因为检验[die Pruefung]在这里属于后一种而并非前一种关系,事本身才被放到我和对象的一致中——两者都是事——,而知性过去之所是,现在则是从方法上检验真理的确定性——无论真理在理性本身中,还是须在诸事实[Tatsachen]中寻找真理;即使诸事实,作为如此之事实它们也已经是诸真理。

但是如果确定性,尤其是关于这些真理的确定性,[591]必须能够是我们的确定性,而不只是事实的创造者的科学,那么,认识对象就不可能被当作物自体,而只被认为是现象。在近代形而上学的康德的开端,我就被分为"经验的"和"超验的",只有后者被当作认识的独立主体,它本身不可能成为对象。它不是作为自我意识而成为对象;它仅仅为科学而成为对象,科学是对我们的认识能力的批判;主体仅在方法的意义上成为对象。

如果反思首先不是别的,就是从方法上掌握的对对象的注意力,那么,在这里反思是对对象与我们认识能力的某种特殊表象方式的关系的注意力。然而,只在对象作为现象要求不同的形式化[Formieren]时,诸表象方式相互才为特殊的,显然形式化依赖于一种材料，这种材料并非通过观念表象，而是只能够在感觉中得到。

反思变得独立，这是由于诸表象方式的区分本身——因为表象方式的规定本身——过渡到反思身上，也就是反思成为意识的科学的呈现方法，而意识是对人的精神的原本行动的意识。费希特的科学不再只面对意识，而就是意识自身的实施和完成，因此我对对象的规定完善了。

黑格尔认识到由纯粹我自身释放出的反思是外相[Schein]，自由的理念自己将自身错置于这种外相中。

他的《意识经验的科学》虽然一开始就已经在感性确定性中清楚地反映出反思逻辑的开始，也就是本质和非本质的区分，但是反思的诸契机却不是为意识经验而示现，而只是在意识经验上显示出来。其实反思并不属于意识，而是属于纯粹概念及其科学。然而因为意识在它从自身形态的真理那里所获得的经验中是概念科学的现象，所以纯粹概念在意识身上以反思的方式确立自身。如果黑格尔把反思与意识的诸形态分开[592]——意识的每一个形态皆求自我保存，即使这是徒劳的，如果黑格尔认为反思是概念的权利和运用，那么，这并不是为了把反思从意识上升到科学，而是为了在科学之内阐明，反思即使在其纯洁性中也不是概念的自由。科学和意识的分野在属于逻辑本身的证明中才完成自身。只有逻辑能够显示离开"反思立场"的必然性。

反思立场已经容许一种绝对的知，这又已经表现在经验在感性确定性上的开端：在经验进入把对象作为"这一个"的规定之前，它已经知道费希特在纯粹我的第一个确定性上所强调的："事存在，它是，仅仅是因为它是。"(《黑格尔全集》，9:63/28)事却是两者：我和对象。仅仅因为意识在其每一种形态中都绝对地知道某事，所有这些形态都直接地反对事情的关键：把绝对知带向科学的唯一规定性。

感性确定性认为能够通过一种指示［Weisen］或者示现［Zeigen］来证实那种"因为"并且赋之以真理——通过在"此时"、"此地"的"这一个"并且为了就它［"我"］那一方面作为这一个而出现的我。但是意识经验的这个开始决没有给予显示及其模态一种"原始"证明的地位；相反，示现在此仅仅是意识的抽象行为，这种意识作为"理论的"无疑已经从其实践本质中抽象出来。在示现中使种种纯然个别性变得观念表象化，这在真理意义上是如此地贫乏，以致它一次也不能够弄错，更无法是假的——只要以为其实总是只有"某个"当下，它既能够是那个也能够是这个。抽象意识的经验——对象对于抽象意识是外在的——恰恰丰富了其各个形态的不过仅为理论上的非真理，这是由于物［Ding］的明确的感知［知觉］或者感性普遍的明确感知以对特定某物的错觉为要素，最终对诸现象的非感性内核的理解，具体说对力量游戏的理解，以及从超感性世界的规律性来解释诸现象，［这种理解和解释］为一种同形异义所迷惑，在这个令人迷惑的现象中世界的诸规定倒错起来。

［593］（IV）在对象"既是我也是对象"的地方，也就是作为自我意识的对象时，方才可以见出意识的实践本质。随之出现的虽然不是精神本身——精神具备世界的具象——，但却是精神的概念。只要把绝对形而上学视为精神的发展，那么，以精神概念为目标才可以规定绝对形而上学的开端。历史地看，这个开端在康德的位置上。

但是在自我意识知道自身是自律的——因为在自由理念的规定下——之前，它必然是专制的［autokratisch］，这是因为自我意识作为如此之自我意识担当着它的特殊的生命，优先地知道自己是类的自足的普遍生命的分支。最先作为其欲望对象出现的，必须作为其自身而向自我意识公开，而这是在自我意识只还在自身的法则中对象化的地方——专门通过良心这个中介。自我意识所经验到的非真理不了解对象的丰富,不如说是在所生活的与自身一致的格调的逐渐衰退中可以看出这种非真理——按照反思规定的同一性、区分和矛盾的顺序。正是在这里,在最高的自主行动中承受了非真理本身。

承认和赞同对于自我意识为本质性的并且规定着这种经验的中间阶段,从针对生命的暴力出发,这种生命是与之等同的自我,却又每次都是另一个自我,进而通过平息这种暴力而达到对统治的区分,最后进入奴役的区分;后一种区分只鉴于"绝对主人"而理解自身,这位绝对主人就是死亡本身(《黑格尔全集》,9:114/28)。绝对者的第一次显现就与一切传统的绝对者观念相反,无条件地示现为否定性的。这位主人隐含着创造性的自由理念;对他的恐惧是进入智慧的入口,这种智慧首先教会劳动,通过劳动传授教养,一如这种教养就是意识的任务。"在服务和服从的训练中"(《黑格尔全集》,9:119/25)才从对死亡的恐惧中培养出这样的主体,它拿起自由,做自身的法规的主体,同时也是普遍的法则的主体。

自我意识没有了解概念本身所具备的普遍性——由于科学和意识的分离而无法了解,这就意味着:[594]近代形而上学的各个位置在"意识经验的科学"中只能够显现为缺少概念的、因此也丧失灵魂的诸立场。对于自我意识,普遍法则不仅是一种与之不同的法则,而且是与之对峙的、有着天壤之别的普遍意志的法则。自我意识承认这种普遍意志是在自己的意志的彼岸。然而,自我意识的意志的此岸和彼岸却自在地是同一个实在[Realitaet],具体说,是理性的实在。

(V)生命与自身的一致分裂了,这曾是自我意识的非真理;自我意识的痛苦最终是自在者或者真实者的隐蔽性;精神的普遍在自我意识设定和规定的外相[Schein]之中始终是隐蔽的。而理性确定自身是一切实在,它试图以歪曲精神的方式来保持其确定性。理性的现实性是非真理,而非真理甚至也变得富有创造性。

作为意识的抽象形态,理性与精神的不同之处仅仅在于精神隐藏在理性中。这一点才赋予抽象以真实的面目,费希特的知识学以这种抽象直接地站在纯粹我的立场上,我知道自身是一切实在。

理性首先这样来歪曲精神,理性只把精神认作自身,把精神规定为观察的对象。观察首先把"自然的意谓"本身作为"面前之物",并且局限在对自然的"描写和叙述"上(《黑格尔全集》,9:116/17),"在法则和必然性的声望上",这种观察不超出"巨大的影响"(《黑格尔全集》,9:116/24),也就是说,观察并不抵达概念;时间历史观念造出的不是概念,而是在作为自然而表象化的实在之整体中设想一种"无精神的意谓的自由"。接着,观察面临在自我意识的双重世界中的精神性外相,这双重世界源于外在诸状况和内在个体性,它们的相互作用只是幻化出某种必然性和法则。最后,观察在精神的直接现实性中理解精神,这个直接现实性就是头盖骨。这样一种物化是对精神无动于衷的自然死亡的表征。显然,在精神不可能存在的地方,精神自身被颠倒了。

但是理性不得不执着于精神是精神,[595]第二步,它在精神的实现中,也就是在行动中,歪曲精神。首先行动本身仍然是自然的;由于个体追随着欲乐,放任其欲望的驰骋,他才仅仅知道自由是行动的形式根据,就把自由挥霍在他无法透视的、因为是丧失了精神的或者说没有概念的必然性上。

然后,行动的个体自身就是必然性并且确定"直接在自身中具备普遍或者法则"(《黑格尔全集》,9:202/2)。这个根据充满了意蕴或者说是实在的:人性的福祉。这里对精神的歪曲在"刚愎自用的疯狂"上实现了,甚至必须反对人性自身来营建人性的福祉,显然在业已现存的秩序形态中人性自己对普遍福祉的经营和关怀同样是实在的,也就是说,这个理性对象的一种规定性对立于另一种规定性。

这种根据的区分最后这样完成了:另一个方面,也就是世界进程,不仅丧失了精神,而且要求个体性的牺牲,以便自我意识——它自以为是理性的——把自己当作普遍法则的自我意识来加以实现。承认现实性是"普遍的现实性",孤单的个体自己剥夺了自己的精神,这给予个体性的承认行动以意义,即这种认可就是目的自身。

正如理性把自身作为自我意识因而作为个体性加以实现,它同样歪曲了已经成为现实的精神;最后理性歪曲了精神的此在[Dasein]。这首先是通过理性在动物性的基础上看待精神的王国。无根据的根据或者无条件的绝对是自然的生命,鉴于行动的个体性,它相对地更接近动物的生命。在精神的动物园里每一个人都"尽其所能地"表现自己——没有好和坏的绝对区别。然而对于个体,与他恒久的本质相比,他在工作中的自我呈现为某种正在消失的东西。与本质相分离,工作[das Werk]只不过是一件事[eine Sache]——不过不仅限于此;由于个体从自我呈现中撤回自身,对于他工作同样变成相关的"事本身"。动物王国的统一性恰好在这里表现出来:所有人皆在欺骗中联合起来,这种欺骗在于混淆事情本身与向他人自我表现的兴趣。[596]这个王国的动物以在本质上自我表现的精神为方方面面从事欺骗的手段,欺骗是鉴于其本质而论。用这种方式,理性的普遍完全为个体性所渗透。

接着,动物王国作为动物王国而达到规定性,具体地在其立法上。从事本身中生出绝对的、脱离了动物局限性的事情。无法认为特殊的——因为具有规定性的——立法的诸内容是绝对的,因此,立法只剩下"普遍性的纯粹形式或者实际上作为意识的同义反复,这些冗辞走到内容对面,它们关于存在着的内容或者真正的内容的知,而是关于本质或者本质的自我同一性的知"(《黑格尔全集》,9:231/

28—232/3)。精神的存在被歪曲成为抽象普遍的应该。

随着这个应该,"检验法则的理性"最后来收拾场地。它针对精神的最后假象,具体说那种在普遍法则中的假象。检验的结果"似乎是:既不可能发生具有规定性的诸法规,也不可能发生关于诸法规的知"(《黑格尔全集》,9:234/20)。在普遍欺骗的彼岸,它们自身甚至仍表现为一种欺骗性的真理。并非为了检验,并非为了抽象的意识,然而这里自在地保留着歪曲性的理性所不再企达的但却揭露的东西:伦理实体或者不成文的法规,它简单地"存在着":就像已经世界化了的"精神本质"。精神本质早已经显现了——在所有从中抽象出来的意识诸形态之前。这里开始真正的《精神现象学》,或者"在此"的理性的现象学。

(VI)纯粹概念的运动显示出:"当一件事情的所有条件皆具备了,它就踏入实存"(《黑格尔全集》,11:321/5)。历经意识的诸抽象形态,回忆起所有的条件,就像它们是精神的各个孤立的契机。因为没有一个契机能够是整体,它们自己的确定性每一次都不得不转而为其所知的非真理。真正的——因为是整体的——精神显现相反地成为这样一种与真理的确定性的经验,即没有一种以意识的形态造就的确定性证明自身是绝对知。

[597]精神的意识向精神隐瞒,精神是概念的宣示。直接出现的理性曾遗忘了它的来源。而直接显现的精神没有它可能会遗忘的源泉,因为源泉不在后面,而在精神之前。精神诸契机的孤立"以精神自身为前提和持存。或者契机只在精神中实存,精神就是实存"(《黑格尔全集》,9:239/18)。怎样一个根据的实存?反正不是曾作为意识的一种形态而出现的理性的根据。不过在意识经验的科学中,精神概念必须先行于精神之所是的这唯一实存。这个概念却不是包含了 existentia[实存]的 essentia[本质]。在这一点上意识哲学蒙在鼓

里，更进一步说：站在"内在反思"立场上的哲学——简明地说："唯心主义"。在诸契机中分析精神并且分析这些契机本身，这只在以下意义上导向精神的实存，即分析经受住了精神的非真理，直至经受住精神的歪曲，这种歪曲在精神的呈现中自己放弃了自己；然而，最高立法的理性因为对于意识为本质性的确定性而屈服于自己对理性事业的检验。

先行于理性立法的是实存，这种实存不是感性确定性的存在，按照检验法则的理性所必然承认的东西，这种实存是道德教化的实体。精神的实存包含这一实体的所有规定性于自身并且恰在这里表明自身是纯粹概念的现象，概念作为整体在它的诸契机中相区别，诸契机就自身方面在自身中相区别并且这样来造就整体的完整规定。精神在行动中示现的正是这种规定："行动把精神分为实体和实体的意识；并且既分开实体也分开意识。"(《黑格尔全集》，9：240/31)精神的经验是：在行动中上升到知，知道精神是谁。

精神的实存直接是伦理世界或者实体。它合乎概念的自然本性而区分自身，为了行动而分为"个别性的法则和普遍性的法则"(《黑格尔全集》，9：241/33)。不过，这种区分同样既出现在人的或者公开的法则之内，也出现在神性的或者隐蔽的法则之内；第一种"是在普遍性形式中的众所周知的法则[598]和现存的风俗；在个别性的形式中"精神自身的现实确定性"就在个体中"(《黑格尔全集》，9：242/20)，最后作为国家权力。与之[第一种法则]在普遍的"直接性元素"中相对峙的是家庭——一种伦理的形态，它守护着隐蔽的神性法则。在死者的丧葬中它以最高的方式证明与自然行为的区别。死者的自然腐朽在送葬这种行动中被扬弃了，它把死者作为个体交还给大地，大地本身具备伦理意义，具体说是作为冥界。这里却也触及人的法则的方面，由人的法则规定的共同体的政府在战争的大动荡中强令公民离开他们的单独活动,让他们感觉到冥界的主人。

但是,自我意识的方面针对伦理实体的方面而要求单个个体性的权利。他们的行动每一次只让这一种或者另一种法则有效——这是因为不是不知道人的实体之知,就是不知道神性的实体之知。于是,在罪责中形成我自身,而罪责不再在于法则本身的片面性,而是在于对法则的知的片面性。每一次对另一种知的遗忘和误认表现为最终不可透视的命运。

无论在实体中还是在意识中,精神的诸现象的片面性都是一种无知,它在精神的行动中败坏精神;精神毁灭于"无精神的共同体"(《黑格尔全集》,9:260/7),不再有法则对于这个共同体生效,而只有抽象法权有效——在单个法人的现实内容的彼岸,无论法人在其特性中作为占有者还是具备天赋资质者;他们彼此只呈现在相互排斥性的财产占有中。在伦理实体的瓦解过程中死者的冥界来到光天化日下,此后,在这种抽象法权的此岸,现实的统治落在"世界的主人"身上。这位主人,既是普遍的也是个别的法人,他是"惊人的自我意识,知道自身是现实的神;可由于他只是形式上的我自身,这个我自身无法驯服(精神的诸种力量),因而它的运动和自我享受同样是惊人的挥霍和奢侈"(《黑格尔全集》,9:291/22)。[599]伦理精神在人格中来到它自身的第一个意识,它通过人格否认自身是伦理的精神。在它直接所是的实存中,它把一种本质带向规定性,而在这个本质中它无法了解自身;在伦理精神"来到其本质的抽象的知"的地方,它自我异化了。往回察看,这种自我异化是通向伦理精神的直接真理的实践意义的钥匙。伦理无法维持在法则的双重性中;而法则从各个法人的任意武断中接受法则的统一,法人的武断代替了精神的自由。

自我异化的精神必须意识到它的我自身,这是通过它把那种对自身的抽象的知具体化,也就是世界化。不仅外在的而且陌生的世界是异化精神的分裂的反映——一方面是权力的"艰难现实",权力这里分为国家的普遍权力和个人财产的权力,另一方面是彼岸的非现实的当下,它属于信仰的再现和纯粹洞见。在两个世界上精神都必须通过教养工作取消陌生性。

在权力的现实性上,精神在判断中行动,它在权力对面有步骤地完成只在语言中可以完成的:个别化的自身,也就是让我显现为否定的力量,从而把权力接受到语言因素中。语言是实践的并且在意识经验中有其所在,即在精神于陌生的现实性中确立自身的地方,精神说出现实的虚荣心,但是同样也经验到富于精神地言说的我的虚荣心,正因如此精神逃向现实世界的彼岸。

在那里它的信仰在自己的王国里发现对手:纯粹洞见。因为纯粹洞见瓦解所有出现在精神自我意识对面的独立的东西,所以,它必然表明自己优越于精神的信仰。纯粹洞见把握住这种独立的东西并且试图通过"启蒙"把这种概念把握变成"所有自我意识的固有财产"(《黑格尔全集》,9:392/382),以这种方式给概念造出现实的普遍性——在现实世界的我的现实性中,这个我仍然处在辞藻的虚荣心中;但是在另一个世界的方面它[我]却束缚在迷信中,把信仰的依据放在诸对象中,[600]对于纯粹洞见,这些对象只是感性确定性的对象;正是这种信仰仍在阻止纯粹我自身只与自身绝对齐一的洞见。

启蒙将之与所谓的否定神学相提并论,这是由于启蒙剥夺了所信仰的本质的所有自然规定性和人的规定性——不过不再是为了按照绝对区分的规定评价和尊敬绝对本质,而是为了把每一个如此之规定性放回到现实的世界,这样,它要求所有感性确定性的对象是由洞见所带来的对象,而不再只是现成的;只有单个的东西是现成的。

"洞见到意识的所有其他形态的虚无,从而洞见到感性确定性的所有彼岸的虚无,建立在这个洞见的基础上,这种感性确定性不再是意见,不如说它是绝对真理。"(《黑格尔全集》,9:303/27)由此可见:《精神现象学》在感性确定性的直接性上的开始掩盖了抽象的自然本性,而这种抽象是精神的分析经验所本有的,因而也是唯心主义所本有的。通过启蒙对实在整体的纯粹洞见,成为观念表象诸形式的内容的东西,在意识教养中已经与意识的第一个对象相沟通。纯粹洞见把对象从信仰的彼岸拉下来,以至于也按照自然认识的对象方面实践地规定了理论理性的使用。这种启蒙认识的动因在自我异化的精神的行动上。

把经过中介的感性确定性看作绝对真理,这是精神对自身的极端无知并且标志着一种危机的开始,这种危机实现了在这种绝对真理中的非真理,也就是精神自身的现象的非真理,而精神的我自身这里是行动的自由。

启蒙把信仰的彼岸的绝对者作为脱离一切有限规定性的空[das Leere],这种评价和推崇是为了把从绝对者那里收回的诸规定性当作自然的,而这又不只是以理论的方式。虽然有限的现实性似乎由绝对本质所造;绝对本质"关心和维护它"(《黑格尔全集》,9:304/17);但是它既是所营造的有限的现实性,也是为他者而存在的东西的多样性。[601]它是互以为用的诸物的现实性。"人是觉悟到这种关系的物,对于人,从中得出他的本质和他的地位。如他直接地所是,作为自在的自然意识,他是好的,作为个别的[意识]是绝对的,而其他的是为了他;并且他作为意识到他的动物,对于他诸契机具备普遍性的意义,因此一切都是为了他的享受和愉悦,而他就像出自神之手一样,在世上周游,世界作为一个为他而栽培的花园。"(《黑格尔全集》,9:304/34)

历史地看,这里正是卢梭的自由情感的发源地;① 这里,意识——随之精神也——才是由此规定的,即它是自然人的意识,自然人是同一个感性现实的物,这一物就像他知道是为他自己而在此的所有物一样。他是动物,这个动物以益用为目标具备所有的理性,他评价理性本身,认为就万物的益用而言理性是最有用的——特别有助于通过在享受中的节制而自我保存,其次有助于享受的计划,以便不中断这种享受。

互为存在[Fuer-ein-anderes-sein]的普遍性也向人这一方面要求,他们使自己变得有用:成为"群体的普遍需要的成员"(《黑格尔全集》,9:305/13)。就信仰把"最高本质"表象化为最高的公益而言,意识在其人的现实性中的启蒙甚至把信仰提升为某种有用之物。被利用的信仰的愤怒之所以软弱无力,是因为信仰在其自身的人化中已经渗透了它所厌恶的东西。针对已经启蒙的人的清醒,留给虔信者的没有别的,只剩下"抑郁的精神的渴望,精神为丧失其精神世界而悲哀"(《黑格尔全集》,9:310/37)。

启蒙的信仰却在绝对本质的纯洁性上发生分裂:是存在的纯洁性还是思想的纯洁性?这些对立面统一在作为无私[Selbstlose,无自身]的益用概念里。正如有用之物的自身来到人的自我意识里,由

---

① 作者在最近的论著中把卢梭的情感和启蒙的世界化的自我意识区分开来。卢梭的自然人源于对人性自由的赞歌(《新爱洛漪丝》),自由人的教养合乎目的却超然于功用(《爱弥尔》),其最后的具象在公民的自由意志上(《社会契约论》)。

卢梭的情感源于划时代的创造性想象力,康德在《判断力批判》中合理地阐述了这种创造性想象力的具体规定性,它是近代理性认识的不可或缺的要素。所谓理性认识不局限于现象域,没有停止在知性立法的自然因果性范围,而是深入实践理性的立法领域。因此理性不仅仅是观念能力,而是理念,其所思从根本上是全体性。理性概念具备严格的普遍有效性,是独立的生命,康德称之为理性本质存在[Vernunftwesen]或者精神。自由的理念在主体方面要求道德自我意识的启蒙,实现自由的人格;在客体方面要求达到至善,实现作为世界本质而存在的人的幸福和尊严。康德在第三大批判中对自然合目的性和对天才及其想象力的论述与上述世界性的智慧相应和。

于人从他这个方面在普遍本质的普遍意志上放弃了刚愎自用的自然的我自身以及他的我之个别性,并且这样把普遍本质作为此时此地的加以实现,因此人的启蒙完成了。"就此精神作为绝对自由而现存。"(《黑格尔全集》,9:317/14)[602]经过信仰的发展,它所陌生的现实的权力世界作为个人的意志而归来,所有这些个人都经过了启蒙,直至自愿地放弃我自身,他们是架空了的个人。普遍的我自身,"这个绝对自由的未作区分的实体上升到世界的王位上,没有任何权力有能力抵抗它"(同上)。世界的主人从无可奈何地任凭各个法人的无度挥霍,转入自然人的普遍意志的权力。世界之主操办起普遍的益用。

精神的我自身从自然人的种种自身来到现象,它只还知道一种抵抗,也就是一种对象:被剥夺了自身的诸个体的变得抽象的自然此在。他们为自己所保留的个体实存处于普遍意志的暴力中,在他们仅仅引起嫌疑之处,怀疑他们对占统治地位的党派意志的普遍性抱有怀疑,普遍意志就威胁要毁灭他们,占统治地位的党派意志设想自身是"普遍意志的理智"(《黑格尔全集》,9:320/14);这些人一次也无法追问这种意志的理性。

"死的恐惧是"精神本身的否定本质的"直观",亦即绝对自由的"直观";绝对自由甚至在这种直观中上升到感性确定性。死,自由借此来威吓,其恐怖在于它是丧失伦理的,它绝对不带有完满而只是对个体生存的不经意的勾销。这里表明,既自然又经过启蒙的人不能够仅拥有用来服务于人的理性;理性本质上的自由是精神自身,精神虽然在自我异化中把自身交给了人,但这是为了在人的情感教养中使用自由。上升到普遍意志的绝对自由的观念,自由的这种显现转而对立于人,尽管人似乎已经把精神赋予了自身。经验了人的自然存在的虚无[Nichtigkeit],绝对自由或者精神自身是感性确定性的对象——这样一种矛盾解决了。这种感性确定性内化为纯粹的、但却不再是抽象的精神之知的确定性。精神的世界对于它不再是陌生的,而是只还由它的意志来规定的:道德世界。

[603]精神曾直接就是伦理世界;在它的瓦解和荒芜中,世界变为精神所陌生的现实世界,其陌生性尤其在对彼岸的信仰中得到证明,彼岸是与现实世界相对立的世界。只有通过向矛盾的深入和在矛盾中的瓦解,精神才成为这种世界对立的主人,而矛盾是精神自身作为绝对自由的感性显现。从现象中回到自身,精神对于自身才是直接当下的,亦即直观的:在精神自由的直接之知的形式中的现实世界,或者"道德世界观"(《黑格尔全集》,9:324/29)。这并非又是精神曾经直接是的伦理世界,而是从自身的异化转变为精神自己的世界。精神与道德世界的关系并非与外在物的关系;因为精神自身是这整个关系,这里,世界只是相对于精神对自身的意识这第一个方面的另一个方面。

两者各自自为地是全体性并且作为全体性而首先相互独立甚至互不相干。作为契机来看,第一个方面是道德意识:不只是表象化的自由的确定性,而是成为精神的或者为概念所把握的自由的确定性;另一方面是对此漠然无知的自然全体性。对于第一方面只有义务是本质的,自然必然性作为非本质的。可是,因为按照逻辑两个方面属于"本质关系",若被逐出这一关系,它们就表明自身"在漠然的差异中相互对立,在自身中破裂"(《黑格尔全集》,11:353/12)。义务因而仅在和自然的关系中而自然仅在和义务的关系中是独立的。

作为世界意识,精神的道德意识必须寻找现实的福乐并且在与道德的和谐中经验它——不能够对感性意志漠不关心。通过设定适合的对象,道德意识摆脱这种依赖性和由此而来的"理性和感性的斗争"(《黑格尔全集》,9:327/12),这种符合道德意识的对象"在意识之外,作为它的彼岸",而道德意识自身则降而为现象。

绝对自我规定与在自然中行动是矛盾的,道德意识隐蔽在这个矛盾中,它直接从表象化的道德存在这一方面[604]过渡到相应的非存在但却有效的另一方面。因为两个方面都落入意识,意识与它们的关系不可能是严肃的。双方的区别具有错置的意义。道德意识外化为与自身有别的他者,同样也从外化中重获自身:"现存的只是一个空洞而透明的区别,假象[Schein],但是这一假象却是中介,而中介是独立的持存自身"(《黑格尔全集》,11:364/31)——这里是道德精神的持存。

道德和自然的和谐落入在意识彼岸的对象,对象在自身方面应该是一种意识并且是至善的行动的意识。然而在这种彼岸之主的恩惠下,此岸的行动或者不是自身的,或者是毫无内容的行动。由于道德意识把对于道德为本质性的完善驱逐到无法企达的无限性那里,具体说是理想的无限性,所以道德意识错置了这个真理。由此可见,彼岸的意识,"它必然被思考和被设定,但却同时是非本质的"(《黑格尔全集》,9:339/30),道德意识自身与彼岸意识的区分本身对于意识全然无效。恰从这里产生了新的并且也是道德意识的最后对象:良心之事。作为良心,"它在自我确定性中既对于从前空洞的义务,也对于空洞的法和空洞的普遍意志而具有内容;这是因为这种自我确定性是直接的,是此在自身"(《黑格尔全集》,9:342/1)——它在良心自身,而不再在一种与之分离的现实性上,无论是在自然,还是在造物主那里。在法权状态中的直接实存、在绝对自由的恐怖中的异化实存统统已经瓦解,随后精神在良心中把它本身的实存规定为与精神本质的齐一,也就是为它带来完整的规定性。

对启蒙真理的追问发现,感性确定性在世界的因而也是实践的意义上是经过中介的直接性。一种实践的信念属于这种直接性,它确认所有超出感性确定性的东西都是虚无的。但是随着良心而大白于天下的是:启蒙的确定性只是良心这第一个方面的另一个方面。其实良心就是精神的第一个形态,一如这个精神[605]本质上是近代的精神;良心的确定性甚至是近代"自然"－哲学的动因。

直接地实体性精神完成对其真理的确定性,从而知道自身是主体;并且是用这样的方式,精神的自我甚至也完全渗透到义务的实体性普遍之中,并且使之成为本己的:"义务不再是出现在自我对面的普遍,而是已经知道在这种分离中没有效准;现在法则是为了自身,而并非自身是为了法则。"(《黑格尔全集》,9:344/15)

良心取消了义务的外在性,这首先是由于良心脱离了义务所偏爱的内容多样性并且作为唯一合乎义务的而确信良心的自我规定。之后,良心才注意到须完成的义务每一次皆是具有规定性的因而也是不同的内容。在普遍意义上有良心的我为义务找到其他我的承认,而在关系到特殊内容的地方,我脱离了这种承认;并没有考察种种个别的行为是否出于义务而做;评判者利用相关的不稳定性,把他人的行为变坏。然而,对此良心能够确认自己;这是因为它只知道"绝对的事"。

行为的外部和判断的内部的区分对于良心始终是外在的,两者可能的对立也是如此;某一行动合乎义务,这种思想只是表面上把在行动中所表达的与内部相比较。外与内在这里不过是"一回事"(《黑格尔全集》,11:365/13),而它们的合义务性仅立足于自身的信念。这保证良心的"道德天才"的意义,"它知道直接知的内心声音是神性的声音"(《黑格尔全集》,9:352/34)。

至于良心之事的真理,它从行动中撤回而进入良心责任的表达,虽然这种言说在事情自身中不造成区别,但是,事情若没有如此之表达就什么也不是,想说的是:连现象也没有,因此,言语的表达为良心之事造成区分。义务的普遍性必须至少显现在如此之表达中,以便道德性领域保存下来。[606]行动只还是自我的自身道白,它把行动的内容"从我自身的直接确定性——知道它的知或者自为存在是本质——的形式"转移"到稳定的形式里,意识为义务所说服,从自身而知道义务是作为良心;这种稳定保证了意识确信它的信念是本质"(《黑格尔全集》,9:352/7);而在这种规定性中信念是绝对无可非议的。

"良心语言的内容是知道自身是本质的自我。"(同上)关于实存的本质,精神直接作为实存而亮相,其本质最后是在良心的规定性中的纯粹的我自身。正如良心自身是直接的自我确定性的形式,同样,良心的语言不带任何其他内容而就是那种稳定和保证的形式的内容。尽管一种形式同时是另一种形式,但两者在其可交换性中仍然作为内与外而得到中介。对于良心,这种内外区分却只有这样的意义,即良心在义务意识中,也就是在它的善意中变得可直观。在我自身的直观中,良心对于自身是"美的灵魂"。在其美德的自我享受中,良心的自我满足是无法超越的,这种自我满足同时是对这样一种我自身的启示的最顽强的反抗,它虽然允许这个我自身作为自己良心的神性的声音,但却将之隐藏在暗处,以便我自身不打扰良心"在自身内的神性祭拜"和"对自身神圣性的直观"(《黑格尔全集》,9:353/2)。

良心的自我表达转向一个尚无规定性的世界,而美的灵魂的外化则转向它的同道。美的灵魂于是形成一个自身的世界和团体,不过它没有进一步的规定性和体系,只有本质的内核及其表达建立团体的共性;其共性在于相互承诺的良心责任和善的意图;团体"为知和表达的庄严和荣耀"而欢欣,"为关怀和维护如此之卓越性"(《黑格尔全集》,9:353/15)而感到光荣和喜悦。

精神的我自身在这里不再是义务的抽象普遍性，而是在这些人身上，他们已经是善贤并且相互关照这一点。可是，维系着他们的确定性最终没有根据；就像我与自身的同一性的直观，确定性似乎自身直接地就是最后根据。更有甚者：我为我而在此的确定性，[607]被我为我而是善的确定性所超越；我绝对地是我为我之所是；因为我是善的，所以我绝对地存在。这里扬弃了存在和应该的区分。美的灵魂的直观表达在"必然判断"["apodiktischen Urteil"]中，"概念判断"的发展以必然判断为终结和完成（《黑格尔全集》，12：85/16）；这种确定性的顽固正在此处。然而："实体已经瓦解于绝对确定性，绝对确定性是绝对非真理，它崩溃于自身"（《黑格尔全集》，9：354/10）。

经过中介的感性确定性的"绝对真理"以良心的"绝对非真理"为前提。精神在前者中——因为对象性的缘故——知道其意识的真理，而它在后者中——作为脱离了对象的——知道其自我意识的非真理。良心虽然在隐蔽中是精神的自我意识，它却通过外化为意识来保存自身。即使它知道我自身是本质，这个我自身在自我意识之外却只是最贫乏的对象，也就是在与自身的抽象同一性中的单纯我，这里的自身是善。因为良心才只是脱离对象性的意识，并非已经是精神的自我意识，它以为自己在言说中的外化是意识，所以，它"缺乏舍身外化的力量，即把自己变成物并且承受存在的力量。它生活在恐惧中，害怕它的内心的荣耀为行动和此在所玷污；为了维护心灵的纯洁，它逃离和现实性的接触并且坚守冥顽不化的软弱，无力弃绝业已走向最后之抽象的极端的我自身。"（《黑格尔全集》，9：354/30）它不仅不再于行动中外化——不需要重复它的经验；相反，它在最后的外化前止住脚步，这个外化是对我自身的背弃。

是什么迫使它背弃呢？既不是表露良心的世界，也不是表露满意的团体，而只是自身概念的普遍。这个最内在的普遍，一个人即使知道自己从义务那里获得了自由,也仍然没有对它毫无牵挂,对良心得安稳的保障,和美的灵魂对彼此善意的保证一样,在这个普遍面前表现为伪善。发现了在自身中的非真理,美的灵魂消失了。[608]在恶的坦白中,它的洁身自好的排斥性的冷酷打破了,这里要说的是:灵魂的个别性对其普遍性的排斥。这就是说个别获得这样的洞见,精神"在对自身的绝对确定性中是凌越所有行为和现实性的大师,能够甩掉它们并且使之没有发生"(《黑格尔全集》,9:360/8)。使业已发生的没有发生——在这个不可能性上精神公开它对其现实性的绝对权力;它不但能够掩盖恶,而且甚至宽恕恶。

期待着如此之宽恕,可是个别却看到自己为其普遍所欺骗;普遍直接地出现在它面前,作为为精神所离弃的,原因是在同样的排斥性的片面性中,而个别已经承认恶,从而先一步弃绝了这种片面性。普遍由于对个别的排斥而将自身特殊化了,这是对精神的犯罪,因为否认精神对其现实性的绝对权力,这种罪行是不可饶恕的。这种恶拒绝回答,具体地说拒绝在坦白中的平等。沉默的冷酷来自不变的判决,这个判决只表达了另一方自己已经表露的恶——认错没有变成事实,这种坦白的徒然,它摧毁丧失现实性的美的灵魂的意识。就像灵魂的个别性契机被剥夺了"特殊的自为存在的此在",同样其普遍性契机的判断必然被剥夺了;"正如前者呈现精神对其现实性的权力,后者则呈现对其特定概念的权力"(《黑格尔全集》,9:361/8);一如精神的权力在第一个方面公开于宽恕之中,在另一个方面则公开于通过双方的中介而达成的和解之中。

并非普遍的方面和个别的方面一样有勇气为自身而坦白承认恶——它并不仅仅停止于此,而且这个表白同时提供双方的中介,协调的界限。"和解的言辞是在此的精神,精神在对方直观其自身的纯粹知,其自身是作为普遍本质,而对方则是其纯粹知作为绝对地存在于自身的个别性,——一种相互承认,这是绝对精神。"(《黑格尔全集》,9:361/22)[609]这种和解才是得到概念把握的我与自身的同一性——源于个别的自为存在和(有义务)进行判断的普遍这两个契机。和解地在此的精神是"它们当中的显现的神,它们知道自身是纯粹知"(《黑格尔全集》,9:362/28),在这位显现之神身上它们有统一的实体。精神已经获得自我觉悟,然而,这个精神实体的现象已经属于对"宗教"的阐述。

在观念表象中,道德教化精神似乎不是别的,而就是我的自我规定:首先我是所有人之所是——具体说是法人,支配某项财产和某种天赋。其次我愿所有人之所愿——具体说实现自由,正如最高的自由是普遍意志的自由。最后,我知道所有人之所知——具体说,人人都能够有权利要求依据良心做事。从这种具有规定性的我之中产生出精神的自我意识,这是通过经验到非真理的真相,而这个绝对的非真理就是单纯地说出自身良心的清白。良心清白只过渡性地是审判的真理——不是上帝的法庭,而是在我自身的概念中尚为片面的普遍的法庭。由于个别化的且片面的我承认它的恶,放弃它的独特方式,因此精神抵达个别;精神同样抵达起初丧失精神的普遍那里,这种普遍对和解之言辞的铁石心肠被打破了。这不是人与神的和解,而是我的个别性与我的普遍性的和解,在道德之我及其绝对知遭受的动荡中建立这种相互关系,建立我的或者其"自身"的概念,这导向近代之知的隐秘的开端,导向其道德性的宗教根据。与自身和解的行为,万有的和解,这里的万有是重新树立起来的知——不是良知——,和解本身是显现的神。他是作为意识的绝对对象的我自身。

(Ⅶ)近代宗教是精神的"自我"意识["Selbst"-Bewusstsein]。从中世纪的角度人们可以判断:尤其是道德意识是为神所弃的。然而意识作为如此之意识——因为来自对于意识为本质性的我与对象的关系——就是为神所弃的,其宗教的运动[610]其实就是领悟这一点的运动。由于意识完善了绝对对象的观念表象,它耗尽了自身的宗教;对于意识不可能产生超乎其上的新的对象。道德精神的衰竭与宗教的衰竭同时发生,印证了实践的意识形而上学的灭亡。

与精神不同,宗教不需要辨别和总结其全体性的各个契机;宗教是单纯的全体性,全体性只还将那些契机作为它的方方面面而充分展开。诸方面的富有规定性的内容就是宗教,一如这个宗教曾是"时间历史的"——处在种种内容的外在性中,这些内容属于古老的世界,具有东方的、希腊的或者罗马的特征;虽然宗教在所有这些世界里本质上始终是近代的宗教。对宗教的阐述也只能够"自在地"是清晰明了的——这里要说明的是:在其诸形式的区分中;形式的本真内容已经落在绝对知的逻辑中。精神的自我意识首先来到语言的生命中;其次,走向自身的对面,来到语言构成的形象中;第三,语言的主人向精神的自我意识启示自身。然而语言的本质只是概念的最后隐蔽性。恰是绝对对象的观念表象——一如它为"客观的"主观主义所特具——掩盖了绝对知的匮乏和宗教的软弱,直至宗教最后表明了这样的观念:神的对象性的荣耀不在,也就是缺少已获得光荣的世界。缺少绝对者的当下,在这种扑朔迷离的经验中,意识作为一切知的确定性的主体走向灭亡。这不是承认意识的恶,而是承认其衰竭:宗教尚不是精神的理性,也就是说宗教在自身中没有根据。

知性和不幸的意识已经是"宗教的",但却不是作为理性的理性;"理性独具的诸形态没有宗教,这是因为理性自我意识知道自身在直接的当下现实中并且于此寻找自身"(《黑格尔全集》,9:363/19);理性确定自身是一切实在,在完成这一确定性的过程中不可能出现上帝。道德教化的精神却只在直接性中知道宗教,也就是说作为冥界的宗教。由于死者王国的主人来到白昼,[611]他是"惊人的自我意识,它知道自身是现实的神",并且在自我异化的精神的普遍意志中把知与暴力结合在一起。精神意识的信仰,正如这个信仰扎根于启蒙,它根本不知道有上帝,只知道相对于现实世界的天国般的彼岸。启蒙让人清楚,信仰在洞见面前的怯态只是见证了其对象自身的混浊不洁。"绝对本质是肯定的内容,这在道德宗教中终于重新建立起来,但是肯定的内容是与启蒙的否定性结合在一起"(《黑格尔全集》,9:364/10),因而是片面的个别和片面的普遍的对立。

在《精神现象学》前言中谈到这样的观念,"它说出绝对者是精神",它是"最崇高的概念,并且属于近代及其宗教"(《黑格尔全集》,9:22/5)。只要这种精神必然显现为意识,它的宗教就开始了,或者它的自我意识的形态塑造就开始了。这是由于理性的自然之光把"其诞生的创造性秘密"(《黑格尔全集》,9:370/29)设定在自己本身中——不再置之于与理性之光不同的造物主的光明中,而是置之于自身尚未发展的、因而也不具规定性的本质的"黑夜"中。"这个秘密在自身中有启示",也就是说,并非对从前那种在三位一体内的秘密的"揭示",就这种"揭示"作为可行的而言。道德精神造就了内与外的统一,隐蔽在这种统一里的[东西]与在其中所启示或者所创造的[东西]平等不二。

精神的诸宗教形态总体上是精神之对象的启示,作为这样一种对象,其中所有的思想和所有的现实都已经相互渗透——精神已经确定自己本身是普遍的对象。关于这一确定性的诸真理就是宗教的不同方面。

这种将自身对象化的自我意识的第一个形态是发展与自身的单纯关系,它在"上升的光明本质"与"黑暗"的分裂中展开,黑暗是光明自身的他在,所以无力抵抗光明在万物中升起,正因如此万物皆接受上升的实体的诸偶性的规定性;这些偶性只是"实体力量的使者"

(《黑格尔全集》,9:371/32)。[612]分崩离析在自任的意志中,它们相互征服。个别化的生命带有动物性的敌对,其宗教是仇恨的宗教。精神的自身的自我确信在独立的劳动中才获得平静。起先只是散漫纷扰的精神把它在劳动中练就的独立形象或者模态融入世界性居住的秩序中。精神在世界性居住中启示自身是"工匠师"。

工匠师的第一个作品是为居住性[Wohnlihkeit]安立世界建筑;他的另一个作品是灵魂与个别的身体的相互渗透,目的的起因和机械的起因在"雕塑的"个体造型中的和谐;他最后的作品却是通过语言力量表达尚封闭于自身的个别者。源泉的晦暗思想抵达言辞的清晰,自然宗教在这里达到完善。随着言辞,自我觉悟的精神走出直接的无意识性[Bewußtlosigkeit]。它的宗教从自然的自身转向艺术家的自身,以便以自由的方式而在此。

艺术宗教首先是抽象的艺术作品的宗教——抽象,这是因为艺术家的自我意识对于作品的规定性是外在的,作品在这里作为某物。即使自然性是经过扬弃的,是经过形象塑造而呈现的,作品的规定性仍然和某一自然存在共通。现实和可能的关系、作品和艺术家的自我意识的关系在这里是一种偶然,然而所呈现的具有这样一种规定性,这种规定性未必产生于作品和艺术家本身的关系,例如公牛。作品的内容和形式与艺术家的知的内容和形式才刚刚综合起来——不仅在造型艺术作品中,而且也还在祭祀礼仪中;甚至这种相互感激的行为也并不导致神的纯粹本质与它在行动者的自我意识中的现实性之间的相互规定性。抽象艺术作品的完善形态也从未达到这一点,一如它在语言因素的形态中:神谕说出一切,也什么都没有说,它从来无法排除现实性与可能性的矛盾。

抽象的艺术作品让绝对本质不带任何作品可能由自身出发来规定的现实性。相反,[613]在"有生命的艺术作品"中属于可能性的现实性具有这样的规定性,在此精神把自身对象化了——首先作为酒神似的陶醉般的感悟和欣喜,精神在它的自然现实性中直接地为其自我意识所摄受;其次,在种种节日游戏中呈现"美的形体性"和塑造形象的运动;最后精神从如此之外化中回归与外化相等同的这样一种内在性:胜利赞歌。于是艺术宗教的作品作为有生命的作品也再度成为语言作品。

赞歌文学"把各个特殊的美的民族精神"统一于"一座万神庙[Pantheon],语言是其元素和屋宇。直观到自身是普遍人性,这种纯粹直观"(《黑格尔全集》,9:388/31)为精神建造一种在"个体性聚会"(《黑格尔全集》,9:389/15)中的此在(《黑格尔全集》,9:527/507),这种聚会成为"精神的艺术作品"的内容。神性本质首先显现为物的、然后显现为身体的,最终以精神的方式显现——这是因为它贯穿在人的自我意识的行动中而发挥作用。

在抽象的艺术作品中,可能与现实的关系始终是偶然的;在有生命的艺术作品中它是相对必然的;而在精神的艺术作品中它却是绝对必然的。按照《逻辑学》中的论述,绝对的必然性同样是单纯的直接性,或者如单纯自内反思的存在,或者本质;"它是这样,两者是一和同一。——绝对必然存在,只因为它存在;此外它既没有条件也没有根据。——可它同样是纯粹的本质;它的存在是单纯的自内反思;它存在,因为它存在。"(《黑格尔全集》,11:391/9);前面重音落在"存在"上,而现在落在"因为"上。

史诗完成了第一个方面,也就是存在方面;对于在史诗中所呈现的行动有效的是:"无论是众神还是人都做了一和同一[件事]。"(《黑格尔全集》,9:390/28)精神自我意识普遍的自身仍然飘摇在行动所充实的世界之上,这是直接的道德教化的世界;悬挂在世界之上的是"必然性的无概念的虚空[Leere]"(《黑格尔全集》,9:391/30)或者命运的虚空。它是如此地空虚[leer],就像纯粹的存在是未经规定的。但是,另一方面,也就是自内反思的直接之"因为",也是未经规定的,只有把"自己作为根据和条件"(《黑格尔全集》,11:391/13)。[614]史诗的英雄是中心,观念世界——并非概念把握的世界——的内容围绕着他"散漫而自为地游戏"(《黑格尔全集》,9:392/1),既不为人也不为众神所把握。以逻辑观之(《黑格尔全集》,11:391/31),两者在英雄行动中的接触"因而显现"在其行动之必然性的对立面,作为"空洞的外在性;一方在另一方中的现实性只是单纯的可能性,偶然性"。

悲剧才让人认识到:"这种偶然性却更是绝对必然性;它是那些自由的、自在地为必然的现实性的本质。"必然性在这里不再是盲目的;不如说这个本质是"惧怕光明的,因为在这些现实性中"——在道德教化世界里它们分散在神的法则和人的法则中——"没有照耀,没有反思,因为它们只是纯粹地在自身中安立根据,为自身而塑造形象,只向自己宣示自身——因为它们只是存在";因此,悲剧的行动者每每不知不觉地凌越另一种法则的权利。"但是诸现实性的本质从中脱颖而出,并且启示它是什么,诸现实性又是什么。"显然,就像本质直接地遣散诸现实性,它也把它们设定在同样的必然性之中。这种"更高语言的、悲剧的"启示(《黑格尔全集》,9:392/13)是矛盾的启示,在一和同一的形式中相互对峙的诸内容的矛盾。这里,"概念的严肃"在表象之内露出曙光,"正如概念在这些人物形象之上",也就是超然于人物或者"现实的人所戴的"戏剧面具,"伴随着他们的毁灭而大踏步地进来"(《黑格尔全集》,9:393/8)。过去,同样法则的本质在不同的内容上虽然是不可误认的,但却隐藏在内容的差异之中,害怕光明。揭去它的遮蔽,对于在片面规定中的行动者,也就是对于必然的负罪者,这意味着毁灭。

黑格尔这里在悲剧中所指出的——更准确地说：使之成为悲剧现象的[东西]，是历史向概念本身的运动的回流[Gegenwurf]，概念从历史中破土而出，而概念的运动也预先勾画出《精神现象学》的轨迹。在行动完成其规定的地方，蓦然揭示所应是，这种"悲剧的"历史[615]当下现实地是这样一种所在，在这里前形而上学的知和形而上学的概念相互接触。但是不可以把这种接触变成一种误解，悲剧本身作为自我意识的精神的现象在概念的运动中具有其地位，但它并非某种去蔽的、因而也是遮蔽的历史，后者是历史省思的经验，尤其是海德格尔的历史省思经验了如此之去蔽和遮蔽的历史。

"悲剧的"历史的另一面是日常及其喜剧。现实的人放下面具，也就是丢下人格，只还说着他的无区分的人的语言；他扮演着对于他不再是陌生的角色；他甚至看见自己在演戏。"个别的自我是否定的力量，通过它并且在它身上众神以及众神的诸契机，在此的自然及其诸规定的思想，全都消失了。"（《黑格尔全集》，9：399/17）脱离历史的日常喜剧也还把在哲学中的神性的余晖，也就是善和美的单纯思想及其"绝对有效性"，交给偶然的个体性的意见以及臆断的游戏。"于是外在性即内在性，它们的关系是绝对的同一性；现实向可能的过渡，存在向虚无的过渡是与自身的汇集；偶然性是绝对必然性，它本身是那种第一绝对现实性的前提条件"，这种第一绝对现实性曾是法则（《黑格尔全集》，11：392/21）。诸法则是按照需求来造的——就像它们服务于"安逸和让自己安逸"（《黑格尔全集》，9：542/520）。偶然表明自身是有资格做主的。

由于神性本质变成了人，更准确地说，变成"民众社团[Demos]，普遍大众"（《黑格尔全集》，9：399/34），艺术宗教瓦解于快感。喜剧的意识用这样的句子来表述其轻率："我自身是绝对本质"（《黑格尔全集》，9：388/20）；绝对本质或者实体"降而为谓词，没有什么以本质的形式出现在这种自我意识的对面,精神在这种自我意识中丧失了其意识"(《黑格尔全集》,9:400/18),也就是其自身的对象性的确定性。这种自我意识不再是宗教的,它幸运地建立了无神性。尽管如此,它必须通过自身并且为自身把它的轻率的确定性倒一个方向,这就是:只有绝对本质是我自身,[616]这是由于"绝对本质通过牺牲而创造作为主体的实体",它并非只是把实体吞没到主体之中(《黑格尔全集》,9:400/29)。

日常意识是幸运的,知道自身是绝对本质;然而这种确定性转向不幸的确定性,丧失了确定性的所有内容。因为人格消失了,曾赋予人格在家庭、国家中的直接价值和间接价值,也就是他所赢得的价值,这一切都架空了。他恰好在消逝的世界的诸见证上发觉这一点,消失的世界的景象激起不幸意识的"痛苦,它把自己表达为坚硬的话语:上帝死了"(《黑格尔全集》,9:401/34)。丧失了命运,这令人回忆起从前的命运,一如它在艺术宗教的作品中,尤其是在悲剧中已经得到表达。

绝对本质的真实的宗教,也就是其本质性的启示宗教,以艺术宗教所造成的无神性为前提条件。回忆本质之所曾是,这同时是对绝对本质的启示的期待,启示发生在唯一的人身上,他面对"普遍大众"而造成整体区分。只有通过他才能够重新建立被吞噬的实体。实体之所曾是不再在此;相反,现在实体必须把自身作为主体来创造:它必须从直接的概念出发,通过观念表象的中介,把自身规定为作为概念的概念。这首先意味着从纯粹实体下降到此在并且成为个别性;然后,实体抵达变为他者的意识或者把观念表象作为观念表象加以发展;最后"从观念表象和他在中回归"(《黑格尔全集》,9:409/14)。启示宗教所呈现的正是这个中介过程;它带来精神意识的内容——内容作为对象——与精神自我意识的内容的齐一,也就是把内容付诸真理。

"首先在纯粹实体的形式中精神是其意识的内容,或者是其纯粹意识的内容。思想的这个元素是运动,下降到此在或者个别性。"(《黑格尔全集》,9:409/10)它开始于三位一体的区别的展开,完成于精神踏入此在。精神直接是三位一体的关系自身并且在这个意义上是这种关系的代表;[617]它为自己本身呈现自身。然而精神同样变成他者,在世界和人的创造中;它把自身表象化。精神在创造中的启示是观念表象活动本身;表象活动将自身表象化的精神设定为对象。

开启这种"绝对关系",这才把绝对本质作为力量而公开化,因而绝对本质是作为创造者。但是因为绝对本质作为三位一体而在自身中得到反思,它也并不过渡到受造物之中,而是与受造物相区分——以这样的方式,即启示在创造的意义上始终是实体的偶性。

第二阶段是成为他者的意识,意志进入绝对关系,由此开启了第二阶段:人封闭在其自任的意志中;他是走进自身的受造物,以便经验到善与恶的区分。以逻辑观之,这里从实体性关系变为因果关系。走进自身的、达到自身意志的人懂得他的恶,恶是作用,他在恶的精神中看到这种作用的起因,恶的精神就是绝对本质本身,具体说它以愤怒的方式是恶,也就是偏离自身,偏离它的善意。神从他的他者那里,也就是从创造那里转过身来,正是于此,神作为主人让另一位主人听任自身,把人释放到自由意志中,而自由意志之所愿直接地只能是:与神相齐一。于是,作用所包含的东西,没有什么不是起因也包含的,而起因所包含的,也都在作用之中(《黑格尔全集》,11:398/15)。

然而这样因果关系才是"形式上的";被"规定"在"它的实在和有限性"中,这是由绝对本质变成人而带来的实在和有限性。神可能有一位人性的母亲,这与"作用不可能大于起因"的洞见相矛盾。因而对于把握现实性来说,一位人性的母亲的思想是最严重的妄想。它与"综合联系"的契机相矛盾,一如这个契机出现在"变成肉身的神性本质的舍身外化中"(《黑格尔全集》,9:415/32)。鉴于已舍身外化者,观念表象活动本身抵抗概念,并且把整个启示排斥进"时间历史"["Historische"]。然而这却表明,时间历史的东西以及观念表象活动本身[618]恰好无法经受在道成肉身的神的历史中所启示的外在性。在最高对象的观念表象中,也就是说,在这位神的观念表象中,自然意识紧紧抓住母与子的自然关系,为的是能够"历史地"[historisch]停留于这一基础。可是,只在它抽象地理解绝对本质的期间,它才维持得住自己。

这种表象观念的抽象却消失在启示的第三阶段——并非借助于观念表象活动本身,而是凭借从对象化中脱身,绝对本质与人的抽象同一性枯萎了,于是绝对本质自身完全脱离了对象化。在此它最终表明自己是起因,作用于作为他者的自身,也就是作用于"被动的实体"(《黑格尔全集》,11:405/1)。起因作用于自身,而自身作为外在于它的力量,这就是说作为暴力。因为世界对于神性的本质尚是陌生者,所以世界以一种暴力行为要求对神性本质的权利。"然而,暴力发生于某种东西,对之施加暴力不仅是可能的,而且它也必须蒙受暴力;对他者具有强力的[东西],之所以具有强力,只因为它是同一个他者的力量,这种力量于此宣告自身和他者。"(《黑格尔全集》,11:406/2)力量在其外化中,具体说作为暴力,只是一种从实体借来的力量。因此,变成人的神其实仅仅针对自身是强大的。这个人的死亡取消了世界相对于绝对本质的外在性,同时也取消了绝对本质的抽象。在万物中是万物[Alles in Allem zu sein],这是它自身的意志,而这个意志在此圆满了。

这种圆满打开启示的第三阶段。启示的现实性的第一阶段在纯粹的、也是单纯的思想中,其现实性的第二阶段在作为观念表象活动的观念表象活动中,第三阶段是"从观念表象或者他在中的回归"——逻辑上看是相互作用的关系,或者是仅还关涉自身的起因关系。"它首先包含那种对直接实体性的原始执着的消失"(《黑格尔全集》,11:406/26),具体说神人[Gottmenschen]的自然性方面的消失——与其说这是通过身体的离去,不如说是通过身体的转化;神人在知的形式和知的透彻性中赋予身体以荣耀。其次,它包含"起因的产生,因此原始性是作为通过否定而与自身相中介的"。[619]起因关涉到自己本身,它知道自身因为恶而已经变得积极行动,这种恶扬弃了原始的实体关系。

无命运的、日常的意识是无内容的,过去在这种空洞的内容中精神不仅规定自身去享用无神性,而且同样也注定为被神所弃而痛苦,现在精神使自己成为团体的精神,它把[相互作用关系的]双方面的知唤入记忆并且在这知上赢得了真实的绝对的内容。不过这种知尚缺乏一种形式将其自我意识放到与自身的齐一中。那种内容原本不再是观念表象的内容,却还保留观念表象的形式。所以,团体的精神用怀念的方式对待那绝对内容;精神的自我意识对于自身仍然是一个他者;显然拯救的行动显现为"陌生的抵偿和满足。或者它没有意识到这一点,纯粹我自身的深处是暴力,抽象的本质被强行从抽象中拉下来并且通过这种纯粹怀念的力量而升华为我自身"(《黑格尔全集》,9:420/25),"纯粹我自身的深处"具体地说是我与自身的真实同一性的深处,"真实"是因为绝对地经过了中介。怀念的团体的我自身并不在如此的升华中。因为团体注视着所发生的暴力的外在性并且正因如此停留在表象观念中,所以对于团体来说在暴力行动中发生的神与世界的和解也是某种外在的,"粘带着一种彼岸的对立";或者说,这种精神自我意识的和解没有达到与其意识的和解的平衡。

主的身体虽然显现为已获得荣耀的,但却带着这样的对立,即仍缺少世界的荣耀。

这令人想到费希特,回忆起纯粹我向我与其理念的绝对同一性的开端的回归。在向理想的无限接近中,这种同一性对于我停留为应该的;直观我的理想的实在,而这直观对于它始终是禁果。对于团体的精神,自身与绝对本质的和解"作为远方而出现在意识中,作为将来的远方,就像另一个我自身所完成的和解,它显现为过去的远方"(《黑格尔全集》,9:420/37—421/2)。表象观念活动不仅使和解时间化,而且使之远离当下;更准确地说:表象观念活动由于时间化而自己背离了和解的当下。[620]意识的这一最后的形态,因为意识的直接性方面的缘故,不得不先抛开整个历史,把它当作横亘在自身与和解事件之间的过去,然后却把宗教本身看作是隔离所期待的将来的屏障——作为"迄今"之思——而抛弃。正是在这里,宗教宣告它与近代原则的划时代的联系,也仅与之相联系。

作为当下的而进入宗教自我意识的东西,具体说"直接性和此在的方面,是世界,这个世界仍然期待着它的荣耀"(《黑格尔全集》,9:421/10)。这表明,"团体精神在其直接意识中与其宗教意识相分离,宗教意识虽然说出它们自在地并不分离,但却是一种没有实现的自在,或者还没有成为绝对的自为存在的自在"(《黑格尔全集》,9:421/15)。因此,有一点对于近代的自我意识的精神并且仅对于它是本质性的,这就是其团体此时此刻亲自关怀世界的荣耀,同时却又无法放弃实践理想的彼岸,对于精神的团体来说理想恰好不在历史之中,而是落到历史开端和结束的彼岸。

精神的自我意识和意识的结合尚不在,精神必须自己从它的作为意识的现象中解放出来。在启示宗教中它没有"克服作为意识的意识,或者同样的是,它的现实的自我意识不是它的意识的对象;精神自身和在精神中相区分的诸契机属于观念表象活动,落到对象性的形式之中"(《黑格尔全集》,9:422/4)。虽然在宗教中知道了科学的绝对内容,但是没有在科学的绝对形式中创造出这一内容。自然意识穷尽了它的观念表象活动;通过在绝对知中毁灭,也就是通过取消彼岸,这个把当下作为世界的当下而将之排除在荣耀之外的彼岸,自然意识完成了它的表象活动。绝对知是宗教与精神世界整体的经过中介的统一,是在两者中的单纯此在。

在近代形而上学的开始,为近代宗教所排斥的自然理性和科学规定自身为"就在世界此在中"(《黑格尔全集》,9:365/24)的精神意识;[621]意识直接地为造出世界智慧的信心所推动,世界智慧的果实在所有知识中,人通过知识持续不断地改善他的处境,既在与自然力量的关系中(机械学),也在与人的身体的关系中(医学),同样在与自身的关系中(道德)。这种意识在道德精神中完成了它的教养历史。虽然宗教按照其概念以这个教养为前提,但是按照时间却并非如此;宗教是在精神意识中相区分的诸契机的"单纯的全体性或者绝对的我自身"(《黑格尔全集》,9:365/27)。这里在自然形而上学的开始所看见的东西,在这个我自身的运动的结束处得到证实:自然理性并非通过自身而独立并且成为自然意识,而是通过宗教自我意识的排斥,它把自然理性排斥在外,并且是以绝对不可把握的方式,给予荣耀的恩惠是不可把握的。这样,意识的教养历史回到近代的开端,回到时代在艺术和宗教中的绝对开始,为的是把这个开始作为科学的开始,迎接它并且获得它。

(VIII)在绝对形而上学的开始康德——因为自我意识的自由——曾把对象区分为物自体和现象;他把对象的认识限制在现象上,或者限制在那里:一如对象对于意识所是的那样。只有道德自我意识明白物性或者物自体的真理,它是道德自我意识所设定的真理。

相反,自然－物的物性听任其他的设定。而《精神现象学》在其结论上却公开:"设定物性的是自我意识的舍身外化"(《黑格尔全集》,9:422/13)。

精神的意识无法明白这一点;在道德中,精神的意识只是发展它的确定性,以为自然的外部什么也不是,唯一真实的外化是它自身的——而这甚至不再在行动中,而只还在言说中。作为良心,精神的意识曾是单纯的我与自身的同一性,确定这种同一性的真理并且为他人保证这种确定性;作为美的灵魂,这个我在它的存在和应该的区分和协调中看见自身,确信它的善并且在同道中称道善。然而它在空洞同一性中变得枯槁,[622]最后经验到在自身的矛盾,具体说作为个别的它与作为普遍的自身之间的矛盾;矛盾的解决从坦白个别者的恶开始,经过普遍者的僵化而到特殊,到达特殊的相应,也就是和解的言辞。用这种言辞精神既证明对其现实性的力量,也证明对其特定概念的力量:精神能够使已经发生的没有发生并且扬弃个别者的排斥性规定性。

然而精神是如何让已经发生的发生并且于此规定自身的,启示宗教的发展显示了这一点。绝对本质首先实现在世界和人的创生中,与此同时它却停留在与自身的抽象同一性。接着,它出现在与自身的区分中,成为人并且承受恶,不过恶处在他的力量中。这一个别者与世界和解;然而只要他同样——具体说在他的诀别中——是在团体精神意义上的普遍,这里就出现了矛盾:对于团体来说世界现实性的荣耀仍然让自身处于等待中。但是,在这种矛盾中的运动同时是思想在"我思"中的转化——并非像从前的我的转化。思想这里是在精神自我意识中的绝对对象的因素。这个对象首先显现在纯粹思之中,带着绝对本质的那种抽象同一性,其次显现在作为观念表象活动的观念表象活动里,一如它自身与自己相区分,最后显现在既是现实的又是普遍的自我意识中。然而即使这个因素也还不是纯粹概念把握的因素；这种自我意识在世界方面始终束缚于对象的表象观念活动，而这种对象对于它同时是反抗。

我的最顽强的反抗过去在其存在与应该的齐一上，同样在绝对对象方面，现在反抗在相应的非齐一上，就像这种非齐一对于变得普遍的精神自我意识而言显现在世界上并且强迫精神的当下变得时间化。在这种非齐一中，绝对本质与世界的和解只能是观念表象的。由此可见：虽然整个启示已经发生，可实际上什么都还没有做——和解才只是在历史的对象性方面，但不是自我意识的行动。[623]作为已经发生的和解，它虽然自在地完成了，但对于团体自我意识的意识来说却没有作为本质上为本己的行动而在此。

如果"在认识和绝对者之间有一道最终分开它们的界限"(《黑格尔全集》,9:53/13)，那么，它实际上是宗教意识的局限，宗教意识错置了它所知道的和解的当下；因为对于它所发生的似乎没有发生，它在世界上找不到那所发生的。显然，绝对本质与世界的和解也不再属于实践理性，而是属于创造性理性。宗教意识被蒙蔽在它的观念表象中，不知道不可形成表象的并非一定也是不可概念地加以把握的，相反，对象的观念作为现象而出现，这只能以把对象把握为物自体为根据，而物性必须被把握为精神自我意识的舍身外化。

不再是现象及其世界的意识，而是精神自我意识的客观性的意识，知道物自体或者物的真理是被设定的——被设定，这是由于精神舍身外化，原因是精神必须表达自身呈现自身。它"同样也扬弃这种舍身外化和对象性并且将之收回自身，也就是说在作为他在的他在中在自身[bei sich]"(《黑格尔全集》,9:422/20)，因此，意识仅还有精神的自我意识为对象，这个意识是精神的理性。但是这个理性并非又是精神的最后的抽象形态，既不单纯是理论理性，也不单纯是实践理性，而是自为地舍身外化的理性，也就是一种创造的理性。而创造其实并非精神的自我创造，而是推动精神显现的理念的自我创造。显然，精神自身已经是纯粹概念的宣示，就是对象，而作为对象同样既是物自体也是现象。

《精神现象学》是纯粹的理性科学，这是因为意识的经验为精神的理性所推动和掌控——两者按照它们独具的推理行动，概念诸契机的衔接，普遍性和个别性，经过它们的规定中介。精神自我意识舍身外化在意识的对象中，意识对象作为回忆起的对象是"推理或者[624]普遍经过规定而抵达个别性的运动，一如相反的运动，从个别性通过作为扬弃了的个别性或者规定而抵达普遍"（《黑格尔全集》，9：423/1）。

这种运动对于意识是其经验，——如果人们回想康德的开始——，这种运动的考察和科学既不属于理论理性，也不属于实践理性，而是属于反思性判断力，而反思性判断力所关涉的与其说是现象，不如说是物；不过并非以寻找某种普遍的方式，而是像推理所得出的那样去发现根据，并且是物的第一根据，而不只是现象的第一根据。在物的自然中，反思判断力曾假定一种理性的作用，这种理性曾向实践理性提供可能性的先行赋予［Vorgabe］，在自然中实现至善并且创造出世界本质存在的真正世界。随着费希特的我，有限理性自身踏上先行赋予者［des Vorgebenden］的位置，却不曾能够实现我的理想的实在之整体。理想的实现显现为"美的灵魂"，它停留于单纯的概念，没有真正地舍身外化，对它自身的神性和慈爱的直观阻止它去舍身外化。这个精神的我自身在那里造出它的绝对形式，这个形式却缺少一个同样绝对的内容，就像这个内容是启示宗教的结果，或者说概念的结果，这个概念"放弃它的永恒本质，它在此，或者说行动"（《黑格尔全集》，9：426/21）。

"精神的最后形态是绝对知,这个精神同时给予它的完整而真实的内容以自身的形式,并且由此既实现了它的概念,也在这种实现中驻留在它的概念中;绝对知是知道自身在精神形态中的精神或者是概念把握的知"(《黑格尔全集》,9:427/28)。精神曾经作为伦理世界的精神而直接是"实存",在其此在退回到无所作为的我的非现实性中之后,精神在启示宗教中才赢回作为其现实性的实存。然而,为了让真理与确定性完美地齐一,必须知道精神的此在是自身的此在。团体的知并非已经是这个我自身的真实普遍性,真实的普遍性是关于绝对对象的知,在自身创造的确定性中知道它,而这种确定性仅是理念的科学,这种理念在每一种理性中创造自身。[625]只要精神在概念因素中向意识显现,"或者,这里相同的是,在概念因素中由概念所创造,精神就是科学"(《黑格尔全集》,9:428/3)。科学必须是我的并且同时只能够是这样一种知:人人必须知道它,而不只是想要它。实践的第一哲学必须放弃自身,让创造的第一哲学成为真正的第一。

就像《道德风俗形而上学的基础》从"通俗道德教化的理性认识"来寻找这种认识的原则,同样,《精神现象学》把所有认识——只要它属于意识经验——引向纯粹概念的科学,而现象学已经为纯粹概念的科学所渗透。然而这种向真正开端的引导对意识施加暴力,既从我的方面也从其对象性的自身方面实现实践理性的理想——结果是:穷尽了这个观念表象,也没有实现绝对自由。一如自由为意识所造,无论对于我还是在世界方面,自由都是已经架空的观念表象。

自由没有实现就是虚无。为了自由的确定性能够把自己付诸真理,把自由当作理性概念加以设定或者设定为前提,把自由区别于知性观念表象,这些都还不够;为了自由的理念,理性必须自己与作为意识的一种形态的自身相区分。道德理性曾把自由设定为前提,宗教理性则设定了自由,在绝对意义上,自由无法为观念表象所规定,而是从纯粹概念来到观念,这是已经达到绝对理念而实现了的纯粹概念。在跟随在《逻辑学》之后的精神哲学中,意识才概念地把握自由。在那里意识才是这样一种意识,在意识中理念留驻于自身[bei sich]。

在"自然的"或者直接出现的意识中,精神却是自我异化的,这是因为这种意识令精神忘记其科学,也就是忘记绝对理念,意识因为本质上为有限的观念表象的要求而歪曲绝对知。这种遗忘内在于自我教养的意识历史并且在意识的每一个形态中寻求支撑。在意识中展开其历史的精神完成它的历史,从它的作为意识的此在忆入纯粹知,它完成了这个回忆。[626]意识经验的科学作为科学证明:精神已经牺牲了它在时间外在性中——因为在历史外在性中——的此在。黑格尔的《精神现象学》是对这种牺牲的当下现实的回忆,牺牲就自身方面是精神本身的回忆,也就是它走进了自身,具体说进入它的逻辑基础。并非精神显现为意识就是它的自我遗忘,而是这一点,即它对自身的知曾被设定在"自然"意识的局限里,或者说,它对自身的知停留为意识形而上学,或者说,实践哲学曾确信自身是第一。这种实践哲学的精神不得不永诀了。

在《信仰与知》的结束,黑格尔已经谈到这样一种必然性,重新为哲学建立"绝对自由的理念,因此,在为神所弃的完整真相和艰难中[重建]绝对痛苦或者思辨的受难日,[重建]受难日本身,否则它是时间历史的"(《黑格尔全集》,4:414/7)。受难日在"自我完善的怀疑主义"的结论中得到重建;显然,寻常被看作时间历史的[东西],即被看作从前的事件的[东西],现在由于得到概念把握的近代精神历史而再度成为当下。这个历史——近代精神诸形态"显现在偶然性形式中的自由的此在"——和历史概念或者概念显现的科学"一道形成绝对精神的回忆和墓地"(《黑格尔全集》,9:434/5)。精神长逝,从自然意识的世界进入自身,它与历史的诀别才赋予历史一种整体规定性,整体既脱离了观念表象活动的时间顺序,也脱离了观念表象诸形式的顺序。纯粹概念的发展无时间地是当下的,不知道诸形式的"概括的全体性"。

在"绝对痛苦"中——在精神的死亡中——,精神回忆起绝对自由的理念,绝对自由是绝对形而上学的基本思想。在自由理念作为理念得到概念把握的地方,自由才绝对地得到理解和把握。只要绝对自由只是我的自由,因为是意识的自由而相应地被理解为实践的自由,绝对自由的理念就献给了绝对痛苦,因为在它的实现过程中[627]关涉到非我或者一个世界,这个世界并非绝对地自己创造了自身。

《精神现象学》在结论中重新建立了为神所弃的痛苦,其艰难由此可见:精神不是失去历史性的此在,而是出于对这种此在的偶然性的洞见而牺牲此在,而恰是在这种牺牲中为神所弃的情感必然侵袭精神。其实,只要意识作为"自然的"意识错置了概念,而在这个概念上意识具备了它的显现和教养的唯一动因,那么,精神就是为自身所弃。

这里却必须记住:意识不得不一度是"自然的"并且反抗理念的真理,原因是意识正是自然理性的自身构成形态,这样一种自然理性看到了自身与绝对者的自由的直接之知相互排斥,而绝对者的自由在近代艺术和宗教的开端就已经呈现出来。

二、创造性理念的科学

从康德的开端以来,绝对形而上学、绝对形而上学的理性为拯救自由的使命所推动,黑格尔看到:如果理念的诗性[poietisch]基本特征作为诗性特征本身没有首先得到启示的话,自由作为实践理念也不可获救。与此相反,谢林所设想的自然的创造性仅仅掩盖对自由的威胁,原因在于误认了自由对死亡的绝对否定性的归属性。

谢林也知道,"仅为历史的信仰的时代过去了"——但只是依据"直接认知的可能性",一如直接认知对于他似乎是随着创造性的自然的完满启示而被给予的那样(《黑格尔全集》,7:4/5)。这样的认知为自己省略了当下,因而也没有上述永诀的面容,直接认知替理性本质免除了相应的与自身的区分,具体说,与观念表象的此在的区分——这是由于单纯地把从前所信仰的再现为一种自然而然可以理解的。

相反,黑格尔追随着绝对精神直至它的孤寂,[628]为的是在"阴影王国"中认识自然的直接性只是并且如何只是在理念的绝对中介的结果中的一个契机。自我意识曾经在作为绝对主人的死亡的统治下服役,一如在这个奴役关系中,这里也完成了一个"意识的教养和训练",不过这个意识不再关涉作为现象的对象并且就此不再是表象的,而是概念把握的对象—完全回到它的逻辑自然之中(《黑格尔全集》,11:29/4)。

与此相对地,对于理性的当下,绝对实在的观念表象的自我保存意味着什么,这显示在谢林对启示过程的解释上:谢林的"世界纪元"的完整性停留为没有根据的;在其顺序中所达到的当下正在消亡并且在其规定性上变得不真实,这是其完整性所无法排除的。为了把启示过程整体将来甚至放到非真理中,只需要一个"已改变的世界"。

黑格尔对当下自身的区分,也就是经过概念把握的纯粹概念与观念表象诸形态的决裂,保证了真理的——因为是自由理念的——居住地。它是一种永恒,不再被表象化为充满光明的彼岸,不再作为所希望的因而也是所追求的未来世界,而是可判断的逻辑的[des Logischen]当下,逻辑的诸形态——尽管本身具有影子般的规定性——清楚地说明了自然的[der pysischen]和精神的自然之整体并且为了纯粹的理性认知而使之升华。如此之当下仅会随着纯粹理性行动本身一道而"消亡"。

《逻辑学》是"纯粹知"的呈现——纯粹得脱离了意识经验。费希特只是直接地提出上升到这种知的立场的要求,并且通过抽象来达到这种提升。相反,《精神现象学》阐明了"具体的我在自身——通过它自身的必然性——从直接意识到纯粹知的运动"——[在自身即]在同为精神的主体-客体上。"没有这种客观的运动,纯粹知即使被规定为智性直观,也仍然显得是一种武断的立场,或者本身是意识的诸经验状态的一种,有鉴于意识,[629]关键在于一个人是否自身找到或者能够创建这种立场,而另一人却没有。"(《黑格尔全集》,11:38/36)——比如在谢林的"审美直观"的情形中。

纯粹知自身不需要通过《精神现象学》来做它的入门;它甚至从未为了我们而需要导论——除非"我们"受历史的规定,也就是在自然意识的规定下认识自身;只有在那里对道路的回忆对于我们才是绝对必要的,这是意识——因为近代的精神——所取的道路,它循此而自己忆入其逻辑真理——一路上真理的现象在凋谢,在牺牲。伴随着忘却了自身的意识,对绝对知的反抗是我们所本有的,在绝对知中"对象与它自身的确定性的分离完全消解了,而真理与这种确定性,一如这种确定性与真理,达到了齐一"(《黑格尔全集》,11:21/2)。确定自由的理念只有这样才能够卸除这种反抗的力量,这就是理念在表现为精神的同时渗透自然意识的外在性,迫使自然意识成为历史,这是它成为纯粹概念的元素的教养史。从我与非我的对立中解放出来,对于意识这不是由于它自身的力量,而是概念对它的强力。显然我在自由理念的规定下才成为主体。主体必须以这个理念为前提并且设定这个理念,这一点仍然遮挡了这样一种洞见,即自由作为理念，它掌握主体。只有理念与观念表象的分离才向我开启这一洞见。

已经完成的精神现象学却也向个体开启了做出这样"决定"的可能性，即要把"思作为思来考察"(《黑格尔全集》,21:56/8)，为自己拿起这个自由(《黑格尔全集》,20:59/6)——即使并没有在思想自身中重复自我完善的怀疑主义的道路(《黑格尔全集》,20:117/24)。人已经从怀疑中毕业了，他能够——用路德的话说——以对绝对者的自由的信念，为他的思想指望纯粹概念把握的开始，而纯粹的概念把握开始于规定性上的究竟空[schlechthin Leere]。

至于纯粹科学作为纯粹科学，虽然它的开始一方面是经过中介的，也就是"经过纯粹知是意识最后的、绝对的真理"(《黑格尔全集》,21:54/29)。[630]然而科学的开端并没有在意识历史上具有绝对的中介；不如说绝对中介是整个发展的结果所本有的，也就是在得到完满规定的纯粹概念上；因为纯粹概念必须绝对地通过自身而得到规定，它为自身设定究竟直接的开始。然而"对于科学为本质的[东西]并非如此，仿佛某个纯粹直接的[东西]是开始，不如说科学的整体是一个在自身中的循环，这里，第一也成为最后，最后也成为第一"(《黑格尔全集》,21:57/26)——不是："是"[第一或最后]；没有什么不"既包含直接性，也包含中介，以至于这两种规定没有分开过，也不可分开"；经过中介的和直接的知的对峙是虚幻的(《黑格尔全集》,21:54/14)。

《逻辑学》是那种"在自身中的循环"，它将只把自身敞开和安排在"哲学科学"的圆周中。《精神现象学》却是一个导引，连同意识的教养以及意识脱离自然性的过程而停留在这个圆周之外，于是它也能够为一种经过不同的"思想位置而抵达客观性"的导论所代替(《黑格尔全集》,20:68/19)——[《精神现象学》]又只是导引，而不是在近代精神教养中的自然意识的"客观"历史。

按照这一方面,这里可以看见:本质上为实践的意识哲学虽然脱离了作为近代原则的真正第一哲学的诗性[poietisch]哲学——这是纯粹概念的科学,因为是自由的理念的科学——,但同时意识哲学并不能够针对纯粹概念的科学而保持独立。恰是必须在实践的形而上学的自我舍弃上,来衡量绝对者的启示的品级和力量,而它在自我规定的绝对自由的理念的形态上启示自身。

费希特直接把纯粹理性的创造性呈现在人的精神的三大原始行动上,意识用其第一科学的三大原理来理解它们。这些在自身没有觉悟并且是必然的行动具备一种"自然逻辑";黑格尔也看到其自然性在于"贯穿且作用于我们所有的观念表象、目的、兴趣和行动的思想行为无意识地活动着"(《黑格尔全集》,21:15/1)。[631]在费希特知识学中有效的也适用于他的逻辑:"逻辑的自然给精神以灵魂,在精神中激荡、发挥作用,任务是把逻辑的自然带往意识"(《黑格尔全集》,21:15/24)。进一步的任务在于:精神在范畴中知道自身,这些范畴最初只是"合乎直觉地作为冲动[复数]而发挥作用"(《黑格尔全集》,21:16/2),精神把语言表面化为范畴并且每一次都固定下来(《黑格尔全集》,21:10/28),净化这些范畴,"藉此在范畴中把精神上升为自由和真理"(《黑格尔全集》,21:16/5)并且是纯粹概念的自由和真理。然而纯粹概念只是"思想的对象、产物和内容,是自在自为地存在着的事,是逻各斯,所是者的理性,称众物之名称者的真理"(《黑格尔全集》,21:17/26)。

如果这种概念的科学开始于直接者,它没有受任何规定,那么这表明:在原则意义上,创造并非就像在中世纪创世之理性中的诸理念那样,是已经具有规定性的可能性的实现,不是他者从无到有的创造,而是自由的实现,从绝对无规定性[Unbestimmtheit]的状态到自我规定。

在意识形而上学的笛卡尔的开端,无规定性在意志的缺乏规定[Bestimmungslosigkeit]的意义上被认为是不真实的,因为是没有根据的自由,在《逻辑学》的开端无规定性也是理念及其自由的极端非真理。无论在哪里非真理是以缺少充足理由/根据——cui ratio non subsit——为标志的。相应地在黑格尔的科学中,"前进即后退,回到根据,回到原始和真实,曾借以开始的这一点依赖于这种原始和真实,从中起始点真正地被造出来了"(《黑格尔全集》,21:57/14)。在创造性的[起点]造就自身的规定性之前,它不是别的,只能是自由本身。

费希特的意识以其第一原理所拿起的自由也是无规定性,但不是绝对的;显然我已经在反思的意义上通过与自身的齐一而受到规定。正是这个齐一也在"我应该是我"的要求中起规定作用——具体说在我的规定的意义上,给予自身一切规定性或者实在。不过它规定的内容在执行第三原理的过程中才公开,也就是说,[632]在考虑它的有限性时才公开。意识形而上学不可能把自由的理念作为绝对创造的来思考,这是因为它没有回溯到究竟无规定性的——因为无分别的——开端。

谢林的"非根据"(Ungrund)或者"绝对的无差别"是"一个本具的、与所有对立相隔绝的本质",从中黑暗与光明的原则的二元性无法解释地——因为"直接地"——"绽露出来";它在此表明自身是观念表象的彼岸。相反,在黑格尔逻辑的开端无差别者自身属于概念的领域,因而为区分和规定所渗透;因为它是纯粹知自身的无分别,纯粹知"扬弃了一切与他者和中介的关系";"这个无分别者自身于是停止了是知;它只现成地是单纯的直接性";就直接性也仍然是一种"反思的表达"而言,只剩下作为"纯粹的存在"来谈起它(《黑格尔全集》,21:56/16)——纯粹得不带任何"规定和内蕴",也就是"整个的空"["das ganze Leere"](《黑格尔全集》,21:62/10)。

这种空究竟如何能够规定自身而获得圆满呢?这种存在却就是纯粹的知,它在其无分别性[Unterschiedslosigkeit]中停止了是一种知;然而在这种否定中思将自身保存为关系;虽然它无法把存在回溯到与知的关系,但是能够将之向前关涉到存在所排斥的[东西],在无规定性中存在与之毕竟相同——这就是无[das Nichts]。

"为了赢得科学的进展……,唯一的是逻辑定律的认识:否定同样也是肯定的,或者自相矛盾者并非瓦解于零,瓦解于抽象的无,而是在本质上只瓦解于对其特殊内容的否定,或者这样一种否定并非否定一切,而是对特定的自身瓦解的事的否定,因而是具有规定性的否定,也就是说,由之而得出结论的[东西]本质上包含在结果中;"于是否定具有"一个内容。否定是一个新的概念,但是比先前的概念更高、更丰富的概念;因为它多了对先前概念的否定或者与之相对峙者,包含先前的,但却又更加丰富,并且是先前概念及其对峙者的统一。"(《黑格尔全集》,11:25/3)第一个概念,因为第一种[633]这样的统一,却不是存在,而是变易。**作为概念自身的变易,它把逻辑科学的整体区分为三个阶段**:向他者过渡的阶段,在自身中存在却又照耀他者的阶段,最后是作为概念的概念所本具的阶段:在自身中的发展。

如果黑格尔鉴于概念而谈到一种"精神运动","它在单纯性中给自身规定性,在规定性中给自身与自身的齐一",那么,他所思考的是使真理现前的方法之路,一如它在绝对意义上是这样一条道路的划时代的不同显现,中世纪知道它是"践行真理"之路。与此相比,近代原则所创造的方法,其道路不是已经建筑好的,而是必须在思想自身的运动中演示出来。如此之创造性的最高显现曾是意识自身的教养连同意识形而上学的历史。筑造自身运动的道路——这是概念的"工作"。其"方法是对内在的自身运动的形式的意识",也就是概念的原始"自然"的形式(《黑格尔全集》,11:24/37)。与在费希特的知识学中不同,这种意识没有我及其对象的对立,因此与概念的科学完全一致,而概念作为科学的主体。

这种科学的第一个概念是变易的概念;它具备存在和无,这一对相对峙者,作为它的契机——不是:组成部分;显然,它们是概念的自身运动的内容,而这种内容"本具的反思",是它"才设定和生产出概念的规定"(《黑格尔全集》,11:7/27)。内容把概念的规定保持在运动中,直到实现那种"与自身的齐一",这种齐一对于意识、对于我是不可企及的,原因是理想总是重又规定自身迈向新的应该。

概念的统一是其中相区分的诸契机的关系,它们只通过相关涉的存在而运动。它们并非刚刚才被设定到关系中,原因是它们在统一中根本不可能自为地存在,就像我及其对象、意识的主体和客体每每显得是自为的存在,并且一直延伸到宗教或者绝对者的观念中。概念的统一始终为这样的元素,[634]相区分者在向规定性的至高点——绝对理念——的整个运动中不再超出这个元素。这种统一直接地是纯粹知的单纯性,纯粹知是无区分的,因而是运动的绝对不受任何规定的开端。作为纯粹知,"哲学的开端,在以下所有发展中是当下的并且持续的基础[Grundlage],于种种继续规定中是全然内在固有的留守者[Bleibende]"(《黑格尔全集》,21:58/8)。

纯粹知在概念把握的驻留于自身的[bei sich bleibend]理性纯洁性中保存自身,相反,第一和最抽象的概念,也就是变易概念,则在自身内发生转化,这不仅通过变易概念自己规定其内容,也就是区分为——产生与消逝,以便在继续区分中进一步规定自身,具体说,规定为此在、自为存在以及量与尺度的诸规定;而且尤其是概念把握本身的运动方式规定自身和转化自身,它从再现［Repraesentation］——过渡到他者——和反思——照耀于他者——的运动中回归那按照知的纯洁性之所应然:"内在原则"(莱布尼兹)作为如此之原则的运动,也就是在自身中的发展。

这三种运动方式提供概念的"自然本性"的基本轮廓,也是概念科学的基本轮廓。概念科学不仅与意识的形而上学彻底决裂,而且通过在自身的区分,通过"客体性"逻辑和"主体性"逻辑的划分,特地显示了概念科学的孤寂的根据。在"客体性"部分,逻辑仍然关涉到意识活动,虽然没有深入意识在对象上的教养,但是把观念表象双方的"范畴"——再现和反思的范畴——带往完整的规定性。从这些范畴的事实推导出的却不是什么必然性,亦即关于"显现的知"的事实的必然性或者自我遗忘的意识的事实的必然性。它们仅仅作为内容是必然的,而内容已经扬弃在作为概念的概念之中。

《逻辑学》分为"客体性的"和"主体性的"部分,这是概念把握在纯粹知这同一个元素中的区分,从历史性上看,[635]这个区分是开端性行动,清楚地表达了近代原则的创造性规定以及合乎这一原则的第一科学。它论证了"一切的关键在于,不是把真实理解和表达为实体,而是同样也理解和表达为主体"(《黑格尔全集》,9:18/4),论证了这是怎么一回事。值得注意的是"同样也",它并非扬弃"不是",相反它让人们想起:因为概念的区分,也为了在概念自身中的规定的缘故,概念作为概念需要先行的——因为已经扬弃在概念的契机中——实体在存在和本质中的区分,或者说需要从这两者中树立起实体。因此,在历史性意义上主体性逻辑和客体性逻辑的分离不仅切中意识的形而上学,而且切中所有的实体哲学,对于黑格尔就是所有的旧哲学,一如它似乎集中在"自然形而上学"。

整个"主体性逻辑"解释和论证对真实作为主体的理解。真实不是实体,但是必须首先作为实体来把握。为什么？真实作为主体是概念作为概念；因而它必须把自我规定的开端的直接性作为经过扬弃的中介来把握,概念自我规定的开端也是实现其本具之自由的开端；它需要"客体性逻辑",作为其"起源的展示部分"(《黑格尔全集》,12:11/26)。真实的概念的创造性"自然本性"首先表现在它"把自身做成直接的"(同上)。

这种"做"[Machen]在其自我规定之前是"存在"和"本质"的运动,存在和本质最终"结合"在实体中(《黑格尔全集》,12:11/28)。这样一种结合本身已经证明,它外在于概念的统一性。结合是在设定过程中造就的,相应地,由此得出的实体根本上是"所设定的存在"。这种"做"的中介是设定着的反思。在历史规定性中,它被看作是整个意识的形而上学,而直接出现的近代哲学——布鲁诺、培根和伽利略——则没有超出存在的领域或者再现-范畴,不如说在"实在的尺度"及其诸关系上具有其完满的概念。

不同于意识形而上学的另一种哲学虽然停留在意识的外在性上,但最终却僵化于存在逻辑的界限,也就是停留在"本质的变易"中。[636]谢林与布鲁诺的关系已经让人猜测,就事论事这是向纯粹知的开端的回归,带着漠然的态度；任何区别,也就是任何存在的规定性都变得无所谓,由此,作为经过中介的冷漠,它独特的"既不—也不"得到了证明。作为如此之冷漠,它是所有再现的本身不再可再现的界限。

本质或者反思是扬弃了的存在。就存在是"绝对抽象"而言,相关的必然性在于存在自身；"这种否定性对于存在并非外在的,而是它就是存在,除了存在以外不是别的,只作为这种绝对的否定性。为了绝对否定性的缘故,存在只是作为自我扬弃的存在,并且是本质。然而本质作为与自身的单纯齐一,反过来同样是存在。存在论包含第一个原理：存在是本质。第二个原理：本质是存在，这构成本质论第一段的内容"(《黑格尔全集》，11：323/4)。显然，这个内容是本质的运动，作为简单而只才自在存在着的本质，仅仅在本质之内并且因此而作为反思。反思规定是照耀于他者，由反思造就的规定性最后是"自在之事"[die Sache an sich]；自在之事又被规定为显现或者从它的根据中走到实存[Existenz](《黑格尔全集》，11：292/36)。

"本质首先照耀于自身；其次它显现；第三它公开自己"(《黑格尔全集》，11：243/22)；最后一个在现实性中，现实性是"本质和实存的统一"(《黑格尔全集》，11：369/3)。现实性——这是所有传承下来的形而上学之事的普遍规定。它只还作为"本体论"出现在主体性逻辑和客体性逻辑的分离中。这里，近代原则在其自身中的发展与在其自身的他者中的发展分离开来——不仅因为纯粹知与意识截然不同，而且尤其是因为概念作为概念必须从再现和反思的观念表象活动中解放出来。这里所考察的在所有形而上学中的现实性绝不可能是直接的现实性——既非无规定性的存在，亦非在衡量中所把握的实在——，这一点显示在现实性的"现象"中介上，或者表现在这些方面："无形态的本质和无依据的现象，或者没有规定的持存和没有持存的多样性"(《黑格尔全集》，11：369/3)。

[637]自我启示的现实性首先是绝对者的现实性，这里绝对者的来源已经取消了它的彼岸性的假相。这种假相只为外在于绝对者的反思而生，在费希特的思想上可以看到这一点，那里反思不知道自己是绝对者本身的运动。绝对者及其反思的统一才是发展成为绝对关系的现实性，而这个现实性不是别的，就是绝对者与自身的关系——亦即实体(《黑格尔全集》，11：369/28)。正是这个理性关系是现实性的完满规定，也是一切传统形而上学之事的规定，正如它显现在近代规定的真实开端的界线上那样。这个界线不是局限，从实体关系向概

念诸契机的关系的过渡证明了这一点,而概念这里作为概念本身。概念是实体运动的结果,正是于此,整个客体性逻辑对于真实作为主体的概念是不可放弃的,这一点昭然若揭,于是也可以认识到近代形而上学真实的——也就是黑格尔的——开端与一般形而上学的开端,更进一步说是与意识形而上学的开端之间的张力;绝对形而上学的开端已经落在主体性逻辑的范围,就像黑格尔在康德身上所指出的那样。

绝对关系的完整运动所启示的不是别的,就是必然的理性关系或者必然的概念,必然的作为无条件的现实性。它于自身再一次重复存在的逻辑和本质的逻辑这两种运动方式,以便从中过渡到概念的逻辑。实体是力量,为了证明每一种规定性由它来规定并且依赖于它,它通过过渡到个别的规定性中而公开自身及其范围;每一种规定性直接地只是可能的,仅在与实体的行动方面的关系中才是必然的,也就是说实体把自身设定为他者,关涉他者就是关涉它自身,因为他者停留在实体的权力中。

"就实体面对向偶性[复数]的过渡而返向自内反思并且因而是原始的事[Sache]而言,实体是起因[Ursache],但是实体同样扬弃自内反思或者它的单纯可能性,设定自身是自身的否定并且如此造就一种作用,一种现实性,它只是所设定的现实性,但却由于作用过程而同时是必然的。"(《黑格尔全集》,20:170/24)[638]在先前的关系中,现实的每一次都过渡到他者,而在因果关系中所考察的作用则是照耀于他者,他者作为他者仍旧在自身中。通过这种作用设定了另一种现实,不再只是为了这种作用而预先设定另一种现实为前提。

可它却是一和同一个[eine und dieselbe]——因为无限的——实体,既按照被动的又按照积极的方面,也就是在其被设定的存在中或者在其作用中回到自身；它把它的这种现象扬弃到它的统一的现实性中，现实性的诸方面仅还处在相互作用的关系中：一方面的作用所产生的，另一方面也产生。虽然它们仍然保持不同的规定性，但却以这样的方式：因为不再针对各自的他方而受到规定，所以它们相互之间是自由的；它们仅还作为概念统一性的诸契机而相互区别——形式上作为普遍性和个别性。存在和反思扬弃在诸契机之中。

然而，如果没有绝对理念的发展的先行赋予[Vorgabe]，亦即如果没有主体性逻辑发展的先行赋予，那么，因果之相在相互关系的绝对现实性中的瓦解，揭示自由和必然性之对峙的虚无[Nichtigkeit]，这在任何精神的历史中——无论是意识的历史，还是形而上学的历史——都是最困难的和绝对不可能的，原因是只有这种主体逻辑开启并且经受得住真实作为主体与真实作为实体的区分。相反，即使是谢林的位置也表明，启示自身的绝对现实性的思想是如何僵化于因果关系的假相——即使在人的理解表明自身对于这种启示是有用的[gebraucht]甚至是必需的这种地方。

"从必然性向自由的过渡，或者从现实的[东西]向概念的过渡，是最艰难的，因为应该这样来思考独立的现实性，它在过渡中和在与它的另一个独立的现实性的同一性中具备所有的实体性；于是，因为概念自身正是这种同一性，概念也是最艰难的。现实的实体作为如此之实体，这个起因，它在其自为存在中不愿让任何东西闯入自身，它已经臣服于过渡到被设定之存在的必然性或者命运，而这种臣服却是最艰难的。相反，必然性的思想[639]不如说是对那种艰难的消解；显然，思想是它[原文大写]在他者中与自身[原文大写]的合一[das Zusammengehen]——一种解放，它不是抽象的逃避，而是在另一种现实中，现实通过必然性的力量与另一种现实结合在一起，并非拥有作为他者的自身,而是拥有它本具的存在和设定。"(《黑格尔全集》,20:175/26)为了这种解放,黑格尔本人回忆起我[Ich],这个我不仅有理性,而且是理性。

在实体性关系的消解中得出的概念作为如此之概念是"主体性的或者自由的王国"(《黑格尔全集》,11:409/36)。康德打开了通往这一王国的入口,具体说通过在纯粹自我意识形态中的概念统一性的思想。对于这样来规定的我曾经有效的是:第一,对象作为现象是我的对象;第二,按照我本具的观念表象的诸形式,我把对象带到规定性之中;第三,我作为如此之我,其形式是普遍性,这种普遍性直接地是经过反思的个别性,或者是这种个别性,它直接地是普遍性。对于概念把握的对象曾经有效的是:第一,按照感觉材料的方面,对象是陌生的某物,某物却按照其规定性而处在观念表象的权力之下;第二,这个某物是由我设定的,它才存在;第三,这个被设定的存在就它这个方面是一个设定,原因是其中设定了我的实在;我的实在是对象的对象性。这种康德和费希特的位置已经让人们认识到概念作为如此之概念所本具的自由;自由的实现却停留在与观念表象的联系上,这就是我与非我相对立的表象。

客体性逻辑导向这样的洞见,"高于存在和本质的绝对者的形式是概念。就这个方面概念……征服了存在和本质并且表明自身是它们的无条件的根据,于是现在还剩下第二个方面,逻辑的第三部是献给对它的论述,具体说呈现概念如何在自身并且因为自身而形成实在,那消失于概念中的实在。"(《黑格尔全集》,12:24/19)作为实体来把握的实在不得不消失了,因为它妨碍自由作为如此之自由的实现和相应的概念的创造性。在概念自身"成为(绝对的)根据之后"(《黑格尔全集》,12:11/13),[640]对于它只留下对自身的规定的臣服,而恰在这里概念是主体。其实,在概念作为客体性的主体对于自身变得明明白白的地方,才知道它是作为如此之主体。这个真理从属于"绝对判断","绝对判断"是理念。

"理念是平等的[adaequate]概念。"(《黑格尔全集》,12:173/3)概念的平等以理念双方的独立发展为前提,具体说其双方是形式上的概念和客体性;在客体性上概念才证明自由,这种自由不仅把作为"主体的"概念从"实体的"形式中解放出来,而且公开了概念是概念的他者的"主体"。理念这里不是任何一个理性概念,而是理性的理性概念,这样一种理性不再是意识的形态,而是把自身展示在这样一种理念中:"理性是理念的领域,它是自我揭示的真理,在这里概念具备与之究竟相符的实现,就概念在其主体性中认识这一它的客观世界并且在后者中认识前者而言,概念是自由的。"(《黑格尔全集》,12:30/32)

形式上的概念从其诸契机——普遍性,特殊性和个别性——的直接全体性出发,经过判断而把自身锤炼为这样一种推论的理性形态,在这个推论中概念的诸契机不仅合一[geeint],而且作为独立的端项[Extreme]由其特意设定的统一而得到中介,于是形式上的概念达到上述理性。"因而推论不仅是理性的,而且所有理性的都是推论。"(《黑格尔全集》,12:90/14)然而理性推论在理念的发展中才成为创造性的。另一方面,已经发展成为推论行动的"主体"概念有能力在客体性整体中突现自身,并且启示客体性是理性的。

"由于客体……处于在主观唯心主义中作为绝对真实而说出的我=我的对面,客体是在直接此在中的丰富多彩的世界,我或者概念只是投入与这个世界的无限斗争中,为的是通过否定这个自身虚无的他者而赋予第一自身确定性以现实的真理,它的与自身齐一的真理。"(《黑格尔全集》,12:131/11)这里相反没有如此的对抗,客体既不被理解为现象,也不理解为物自体;显然,它的客体性不是别的,就是概念的存在或者概念的"与自身的直接关系"(《黑格尔全集》,12:131/32)。

这个"存在"却只在这样一种平等[Adaequation 同等资格]上才达到"真理的意义",[641]它把概念规定为理念(《黑格尔全集》,12:175/14);它说明:客体的客体性已经达到概念形式的透明性——最终带着对客体性建制的自始至终的合目的性的揭示;概念再次扬弃了与自身关系的直接性,并且出现在客体性的对面,这种客体性是与概念相同的概念自身的他者。实体的规定性早已经"消失"在作为概念的概念诸契机中;它作为客体性的实体而再度升起。而"理念"展开客体性的理性关系,具体说是客体性与概念的关系,概念就自身方面早已"沉浸"在客体性之中,现在作为其主体而面对它。

依据康德的"统觉的原始综合统一",黑格尔能够把"在普遍中的概念",尤其是何为概念的统一,变为可以表象化的、亲近的(《黑格尔全集》,12:18/1),而至于理念作为理念,他必须考虑到与康德的分离——习惯的理解虽然不在"理念"这一表达的使用上,但却在其评价上轻易地引证康德,即作为某种非现实的。分歧最明显地在显得与这里所把握的理念极为接近的[东西]那里——也就是在理想的观念中,一如费希特在实践意义上所完成的那样。

与理想不同,理念"不仅仅被视为要接近的目标,而这个目标本身却始终为某种方式的彼岸"(《黑格尔全集》,12:174/25)。科学的至上者不是行动的我与我的理念之间的应然的齐一,而是客体性与概念之间所建立的齐一,客体性从概念中获得规定性。"与概念不相应的实在,是单纯的现象,主观的,偶然的,臆断的,它不是真理。"

(《黑格尔全集》,12：174/30)关于这种"相应"的意义,须明确的是:概念作为概念——不同于观念——根本不可能碰到它所陌生的实在;显然,对此要说的最后不过是:"存在作为完整的抽象的、直接的与自身的关系",这个关系却只是概念自身在极端抽象中的普遍性契机;尽管它"担负起人们对存在所要求的东西,即在概念之外",这只在区别或者判断的意义上,"在判断中概念置自身于自己的对面"(《黑格尔全集》,12：128/37)。

[642]理念并且只有理念才是"真实的存在",因为不仅同一性,而且在平等中经过较量者才在概念发展的这一位置上被规定为全体性的诸独立方面,全体性即概念。"理念是概念和实在的统一,则存在抵达真理的意义。"(《黑格尔全集》,12：175/14)就形式上的概念业已规定自身而言,它就是这样的统一了。但是,平等所预先设立的区分随着这样一种实在建立起来,这种实在把自己作为客体的"直接的,亦即仅自在存在的统一"而区别于形式上的概念的主体的统一。

"现实的诸物与理念不相协调,这是其有限性方面,非真理,按照这一方面它们[是]诸客体,各个依照其不同的领域,并且在客体性诸关系中机械地、化学地或者由某个外在的目标而得到规定。"这种非真理的真理是概念与客体性相齐一的无限关系。另一个方面并且较突出地,"理念没有完全渗透到它的实在之中,没有使之完全臣服于概念,这种可能性的依据在于,理念本身具有一个受限制的内容,即一如它从根本上是概念与实在的统一,同样它也从根本上是两者之区分"(《黑格尔全集》,12：175/20)。正是这个区分设置对概念把握的反抗,鉴于这种反抗,理念的创造是劳作,是对象性的渗透、消融和了结。而只有在劳作中理念表明自身是"行使权力的概念"。

概念从客体性中脱颖而出并且立于客体性的对面,于是概念是

"绝对判断"的主体:理念的单纯整体分开来,它的"主体作为与自身相关涉的否定性统一,区别于主体的客体性并且是这客体性的自在自为之存在"(《黑格尔全集》,12:176/22)。绝对判断在形式上的先行赋予是概念在其发展的这样一个唯一的阶段所造就的,这个阶段以"概念的判断"而要求相对于规定的三个步骤的第四个步骤,否则三个步骤足够了;更贴切地说,在"确然判断"中预先筹划了理念的"原始划分",这是由于它是"关于所有现实性的绝对判断"——不过仍然带着关于存在的应然之尺度(《黑格尔全集》,12:88/15)。

[643]主体的概念就其仅在主体中得到规定而言,已经是与其实在相同一的。然而在理念的绝对判断中它才"真实地"达到其实在,这是因为作为一个与它有差异的而又作为客体性是其本具的实在。与费希特和谢林的"主体-客体"不同,这里的实在与主体的同一性不是直接的。判断作为如此之判断对同一性做出辨别,以便主体能够特地去建立同一性,"通过自身"而与客体性相关涉,实现它,设定它,与作为主体之"冲动"对象的客体性相结合,却并非仅仅与之相综合[synthetisiere],这是因为主体在客体性之中证明自身是"自身目的"并且作为如此之目的而保存着。

自身目的和冲动是理念之主体的两大契机;相应地,客体性在理念自身中也区分为两种,外在性契机和为主体所渗透的存在的契机。关于后者,理念的持存是所设立的存在,即作为实现了的目的,但理念的形式是概念,这个概念自己作为客体性的主体,与作为自身目的的自身相联系,也就是贯穿并且透彻地把握作为其本具的他者的客体性。外在性契机分布在对象的有限性、它的可变性和现象中,有限性在于一者针对他者而受规定,可变性在于一者针对自身而受规定,自身即他者,现象在于这个他者是对象的现实性;作为现象,对象在整体中是自身的外部。在如此之外在性中对象舍身把自己交付给机械性,而机械性既在"精神"形态中,也在"物质"形态中扩展开来(《黑格尔全集》,12:133/16)。

"客体性"的完整运动是概念外在性的"灭亡"和向理念之主体的"否定性统一"的回归。通过在客体性上把自己作为自身目的而确立起来,这一主体甚至也取消在目的关系上的外在性。这与那种精神意识的异化形态有着天壤之别,后者规定人是意识到万物——包括人自身和"最高本质存在"——的有用性的动物。正是在这一点上可以衡量《逻辑学》的孤寂,它从根本上是理念的逻辑,尤为发人深省的是这种形而上学的完满形态不得不经受的屈辱——[644]海德格尔认定形而上学之思是技术之思的历史。

理念是"绝对判断";而其主体的诸契机让人认识到,主体在自身中是这样一个"进程",它透过与之相区分的客体性而与自身相结合。正因如此,理念首先是"单纯的真理,概念和作为普遍的客体性的同一性"——单纯,是因为其中特殊者的对立已经消解了。相对于这种"与自身的齐一",亦即单纯的真理,理念另一方面是"单纯概念的自为存在的主体性及其与之相区分的客体性之间的关系;前者从根本上是扬弃这种分离的冲动,而后者是漠然的所设定的存在,自在、自为皆微不足道的持存"(《黑格尔全集》,12:177/8)。从"主体的概念"和"客体性"的种种特殊运动中,建立起那种单纯的真理,也就是理念的同一性,从此以后才开始这种同一性在其判断中的概念把握。作为关系,理念的同一性是"这样一个进程,在个体性和个体性的无机自然中分裂,又将两者收回到主体的强势之下并且回归最初的单纯普遍性"(《黑格尔全集》,12:177/11)。

由此可见,随着理念自身的规定,黑格尔已经离开了"客观的"乃至"主观的唯心主义"立场；显然，发展过程预设了理念的单纯普遍性，而这个前提就自身方面已经是一个结果，并且因此才具备这样的内容，这项内容的剖析是对理念进程的概念把握的开始——一个开始，如果从绝对未经过中介的单纯出发的话，它始终是无从把握的。只是因为第一作为普遍的，从而作为概念的契机，是一个历经中介者，理念的进程才能够衔接成为一个圆环。只有这第一个区分的合概念性才承诺概念把握过程中向起始之处的单纯的回归。

理念的"绝对判断"一方面指向普遍，概念和客体性在这种普遍中是同一的，另一方面指向这种同一性，它作为个别的进程，不是向理念回归的进程——理念显然不曾离开其同一性——，而是在理念自身中的回归。理念向自己公开其完整的意蕴，[645]作为形式的意蕴；而形式是那种把真实作为真实标识出来的齐一：具备完满透明性的真实或者在科学形式中的真实。真实在科学中运动，从不离开概念的普遍的领域，这一领域同时是纯粹理性的领域。正是有鉴于此，理念将表明自身是"绝对的方法"和"体系"。

一如理念是近代的原则，因为那种同一性，理念并非"法则"或者"原理"，它是整体，但不是观念表象活动的，而是演示自身的，理念自我创生的整体："理念与自身的同一性与行进过程是合一的，这种思想，它把现实性从无目的的可变性的假象中解放出来"——从自然和精神的诸变化的机械性中——"并且荣升为理念"——一方面投放到理念的清晰中，另一方面进入其荣耀——，"它不必把这现实性的真理表象化为僵死的静态，作为枯燥的画面，萎靡，没有生机和运动，作为天赋或者数或者抽象的思想"（《黑格尔全集》，12：177/11）。

理念是现实性的荣耀，它既让现实性的统一变得清澈可鉴，也让其慈爱变得透亮。这种荣耀的缺失对于自然意识的观念表象意味着毁灭,自然意识的宗教也不可幸免。"尚期待着其荣耀的世界"(《黑格尔全集》,9:421/11),这个世界——用莱布尼兹的话来说——不仅以漫长的从意识到心的过渡为前提,而且"把世界系缚于彼岸的对立面",这是由于真理在知中停滞在与现实性的分离。当下被时间化了,在时间中永恒被贬低为没有规定性的未来。在所谓当下的现实性中荣耀变成不美的假象。从这种面目可憎的现实性中的解脱,无休止地拖延着,并且意识到这种期待的虚妄,从而听任于上述机械性。

无目的的可变性的假象属于客体性针对其主体的外在性和漠然的一面。因为客体性的他在,这个方面以必然的方式表现出来;但是它即使在此也仍然是理念主体的他者,无法脱离理念。"理念为了[646]概念在其中所达到的自由,也在自身内拥有最强硬的对立面;理念的宁静"不在于某种让行进过程停顿的同一性,而是"在稳健和确定性中,藉此理念永恒地孕育和产生那个进程,永恒地超越它并且在其中与自身合一"——成为单纯普遍性的经过中介的直接性,理念的进程曾从这种单纯普遍性出发(《黑格尔全集》,12:177/20)。

作为理念,概念是自由的,这是因为不再针对他者而受规定。正是这种自由对于费希特的我停留为其追求的目标。黑格尔的理念却实现了这种自由——不过在《哲学全书》中才真正实现。这里,在逻辑中理念造出它的自由作为如此之自由。这种自由作为结果显现了三次:首先作为存在和本质的逻辑的结果,其次作为主体概念逻辑和客体性逻辑的结果,第三源于理念自身的发展的结果;在它是绝对理念之处,它才证明这样一种与理念相符合的自由。

开启进程的东西,更贴切地说,是理念的普遍向个体性及其无机自然的特殊化过程。虽然理念是非物质的,但是它并非悬浮在它所陌生的物质之上,而是自身包含《逻辑学》的第一个概念的,也就是

"变易"的"物质性"。在理念的进程中它直接是个别的生命："这样的概念，区别于其客体性，单纯地在自身内，它穿透了其客体性并且作为自身目的在客体性中具有其手段，设定客体性作为其手段，而它内在于这种手段并且在此是业已实现的、与自身同一的目的"(《黑格尔全集》，12：177/30)。

伴随着无机自然和有机化的自然，理念的发展进程开始于现实的抵抗，理念内部的对立面在这种现实上是强硬的——在生命的具象之前，"遵循反思关系和形式概念的诸规定的思维毫无保留地耗尽了它所有的思想；就反思同时从生命的感知中获取当下而言，单纯者在繁复的外在性中的完满当下对于反思是一个绝对的矛盾"——总之：反思体会到，"这儿现实性必须归属于这种理念，一个不可思议的秘密，这是因为反思不理解概念，没有把概念理解为生命的实体"(《黑格尔全集》，12：181/26)。[647] 经过从客体逻辑到主体逻辑的过渡，不仅离开了而且也扬弃了反思的立场，这一点才变得可以理解。

并非生命的理念或者观念，如其为观察的理性所本有的那样，但却是理念的生命在理念的行进过程中从普遍出发，这种普遍将其单纯性分别展现于主体的统一性和世界的客体的全体性；两者起初是互不相干的，而主体呈现为个别的生命或者灵魂。灵魂才仅仅是前提条件，它经过身体这个中项与世界结合在一起，在这个过程中一方面规定自身是自我感觉，另一方面是冲动，由痛苦所唤起的冲动，灵魂在痛苦中消极地对待任何特定的印象；最后灵魂把两者具体化为概念的统一性，由此而"再造"自我感觉和冲动。在概念的统一性中生命个体是完整的。

作为个体，它踏入"生命进程"，不再只是预设的前提，而是设定自身，这是通过在不相干的客体性上确立自身，按照个体的需要和冲动掌握客体性并且建立自身与他者的统一性。然而就这种统一性是所有个体的"客体的"统一性而言,生命的进程成为类的进程。这个进程一方面是在无休止的繁殖中的同者永恒轮回;另一方面具备"实现了的类"作为结果;显然,"作为类而自在的理念,它是自为的,它扬弃了构成生命各个种属的特殊性,藉此赋予自身一种实在,这种实在本身是单纯的普遍性;于是把自身作为理念来对待的理念是这样一种普遍,它以普遍性作为规定性和此在,——认识的理念"(《黑格尔全集》,12:191/25)。或者:类的理念,类不再仅仅是生命个体的内核,而是在此,在与自身的同一性中,它是精神;其此在就是其认识。

就像在生命的理念那儿没有与生命的观念表象的交涉,这里对精神的考察也与它自身如何表象化无关。不如说精神在理念中不是任何别的而就是认识,一如认识是理念生命的真理。理念的生命在类的发展过程中达到区分,从这一区分中类[648]特别地作为类而突显出来并且是在概念的形式中。在作为类的类中概念自身成为对象了。然而却是这样,概念作为理念的主体与理念的客体性相分离,两者各执为极端而需要通过一个中项联合起来;主体把自身作为目的加以实现,由此建立了这个中项。诸极端的结合直接地是关于真实的理论,真实作为一种认识,它在主体概念这第一个端项上寻求客体世界这另一个端项的平等;其次是真实的实践,真实作为善而实施并实现。认识的整个运动是发现真实是必然的,自由地实施并实现这种必然,这就是善。

理念的真理不再可能是一种"趋同"["Angleichung"]的真理,而只能是同一性的实现,它是主体概念的判断双方的同一性。"因而概念的对象这里虽然也是被给定的,但是对象不是作为起参与作用的客体或者作为仿佛为自己本身而造的对象,不是作为观念而走进主体,而是主体转化对象而使之进入概念规定;这是在对象中积极活动

的概念,在此它与自身相关涉并且通过在客体上给予自身以实在而发现真理。"(《黑格尔全集》,12:199/3)

这种认识仍然是有限的,理念主体的冲动虽然趋向否认预先设定的世界是自在存在着的,趋向在世界中确立主体是自身目的,把客体当作主体的客体来掌握,然而所认识的内容对于主体仍然是给定的;内容只是被接受了并且被置入概念规定,还没有作为理念的概念规定获得内在的实在并且被知晓。如果认识的理念的发展开始于有限的内容,那么,这个发展表明,认识在这种规定性中丝毫不对立于无限的认识,以至于一定会从作为第一方面的有限认识向作为另一方面的无限认识过渡——若在这种对立中无限认识本身会是有限的——,不如说它只是尚封闭于自身的无限认识。理念在自身的创造性对于它尚是封闭的;只因此它才把诸概念规定的内容当作被给予的接受下来,[649]而实际上内容是由理念创造的。

认识理念的概念把握开始于现象学的自我欺骗,这是因为概念的普遍最初直接地向诸个别对象传达自身,毫无阻力地倾诉自身。概念于此停留于"与自身的纯粹同一性"并且恰恰作为如此之概念,它似乎督促自己"面对现存者而克制自身,变得被动,以便现存者不为主体所规定,而能够就像它在自身中那样显示自身"(《黑格尔全集》,12:202/12)。相应的概念把握考虑到在认识中排除"主体的诸障碍"。

这种认识——"科学"的第一个迹象——是"分析的";它在个别化的诸对象上才把概念作为抽象的普遍而推出,顺着认识的材料,理解并且表达它,从而建立起一种质料的关联——按照富有理解力的解释。"综合的"认识则相反,将自身从理解上升到"对所是的概念把握"(《黑格尔全集》,12:209/6);它"从存在过渡到反思";材料对于它是经过扬弃的,它关心的是诸概念规定的关系中的必然性;真正的,也就是说"科学的"认知在这儿才开始了,不过带有这样一种局限,即作为综合的它也仍旧是一种有限的认知;对象虽然被设置在诸概念规定中并且不再仅仅是为认知而预设的前提;但是诸概念规定彼此仅仅才处在客体性关系中。它们"处在直接的统一性中";理念的绝对判断的主体进程在这个统一性上仍然是隐蔽的,或者说尚没有认识到统一是由概念建立的统一;必然性似乎仍停留在对象那里。

诸概念规定的必然关系在定义中发现它的第一个表述。定义把对象放到类和规定性的普遍之中,由此给对象带来概念的形式。这里,综合认识遵循分析认识在材料上的先行赋予,在对观念表象的依赖性中把起辨别作用的规定性仅仅理解为"标志";面对概念主体,标志的选择必然停留为偶然的,就像完全外在的[650]内容本身那样。定义说对象应该是什么;然而对于每一个选出来起辨别作用的标志,可以一一列举出未完成"应该"的情形。

定义的内容在整体上不带有为概念所做的辩护,而"分类"则包含经过中介的内容规定性,具体说是通过普遍自身的特殊化。这里不再只是抓取一个普遍的特征,将之归类;但是仍然预设类这个前提,分类本身没有透彻的根据。诸特殊性仅仅处在并列关系中,对它们的分类直至无尽,或者截取一个任意的终点。

"属于概念的从普遍到特殊的进程是一门综合科学、一个体系和系统化的认识的基础和可能性。"(《黑格尔全集》,12:215/17)然而个别并非在分类中已经得到理解,而是在原理中才得到概念把握;原理"是对象的真正综合,就其诸规定性的关系是必然的,也就是建立在概念的内在同一性之中而言"(《黑格尔全集》,12:220/21)。原理要求,"其中包含的不同规定的联系得到证明。可是,证明尚没有呈现构成原理的关系的生成发展;它的内容始终是一个已经提供的,即使这种提供是基本结构,它涉及到关系的各项组成。"

在综合认识所铺展的这一完整的"必然性领域",剩下一个外在的材料,概念主体于此不是自己把握自己,没有看穿外部材料是源于理念自身的划分。尽管如此,这种认识在证明形式中的发展得出一个必然性,这个必然性本身不同于所有被给定者,自在地就已经是理念主体与自身的自由关系。在这个关系中,理论认识在世界上所寻找的目标作为自身目的回到概念主体。就目标具有趋向实现的冲动而言,相应的认识目标是"实践的";而实现又是有限的——因为总是还在一个外在于概念的世界上。

[651]"概念的判断",进一步说:"确然判断"就已经把善作为包含在概念自身中的并且与概念相同的规定性呈现出来。作为如此之真实,概念是现实的;但是"这种现实仍是主体性的,自我设定的,不具备同时为直接前提的形式"(《黑格尔全集》,12:231/27),并非同时就是自然。所以概念停留于在自身之外设定一个客体性世界,而世界作为被设定的,它不再是被给定的,虽然自在地是虚幻的,但却必须设立起来,为的是实现善的理念。

这个理念,它不再像真的理念一样,只是具有"普遍的尊严",而是"以这样的尊严出现,即它是绝对的",这个理念在趋向实现的冲动中实际上并非旨在"赋予自己以客体性,——它自在地具备客体性,——而是只赋予自己以这种空洞的直接性形式"。它所要求的是,"借助于扬弃外部世界的诸规定而给自身那在外部现实性形式中的实在"(《黑格尔全集》,12:231/33)。与主体的个别性相应,这种要求以个别化的意愿的现实性为旨趣。

一如意识形而上学的绝对我,概念主体具有无限的个别性;但是,只要还需要实施并完成它的理念,它就同样是有限的。每一次有待完成的特殊目的,虽然已经自为的是真实的,但还不是自在的。在它的实现过程中,在概念主体与外在于它的现实性的结合中,首先所完成的善本身是虚幻的，它被交给了偶然的、危脆的此在；其次它在内容上是某种有局限的，以至于出现了诸特殊目的的冲突；最后它表明，作为前提的世界选取一条自己的跑道，其行程不仅能够障碍，而且甚至能够阻止理念的实施和完成。

精神的自我意识的对象是精神，一如在其对象中出现了对其自我意识的反抗，而这种反抗指出了对象意识的缺失，同样，鉴于实践理念的完成，这里也显示出："意志在达到目标的途中只是自己障碍自己，这是由于它与认识分离，外在世界对于意志并没有具备真实存在者的形式；善的理念因而只能够在真的理念中找到它的补充"（《黑格尔全集》，12：233/31）；这是由于 [652] 前者"在自身包含完美的规定性契机，于是概念在理念中相对待的另一概念在其主体性中同时具有客体的契机"（《黑格尔全集》，12：233/13）。

矛盾的限制，即拒绝给绝对目的以某种外在于它的东西，也就是放弃实现，这只在以下限度内是不可逾越的，即"理念仍具有直接此在的规定，而没有在自在自为的存在意义上的客体的规定"（《黑格尔全集》，12：234/3）——这个客体以概念为主体。那里取代直接此在的，"或者是恶，或者是漠然者，仅仅可规定者，它在自身中没有价值"（《黑格尔全集》，12：234/5）。所以，即使善的目的也并非作为手段而针对外在的现实性；将之设定为直接此在，这对于概念只具备与自身相中介的意义。概念与现实性的直接关系，它毫无阻挡地传达给现实性，这已经是对其直接此在的否定。第二个否定是扬弃概念在外在性或者他在中的沉迷。正因如此，"目的的直接实施和实现才是善的现实性，善作为自为存在的概念，概念这里是与自身同一，而非与某个他者，就此概念仅作为自由的而建立起来"（《黑格尔全集》，12：234/24）。

但是即使这里也像在类的最后规定那儿一样，理念的发展处于岔路口。无论在哪里,向它的真正规定的过渡都不能转向无休止的同者轮回的单调过程的无限性——那儿为了在性区别意义上的结合,抛开诀别,背弃生命本身的死亡,而认识经过这种死亡才上升为认识的理念;这儿由于遗忘那预先设定的外部的虚妄不实,退回到没有得以实施的目标;在此所实现的善从来不曾显现在其普遍性之中。两次皆遗忘了直接者本身的经过扬弃的存在。针对自我重复的生命繁衍,首先通过死亡回忆起精神和认识的理念;接着,针对无休止的"重复未完成的目标的前提条件"(《黑格尔全集》,12:234/34),把已经实现的善付诸真理,[653]通过认识其中所完成的绝对目的,其现实性成为真理。一种思想,路德的辩护学说直接地陈述过它。

"经过自在自为规定的概念,其理念就此建立起来,不再仅仅在行动的主体中,而是同样作为直接的现实性,反之,直接的现实性,一如其在认识中那样,是作为真实存在着的客体性。"(《黑格尔全集》,12:235/25)理念取消了它在认识上的片面性,而认识,一如其主体,从它的有限性中解放出来。这种解放并没有熄灭理念诸契机的区别,不如说它造就了自身做主的关系。这就是"听从自身的自我规定"(《黑格尔全集》,12:237/29),作为自我规定它是纯粹理性的得到概念把握的自由。

自我规定是理念的真正内容,理念自为地把自身练就为"绝对的"——从理论的和实践的认识到自我创生[Selbst-Produktion]。这个内容首先是理念的"逻辑"["das Logische"],理念作为理念仍然"封闭在它的概念之中,还没有进入在形式规定性中的照耀"(《黑格尔全集》,12:237/4),也就是还没有在自然和精神的实在中"宣示"。"自然"的宣示——想说的是:理念的自身运动——是《哲学全书》。在诸科学的循环中"逻辑"才仅仅"呈现原始的言语,它是一种外化,但却是这样一种外化,作为外部的又直接地消失了,它存在着"

(《黑格尔全集》,12:237/7),具体说作为本质上内在的动因。

作为逻辑的,绝对理念是"究竟的普遍"并且因此对于理念的自我规定和自我呈现的运动是"方法";它是真正的理性意志或者"冲动,通过自身在万物中发现自身并且认识自身"(《黑格尔全集》,12:238/25);一切概念所把握的,一切所知,"完全臣服于"它;这样,那种"言语"就是主人。

概念把握的道路本身是起推动作用的——直接地是法则,法的内容即法的形式或者合法性自身,方法首先由运动的开始所规定。使之开始的就是"实现概念的要求"(《黑格尔全集》,12:240/10);这是根据的要求,根据总是以设定绝对否定者——否定者既是未规定的[654]又是直接的——开启通往自身之路的整个张力。开始是尚为空洞的普遍,它必须通过在自身中的区分达到规定性并且,作为唯一者,达到所有规定性——为欠缺所推动。"因而进程并非"——特举出柏拉图的原则——"一种流溢";显然这意味着假定开端已经是绝对真实——一个在自身内且自为地完美的具规定性者。概念作为如此之概念,其中的开始就已经是具体的全体性,亦即既是个别的又是普遍的,可这仅为自在地。

其次,恰是这个"自在"存在者是——这儿令人想起莱布尼兹——发展的内在原则,这一发展开始于判断或者那种鉴于理念的行进过程已经概述过的划分。更贴切地说,判断主体的运动方法是"辩证的":开始的直接在普遍者的特殊化过程中表明自己是"与他者相关涉的",并且正由此而得到中介;作为间接的,它是自身的第一个否定,作为如此之否定,对于它来说与积极肯定方面的关系是内在的。"抓住在其否定中的积极肯定,这是理性认识中最为重要的。"(《黑格尔全集》,12:245/5)

"第二个规定,否定的或者间接的,进而同时是起中介作用的"

(《黑格尔全集》,12:245/27);显然它就其自身方面是"他者的另一面;因此它于自身含有本具的他者,从而作为矛盾是所设定的它自身的辩证法"(《黑格尔全集》,12:245/33)。与第一个规定不同,它是具有规定性的区分关系,而不仅仅是自在地已经区分的。所以,这里不须再设定区分,而是建立包含于这种关系中的统一,而在每一个判断中都有区分关系。在它的纯洁性中它是矛盾关系。一切意识形而上学知道敦促自己避免矛盾——最终因为我的统一——,远离矛盾而努力趋向同一性关系的真理,与此相反,绝对理念的逻辑用其方法的"辩证"启示:只有通过挑明矛盾概念才抵达"客体的"存在;在形式上这显示在"必然性推论"经过"选言推论"向"客体性"的过渡上(《黑格尔全集》,12:123/31)。

[655]对于观念表象的意识始终为不可实现的东西——具体说它的规定,在理性实在中建立我与我自身的齐一——,理念的运动完成了它。理念的运动在第二个规定的否定性上获得"转折点",也就是"与自身的否定性关系",通过这个关系所有的真实是一个真实;"显然,扬弃概念和实在之间的对立只有依据这种主体性,并且以此为依据,统一才是真理"(《黑格尔全集》,12:246/22)。正是这种主体性启示了个别对法则的普遍的臣服,在绝对形而上学中只直接地予以思考的理性本质存在的自我立法,在其与众不同的基本特征中公开化了:"已区分者本身与所区分者的关系"(《黑格尔全集》,12:246/36)。作为概念的契机来思考,已区分者本身是个别性,一如它首先排斥他者,以这种方式自为地存在着并且关涉他者。"否定显现为间接的,这是因为它在自身包含自己和直接,是直接的否定"(《黑格尔全集》,12:247/1)。——具体说否定那直接的、毫无阻力地传达自身的普遍性。

由于认识从这个转折点回归自身,它建立起开始时显得毕竟无法建立的东西:直接作为"相对于第一直接者和间接者"的第三者。"它也是相对于第一种否定或者形式上的否定并且相对于绝对否定性或者第二种否定的第三者"(《黑格尔全集》,12:247/12),在如此之阶段推移上是第四,具体说是由于区分的中项本身在它所区别的诸项中是两回事。由此可见,在这里所考察的形而上学的发展中,三段式的第一个肯定位置让人认识到回顾的方面,即重新提起每次皆先行的中项,形式上它总是区分的实施和完成过程。

上述运动的结果"既是直接性,也是中介"——这却并非是达到静止,而是"作为与自身相中介的运动和行动"(《黑格尔全集》,12:248/13)。只因此理念运动的结果允许并且要求在自然和精神的运动中的实施和实现。在理念的进程中,理念的绝对主体已经建立起自身。它是在其真理中的开始。

[656]绝对理念首先是"逻辑的",更贴切地说是方法,而方法按照其开始、相续和结果来规定自身。正是为此,纯粹理性科学的对象就不再只是被理解为规定的单纯形式,而是作为相关内容的形式,而内容是科学本身产生的,从科学中派生出来的。鉴于经过中介的直接性,逻辑科学从方法成为体系;显然,"经过详尽展示的运动,对象为自身获得一种规定性,这种规定性是一个内容,这是因为融合于单纯性中的否定性是经过扬弃的形式,而作为单纯的规定性,它处在其发展的对面,首先对立于它自身与普遍性的对立"(《黑格尔全集》,12:249/14)。

在方法上已得到充分发展的理念迈向其具的直接性的对面,其实到这里,逻辑才成为概念的所有内容的内核,成为它的"灵魂"。它是具有规定性的并且经过辨别的内容,得到概念把握的个别,普遍对于它是内在的——不是归属于普遍之下的个别。更进一层看,它是唯一的;显然普遍在它这里显示出内容的全体性。正因如此从中产生了：结论把自身规定为开端，而非 progressus in infinitum[无休止的进程]。

方法上发展的开端因为内容而同时是体系的开端。体系的展开在于：在起先未经规定的全体性中诸规定性"变得越来越丰富和具体。因为结果包含其开端，而其过程为开端增添了一个新的规定性。"(《黑格尔全集》,12:250/31)不过只有内容同时变得凝练，它才扩展自己。正如概念的普遍传达自身，同样，它的个别走进自身；于是"更大的外延同样是更高的强度。最为丰富的因而是最具体的和最具主体性的，而收敛到单纯的深处的是最强大和最有广泛摄受力的。至上的最坚利的峰巅是纯粹人格，只有它在自身中用绝对辩证法把握万物，绝对辩证法是人格的自然本性，这是因为它使自身成为最自由者，——成为单纯性，它是第一直接性和普遍性。"《黑格尔全集》,12:251/7

[657]科学的体系不是把现象的多样性归属到普遍的诸定理之下，也不是事态的多样性的基本结构；不如说它是认识的完整生命，只要生命不只是以这个或者那个人物为主体，而是以"纯粹人格"为主体——这是具体的纯粹理性或者完美的神性的理性本质存在。唯有纯粹人格是体系的这样一处所在，这里每一个规定性或者"实在"的整体获得自由。如果纯粹人格排斥什么的话，那么不是某个与之相对峙的，某个相对于它而独立的，而是旧形而上学就已经称之为"其余者"的："错误,抑郁,意见,追求,臆断和短暂"(《黑格尔全集》,12:236/17)。并非仿佛无法认识诸如此类。纯粹人格首先这样来"昭示"自身，它在自身经验了所有那些，并且是作为意识教养历史的精神。

有关"其余者"的概念将不是它作为诸如此类所把握的同一个东西。然而概念必须把握它，这是因为概念自身运动的开始在其无规定性中是所有一切的条件。这种无规定性在每一个直接性中都在此,直接性对于自身是透明的,并非作为否定的,并非作为经过中介的。作为无概念性或者自我遗忘,直接性是有限认识的基础,有限的认识或者把有限性夸大为某种绝对,或者就想直接把有限性置之度外——设想一种抽象的无限,它只停留为一种"自以为是的绝对"(《黑格尔全集》,12:252/3)。

绝对理念不是逻辑科学的对象;不如说逻辑科学作为方法和体系包含在绝对理念之中。这个理念在科学上具备与它的进程和周行相适应的实施和完成过程。相对于巴门尼德的形而上学之开端的"存在者",黑格尔指出:在绝对理念之外找不到概念把握和"科学"。显然,科学必须作为形而上学深入绝对理念的规定——这里是:自我规定。如何深入?把生命和认识的理念的发展展示为绝对的、在自身周行的认识的发展,这种认识以科学的概念为内容,而科学作为方法亦作为体系。

[658]另一方面"这个理念仍然是逻辑的",具体说依照[概念与实在的]区分——"逻辑"曾藉此被引进到这里——,仅仅才是"神性的概念","虽然自身即实在化,但却停留在同一个领域之内"(《黑格尔全集》,12:253/5)。这就是说:逻辑科学的领域必须就自身方面还呈现于"判断",必须自我区分。"因为认识的纯粹理念……封闭在主体性之中,所以它是扬弃主体性的冲动,而纯粹真理作为最后的结果也将是另一个领域和科学的开始。"(《黑格尔全集》,12:253/6)这里有一种扬弃主体性本身的孤寂的冲动,而不再是理念主体与客体性相结合的冲动;显然,不是客体性,而是实在的全体性作为理念的宣示是另一个领域。

按照直接性方面,绝对理念重新是存在,但不再是那种逻辑科学开端的抽象存在,而是诸实在科学开端的存在。绝对理念作为方法而发挥形式作用；作为方法它是科学的起推动作用的主体。作为在结果中产生的内容来考察，理念是体系，进而这个体系——因为结果的直接性——是自然的体系；显然，自然是在直接性形式中的实在的全体性。

然而绝对理念作为自然"不是一种已生成的存在和过渡"——就像从"目的论"的"客体性"到理念的生命那样。"在纯粹理念中规定性或者概念的实在本身已经上升为概念，纯粹理念其实是绝对的解放，对于这种解放不再有任何直接的规定不既是被设定的又是概念；因而在这种自由中不发生过渡。"(《黑格尔全集》,12:253/16)理念把自身从所有非由它特地建立和规定的东西中解放出来，它建立和规定的东西经过自我规定成为科学在方法和体系中的万物，而理念的这种解放始终是它的创造活动的充实的规定。创造活动在《逻辑学》整体中是朝向完满自我规定的规定工作。在这个结果中，只还缺少业已圆满的解放在自然的自然和精神的自然中的宣示。在其单纯存在的开端性中，没有什么直接性不是作为[659]经过中介的而得到了概念把握，正因如此，这"另一个领域"的开端就已经是其全体性——首先在无主体性的空间和时间的外在性中。

这种外在性既不是对立，更谈不上他者，在外在性中没有什么过渡发生："理念规定自己是单纯的存在，单纯的存在对于理念始终是透明的，并且是在规定中留守于自身的概念。"如何去创造或者从原始的无差异中怎么忽然出现了原则的二元性？在这里根本没有考虑的余地；显然，按照直接性方面绝对理念已经是自然的全体性，它并非把自身释放到自然中，而是把自身作为自然而释放；它不是过渡到自然，而是在自然这里宣示它的自由——"绝对地稳健并且静栖于自身中"(《黑格尔全集》,12:253/22)。

"空间和时间的外在性绝对地为了自身并且不带有主体性而存

在着……它在自在自为的理念中始终是概念的全体性和处在神性认识与自然的关系中的科学。"认识对于自然是外在的,与此不同,科学本身是自然的概念,——在科学中既把握了自然的自然,又把握了精神的自然。所以自然的体系实际上是自然的科学的体系。

如果黑格尔谈到理念的"决断",决定把自己规定为外在的——与此相对地它仍是"纯粹的"理念——,那么,这里说到的是排斥封闭于主体性的,才仅仅为逻辑的理念。这个决断不是别的,就是萌发扬弃封闭性的冲动,或者说决意在自然中宣示逻辑主体性,自然作为外在的,这是因为非回忆起的自然,不带有主体性。这意味着:在所设定的直接性中同样设定中介,直接性是理念的自然本身,"概念从中介中上升为自由的,从外在性进入自身的实存,在精神的科学中通过自身完成它的解放,并且在逻辑科学中找到它自身的最高概念,逻辑科学即概念地把握自身的纯粹的概念"(《黑格尔全集》,12:253/31)。

由此可见:最初在双重意义上开始的《逻辑学》——以《精神现象学》的结果为开始和以逻辑自身为开始——在自然的自然和精神的自然的发展中[660]找到其开端的真正中介,而自然始终在理念中从总体上得到概念把握。开端在与理念达到齐一的哲学中得到中介,它是第一哲学的经过绝对中介的开端。实践的意识形而上学的第一哲学的要求到那里才最终被取消了,那儿给意识形而上学指出了与之相符的位置,同时宣告了它在科学体系中的从属地位。

三、在理念中的"自然"的理论

亚里士多德曾经规定过第一哲学,第一哲学是"神学科学"并且作为如此之科学在就自身方面居优越地位的诸理论科学中是第一科学——更贴切地说相对于第二性科学,也就是关于自然的科学。圣托马斯的第一哲学是由此来规定的,第一科学是启示自身的上帝所本具的;科学服务于本质上为"实践的"神圣教义,因而是第二性的或者从属的,由自然理性在启示之光中所造就。在黑格尔的体系中不可能有这样一种第二性的科学,这是因为一方面自然是绝对理念本具的直接性,另一方面理性的自然性作为自然意识的一个形态已经取消了,这对于科学的真正开始是必然的。

尽管如此,《逻辑学》是与《哲学全书》分开的一个形态,虽然逻辑学也在全书之内具有地位。它们的不可扬弃的区别是创造[Produktion]和理论的区别。前者是纯粹概念"建构自身的道路"(《黑格尔全集》,21:8/19),后者遵循业已建好的道路的指示,这些指示标定道路的阶段次第。于是,这另一种逻辑的划分①甚至可以放弃去注明主观逻辑和客观逻辑的分野,尽管这个分野令人回忆起在必然性向自由的过渡中阻力是多么强大,——回忆这种概念与自身的分离。

前瞻自然的和精神的自然,也就是纯粹概念在"实在"领域的自身运动,[661]实在的诸规定只还是那自然体系建筑的"基础和内在单纯的构架"(《黑格尔全集》,12:20/3)。已成就了完满的规定性和自由的概念在此运动,从自然的直接外在性中回忆起自身。自然的这种"intellegentia"["理性"]是并且始终在第一线上是"理论",它发展自然,而自然正是作为理念之所是:直观——更贴切地:自身直观,因为理念在其自然直接性中已经是自为的。

《哲学全书》是理论,这种理论不再需要那种对于绝对理念的自

---

① 指《哲学全书》的第一部分"逻辑学"(通称《小逻辑》)中"存在论"、"本质论"和"概念论"的划分。

我创造曾是不可免除的"努力";尽管如此《哲学全书》按照其来源仍是创造的理论。理念是"自然的创生者"并且在诸具体科学中证明自身确实如此,"这些具体科学拥有逻辑或者概念,将之作为内在的雕塑家而持有它,一如它们曾以之为典范的塑造者。"(《黑格尔全集》,12:25/30)。典范的塑造者[逻辑]却无需任何蓝本而演示自身,没有已具有规定性的真实作为先行的礼物。这里正是衡量创造的科学和理论的科学的天壤之别的地方。即使创造的科学仍是"形式上的",它却是"绝对形式的科学,在自身内即全体性并且包含真理自身的纯粹理念"(《黑格尔全集》,12:25/32)。

创造的科学所是的全体性为了它并且通过它表明自己是"所有自然的和精神的事物的思想"体系(《黑格尔全集》,21:15/19)。这些思想作为自由的行动成为富有创造性的。"理念的绝对自由却不只是向生命过渡"——就像客体性方面的概念——"也不是作为有限的认识让认识照耀于自身,而是"——按照完满的善理念——"在自身的绝对真理中决定,将它的特殊性契机或者第一规定的和他在的契机,将直接的理念作为它的映现[Wiederschein],将自身作为自然自由地从自身中释放出来"(《黑格尔全集》,20:231/19)。再来一遍:不是释放到这样一种自然中,仿佛它作为相对于理念的他者而自为地持存着;否则理念将会在针对他者的规定中不自由。不如说,理念作为自然在它自身中是他者;这是因为理念既是直接的,又是间接的,而后者为首要的,尽管它又是不同的。作为外在的其直接性是自然,而它的解放之所以是绝对的,正是因为它还从这种外在性中回忆起自身。[662]于是哲学全书在它的"诸具体科学"中成为自由的最高实现。因为绝对者的自由是根本的,创造在此超出了必然性。在理念中曾经是"纯粹人格"的东西,在这样一种实现中变得具体,也就是"更加实在"。

面对理念，自然全体性不是别的，而是理念本身具备的他在[Anders-sein]，与此相应地不单纯关涉理念—作为客体性——，而且在自然自身中是由外在性规定的。于是自然也在自身中选取消解的道路，由此成为精神。从极端的抽象出发，它起初是"空间和时间，然后是充实着自己的空间和时间，作为无机自然，乃至有机自然"（《黑格尔全集》，12：20/10）。于是生发出自然作为理念所必然是的，这就是生命。

由于理念"作为自然本身是外在的"，在自然中就有"矛盾，一方面是由概念产生的其形态的必然性和自然在有机整体中的理性规定，——而另一方面是自然无所谓的偶然性和无法规定的无规则性"（《黑格尔全集》，20：239/20）。作为矛盾的，这样一种统一不得不趋向瓦解，它在成为动物的个别化的自然那里，表现为死亡的必然性。

这种死亡被视为从自然必然性向精神自由的过渡，就此而言，尽管这里所关系的是理念的领域，它仍令人回忆起实体概念向主体概念的过渡，进而回忆起"起因，它在自为存在中不愿让任何东西侵入自身"，然而却"已经臣服于向所设定的存在过渡的必然性或者命运"（《黑格尔全集》，20：159/1）。相应地，在自然哲学的结束处这样说："按照普遍性动物作为个别的是一种有限的实存，这种普遍性表现在动物身上是抽象的力量，处于自身为抽象的、在内部生发的过程的开端"——有机组织在其自身的塑造过程。"动物与普遍性不相适应"——一种才为内在的，因为是概念所本具的主体性在动物这里"并非自为的"——这"是它原始的病和与生俱来的死之胚芽。扬弃[663]这种非适应性本身就是兑现这个命运"（《黑格尔全集》，20：375/1）。

在理念中的自然规定虽然随着动物的生命而达到了个体性，但是个体性尚不知道自己是普遍的个别，只有在这个普遍的关系中个别者才会是主体。没有觉悟到这种关系,"生命就成为无进程的习性"(《黑格尔全集》,20:375/1)。类的普遍在此仅显现在相同者的繁殖中。

在死亡是针对个体并且这种知规定着它的生命的地方,那里自然生命的死亡是扬弃"自然最后的外部存在",进入概念的主体性。这里说明:生命的个体性作为直接的个别性已经被扬弃了并且随着普遍性而变得"具体","以至于建立了这样的概念,它具备与之相应的实在,即具备概念作为其此在"。这种"所设定的存在"是精神的存在(《黑格尔全集》,20:375/20)。

只有在理念的进程[Prozess]中得到把握的死亡,因而作为过渡,而非仅仅作为瓦解来理解的死亡,是解放的行动——不仅与生命向理念认识的过渡相媲美,而且尤其与实体概念向主体概念的过渡相映成趣。通过这种死亡,概念从它的盲目中解脱出来。一种经验,在形而上学内部每每在其诸时代的开端表达出来,具体说在理性抵达其所要求的纯粹性之处。

在概念的诸契机,亦即普遍性和个别性,对于概念把握落在两边的地方,在孤立地规定它们的地方,精神的认识终究是不可能的。这种认识要求"具体",而把个别归纳到普遍之下,这也并没有造出"具体"。它停留为无生命的概括,仅仅思考在这种关系中的相关涉者,而没有思考在关系本身中为现实的统一——一种统一,绝对形而上学首先把它理解为纯粹我的统一。可在这种规定性中,就关系片面地作为对象与认识能力的关系而有步骤地展开而言,统一尚不是具体的。

并非纯粹自我意识的统一,而是理念的统一才给认识打开一种具体的可能性,这种具体让认识在所有个别的认知中看到 ratio[理性关系],关系和[664]根据,这个根据就是个别与普遍的统一。在精神的认知中认识到这种 ratio[理性关系]本身是具体的。否则关于精神的一切谈论只是苍白的观念表象。

精神并非任何人情,却是"人的真实",也就是他的规定,一如人的规定不同于人的规定性、对人的自然本性的描述。这个差异显示在无法描述者身上:也就是在他的自由那里。无法把自由作为自然现象加以描述,而自由却显现在"美的艺术"中,不过作为绝对精神所本具的自由,它才如此显现。

在精神中概念自为地是现实的:无论是它的客体,还是它的主体。但是精神只有扬弃了外化而走进自身,深入精神的本质——这本质即自由——,它才处在这种主客体的同一性中。精神本质上是自由的,并且形式上以这种能力证明这一点,即"从一切外在乃至自身的外在性中、从其此在本身中抽象出来"(《黑格尔全集》,20:382/7)。费希特就已经这样规定理性行动——在整个意识形而上学中可以看到,在其笛卡尔的开端,意识形而上学抽象于我的所有外在性,在其康德的开端甚至也抽象于我的此在(现象),为的是纯粹地把我集中在其同一性的真理上。但是这种抽象能力本身才以抽象的方式标明"概念的绝对否定性"或者它在自身同一性中的自由。正如精神为自己把自然和自然的死亡设定为前提,精神的能力进而是这一点,承受"对其个体直接性的否定"——通过从人的自然性中抽象出来,"承受无限的痛苦,这就是说在否定性中以肯定的态度保持自身并且自为地是同一的"(《黑格尔全集》,20:382/9)。这样一种痛苦才是实在的否定,却不再是自然的痛苦,因为是自由地与个体性的我执[Eigenheit]告别的痛苦。康德已经指出,没有这种痛苦而认识"人的真实乃至自在自为的真实",是不可能的。

从一切外在中抽象出来并且在自身承受痛苦,成为"自为存在的普遍性",精神由这种能力来到自己本具的此在。它的发展是:把普遍特殊化，也就是规定普遍。[665]这种在自身中对自身的规定，这种自由的实现是精神的世界化过程。自然曾是精神的全体性，在全体性的关联中这样说：精神把自然设定为它的世界；精神——以《判断力批判》来说——最终是"世界本质存在"。在外在性中似乎为独立的自然是通过精神并且为了精神而预先建立的。

精神作为世界本质存在而启示自身，以便它恰好在这一规定性中与自己相区分；显然，作为世界性的它是有限的，这是因为针对自然是片面的——就像在向理念的发展过程中概念的主体性和客体性曾停留于片面性，进而也像在认识向绝对理念的发展中真的理念和善的理念必须达到其判断的统一性。然而如在那里一样，精神的诸有限形态并非源于自然意识的抵抗；显然，它们并不自以为是某种外在于绝对者的东西，而只是包含在绝对理念中的诸契机的有限性。所以，甚至《精神现象学》在这里也不再是历史——就理念已经是并且始终是绝对者的要素而言，绝对者不需要精神的自我牺牲——，而只还是在精神的主体规定或者理念规定中的一个阶段。

精神的运动在整体上是"解放，在解放的绝对真理中发现世界是预先设定的世界"——主体性的宣言——，"造出这个世界，将之作为由精神所建立的世界"——客体性的宣言——，"从世界中解放出来与在世界中获得解放是一和同一"：自由的宣言（《黑格尔全集》，20：384/5），在实在的领域中自由与绝对理念的自由达到齐一。

一如在体系之整体中，同样从第二阶段到第三阶段的过渡在这里也造成整体上的区分：从客体性精神到绝对精神。这里甚至又面临一个从必然性到自由的过渡，也就是从这样一种必然性中解放出来，它作为世界历史是具体的。精神从世界获得解脱——世界作为道德教化的世界是精神的世界——是从世界历史的有限性中的解放。历史抵达其终结，这个终结是历史的法庭，恰在这里建立起上述

[真和善的]判断的统一性。

精神在其道德教化的客体性中[666]的完满显现是国家。作为个别的,国家呈现在其宪法的规定性之中,作为特殊的,在与别国共同的法权体制中。而普遍的则是国家在这些契机中的发展;它是世界历史。与此同时须忆及的是:世界仅仅作为由精神所造的世界才有能力具备历史性。按照伦理的诸契机,在国家基于家庭和资产阶级社会的诸契机而使自身具体化的地方,只有那里才有世界历史。由此可见为何国家的崩溃也危及家庭、社会诸关系。

在其世界历史的显现中,道德教化的精神显示在法主体的具体普遍性中,法主体为自身规定某个特殊的民族是精神本具的财富。精神服务于这个民族,把"世界"的统治力量赋予它,从而在它身上宣布"至高而绝对的法"。精神在如此之授予中保持为自我目的,通过收回所赋予者而回忆起这一点;显然,他"超越每一个阶段的财富,将之作为一个特殊的阶段,然后把它交给了偶然和审判"(《黑格尔全集》,20:529/17)。落到历史必然性之外,对于相关的民族意味着丧失它的不受限制的自我规定。

世界抵达的终点,从来不在某个未来;不如说现在就是审判,但是永远只在被把握为世界历史性的现在。只有这样它才是道德教化精神的现在,而时间顺序的现在沦入抽象的自然,根本没有精神。相应地,世界历史也以其批判的或者"审判的"诸瞬间而摆脱所有的算计,隐遁而去。

并非把世界历史性的民族推到陌生主人的审判席前。一旦精神不再留住它作为其本具之财富而任凭其自身,那么,世界历史性的民族就审判自己。这里,从所作的功绩中留给它的仅为曾经所是者的荣誉。光荣永不消逝,这是因为其世界的当下扬弃到审判中并保存在这里。审判的法庭具备永恒的一面,因为它是精神的显现,一如精神不仅从相关民族那里隐退,而且也从历史中隐退:与自身相区分,摆脱"特殊民族精神及其世界性的诸局限性"(《黑格尔全集》,20:530/12)。于是法庭成为精神的无限性的启示。

[667]与世界性诀别,精神是"绝对精神";脱离了其外在的此在,甚至脱离其最本己的世界,他的"知的理性自为地是自由的"(同上)。然而只有理性解放了自己,它才是自由的。因为理性只能够知道其经过中介的自由,它必须把自己把握为这样一种精神,即经从自然的直接性和历史的外在性那里归来了。若没有与自身相区分的启示,精神不会是绝对精神;而他把自身作为无限的全体性,区别于他的有限的、囿于自身的诸现象。当他脱离了他的世界性,才启示他的实在与他的概念的同一性——一种同一性,无论主观的还是客观的唯心主义皆无法建立起它。

绝对精神是概念的"值得尊敬的形态"或者与逻辑理念同等的实在之领域。如果黑格尔说明,可以把它当作宗教的形态来谈,那么,同时须听取的是:它不是自然意识的宗教。自然意识的宗教起初是一种面对纯粹洞见而无能为力的信仰,它理应经过启蒙而结束;这种宗教最终是一种无力面对当下世界的信念,它在一种未来的世界升华的观念表象中耗尽了自身;因为它没完没了地等待自身,宗教意识不得不分裂为二。在绝对对象的观念设想中,宗教意识无法成功地把绝对者作为绝对者本身加以概念把握——把握在这样的真理中,不是让绝对者有限的诸宣示落在自身之外,而是包含它们。只为了如此之概念,精神放下其世界性而转化自身,简单地说:精神的隐退是回归其不再为获取的,而是原始本具的财富。就宗教的信仰是知而言,精神独特的领域是宗教,这种知呈现它的直接性和中介,前者按照艺术的方面,后者按照科学的方面或者哲学的方面。

世界历史实际上是精神脱离世界的三种形态的运动,三种如此之形态自始至终地启示了精神与自身的诀别。诀别与其说在告别的意义上，不如说是精神贯穿始终的规定，也是在精神自身中的区分。只有这样，[668]精神才是绝对精神，而不是以如下方式，即把其相互规定的，因而有限的诸契机排斥在自身之外，任其独立。

自然意识的宗教没有越过信仰与知的对立。它的观念必定期待着世界获得升华，将之作为自然的普遍对象的荣耀；观念不能够理解和把握，只有脱离了世界的全体性能够并且必然是焕发出荣耀的，这种全体性最终是科学体系的全体性。理性的知获得了荣耀，这个理性知道自己是绝对自由的，具体说在其科学中知道万物，万物皆善，因为是按照其概念。如果以为毫无概念地指出什么不是善的，就能够去除黑格尔思想的力量，这是荒谬的，因为对《逻辑学》和那里所造就的自由听而不闻。当然大可不必期待思想能够并且企图迫使某人直接地洞见万物皆善并且如何是善。

如果不承认和尊重绝对精神的诸事业所本具的荣耀，就没有把握绝对精神的诸形态。荣耀首先现身在"美的形态"中，因为显现在艺术作品中。一如艺术这里所展示的面貌，它是绝对理念的知的形态，——一种知，它得自于对世界历史法庭的观照。承认和尊重的特性直接地表现在：知出现在祭礼中。对于承认和尊重，至关重要的是自由，而自由要求祭礼接受"美的"艺术作品的形式。正是因为知的技术方面，这里也必须回忆起康德对美和舒适的区分。

在绝对理念的知的无限性之内，第一个契机是有限的主体，一如它把自身区别为建造作品的，和崇奉作品的。另一个客体性契机是"自在的绝对精神的具体直观和观念，精神作为理想"（《黑格尔全集》，20：543/17）。自然直接性的方面在这个具象里只是作为"理念的符号"，"获得了荣耀"，仅示现理念并且因此是"美的"。

另一方面，若没有给神自身一种[669]自然的规定性，神就不成为形象；神没有在自由中启示自身，于是礼拜他的团体才只是由伦理的自由所规定的，还没有为良心的自由所规定；团体仍是"世俗的"。按照想象的诸特殊性，按照接纳到作品中的诸自然形式和诸民族精神，在众神的多样性中礼拜形象的神自身是一个特殊的神。然而美是一[Eine]，它扬弃所有的特殊性，这是因为精神穿透直观，把特殊性放到非本质的方面。

然而，至于作品主体的构成形态，"当其中没有主体特殊性的符号，而是内在精神的意蕴孕育自身，练就自身，不带杂染，不为其偶然性所玷污"，只有这样它才是"神的表达"(《黑格尔全集》，20：545/15)。只有这样，创造者才使"和解"成为可能，是这一和解让神显露出来。和解所处的阶段是根据反思诸规定的顺序，而反思诸规定在《哲学全书》中把矛盾收回到对区别的展示之中，这里本质在自身中的反思同时被理解为起规定作用的，进一步作为实存的根据——按照《哲学全书》的逻辑在《逻辑学》对面的另一个位置和意图①。

在"古典"艺术中和解似乎是这样成就的，神及其形象之显现处于平衡之中。结果是静穆的美的作品。然而《判断力批判》已经指出，为什么崇高的显现更接近理念。在相应的艺术中，思想关心无限的形式本身；因而思想对每次所造就的形态抱否定态度，它持续不断地与之斗争。所建立的符号在此特地作为有限的而为人所知，所以相关的艺术是"象征"艺术。与此相反，这一顺序中的最后阶段，"浪漫"艺术知道自身与神融洽无间，这位驻留于自身又与自身不同的神只是屈尊来到现象之中。这解除了作品的美与直观的符号的先行规定之间的联系，符号不再规定神本身，而只是指向神性的含蓄的情

---

① 在《逻辑学》中，反思诸规定分别是同一、区别和矛盾。在《哲学全书》中，反思诸规定分别是同一、区别和根据。

志。这样的提示是从美出发,仿佛美是某种[670]内容,尽管现在形象呈现的是静物或者风景或者其他——不必仍是祭拜的形象。

"绝对意义上"的艺术所标记的诸特征在这个顺序中可能出现在一位唯一的艺术家的作品中。而黑格尔令人想起艺术的世界历史性显现,一方面他提醒人们注意"希腊的"开端,它带着绝对精神本身的解放:"美的",具体说"古典的"艺术的出现是宗教从不自由的自然性到"无上荣耀"的提炼和升华;另一方面注意艺术当下现实的终结,因为艺术的"将来"在"真实的宗教"中(《黑格尔全集》,20:549/2)。

显而易见地,黑格尔的这一判断并非依据和他同时代的艺术的经验;但它却关系到历史,这个历史不再是单纯的世界历史,而是世界获得荣耀的历史。因为世界的主体是绝对精神,自由是它的本质,而关于这一自由的知属于近代,这里尤其须注意的是近代的开端和终结。它们首先按照意识哲学的道路规定自己。意识在源泉上指向为近代宗教信仰所排斥的自然理性。在相应的艺术开端,艺术家的发明和技术的知各行其道,形成自由的关系,技术的知在其自身内建立在诸比例关系和视角的几何学上,也建立在有机体的解剖学上。上述艺术不能够忘记美和舒适的区分,但却能够自忘。技术的知相反,正如它听任自身,却不认得美和舒适的划分。如果这一划分不再由艺术本身所坚持,而是必须由康德将之掩护到哲学之中,那么,它已经落入黑格尔所表述的艺术向宗教的过渡中。这一过渡在世界历史的此岸却是没有尽头的。

绝对宗教以何种方式承担世界的升华?因为神把它的显现收回到它的启示之中,所以这种宗教是"真实的"。通过自身并且为了自身而启示神的情志,这种启示才让神作为精神而得到把握;显然,在启示中他自始至终自己规定自身,并且以适合于他的在自身中存在

[In-sich-sein]的形式,具体说[671]是知的形式。恰在这里神把他的自由作为精神加以实现。在此,他不再依照其现象而是这一个或者那一个,而绝对地是神。

祭礼保存在这种宗教中,也就是在"启示宗教"中,仅仅作为思念。所思念的思想在信仰的朴素中虽然是观念性的;但是,启蒙的洞见却无法击破它,原因是所思念者自身同样也知道把所有的现象扬弃在精神的统一的思想中。正因如此,知的形式上升到纯洁性,其所知按照概念的诸契机而为知铺展开来:

神被把握和理解为精神,这位神在其普遍性中,这里意味着在"纯粹思想的领域或者本质的抽象因素"中,是永恒地在自身的[bei sich selbst]驻留者,——因为启示的缘故而不仅在自身中[in sich],而且在自身[bei sich]。这种纯粹理性行动通过推论表明自身是如此之行动,从神作为设定为前提的"实体力量"——表象化为"造物主"——经过其自我区分的中介——表象化为生育与神齐一的圣子——到神作为"具体的个别性和主体性",这里,普遍本质的差异之存在永远地扬弃了自身(《黑格尔全集》,20:552/5)。

这个结果在第二个推论中特地被当作前提,神作为精神按照其特殊性契机而得到把握和理解。他通过创造与他的永恒本质不同的现象而把自身特殊化。在第一个推论中作为生育圣子而表达出的medius terminus[中项],在这里是受造的自然与相对于自然为有限的精神之间的关系。在这个关系中自然元素是第一性的,这种关系的倒错把精神放到非真理中,结果是精神作为恶的主体而独立。如此之精神关涉到处于其对面的自然并且知道其本己的自然性是被设定的,因此是可支配的。这里跃入眼帘的是:道德精神——亦即自然意识,因为自然理性——一方面属于绝对精神的启示,另一方面却又错置了这种启示，原因是道德精神停留在与永恒本质的外在关系上。

普遍的和特殊的绝对精神的概念在这两种运动中规定了自身，之后，[672]已得到规定者之间的对立在第三个推论中被收回到其根据。这里前提条件是双重的，神的个别的自我意识——作为圣子与神的本质同一——被移至时间性中；于是恶自身得到扬弃。这个前提因另一个前提而完善，这就是神的感性实存在实存自身中唤起并且经受住诀别的痛苦，诀别是因为与神性本质有差异的存在。死亡对于他成为回归，因为他在死亡中成为"普遍本质性和个别本质性的普遍统一"（《黑格尔全集》，20：522/27）。他把自身变成为活生生的概念，那起先孤立地发展的普遍性契机和特殊性契机的概念，他把作为外部世界的自然与自身和解了。

第三个推论的这个前提找到相应的中项，在特殊性契机方面中项首先是其余诸个别主体的对象。虽然对象直接地具有这样的意义，即是他者所完成的；但是，所完成者在个别本身中确立自身是真理的证明：揭示个别者在其直接的自然性中是虚无、是恶，以便同时让它作为真理的范例而得到承认；这种承认却意味着"舍却自身独具的意志"，一如鉴于自然它是特殊的意志（《黑格尔全集》，20：553/9）。这一推论的结果是这样一种认识，普遍本质由于自身而"内在于"个别者的自我意识，是其独具的。于是，绝对精神是真实普遍的精神，是现实当下的精神。

"这三个推论构成精神与自身的绝对中介这样一种推论，它们是精神的启示，精神将其生命展示在具体的诸观念形态的周行中。"（《黑格尔全集》，20：553/16）一种发展，对于个别者作为感性实存它始终是不可或缺的。相反，面对"美"的艺术作品精神进入一种自由的关系，艺术作品所造就的显现虽然由于启示而成为多余的，但却是这样一种"盈余",它是对作品的积极承认和赞同。这种承认和赞同注意到,在启示过程内的"现象"的创生完全不同于[673]从前神在艺术作品中的显现。当艺术作品奠基于启示宗教的怀念时,这里,艺术本身不再于绝对意义上亮相,而是自由地对待这种知并且就此而保持为"美"的艺术。

"美的艺术在真实的宗教中具有将来。"假如这意味着艺术的终结,那么前瞻哲学,类似的结论为什么不对宗教发生作用呢?难道不必然得出结论,甚至宗教"按照其最高规定的一面对于我们已是过去"(《黑格尔全集》,10:15)?而人们将轻易地借题发挥,把哲学也放置到过去中。须明确下来:作为绝对精神的形态,艺术并不终结;不过它的将来在另一种形态中——划时代地考察,艺术已经具备了这个将来。至于宗教,精神与自身的绝对中介这样一种推论就已经清楚说明了宗教的理性本性[Vernunft-Natur]。为什么绝对精神不能够像收回其显现那样也收回其启示呢?究竟回向何方?不妨说,黑格尔找到不回向那里的缘由。不回向思的虚荣。

如果纯粹思脱离了"怀念之情"而超越了宗教,思是并且停留为"仅仅形式上的,在自身内绝对自知的自我意识,这样一种讽刺,它擅于把所有客观的意蕴变得莫须有,变为虚荣"(《黑格尔全集》,20:554/5)。于是对于蕴含在个别中的普遍精神,对于在个别中所达到的"无限的主体性",宗教向哲学的运动隐藏着最高的危险。在宗教领域之外无限的主体性表现在自私之我的自我确认,没有任何例证会缓和这种我的枯燥乏味,他热衷于发现自己,不得不沉溺于他的这种嗜好。这肆行于哲学的假象中,它恰好排斥对于哲学之思为本质性的东西:承认和赞同。

哲学没有与艺术和宗教相隔绝的内容。哲学是纯粹思在艺术和宗教中的运动，它和艺术共享"精神的直观"，与宗教共享自我意识，并且自为地不是别的，就是认识两者的概念。这里，概念的规定得到认识，规定是在自身的自我区分，业已完成的诸规定的必然性得到认识[674]，最后认识：只要在概念整体及其诸契机中自我规定纯然发挥着统摄作用，所认识到的必然就是自由的。由于哲学将绝对者的观念表象的完整内容把握在其必然性中，哲学究竟地是"科学"，或者是自身绝对的科学。

假若仅仅单方面地设想这种科学，无法避免感觉上的过敏反应，觉得在这种科学中看见有限理性的奢求；此外还忘记了确定性与真理的区别—理性科学与启示过程本身的区别。

如果哲学在此知道自身是科学，如果哲学扬弃了它的古老名字，那么不是发生在对从前所作功业的虚荣之中，而是在对所完成者的觉悟中。而须完成的就是这个：实现自由。只有作为上述科学，哲学才知道自由已经实现。只因为哲学已经理解并且把握了自身的概念，它才有能力在绝对理念的自由中、在与绝对理念相适应的关于实在领域的知当中庇护自由。与这一演历并行不悖的是对艺术和宗教的承认和赞同，就艺术和宗教是绝对精神的形态而言。

正如在源于其自身规定的绝对形而上学的开端，理论理性洞察了感性和知性这两种观念表象能力的必然性，同样，完满的理论科学既认识到"直接直观及其诗[Poesie]"的必然性，也认识到自我意识的必然性。——诗的[poietisch]或者由自身而向外进发的，诗创造出这种直观仅仅是为了显现神，而自我意识的向内求索仅仅为启示的过程所激发。

科学的认识是对在两种形式中的宗教内容的"承认和赞同"(《黑格尔全集》，20：555/12)。这种承认和赞同迎合宗教的形式并且真正交还给它们的是什么？——"从形式的片面性中解放出来，将之上升到绝对的形式中，而绝对的形式规定自身去投合内容，与内容保持一致并且就此是对那种自在自为的必然性的认识"（《黑格尔全集》，20：555/13）。这种解放恰好与那种先行赋予自由的东西相应和，这个赠礼已在艺术和宗教中造就。在不接受这种先行的赠礼的地方，哲学也无可给予。

[675]由于哲学"在推论上"明白了"它自身的概念"，也就是理解自身是那种解放和升华，是宗教的知向科学的逻辑运动，它只还照顾它的知，那业已完成的运动。而这对于绝对形而上学正是在原则意义上的"理论"：对启示之真理的确定性，作为科学而演历完毕。这种科学把自身凝聚于精神与自身的绝对中介这样一种推论上。哲学回顾这透明的真理。为了把自然变为我们可以透视的，哲学选取了穿行自然的[physisch]和精神的自然之整体的道路；显然，自然在这所有真理的巅峰具有它的位置，而在这个位置中自然只作为科学而是本地风光[einheimisch]；作为科学它就是启示真理的确定性。

理论，一如它符合近代的原则，它的双重视线不在对业已给定的面貌的直观，也不像理性那样自己给与一个面目。所直观的是绝对精神的自我规定，而确定性在逻辑理念的自由的形态中正关涉这种自我规定的自由。实在的哲学以逻辑理念为开始。其结论为：逻辑的是精神的。

正如启示真理是诸推论的推论，与之相应的确定性亦复如是。这里才显示出，为什么以逻辑为前提也必须选取穿行外部自然和有限精神的道路，为什么哲学不能够仅仅以宗教的真理为内容，而必须是超越自然的[Meta-Physik]并且作为形而上学关涉那些有限的现象。哲学不是物理学的后续；不如说，恰好因为"逻辑"的缘故，哲学先行于那种神学科学的自然和有限精神。

"逻辑"对于科学起先只是预先设定的前提。作为科学它开始于概念,概念只是自在的,因而只能够具有其实在的现象。逻辑如何自在自为地是实在的,这从它的诸推论的体系中才得出结论。

逻辑自身的第一个现象,也是哲学的第一个现象是这样的推论,逻辑只以此为基础,为的是从这个[676]前提经过自然的中项而与精神相联结。这里自然"自在地是理念,然而概念的中介具有过渡这样一种外在形式"(《黑格尔全集》,20:570/6)——一如它是存在逻辑的特征。在向自然和精神的过渡中,逻辑仅仅再现自身并且在再现中始终是不自由的。"概念的自由作为与自身的联结"还停留于形式规定的局限上。

逻辑的另一个现象是这样的推论,精神于此守住中项,"以自然为前提并且把它与逻辑相联结"(《黑格尔全集》,20:570/13)。这里扬弃了过渡的外在性,过渡变成照耀于他者或者变成反思。逻辑显现于自然这个极端和精神这个中项,现象对于逻辑自身是内在的并且仅在这个层次上是不自由的。如果黑格尔进一步说明:"科学显现为主体的认识,其目标是自由,而认识本身是创造这种自由的道路",那么,这概括整个意识形而上学的地位和意图,而第一个推论令人回想起那种知,近代哲学就是作为这种知而引荐自身的。

只在逻辑才显现的地方,科学本身也才是哲学的现象。相反第三个推论呈现"哲学的理念"。这里逻辑是中项,但却在实现过程中成为精神的:"自知的理性,绝对的普遍"。自然和有限的精神显现,这种显现分解到理念主体的和客体的行动过程之中。作为精神理念的诸契机,自然和精神两种现象即使作为有限的,仍然是理念的启示——更贴切地理念的"宣示"。伴随着自然和精神,精神理念给上述确定性以发展的实施依据。正是在此,与它的理念达到齐一的哲学显示出它的强盛:自然的和精神的自然对于它成为可透视的,作为在概念意义上的"事的自然"。"自然"是概念,这个概念把事作为概念之事加以"推动和发展",推动它穿越作为实体的真实,在作为主体的真实中发展。

逻辑理念的这项工作与精神理念的认识没有对立;显然行动在哪里都是同一个行动,[677]区别在于创造和理论。理念作为逻辑理念,理念作为精神理念,对于前者是理念向纯粹人格的历练过程的东西,对于后者就是绝对人格的启示。其真理的确定性仅作为科学才是我们的确定性。只因为这种确定性,科学是形而上学,它回顾绝对精神的种种有限的现象;与绝对精神的启示过程不同,科学不是开始于抽象的内在的普遍,而是开始于抽象的外在的自然存在,始于究竟不自由的东西。

无论在完善的科学还是在完满的真理中,它都是一个且同一个理念,"永恒地作为绝对精神而劳作,创生和享受"(《黑格尔全集》,20:571/6)。在本质逻辑向概念逻辑的过渡中这样说过:"作为自为地实存的,这种解放叫作我,作为已发展为全体性的,叫作自由精神,作为情感叫作爱,作为享受叫作至乐。"(《黑格尔全集》,20:159/9)在这部著作的前言中——著作结束处的引言与此相关——这样道:"正如亚里士多德所说,如果理论是最有福德的并且在善之中是最好的,那么分享这一乐趣的人们知道,他们在此拥有什么,即满足他们的精神自然的必然性:若能放弃向别人提出相关志趣的要求,若能在他们自认为旗鼓相当的种种需求和满足上悉听尊便。"(《黑格尔全集》,20:31/22)

踏入理论的至乐,却没有在本具的理性上实现必然性与需求的区分,这是不可能的。这种区分才把理性从技术的运用中解放出来,将之投放到自我规定的运动中。没有人会被劝说而转向哲学。假如哲学的严肃性在于这样看待万物,就像万物是好的那样,那么,它产生的作用就会令人厌恶。某物是好的,只因为它与它的概念相应。所以这样一种看是概念把握并且就此从本质上区别于那种取媚,后者认为每一事物以它的方式都是好的。因为并非如此,万物才走上法庭。

　　哲学作为绝对精神的形态,没有人是被说服而转向这种哲学。一个人投身于哲学的唯一方式是世界历史性经验;这是一个批判性位置,这里,从其世界性中引退的精神吸引着个体。[678]个人没有能力从自身出发来打破自然针对科学之至乐的抵抗,一如莱布尼兹曾经就确定性方面所阐述的,世界是所有可能的世界中最好的一个。一如这种抵抗为哲学自身的诸现象所强化,个人就更无法从自身出发来中断它。正因如此,哲学从另一方面自己走上获得自由的道路。只有在科学中,在是形而上学的科学中,人才享受自由,这种自由并非以任何其他方式对享用开放着,而是作为如此之自由,和自由理念的区分和规定性一道被享用。

引用版本：

《形而上学拓扑学》的黑格尔部分（德文原书第579至678页）

引文说明

一 引文所涉及的哲学家及其著作：

依据《形而上学拓扑学》的文献说明以及对原文引文的核实，黑格尔一章引文所涉及的著作如下：

A. 费希特（Fichte）

  a. Sämmtliche Werke, Berlin, 1845f《费希特全集》第一版。

  b. Werke, Akademie－Ausgabe, Stuttgart 1964ff《费希特全集》学院版（现行标准版）。

B. 黑格尔（Hegel）

  a. Gesammelte Werke, ed. Pöggeler et al., Hamburg 1968 ff.《黑格尔全集》标准版。

  b. Sämtliche Werke, ed. Hoffmeister, Leipzig 1911 ff. 霍夫迈斯特编《黑格尔全集》。

  c. Werke, ed. Freunde des Verewigten, Berlin 1832 ff.《黑格尔全集》友人版。

  d. Encyklopädie der philosophischen Wissenschaften im Grundrisse, Heidelberg 1817.《哲学全书》。

  e. Wissenschaft der Logik, ed. Lasson. Leipzig 1932/1934.《逻辑学》拉松版。

C. 康德（Kant）

  Schriften, Akademie－Ausgabe, Berlin 1910ff.《康德全集》。

D. 谢林（Schelling）

  Werke, ed. Schroter, Munchen, 1928.《谢林全集》。二

1. A 中的 a 是 1845 年第一版的《费希特全集》，和今天通行的《费希特全集》标准版页码差别比较大，现从引文统一的角度考虑，将所涉及的引文统一为标准版全集页码。引文规范为如下格式：Fichte：Gesamtausgabe. Reihe 1；Werke. Band 2；Werke 1794 – 1795，S.409，Z.14，hrsg. von Reinhard Lauth und Hans Jacob. 1965. 引文包含页码(S.409)和行码(Z.14)。以下所引黑格尔、康德与谢林著作的格式亦同。

2. B 中的 a 是标准版全集，博德先生写作《形而上学拓扑学》时，该标准版并未出齐，故博德先生在未能完全使用标准版本的情况下，引用格式一般如下：

   2.1.《精神现象学》的引用有两种情况：

   2.1.1. 一是(c 页码/b 页码)，比如德文原书 586 页最后一段有引文注释为(Werke II,61/ed. Hoffeister, 67)，表示所引文字在友人版全集第二卷 61 页，在霍夫迈斯特所编黑格尔文集中《精神现象学》的 67 页。

   2.1.2. 二是单独引用友人版，只标注(c 页码)，比如德文原书 582 页最后一行有注释为(II,7)，此表示引用文字在友人版第二卷第 7 页。

   2.2.《逻辑学》引文分三种情况：

   2.2.1. 第一种是(c 页码/e 页码)，比如德文原书 630 页最后一行有注释为(Werke III,16/15)，意为所引文字在友人版全集第三卷 16 页，拉松版《逻辑学》15 页。

   2.2.2. 第二种是(a 页码,a 行码/e 页码)，比如德文原书 603 页倒数第二行有注释为(XI,365,13/Lasson II,151)，此处引文在标准版全集第十一卷 365 页 13 行，在拉松版《逻辑学》第二卷 151 页。2.2.3. 第三种情况是单独标准 c 的页码(c 页

码),比如德文原书582页有注释为(Werke ni,14),此即指引文位于友人版第三卷第14页

2.3.《哲学全书》的引文分为两种情况:

2.3.1. 一是(c页码),比如德文原书630页有注释为(VI,59),此即表明引文在友人版59页。

2.3.2. 二是(c页码/全书版本,《全书》段落编号),比如德文原书661页最后一段有注释为(VI,413/3. Ausg.,§244),即表明所引《哲学全书》文字位于友人版全集第六卷第413页,全书版本为1830年第三版,所引文字在全书的第244段。

三 博德先生所使用的引文方式一般是在引文的后方或近邻处的括号中以书名缩写符号加页码的方式给出引文出处。若下文的引文出自同一本书,则只在括号中标注页码。若是有源于不同书的引文,会加入书名缩写符号以标示。此种引文的格式系统比较简便实用,但考虑到今日读者和学术界的引文习惯,现把括号内的注释改为脚注,并补足引文的条目信息。原书中因笔误、印刷错误或校对失误的关系而出现的错误引文信息,经与所引文字核实查证,亦已改正。

第二部分

《精神现象学》讲座

——穿越意识形态的自然和历史

第 一 讲

　　这个讲座的题目什么也没有说。这是有意的。原因是其题目的更精确的标识会令人费解。就何而言呢？这里选出来讲解的章节是"宗教"和"绝对知",《精神现象学》的结束部分。这个选择带来的疑问已经显而易见。

　　对每一门哲学课都有这样一种要求，它也让初学者感兴趣，提供通往哲学的道路。上述选择似乎没有考虑这种要求，公然把对著作的前面章节的知识作为前提。也许在宗教和绝对知方面可以依靠某种直接的兴趣，正如想依靠某种直接的知识可以把黑格尔的论述的全过程收拢到一起。显然希望十分渺茫，人们可以肯定地说：宗教已经过时了，没有绝对知。用尼采的话说，为什么还学习这个谬误的历史？为了揭露它，现代已经付出了足够的努力。

　　也许我们要假定一种历史的兴趣，那么，这只能是对黑格尔的兴趣，而不是对上述两章的主题的兴趣。众所周知，如果这种兴趣是从马克思那里借来的，则尤其不可能。

　　然而，历史的兴趣——无论它的动机如何——尤其忌讳把某一章节从《精神现象学》中孤立出来加以讨论，更不容许从结束开始。对这部著作只做浮光掠影的了解也看出，节选不仅违反引导初学者入门的正当要求，而且对黑格尔的陈述所要求的方法乃至科学性置若罔闻。

　　当然，不了解前面的章节，就无法把握一部哲学著作的结束部分，尤其是一个"科学体系"的结束，《精神现象学》是这一体系的第一部分。对于历史研究并非理所当然的是：不了解近代哲学的先贤就不能够理解黑格尔。而为了明白近代哲学以何种权利从旧哲学中脱颖而出，新时代与旧哲学对立斗争的意图是什么，则必须了解更为早期的哲学，这已经不是历史研究所能设想的。假如人们期待，把至黑格尔为止的哲学传统归结到形而上学的名下并且彻底排斥形而上学，这就完全超出了历史学认识的兴趣范围。

这里碰到另一种不言而喻的道理，历史研究的自明性：人无法知道一切，认识必须有所限制；历史认识的进步只是在专门领域中。怎么还会对此有争议呢？没有人会用诸如此类的问题令人厌烦：为什么某人是康德专家，而不是亚里士多德专家？为什么某人研究柏拉图和费希特，而不研究普罗丁和黑格尔？为什么他学中世纪拜占庭哲学，而不去研究十八世纪德国学院派？

这些事例不是杜撰的，而是可以在我们这里对历史感兴趣的哲学老师身上看出来。那些问题肯定不是没有答案。可以提出许多理由，甚至也包括对那个深得人心的问题的回答，即如此之历史兴趣对于当前或者对于社会有什么重要性。各种论证都已经很善于联系时下所认可的观点。

即使在哲学史[Philosophie-Historie]中也必须划定范围，那里人们也无法了解一切。谁会去剔除哪些是不重要的？即使是影响过被公认为重要的哲学家的人也是重要的。如鲍姆加登因为康德而变得重要，雅考比因为费希特，巴蒂里[Bardili]因为黑格尔。尤其是每一个人的青春对于他本人是重要的。如果谁的青年时代显为人知——例如亚里士多德，那么就研究他的早期作品，以为在那里能咀嚼相关者的哲学的核心，抓住他的开始。在黑格尔那里打开了一个可以直接理解的宝藏，多么令人欣慰！那里，还可以把手伸向早期著作的背后，查找对他的青春时期的报道。人们知道关于他的家庭、朋友、老师的各种情况，了解他的读物。人们找到一个有革命志趣的大学生，然后试图解释他的激情为什么在后期体系中停滞了，他最后甚至还沦落为一个普鲁士君主制度的拥护者。

即使是哲学史［Philosophie-Historie］通常不至于沉迷于这些猎奇，这种历史态度停留于一种 progressus ad infinitum ［"向无限前进的过程"］，这迫使人们相信，无法投入到哲学史［die Geschichte der Philosophie］的整体中去——即使不去详细研究图平跟学院的教育和保皇派的精神。重要的就已经太多。或许人们以为，尽管黑格尔在耶拿时期还仔细研究过莱茵哈特，但是认识他似乎并不重要？了解邓斯·司各脱重要吗？他的信奉者曾占据讲坛的重要位置长达数世纪之久。像帕斯卡这种人虽然没有搞学派，但是却很难断定，某种哲学的作用和流传会是不带历史兴趣的。

所承认的重要和尚误以为的重要，这些事例本身就轻易地泛滥成为"历史的海洋"。那里不仅出现 Averroës，[1] 而且也出现 Stephan Bar Sudaili，[2] 在他身上可以看到就他而论十分重要的 Dionysios Areopagita［狄奥尼索斯教派成员］[3]

---

[1] Averroës（1126-1198，原名 Ibn Roschd），出生于西班牙，法学家、医生和哲人。他是最重要的阿拉伯哲人，对基督教和欧洲哲学也有所贡献。他的大部分著作是对亚里士多德哲学的注释和评论。在伊斯兰世界中他的哲学前辈是 Avicenna。

[2] STEPHAN BAR SUDAILI，出生于 Edessa，著名的叙利亚僧侣密教的代表，生活于六世纪初至五百五十年左右。曾在巴勒斯坦师从埃及人 Johannes，学习 Origenismus，没有传世的著作。他拒绝地狱的惩罚和天国的奖赏。认为一切自然在品类上与上帝的本质相同。

[3] Dionysios Areopagita，这是一位无法考证清楚的生活在五世纪的叙利亚僧侣作家的笔名。Areopagita 在著作中融合了新柏拉图和基督教的思想。上帝既是"完美的自身存在"，也关涉到"他在"，在他在中上帝创世。这是因为上帝集静止和运动于一身。他在感性世界的彼岸，完全不可认识，也无法企及。认识上帝的道路有两种，肯定的陈述（via positiva）和否定的陈述（via negationis）。九世纪他的著作由 Johannes Scotus Eriugena 翻译成拉丁文。

对哲学史的兴趣必须有所限制——以至于甚至不能在哲学史整体之内衡量对象的重要性。所谓重要性，只好留给个人意见或者由普遍的声望去评价。最后，整体性的努力只能在填补空缺方面要求合理性，那些至今被忽略和遗忘的也应该受到关注。

在思想和哲学的关系上，这究竟意味着什么？联系到哲学史的讲授，对于通往哲学的通道，这意味着什么？也许已经清楚，学习理应开始于某一个在历史上出现的思想位置，例如从康德那里开始。但是，如果这种学习已经把占住一个或者多个岛屿当作目标，那么，必须问：这到底在做什么？如果这种情形见涨，它难道促进历史研究吗？可以怀疑：哲学生命本身在这里不如说受到损害。描述过去的学术观点，这种描述阻挡了这样一种经验，即经验到某种东西在哲学史中是关键性的真实。"解释学"在这一点上也什么都没有改变。于是这样一种信念流传开来，哲学史方面的博学多识有别于和哲学本身打交道。这里可以想起康德在《序言》["Prolegomena"]开始处曾说：学者们必须等待，"直到致力于从理性本身的源泉中进行创造的那些人，他们的事被造出来为止。"

从理性本身的源泉，听来很新鲜。在我们的时代这在哪里发生呢？今天所谓的体系哲学史发源于什么样的源泉？它在何处生发于理性的源泉？

当今占主导地位的理论是以物理学知识、行为研究、普通语言学、心理学、社会学为支撑点，于是人们发现自己不是面临理性源泉，而是站在小池塘边，面临几个浅薄的泥潭。但是，理性自身是否还能被当作源泉呢？

这种问题可能听起来很彻底，不过，人们知道这早就不是问题了。或者，自康德以来就没有再发生过以理性的态度进行的理性批判？黑格尔向理性源泉的深入现暂且不算。在费尔巴哈、马克思、达尔文、尼采和弗洛伊德那里，对理性是怎样评价的呢？他们的论证仍是源泉吗？

从理性的源泉来创造，这意味着：把理性当作哲学自身独具的事。在当今体系哲学中还有任何与此相一致的地方吗？它把什么看作是自己的事情？前不久听说：唯一把发散的方向拢集起来的主题是语言。为什么是语言而不是理性呢？如果是语言，那么，难道不是语言学是与哲学之事打交道的更合适的方式吗？乔姆斯基①的研究和思考不是比所谓语言分析哲学更丰富更彻底吗？语言分析哲学的哲学特性根本上在于，它以清除语言混乱从而救治思想为己任。分析哲学认为，传统哲学的问题产生于语言混乱。

哲学史是一种与哲学的次要交往。可是，当今体系哲学与其事的交往难道不同样是以次要的方式吗？不借助其他学科的研究，它还剩下些什么？诸如方法的反思吗？然而，如果不是其他科学的方法，它反思什么样的方法？其他科学还需要在哲学中的反思吗？每一门学科对其方法的工具如此陌生，以致不能够自己改进方法吗？它们难道不是已经一再自己更新了方法吗？方法的工具除了通过检查它在每一个特殊对象上所得到的验证，还能以其他方式得到改善吗？因而它自身不始终是一种特殊的方法吗？如果不是为了哲学自身，在哲学中发展的方法应该服务于什么呢？那么。如何看待哲学对于其他科学的服务性呢？

---

① 乔姆斯基(1928－)，美国语言学家和语言哲学家，创立了转换生成语法理论。这一理论不仅获得语言学界很高的评价，而且在心理学、哲学、逻辑学等方面引起人们普遍的重视。1972年当选为国家科学院院士，1984年获美国心理学会颁发的杰出科学贡献奖。

胡塞尔在二十世纪初就已经把哲学重新放到它自己的事的基础上——首先是通过排斥当时逻辑中所谓心理主义。在这一点上他的努力和同时代的罗素一致。两人都受到弗雷格的启发。罗素在形式逻辑和所谓数学哲学之外发表了他作为一位通达人士的观点和感想，但在哲学乃至真理的尺度方面的判断却浅薄而含混不清。相比之下，就近代哲学的事规定自身是意识而言，胡塞尔确实重新捡起了它，这是什么意思？罗素的同事摩尔在同一时间里开始把哲学当作语言分析来加以发展。从基础语言，也就是日常语言方面来批判哲学语言。从这个角度来评判胡塞尔的工作：所谓"现象学"有同样的意图，只是大量的概念掩饰了这一点，这些概念回溯到所谓意识，把意识当作哲学之事，或者也联系到德国唯心主义的学院哲学。

现象学通过"超验方法的更新"巩固了哲学的独立性和它相对于其他学科的奠基功能。在与超验哲学的联系上初看的确有某种引起混乱的东西，特别是当人们发现，超验方法的更新涉及的完全是另一种意识，它与康德所说的意识是两回事。这首先表现在："现象"是意识所本有的，意识有"体验"，它首先是日常意识，生活在前-谓词的经验中，其基础在前-逻辑的生活世界。胡塞尔在《判断与经验》表示，对生活世界的理想化遮盖了前-逻辑的经验，首先需要拆除这种"理想化"。这里，不仅可以听出和分析哲学及其日常语言基础的联系——日常语言同时是所谓自然语言，它是相对于所有人工语言的最后元语言——，而且也可以发现他与后黑格尔阶段的意识基础理论的关系。

为什么这么详细地引述胡塞尔？在他那里出现了一种体系哲学[动词]，它既不是依据于其他科学知识的理论化工作，也不为其他科学确信一种作为方法反思的服务性。他的哲学运思既没有回到形式逻辑,也无意在日常语言的基础上拯救哲学的无意义,这种运思在方法和对象上都确认自己的独立性,同时也相信自己具备为其他科学奠定基础的功能。胡塞尔的现象学不仅在体系上是成熟的,而且它也反对对哲学的历史学兴趣。这有什么特别吗?是的。海德格尔已经注意到,体系哲学不再能够对哲学史持漠然态度,反对历史学的研究方法并不抹杀历史性本身。胡塞尔本人看到自己不断地被推向和近代哲学传统的有意识的联系;但是他只把这种联系带到某些他喜欢的特定位置上,这不过使他的缺少历史反思的一面变得更加触目。很典型的是他对黑格尔的诋毁,并非因为那里所表现出的知识的缺陷,而是因为事情本身具备的挑战性,胡塞尔和许多其他人一样模糊地感觉到这种挑战。为什么今天仍然一再选择逃向康德呢?如果善于倾听,《精神现象学》会给予这方面的启示。尤其是反思的逻辑。

历史兴趣和体系兴趣的冲突在黑格尔那里已经为这样的洞见所克服,"哲学的各个体系在历史中的顺序,和理念的诸概念规定在逻辑推衍中的顺序是同一个。"(18:49/26)①在他的哲学史导论中黑格尔这么说。这里提出了决定性的条件,在这个条件下哲学历史第一次不是叙述的历史,而是概念把握的历史:"理念的诸概念规定的逻

---

① 《黑格尔全集》,第18卷,《讲座手稿之二(1816–1831)》,费利克斯·迈纳出版社,汉堡,1995年,第49页,第26行(Hegel, *Gesammelte Werke*, Band 18. *Vorlesungsmanuskripte II (1816–1831)*, herausgegeben von Walter Jaeschke, Hamburg 1995, S. 49, Z. 26)。本书第二部分"《精神现象学》讲座"的中文注省略《黑格尔全集》,而仅标出某卷、某页、某行,格式为(18:49/26)。

又见:《黑格尔讲稿集》,选自笔记和手稿,第6卷,《哲学史讲稿》,第一部:哲学史导论,东方哲学,费利克斯·迈纳出版社,汉堡,2011年,第27页,A420-423行(Hegel, Georg Wilhelm Friedrich, *Vorlesungen über die Geschichte der Philosophie*, Teil 1. *Einleitung in die Philosophie, Orientalische Philosophie*, in Vorlesungen, Ausgewählte Nachschriften und Manuskripte, Band 6., herausgegeben von Pierre Garniron und Walter Jaeschke, Hamburg 2011, S. 27, Z. A420-423)。

辑推衍"，也就是黑格尔的《逻辑学》。逻辑是他的科学体系的一个部分，而《精神现象学》是体系的第一部分。

哲学史的概念以科学体系，尤其是逻辑所完成的概念的概念为前提条件。这个前提的必然性在以下两点中表现出来：哲学史只有作为整体才能够得到把握，而这个整体是按照理念本身的规定来划分。历史不需有一个具有规定性的开始，具有规定性的结束和特定数目的在一定顺序中的不同位置。任何其他历史不过是混乱，跌落到哲学史之外，沉入历史的海洋。

黑格尔的哲学史不仅以科学体系为前提，它也外在于科学体系。历史的外在性的依据是意识相对于精神的外在性，意识在对象化过程中与他者相对，因而是有限的。这种意识的、也是意识和自然所共同的外在化形式就是时间。哲学史是时间化的精神。相反，《精神现象学》所呈现的意识教养的历史在科学体系的内部，为非时间性的。

这里有一个明显的基本趋势，从理念出发，经过精神和意识，抵达时间的外在性，也是哲学史的外在性。有限的意识，历史意识从属于理念，这在后黑格尔阶段首先引发了一场颠覆，不是意识本身转而成为原始性的，而是外化了的理念本身，也就是自然，它成为原始性的。自然本身接受一种历史规定性，它的变化不再像黑格尔所认为的那样是重复，其运动是一种循环，自然变化在整体上是无法逆转的渐进式发展，不断增长的差异和节节升高的形态，其最高形态是成熟的意识和对发展的有意识的要求。

由此可见，反-唯心主义的意识理论其实以历史意识乃至意识服从精神并且最终服从理念为前提条件。只要揭露了进步的功名心和所谓意识发展对其基础的否定性，随着反-唯心主义的意识理论而出现的对立就不攻自破了。文化悲观主义，受强制的冲动的危险乃至放弃的危险等。

　　这里不是散布后黑格尔思想的种种为人熟知的凭据的地方。这里只是为"哲学还能做什么？"这个问题做一个提示。有什么留给哲学本身去做？而不是留给对哲学的体系兴趣或者历史兴趣，甚至两者的混乱搭配——就像大多数情况下那样。这个问题无法用灵感和习惯来回答。它要求对反复更新的问题的前台进行研究，更具体的问题是：鉴于那种后黑格尔的意识基础理论，在胡塞尔的意识现象理论之后，哲学还有什么作为？海德格尔所做的，正是把哲学的两难境地集中到一个问题上，追问时间，取消时间和历史的外在性。为此他做了自己的贡献。而他向进一步展开这项工作提出了挑战，这首先可以从他对历史的理解上看出来，历史作为形而上学的历史对于海德格尔具有一种堕落的特征，一个要被克服被弃置的历史。这不仅表现出和站在理念的统治的对立面的后黑格尔理论的亲缘性，而且也表现出反思所特有的排斥性，这种反思是近代哲学的特征。哲学史的开端分裂为第一开端和另一开端，这是一个使危机获得圆满的挑战。

　　怎么办？这个问题令人想起哲学是一个整体。相反，对哲学的历史学兴趣和体系兴趣提出所谓的多元主义，这对于历史学的兴趣是难以避免的。一种哲学的想法令人感到不够宽容。然而，它是宽容的，只是不谦虚，哲学永远只是整体，因为或者在原则上被推动，或者什么也没有。

　　无论怎样，这不妨碍承认一种多元主义，具体说在"哲学"这个名称的运用上。亚里士多德已经在这个名称上很大度，让它在从洪荒时代流传下来的成语中有效。然而至于他本人和哲学，亚里士多德的目的是要谈论一种特定的哲学，其规定是第一根据和起因的理论，正是通过这个规定，他把自己与哲学结合起来。

特定的哲学——它处于何种规定下？这里选择的标准是什么？哪些人有资格进入哲学历史？

问题哲学[Doxographie]自古希腊以来就算是哲学，从此有了知和思考的多种形态，而它们之间的关系一直不明朗。直到黑格尔才把理念规定的进程的坚实关系引入知的形态的多样性中，并且按照方法的秩序呈现知的形态。然而历史学的方法——如前所述——切入的是科学体系的外部。而《精神现象学》中的方法则不同。

这里，历史地出现的思想不是贯彻方法的材料，黑格尔明确地提出这样的要求，思想的显现已经带着理念的认识。关系的外在性首先在历史现象的内外之争中被取消了。这里，外部的也不再是外在的。尼采曾说："我们废除了真实世界：还剩下什么呢？也许假相世界？……但是，不！假相世界也和真实世界一道被我们废除了！"（《偶像的黄昏》，27页）

没有理念认识为支撑的哲学史是什么？难道它不立刻融化在各种历史的海洋中，历史不也就这样失去了自身吗？哪里还有一种统一的凝聚力？海德格尔回答：在所有形而上学的一个独特主题中——存在者之存在。但是，这个统一仍然只是外在的，它同时受到[另一种思的]排斥。海德格尔明白，在克服形而上学、在哲学的第一个开端与另一个开端的冲突中他离开了这个主题。在海德格尔那里没有一种洞见不是历史的，包括黑格尔的理念的洞见；而这种历史仍有它的彼岸，也就是这种独一无二的命运，它在那个转折性的开端才解除自己。

这些是前人所为。还有一个问题：有待作为的是什么？重新拿起哲学的历史开端,看它是如何保持为开端的。开端保存在原则的理论中。这种理论的历史焦点不在统一的主题中,而是在原则的危机中,知的自我规定的自由一再在原则的危机中得到实现。

一种具有规定性的哲学——筛选的标准是原则的危机。只因如此这里称它为第一哲学。

已经公布的讲座课程跨越多个学期,持续讲解《精神现象学》;它继续前面几个学期以来对近代哲学的讲解。实际上,它是穿越第一哲学的整体的连续性工作,在行进路途中才清楚并且越来越清楚第一哲学是什么?它曾做过什么?它还须做什么?无论过去和现在,整体在每一个阶段上都在此,并且每一次都得到更清晰的理解。选择这个主题的理由和权利就在于此。任何私人的兴趣在这个主题上都不成立。

一个人是如何、是在哪里找到对哲学的兴趣,这是偶然的;哪一种考虑督促他学习哲学,这也是偶然的。但偶然性却必须在学习的过程中逐渐被消除。为什么?因为哲学不允许未经反思的兴趣。可是,只要对所作所为的必然性还一无所知,兴趣就是未经反思的。这种对已做过的事情的无知,导致对有待做的事业缺乏信心。我们强调——这是针对第一哲学而言。

第一哲学和其他知的形态不同,没有一个过去的历史。这一点仅对第一哲学有效。它的历史是在它的单纯而完整的诸契机中充分发展的当下现实[Gegenwart]。

任何知识特别是历史知识必须证明它对于当下现实的重要性,今天这种要求特别地响亮。什么是这种当下现实,却无人问津。当下的概念首先混乱不清;它只在表面上很简单。简单的假象把当下缩减为每一个今天——在昨天和明天之间的一个点。这个枯燥的当下又促使人不仅到明天的空间，也到无规定性的后天去忙碌，对于他明天和后天也和今天一样。

第一哲学的当下在整体上是广阔的，却不是无规定性的。这个当下的概念具有区别性。其各个契机是第一哲学的不同时代，它们只在原则的危机中展现出来。它的展现是稳健的，因为按照逻辑。这些契机是单纯的，因为时代的原则是单纯的。只因如此，对第一哲学的完整的认识才是可能的。

不断听到，哲学已经结束。哲学中的一些东西肯定是结束了，做个了结也值得——不，那里没有什么可以人为地去做。从头到尾，人们只是人云亦云地跟着说第一哲学——隐藏在引起误解的"形而上学"的名称下——结束了。它的历史显现模糊不清，黑格尔的哲学史中既出现了笛卡尔，也出现了波墨［Böhme］①和洛克，而海德格尔把柏拉图和尼采相提并论。

于是必须追问，结束的是什么样的历史？只要思想准备投入到原则的危机中去，就会看到，它不是第一哲学的结束。

人们也许会对笛卡尔或霍布斯感兴趣，对马克思或者黑格尔，也许也对历史上更早的思想家，如恩培多克勒斯或者巴门尼德。这是他的爱好——即使这些爱好可能受到控制。然而，面对作为当下现实而有效的东西，情况就不是这样。它不可避免地是每一个人的当下——无论他喜欢还是不喜欢；它始终是所有人共同的当下——无论理解还是不理解。如果我们觉得当下始终比历史来得早，那么，这是因为我们对当下的把握总是比较晚。今天的时间点上的当下对于

---

① Böhme, Jakob, 1575-1624, 神秘学家和自然哲学家, 曾做鞋匠。

我们来说更早。学习完整的当下，这在知道对当下仍全然无知时是最艰难的，这种学习构成与今天的最大的张力，也与相反的一端，即希腊哲学的开端，构成最大的张力。拒绝了当今（思潮），类似于笛卡尔的彻底的方法上的怀疑重新又开始了。

由此首先得出一种二律背反的情况，即学习的困难在回归的尺度上减退了。这对于历史学的眼光是二律背反，在历史学看来，因为前提知识的数量不断增加，每一个较晚出现的哲学位置，其全貌总是更加难以清理。相反，整体上的向前推进不仅在全貌上有所收获，而且对枝干的区分也更加稳健。

课程的进展将证明已有的收获，它同时证明，当下整体的概念已近于完成。

第 二 讲

首先有必要明确课程题目的位置——说明讲解《精神现象学》最后两章"宗教"和"绝对知"的意图和方法。在明确与通常在学院课堂上出现的哲学的区别时,已经勾勒了题目的位置,历史的和体系的兴趣分野仍然是学院哲学的特征,这种区别没有因为两种趣向的混合而得到克服。

题目的位置导向对尚未完全发展的第一哲学的历史规定的率先把握,从当下的概念出发进行把握。这个概念和哲学史的规定(尺度)的完善是一件事。在真正的、有章法的工作中,率先把握规定则是多余的。然而,为了便于理解,在陈述这项工作时有必要直接地拒绝那种习惯观念,它习惯于混淆判断和常识。

不理解某事乃至尚不能够理解某事,总是比执有相反的意见要好。这也是众所周知的,却很少有人这么做,因为这种行为本身要求涉猎整体。

黑格尔首次把整体带到哲学史中。历史因而成为那唯一的具备规定性的开端、步骤和结束的历史。尤其是结束的观念总是引起各种情绪,仿佛黑格尔反对给哲学任何存活下来的生机。他怎么可能已经知道这些。他所知道的是:哲学,就其当下现实业已完满而言,已到达终点。亚里士多德也知道同样的道理,并不因为黑格尔就推翻亚里士多德。两人都没有去评论哲学的未来,虽然海德格尔把这种评论强加于亚里士多德,其依据是,对存在的追问在每一个时代并且在将来都是哲学的主导问题。这就配合了维特根斯坦也为之推波助澜的观念，即种种永恒的无法解决的问题推动了传统哲学的延伸。

谈到将来，必须问：相对于什么样的当下？在亚里士多德、托马斯·阿奎纳和黑格尔那里完成的第一哲学，它的当下的确没有将来。这么说吧，这里恰是哲学的幸福：达到完美的统摄力回到宁静的开始；这个开端同时是自身危机的挑战，危机开始于发现统摄力的不完美，或者说它的不公正；挑战，意味着自己拿起自由去开始。可是，这种自由的想法甚至也为种种将来的观念所埋没了，这是那种仅仅相对于今天的将来，它实际上是不确定的后天。将来所有一切都完全不同了；对这种不同的设想却始终依赖于今天，它的每一个规定性只来源于同今天的对立，今天是唯一确定的。

费尔巴哈明确地追随黑格尔又反对黑格尔，正是他设想出一种未来哲学，难道是偶然的吗？就排斥当下而言，马克思不是也同样执着于未来吗？如果不是着眼于未来，为什么同者永恒轮回成了尼采最难以承受的思想？那变得矛盾的将来，既是最可鄙的末人的将来，也是超人的将来。这里的对立直逼与黑格尔乃至所谓形而上学的相反立场，进步或渐进式发展的将来是模糊的，弗洛伊德在认为已经去除了宗教的"幻想的未来"之后，曾尝试分析这种"文化中的不悦"。

有鉴于此，须问的不是：谁影响了谁？而是：在后黑格尔阶段，直到海德格尔那里，在途中的是什么？那里，与未来的关系占据统治地位，海德格尔在对时间的追问中特地讨论将来，黑格尔在哲学史中对哲学的描述成为问题，在哲学史中亦即在哲学的外在形式中，而外在性即时间。如果这里看到的是哲学史，而不是世界史，那么，一个外部理由可以为黑格尔辩护，黑格尔第一次对哲学史的阐述是和科学体系或哲学本身的建设同时进行的，后者是《精神现象学》和《逻辑学》。

这也反驳那种假象,仿佛黑格尔在这个体系中发展出一种逻辑,然后他把这个逻辑运用于体系之外——一种辩证法的工具,黑格尔试图把它贯彻到已经存在的外部[世界]并且解释外部[世界]。而第一哲学始终只承认一种外部,其外在性是由哲学原则所造就并且规定的。

黑格尔的原则,也就是理念的完整发展,不认识一种仿佛是陌生的外部,无论它是历史还是自然,即使外部的行动对抗原则。只有完整地发展的理念舍身外化成为自然,又开始从这个外化的极致回归或者说回忆自身,回归历经了自然和精神的种种形态——就像《哲学全书》所呈现的那样。

这里决定性的问题是:是什么迫使理念或完美的概念舍身外化?答案只能在出现在体系自身内部的外在(因素)那里寻找。这是什么呢?外部反思,黑格尔在《逻辑学》中阐述了反思规定,而反思又是《精神现象学》所涉及的自然意识的主要特征。

科学体系的发展开始于自然意识,这个开始迫使理念在其科学发展的完成之处外化为自然。

正因如此,黑格尔的方法决不是和知之事相分离的工具,他的体系不是与体系不相关的现实的阐释-模式。当今沸沸扬扬的方法和模式意味着一种抽象观念的威力,这种观念在漫无边际的不确定性中倾向于肆无忌惮,也就是说,任意地撇开矛盾,以求实现某种可能。

再来一遍:科学体系的发展开始于自然意识,在发展的结束处,理念不得不舍身外化,成为自然。在自然意识那里开始,在它那里完成通向绝对知的教养历程,成长为概念的因素。(理念发展的)这种必然性是科学体系分为《精神现象学》和《逻辑学》两个部分的依据。这两个部分已经是一个标记,说明相对于科学体系的外部[自然]必然应运而生。

如果是这样,那么,对于通往这一体系及其自身外化的适当通道来说,关键是把握自然意识的意义。

我们曾引用哲学史讲稿的柏林导论中的一句话①,它在这里也许能提供第一个支撑点。他谈到自然和首先作为意识而出现的精神。"自然存在,如其是;因此它的变化只是重复,它的运动只是循环"。这样,精神完全是外在的。"它(精神)的行动进而是自知。我是,然而我直接地只是作为有生命的有机体;就我自知而言,我才作为精神而存在"(18:52/10)②。

那么,精神和意识并不是一回事。黑格尔继续说:"但是意识从本质上包含了这一点,即,我为自己并且对于我是对象。我和我自身相区别,随着这一绝对的判断,精神把自己变成此在,把自己设定成外在于自身的;精神把自身置于外在性中,这种外在性正是自然实存的普遍而具辨别力的方式"(18,52-15)。

由此可见,意识首先还不是意识本身,它也许是自然的,这要视情况而定。不如说它本质上——这就是说作为意识——是自然意识。这里同时被理解的是:意识原本是把自身释放到外部的精神,也就是接受了自然实存的精神。什么是这种自然呢?让我们明确这一

---

① 参见第一讲中第5条注释。
② 《黑格尔全集》,第18卷,《讲座手稿之二(1816-1831)》,费利克斯·迈纳出版社,汉堡,1995年,第52页,第10行(Hegel, Gesammelte Werke, Band 18. *Vorlesungsmanuskripte II* (1816-1831), herausgegeben von Walter Jaeschke, Hamburg 1995, S. 52, Z.10)。

点：它只由意识本身的特性来规定，而意识本身的特性是：如果我自知的话，我对于我是对象。在这个知中，我对于我已经是被给定的，这意味着是自然的。相反，对于精神来说，自然的实存是精神自己所设定的外在的自身。自然的存在对于精神是经过中介的，对于意识却是直接的。

意识本质上是自然意识，自然的存在对于它是直接给定。这究竟意味着什么？对《精神现象学》的道路的勾勒将做清楚的说明。

首先有必要分清意识的自然性规定和后黑格尔哲学所看到的意识的日常性，哈贝马斯所制造的混乱使两种规定的混淆变得十分流行。

精神藉以自己把自己放到自身外部的判断是："我自知"或"我对于我是对象"。显然，是精神的这个判断，而不是任何一种现成的人的能力，在这里是意识。它的自然性既是这种被认为是直接的存在，也是作为单个的我。作为这一个或者对象，它是单个的我。

体系的真正开始在理念，若为外在自然的从属地位所激恼，思想就站到真正的开端的对立面，那么，它也反对精神相对于意识的原始性。精神表现为可笑的幽灵，它的名字在当今就像思想的稻草人。在意识所特有的时间性面前，也就是在意识的日常性面前，作为精神的外在形式的时间溃不成军。但是，后黑格尔阶段的哲学首先做的是发展意识相对于精神的独立性，同时使意识依赖于一个表面上更加原始的判断。这是何种判断呢？

我们来回忆，意识所处的判断是：我对于我是对象，或者，我是我。如果无论我还是我的存在都不以在这个判断中舍身外化的精神为规定，那么，我和存在必须接受另一种意义。意义从何而来呢？从表面上更原始的判断:"我是"。黑格尔曾这样谈"我是":如此之我仅作为有生命的有机体。意识现在有了自然基础,从其自然基础来看,意识本质上是人的意识。现在,如果谈意识的话,"完整的"人必须成为主题。

费尔巴哈在他的《未来哲学原理》中(§52)宣布:"新的哲学是神学在人类学中的完整而绝对的瓦解,并且是没有矛盾的瓦解"。

笛卡尔和霍布斯就已经认识一种人类学,它是什么样的呢？笛卡尔的著作《De l'homme》[《论人》]所提供的不是别的,就是人的形体及其作用的机械力学。人类学毫无争议地属于笛卡尔的"物理学",并随着物理学而隶属形而上学。霍布斯的《De homine》[《论人》],在体系中占据了一个介于《De corpore》[《论身体》]和《De cive》[《论公民》]的中介性位置；人的规定在由感知的人向"人格"的过渡中展开,而对人格的进一步规定导向公民。

费尔巴哈则不同。这里,人类学接过神学的权威,明确地要求成为第一哲学。就哲学设想自己是基础理论而言,不难看出它必须包括什么。"新哲学把人连同作为人的基础的自然变成哲学唯一的、无所不包的和最高的对象——人类学,包括生理学,成为全面的科学"(§54)。

自然作为人的基础——这是什么样的自然？不是意识独特的对象,不是精神向意识的舍身外化的产物,不是理念自身的外化。一言以蔽之,不是实际上经过中介的自然。它不是直接的被给定者,让人追问一位给予者,而是直接的现成物。"现成"做何解？作为人自己的、一向为内在的基础。与之相比,所谓外部的自然没有独立性。它的外在性可以通过科学的占有而被取消,以至于所有的自然科学最后都是人文－自然学科或者在流行意义上的"生理学"。所以费尔巴

哈可以说："真理只是人的生活和本质的全体性。"（§58）

意识的我的出现是个别的，而人在自然基础上总已经是与人共处的人[Mit-Mensch]。"人的本质只包含在共同性中，在与人和人的统一，这种统一却只是以你我区别的实在为支撑。"（§59）这是当今关于人的嗡嗡谈论的主导意见。尤为值得注意的是，这种共性把我和你的区别，人的相互区别当作基础。而意识的个别化实质上被取消了，这种意识曾上达理性并且最终实现了它的精神来源。

这种针对黑格尔而出现的观念有什么样的要求呢？费尔巴哈毫不含糊地说："哲学的最高和最后的原则是……人和人的统一。"（§63）从这里也可以看出，必须在哪一个层次上来看人类学。紧跟着的最后一句话是："人和人——我和你的统一是上帝。"（§60）

假如不是依照光明，而是循着热度来判断，可以说：这些是叫人感动的观念。费尔巴哈也对人心津津乐道，把它对立于头脑，为的是希望紧接着把两者统一起来。看来，哲学已经踏上最后的旅程。兴许马克思的费尔巴哈提纲反对上述观点？然而，费尔巴哈提纲并不说明马克思就反对费尔巴哈。马克思往哪里去？稍后再说。

首先还有别的东西要学习——也就是，黑格尔的《精神现象学》已经做了什么；为此，需要对自然意识和日常意识做一个暂行的区分，尤其是把自然意识从混乱中清理出来。

意识从本质上是人的意识，这个观念经过费尔巴哈获得了原则意义，他的人类学把自己理解为黑格尔的第一哲学的继续。直到现在，这个观念仍寄生于和笛卡尔、斯宾诺莎、莱布尼兹、康德、费希特和黑格尔的名字联系在一起的近代第一哲学。近代第一哲学在每一个阶段都防止这种观念，即，意识和它的各个形态是由人的特征来决定,视人的自然基础而定。这个观念寄身于第一哲学,而只有第一哲学实现了意识对其自身的概念和意识向自我意识进而向理性的教养历程。

因而,意识概念是关于意识的真理。这个真理漠视把意识和理智当做人的能力的习惯,习惯认为人的能力只在人及其外在实存上具有现实性。对于第一哲学,这的确是令人奇怪的信念,原因是第一哲学和它的诸原则的特性联系在一起。在它的开端,巴门尼德第一次发现并呈现了这个原则。当时即为大众所哄笑。但这并没有阻挡第一哲学并且只有它把逻辑带到世间,与逻辑一道的是科学。

巴门尼德确认了一种知,就像他自己说的那样,它在"人的纷扰之外"。巴门尼德确认了一种真理,它漠视人的感知的视角特征。一个罕见的事实,笛卡尔又为近代哲学确立了这一真理。这也引起别人的嘲笑,诸如霍布斯和伽森狄[Gassendi][1]。在同一种事实关系上,基尔凯郭尔仍在他所认识的黑格尔那里重温了前人的讥笑。

"我思,故我在。"这是第一个认知——按照近代哲学的秩序,也就是按照判断的方法。紧跟着这一认知的是更进一步的认知:我是思想着的事(思想者),意识。这个结论带着犹豫,因为对"我是谁"这个问题的回答习惯上是"我是人"。笛卡尔立刻想到:人是什么?习惯在这里又出现了并且说:一个理性的生命存在。而理性是在自然的基础之上。但是笛卡尔却只能把它当作偶然的念头,将之又排斥到方法规定的进程之外。为什么?因为"人"的观念在"理性的生灵"这样的规定中仍是一团混乱。何以至此?因为定义的各个分支仍是

---

[1] 伽森狄,1592-1655,法国哲学家,物理学家,天文学家。生于农民家庭,后获得神学博士学位,受天主教神职并在埃克斯大学任教。他反对经院哲学,利用亚里士多德的学说恢复伊壁鸠鲁的原子论。著有《伊壁鸠鲁哲学汇编》,《对笛卡尔"沉思"的诘难》等。

混乱的。这是为何？因为它们的单纯性尚未得到论证。论证，不过思想着的事的单纯性已经从否定性方面获得论证。就何而言呢？因为它依据于那独一无二的思想的单纯性，即"我是"。而我是的单纯性却是由先行的怀疑来做中介的，怀疑一切其他存在。这在方法上不可动摇。

我是思想着的事。这个意识通过排斥其所不是才稳定下来并且臻于完善。"其所不是"，并非随意收集来的，这种排斥本身是尺度：我是思想着的事，不是外延之事——亦即，不是非单纯的、本质上为多样的事。这是完整的意识：自身与其对立面的冲突，并且是以这样的方式冲突，即对立面仅由和思想着的事及其排斥性尺度的关系来规定。

笛卡尔的思想在同时代人的批评中有何收获呢？攻击者针对《沉思》提出的七条异议以反讽的口吻模仿道：我（作为思想的实体）事实上实存着。故我（作为思想的实体）不是形体。什么照在你的脸上？一个新的春天为它打开了吗？我相信，思考的形式向你微笑，而形式推动了什么？然而——ecce risum sardonicum——瞧，这将是坏笑[对破折号内的句子的转述]。在形体的位置上放上精神，然后你从这个思考的形式中得出结论：故我（作为思想的实体）不是精神。这是按照同一个思考形式得出的相关证明。

笛卡尔在攻击者的论题里发现令人爽朗的理由。人们应该想到，他的答案把事情给了结了。但是，不。还有赖尔[Ryle]，所谓分析哲学的先驱，在他的主要作品 *The concept of mind* [《心灵概念》]中对笛卡尔式的理解的可笑性重又喋喋不休，他附上的 *The ghost in the mashine*[《机器中的幽灵》]，是一篇洋洋洒洒的对形而上学的批判。日常语言是特别属于人的语言，在日常语言基础上，无论是笛卡尔的意识还是黑格尔所说的精神都没有立锥之地。精神在那里只是幻影。

意识、精神、灵魂、理智和理性——笛卡尔在他的回答中提醒道,这些所谓人的能力的名称对于他没有意义,如果它并不准确地指思想着的事,也就是这样一种事,它只由这样一种行动来决定,这一行动在方法的诸规则的实施过程中获得完满的规定性。所以,像伽森狄提出的这类问题对于笛卡尔没有意义:你用思想指什么?用存在指什么?这种看上去显得刨根问底的问题,恰好错过了第一认知的事情,这件事只随着判断的方法而出现,只为概念把握而准备。关键只是我思这一行动。

前面引述过黑格尔的哲学史,黑格尔回忆道,精神的存在是精神自己的存在,是他的行动。在哲学变成人类学的地方,在精神或者理性降而为人的能力的地方,而人的基础是所谓的自然,毫不奇怪,正是在那里,哲学向实践转向的需求变得十分强大。

"上面已经提到了精神的本质,它的存在是它的行动"。绝对知只对于把自身培养成绝对知的[精神]是真实的。精神只对于经历了精神所独具的经验的人是真实的。意识只对于投入到我和对象的纯粹关系中的[思]是真实的。意识已经是行动,是一个人尚不意味着行意识之事。意识教养的开端就已经证明了意识是行动,它开始于确定性,具体说感性确定性。

如果黑格尔把意识看作直接现存的人的能力,那么,他一定会从感性出发,而不是从感性确定性出发。从感性开始,这将会引来一系列不同层次的和意识相联系的能力。然而黑格尔以作为感性确定性的意识开始,以精神的一个行动开始。正是因为他以一个牵涉其他行动的行动开始,所以,《精神现象学》是意识教养的行动。这里培养的不是一种能力，而是培养知本身——这个已获决断的真实；只有这种真实，而不是能力，每次都证明非真实的伪饰；只有这种真实，它经验到向更高层次的扬弃的必然性。而能力相反，它停留为如其所是。

黑格尔也说明了"人"的观念的体系位置。这个地方是普遍的法权状态，人在他的规定性上是公民，准确地说，是站在需求及其满足的立场上的公民。

为了满足人的需求，近代诸科学越来越明确地作为工具而出现。笛卡尔就已经要求它们应具有为人服务的性质，并且要求在与这种服务性的知的区别上实现第一哲学。第一哲学虽然不服务于人及其需求，也不服务于人性[Menschheit]，但是有益于人道[Menschlichkeit]。这意味了什么，却无法通过观察从人那里获取。

第 三 讲

黑格尔最早给《精神现象学》的标题是"意识经验的科学"并且在导论中特地解释了这个标题。海德格尔的认为这个题目是真正具有标志性的,和他的这种努力正好相反,我们看到"意识经验的科学"这个标题的准确性只在引导的意义上,在整体意义上并不合适,整体本身只能从臻于完美的经验上来谈。这里所明确的是:这部著作呈现的是显现的知,精神的现象。

这立刻让人想起:精神这里不是任何奇特的本质;它是具有规定性的知。只是因为它是这样,它的显现才具有自我批判和扬弃的特征,扬弃起初为意识,然后是自我意识,进而为理性,最后是精神的知。这种显现是一种行动,它的生命除了来自真理的批判本性之外别无根据,它的生命来自真理的决断和可验证性。

对于这部著作的导论,可以把《意识经验的科学》这个标题固定下来。正是因为这里的第一个行动是意识的行动,意识作为感性确定性而出现,所以,必须先给这里出现的意识以规定性。意识是作为自然意识出现的。它究竟是什么?今天不再为人熟知了,因为后黑格尔哲学在另一种规定中认识意识,把它作为日常意识,由行动的时间、人的实践的时间规定着的意识。

这里不是检验这个规定的合理性和必然性的地方——只提供了几个提示。然而,和当今的习惯相反,这里是把由日常性所规定的意识和自然意识分开的地方。这种分立不是学院式的风雅。它对于清晰的当下概念是基本构成性的。对意识规定不加辨别，这是造成现行的当下观念的混乱的一大起因。

意识教养的历史——《精神现象学》所呈现的——涉及自然意识。日常意识没有自我教育的能力。为什么没有？因为它的出现不是作为具有规定性的知，没有确定性。或问，日常意识知道什么？它的知没有任何规定性，以至于作为意识而消失在人们称为日常语言的东西中。

一种没有确定性的意识，它也无法达到对自身的怀疑，不可能绝望。可是，自然意识在卸除自然性的过程中体会到教养是绝望之路，它在教养的途中一再丢失真理，直到成为绝对知。

没有致力于自身的教养，日常意识只知道转入一种被设想为"本来的"态度。有一种所谓的猛然惊醒，却很快就又跌回到日常意识中。可以从现存种种关系的压力来解释这种回落，日常意识发现这样一些人的社会，他们早就知道一切本来应是另一副样子。然后也会有一种"本来的"生活。

日常意识因为其观念缺乏明确性而没有能力自我教育，因而，它对历史也很陌生——历史作为当下之整体，在其诸契机中得以区分并且因此是清晰的整体。尤其是因为对于日常意识的历史兴趣而言，历史只是丧失了生命的种种形态的无限序列，在它们身上日常意识最后只是看到自己。于是，如果今天在诸历史学科准则中越来越注重所谓平凡，这也并非偶然。

经验意识的科学是意识成为科学之因素的教养历史。这是黑格尔的逻辑。这条教养之路艰难的无以复加；这里意识因为自身而蒙受暴力,"去败坏任何有限的满足"(9:57/29)①。自然意识试图阻止自己去经验这些。黑格尔划分了这种企图的三个阶段。

首先滞留在无思想的惰性中;但是:"思想冒犯这种无思想性,思想的不安干扰着惰性。"(9:57/33)意识害怕丧失自身,恐惧在这里间歇地爆发出来,又被掩盖掉。

在第二阶段恐惧固定在感觉的形态上,"它确信万物以它的类别和方式是好的"(9:57/35)。它承认每一物都是真实的,这要看视角的变化,其中每一个视角都应该意义相等。"这种确信同样承受着理性的暴力,理性恰好认为某物就其是一种类别而言并不好。"(9:57/36)以它的类别和方式好——这就等于不好,因为如果万物皆以它的方式好,那么,"好"这一规定就失去辨别意义,变得形同虚设。

在第一阶段,对真理的恐惧,也就是对关于意识中的诸矛盾之真相的恐惧,被排斥到无规定性中;在第二阶段,恐惧具备了感觉判断的形态,这一形态在一切中都发现一些好的,并且以这种方式来逃避针对自己的决定。在第三阶段这种逃避对自己的决定的判断固定下来,成为空洞的我,它自以为超然于所有判断之上。

"或者对真理的恐惧会在自己和别人面前隐藏到一种假象的背后,仿佛正是对真理本身的热切期求使他们很难、甚至不可能在虚荣的唯一真理之外找到另一个真理,比起从自己或别人那里得来的思想,总还是更明智;虚荣善于败坏每一个真理,从而退回到自身,陶醉在自己的知性中,这种知性只知道不断瓦解所有思想,以枯燥的我代

---

① 《黑格尔全集》,第 9 卷,《精神现象学》,费利克斯·迈纳出版社,汉堡,1980 年(Hegel, *Gesammelte Werke 9*, *Phänomenologie des Geistes*, Herausgegeben von Wolfgang Bonsiepen und Reinhard Herde, Felix Meiner Verlag, Hamburg 1980)。本书中《精神现象学》的引文皆出自这个版本。

替所有内容。这种虚荣是一种满足,不得不听任其自身;因为它逃离普遍,而只寻找自为的存在"。(9:57/37)

这再次表明,只有这样一种意识才有教育能力,它把自己投入具有规定性的知的形态、特定的自我批判的判断形态,不仅如此,它首先领会并且说出了自身的确定性,这就是感性确定性。只有这样一个开始才保证知及其批判在方法上的——因而也是完整的——发展。

这条路是艰巨的。借用欧几里得的话,没有一条国王大道通往几何学,黑格尔在《精神现象学》前言中提到:"如果问通往科学的国王大道,则无法提供一条比下面的路更舒适的:信任健康的人类理智,顺便也为了和时间及哲学一道前进,去读读哲学著作的评论,甚至去看看这些著作前言和第一段"(9:48/5)。黑格尔这里预见了也将发生在他身上的一切。

不断有这样的问题,问通向哲学的路,通向哲学的导论。黑格尔不仅看到并且承认这种需求,而且也用他的《精神现象学》尊重和满足了这种要求。只是这里再明显不过的是:被引入哲学的权利截然不同于对一种灵活捷径的权利。

不过谁坚持这种权利,只要准备读一本书,也就付出他的代价。此外,在众多哲学导论中有不少并非导向具有规定性的哲学,这被当作是一种美德,它们认为一切皆以其类别和方式是好的。

仔细看待这件事,就会和黑格尔一块洞察到,哲学导论和哲学本身同样地困难,这是因为,如果它本身不是特定的哲学的一部分的话,它就毫无结果。其实永远只有这样的人才被引入哲学,他在所有规定性上领会了哲学本身并且推进了哲学。否则,就像黑格尔在《费希特和谢林的哲学体系的差别》一文中对莱因霍特所说的:"为了弄清楚并且论证迈进庙堂的脚步,他造了宽阔的前厅,为了节省那一步,不停地在前厅(对真理的爱和信仰)做分析、形成方法并且叙述,直到他们为了安慰自己对哲学的无能而说服自己,别人勇敢的脚步只不过是预备活动或者精神错乱"(4:11/25)。①

方便的总是:哲学导论,它省略了迈进一种具有规定性的哲学的脚步。这里在何种规定下看待哲学,开讲时已经谈过。

《精神现象学》以哲学的方式是具有规定性的哲学的导论——导入纯粹理性[Vernuenftigkeit]的呈现,而这是纯粹概念的逻辑。但是,这里谈及概念就和谈及精神一样,尚难以理解。假如人们希望通过名词解释来弄清真相,那么就已经假定了黑格尔的科学体系是无意义的活动。科学体系的意义和必然性正是在于名词解释所不能做到的,名词解释从来没有证明哪些现实是概念的现实性、精神的现实。

名词解释想让人理解名称关系着哪些事。可是,当黑格尔论及精神,他并没有把一件如何深奥难解的事放在眼里,而是着眼于知的形态;这同样对关于理性和知性的谈论有效。这里没有事、能力,而是知。名称的意义只有通过在所谓语言游戏中的运用才获得规定性,这一点今天被当作一大发现和伟大进步而放在传统哲学对面,然而,这只是在笛卡尔的《沉思》中已经说出的洞见的一个变种,精神、理性和知性这些名称的规定性来自事所独具的思想,而事只是由彻

---

① 《黑格尔全集》,第 4 卷,《耶拿文集》,费利克斯·迈纳出版社,汉堡,1968 年,第 11 页,第 25 行(Hegel, *Gesammelte Werke*, Band 4. *Jenaer Kritische Schriften*, herausgegeben von Hartmut Buchner und Otto Pöggeler, Felix Meiner Verlag, Hamburg 1968, *Differenz des Fichte' schen und Schelling' schen System der Philosophie*, S.11, Z.25)。

底实现的怀疑来规定,别无其他规定。就像黑格尔所说,精神的存在是精神的业绩。单纯的知尚不是这样一种业绩,只有上升到确定性的知才是精神的业绩。因为这种确定性是由一种行动来规定,针对蕴含在知之中的对真理的赞同,这种行动是否定性的;这种行动就是怀疑。

再来一次:对某物的知尚不是行动,也不是对某物的判断。[知和判断],无论在哪一种情况下所涉及的皆是真理,在真理意义上的行动是否定或者说遭拒绝的赞同。将这种行动完善为真理的行动才是否定之否定,或者说从对赞同的拒绝中回归。今天广泛谈论的拒绝其实是近代原则的现象和为近代原则所要求的反思。因而,要从第一哲学来澄清它。

如前所述,《精神现象学》中的怀疑针对意识本身。它的每一个形态皆曾对其真理感到绝望:感性确定性、知觉、知性、自我意识和理性。不再是精神作为精神本身,但精神在自己身上重复这些形态。

在笛卡尔那里怀疑只因此而是第一哲学的行动,它涉及一切,更准确地说,涉及每一个真理,所有被认为是真的东西。众所周知,这是一个无法窥其全貌的判断的多样性。作为总体[Gesamtheit],它只在对判断本身的判断上,在判断的真理要求的合理性根据中得到把握。黑格尔说的感性确定性和意识的其他形态,即知觉和知性,涉及的正是这个根据。意识是近代哲学原则的第一个万有或者第一个整体性。

一种至少是罕见的确信。在意识之外不是还有许多他物、甚至整个外部世界吗?这个问题——还有什么与此有关的没有说过——流露出一种混乱,它的起因在于没有严肃地对待近代哲学所独具的事。重复一遍:这件事是一种知,这种知应具备确定性的特征。但是,没有一种确定性不是我的行动。而我只有意识到某事,才能确定这件事。这种意识不仅是我,而且是我和对象的关系;而确定性又是对这种关系中的同一性的意识,或者说对这种关系的反思。

意识是我和对象的关系,同时是对这种关系的关涉。在这种关系中对象才具有理念的特性,或者说观念的特性。第一种关系是一种片面的:我关涉对象,对象自己却不关涉我。只要我仅从自己和对象的关系中来规定对象,对象针对我就是否定性的。在笛卡尔那里来说明这一点:思想之事以对峙的方式来规定其所不是,外延之事是可分的,分割可以无穷重复下去。相反,我是不可分的一,是这样一种认知,在这个认知中我确定其实存。

在我和对象的对峙中,我是本质的,对象是非本质的;因为对象的规定性只来自因我而生的对峙。如果对象被当作理念,情况就不同了,而这发生在我意识到我和对象的关系。这里,理念是本质的,而我是非本质的;因为这里的关键在于我通过理念而获知,我不是去思想任何一个与我不同的对象,而是我有一种具特定内容的观念——诸如一栋特定的房子的观念。我在观念中把握了特定的内容,因此,我[当下地]在[bei]意识中。这个内容是人们称作为对象的形式的东西。

如果我意识到某幢特定的房子,更准确地说,我意识到我在设想这栋或那栋房屋,那么,这个观念显然不是房子本身,而是它的形式。只有当我有相应的资讯,我才能够把特定的房屋观念表象化。而只有清晰而明确的观念才在这一尺度上具备规定性。对于所有的明朗清晰,统一的尺度就是那不可怀疑的真理,即我思故我在,我怀疑故我在。就特定的房子而言,起先只有什么是确定的呢? 确定的是:房屋的观念涉及某件事,这件事在外延和空间的规定下,也就是关系着我的规定性的反面。观念的内容,这栋或那栋房子,是我通过视看从外部接受的信息。如果我确定我设想特定的房屋,这种确定性是一种感性确定性。意识经验的科学或《精神现象学》以这种感性确定性为开始。

在这里重复这部著作的全过程是不可能的。这样一种穿越无法将自己控制在一学期的期限内;它要亦步亦趋地重新做起;另外还必须与对这部著作的众多伪饰和歪曲进行交锋,不仅有历史的歪曲,还有意识形态的伪造。必须确立和证明这种交锋的合理性——一方面通过发掘在黑格尔所呈现的经验进程中的逻辑,另一方面借鉴近代第一哲学的道路让这一进程透明化。

这里只能以确信的方式引出讲解这部著作的两大支柱。尽管如此,愿简要予以说明。

提醒诸位:这里对这部著作、对黑格尔的主导兴趣不是直接的,而是以对**哲学史的整体**兴趣为中介,而这又是以对**当下概念**的兴趣为中介,海德格尔相应地称之为探视其所是的目光。

这样一种兴趣只能实现于这样一种历史,它与历史的汪洋的区别就在于,它作为理性划分的整体是可以概览的。如果它是某个唯一事件的阐释历史——作为所谓形而上学的历史,它并没有因此就具有可概览的整体性,可概览性来自它必然地是在自身中相区别的整体,这些区别真正在整体上造成区分,为此,它们必须是原则上的区别,或者说在第一和万有的关系上的区别,而万有是给与哲学去知道的一切。第一哲学的这样一种历史的统一是诸原则危机的集结。原则的危机同样意味着区别走向极端而变成矛盾;第一知道的和最初的赞同只毁灭于自我矛盾。

不同时代［Epochen］构成的历史整体在诸历史性危机中分道扬镳,涉及《精神现象学》,从危机的原则特性中可以看到,意识的历史整个关系到近代这个新时代,它彻底地与哲学较早的两大时代相分离,更不用提史前年代。就此已经打消了在对这部著作的注释和评论中可以找到的一窝蜂的联想。它们从石器时代一直延伸到法国大革命。

由于意识教养的历史严格地限制在近代,另一方面也不可以把这部著作的透明度限制在它出版的时间上,这种限制同样属于历史观念的外在性,只关系到时间的当下。这里举一个例子:黑格尔在"绝对自由和恐怖"这一章中所展开论述的,不仅仅以外在的方式属于他的法国大革命经验;其实这一论述针对整个近代,并且击中了我们的时代以史无前例的清晰度展现在眼前并且带来切肤之痛的诸关系。在黑格尔的陈述上没有一样是过时的,因为第一哲学属于整个时代,而不是时间段,在这个时间段像《精神现象学》这样一部著作诞生了。

什么是这个时代的第一哲学?只能从逻辑中获得划分其界限的可靠性,是逻辑让第一哲学亮相,这是因为第一哲学完善了这一时代的科学逻辑。在黑格尔《逻辑学》的中介部分可以看到这种逻辑的更准确的规定性——也就是在本质的逻辑中,它沟通存在的逻辑和概念的逻辑。为了明确本质逻辑所透视的传统,也可以把本质的逻辑标识为反思的逻辑——尤其是因为本质的逻辑从反思的发展出发。

这个提示首先只想说明:无论是对《精神现象学》的兴趣,还是这部著作的论述方式,都不受制于未经反思的动机。反思是在近代哲学所要求的反思的意义上。

还只对事实进一言,近代哲学的任何其他著作都没有像这部著作那样,在意识形态的冲突中起着重要作用——只需提及主奴之辩。这里,马克思对黑格尔的批判还不是关键性的,关键的是意识形态的材料只能从意识本身的教养史中抽取。这里重要的是,在这部历史的内部准确地说明意识形态可能出现的位置,说明哪些是它们出现的条件。只有这样,对《精神现象学》的深入研究在这一方面也才赢得必要的可靠性,而不是简单地拒斥僵化的意识形态对这部著作的态度。

第 四 讲

直到"宗教"篇章都不能把《精神现象学》当作意识的经验来重复，而只能按照其科学性方面——也就是逻辑的一面——对之加以勾勒。这里，至少会有意识经验的拓扑学；这种拓扑学知识对于黑格尔哲学以及近代哲学的任何题目都是必不可少的。没有对体系位置的了解，任何解释都将是异常混乱，这最明显地表现在，解释本身要求进一步的解释，如此无穷地重复。解释到不了尽头，因为它没有真实的开始。

再次切入意识经验的开始。它直接地作为感性确定性而出现，如果在副标题中提到意谓[das Meinen]，那么，这个意谓是矛盾的结果，感性意识瓦解于这些矛盾。明确这一点意义重大。

是"意谓"，而不是"意见"[Meinungen]，是意识的第一个形态瓦解的结果，意识的第一个形态，就像它出现的那样，不是意见，而是一种确定性。意见不是那种材料，在它那里意识不可能经验到把自己培养成更高形态的必然性。因为意见作为如此之意见也可能受到怀疑，是否代表另一种意见也总是悉听尊便，意见的对立达不到矛盾的层面，而意识的形态在矛盾中才对自身绝望，被迫继续自我教育。这一点也使得在开始勾勒《精神现象学》之前分清楚自然意识和所谓日常意识变得十分必要。

出现在意识教养中的自然意识，在日常意识眼里已经是最不自然的、人工的现象。或许在日常意义上知道纯粹的"这一个"是自然的?纯粹的"这一个",也就是"我是",别无其他。黑格尔从未认为这是——用胡塞尔的话说——一种"自然态度",如果人们想通过描述日常意识的自然态度来反驳黑格尔甚至笛卡尔,这恰恰是滑稽的努力,人们为精神和形体的对峙所激怒,或者为这里的"我"和"这一个"的对峙而不安,抱怨对象化的思维,等等。

从笛卡尔到黑格尔,第一哲学不仅承认而且促进了自然意识的人工化——具体说在思想艺术的意义上,艺术是方法。那么,把这种意识作为自然的来谈论,这可不正是恶意的误导吗?这里需要提醒的是,在日常态度意义上的意识的自然性属于后黑格尔阶段的语用。

对自然意识的谈论跟随在对自然理性或理性的自然之光的言谈之后,对自然意识的谈论本身是一种批判性的规定,它把对方标识为启示之光或荣耀的光环。在自然理性中集聚着人的所有自主性,或者说,完全处在人的权力中的东西——即赞同一种给定的判断:"这是真的",抑或拒绝予以赞同,乃至弃权。这是近代哲学的方法的出发点,从此自然理性开始向它的完善而努力。

斯宾诺莎把笛卡尔的方法总结为四个要求:
1)放下所有的先入之见;
2)寻求论证的基础,一切建筑在这个基础之上;
3)发现错误的起因;
4)清楚而明确地洞察万物。

黑格尔也赞同这些要求;不过其间经过反思的进一步发展和完善,这些要求变得更加尖锐了:
1)为了能够放下所有偏见,必须了解所有的偏见。这却只有在所有偏见的系统建构上才有可能,而这种建构只有在下列条件中才可能,即意识本身作为偏见而出现,意识作为感性确定性就是这样一个行动。感性确定性是一切偏见的第一个偏见。它的瓦解同时是向感知［Wahrnehmen，或译：知觉］这个偏见的过渡，感知本身被扬弃为知性的偏见结构，如此进一步过渡到自我意识和理性的偏见，抵达精神，在精神这里偏见的必然性和独特的先入为主的行为得到透彻地考察。

2）寻找论证的基础不是别的，就是毁灭偏见的体系，它们在毁灭中自己预示了最后根据的方向——从意识方面来说：预示了绝对知。在这个基础上的建筑仅在于：发现各种偏见从其发生和发展而来的真相，并把这种发生和发展作为概念的运动在逻辑中特别加以讨论。于是，这个逻辑能够作为《哲学全书》的第一部分而出现，《哲学全书》研究的不再是各种偏见，而是在自然和精神哲学的发展中建筑万物。

3）发现错误的起因，这并不因为发现了抽象的一般理由就会偃旗息鼓，诸如无限的意志和有限的认识力量间的不协调性。相反，发现错误的起因与实现一种不再为有限的认识是一致的。但是这意味着：不仅明确在错误中的虚无，而且抓住错误中的真实，把它从它的有限性——也就是片面性——中驱除出去。对此，黑格尔在导论里强调："把不真实的意识呈现在它的非真理中，这并非简单的否定性运动。自然意识就持有这样一种片面的见解；而把这种片面性变成本质的知，它是尚未完善的意识的一种形态，它将融合到路的进程之中并且于此呈现出自己。这种形态就是怀疑主义，在结果中总是只看见纯粹的虚无，没有看到这种虚无在其规定性上是由之得出如此结论的［来源］的虚无。"(9:57/2)

发现单个错误的起因，在斯宾诺莎和黑格尔那里都不能叫作：发现种种错误的起因；有无数的错误，这些错误有许多起因。错误的起因必须关系到知的一切，这种知是意识，这里，错误的起因不是别的，就是它所缺少的完善,而错误本身不是别的,就是对这种缺失的回忆,进一步自我教育的挑战。

4)要求清楚明确地洞察一切,斯宾诺莎就已经看到,这个要求仍然缺少对自身的反思。其实它是要求在意识自我呈现中的逻辑,要求判断的体系。这样四种要求又和第一种会合,通过所有偏见在意识教养史的方式中的发展,最终放下一切偏见。

成为清晰而明确的洞见,感性确定性本身带着这样的要求而出现,排除了错误的起因,自己成为论证的基础并且脱离所有的偏见。在何种程度上如此呢?

判断:这是打字机,或者:打字机在这里,我现在看见这台打字机。因为我的注意力正投向的这一个,作为打字机,它对于我是直接具有规定性的,所以,不能把这个判断当作偏见。打字机和这一个的同一性在其确定性中根本不允许先入之见;我仅于此时此地在书房里做出判断,在这里我写下这一切。

在什么意义上这个判断是奠基性的呢?这不是通过它的特殊内容,而是通过它是感性确定性的一个实例,对于意识,感性确定性是它所有判断的最后的不可动摇的基础。用逻辑实证主义的话说,这里关系着记录命题或基础命题的领域。

这里可以观察第一哲学的本性:此时此刻我把眼光投向这一个,简单地说:这是打字机。这一个对于我永远只是这一个;我总是心不二用。但是,此时此地打字机与之认同的这一个,它总只是众多可能的其他这一个中的一员,我的注意力同样也可能集中到其他的这一个:窗子、窗帘、钟、搁下的眼镜等。甚至在打字机上,这一个的规定也可以转移到辊轴上、辊轴上面的一粒尘土上,或者转换到键盘上键

P 上。

就像在洛克那里，"这一个"停留在这种任意性中，在此作为我们所有认知的基础，和 reflection［反思］并举的是 sensation［感觉］。接受哪一种特殊的 sensation，在这里是无所谓的；它总是众多其他可能的实例中的一个。斯宾诺莎、笛卡尔则不同。这里不是任何一种判断方式是奠定基础的，而是唯一的一种有规定性的：它是 prima cognition［基础认识］"我思故我在"或者第一个定义："我把它理解为自身的起因，它的本质包含着它的持存，或者，除非它是持存的，否则无法把握它的特性"。这些不是基本判断的实例，而是每次都是唯一的第一判断，同时具有完满的规定性。这是近代第一哲学的方法的要求，它不是解释这个或者那个事态的方法，而是在事态本身的发现中的方法。

正是这个方法也掌握着《精神现象学》的进程，不过这里事态不是按照方法去发现的，而是按照方法去创造的，具体说是在这样一种意义上，特定的知在矛盾中的毁灭同时让新的对象涌现。只是感性确定性并非尚待涌现出来的对象；它完完全全是直接的。但是，在它的这种直接性中它也表明自己完全是抽象的知，毁灭于它在特殊实例中的具相，毁灭于它的无规定性。这之所以可能，又只是因为感性确定性是一种知。和洛克的基础不同，洛克的特定的某一个是感性，感性是一种能力［Vermoegen］。建立在这种能力上的判断只在表面上是基础的，这一点不是从任何感性分析中得出的，而只来自对判断本身的检验。

在感性确定性中已经排除错误的起因，有关这一点，排除错误的一切条件已经具备：我的注意力在直接当下的对象上，我知道打字机是什么样子。即使我不知道我对这一个是确定的，不知道我的注意力的方向。即使我不知这一个的名称或者错误地称呼它。这样的错误在这里不会有意义,感性确定性关心的只是:它的这一个可能是万物中的任何一个。正是因为它不排斥任何东西,所以我也不会弄错什么——把这一个和什么相混淆。

感性确定性也是一种清楚而明确的洞见。这一个本身对我来说不可能是晦暗的,即使我眺望黑夜。外面虽是一片漆黑,但是这一个或者说我的注意力的方向并非不明确。只要我不让注意力流向另一个方向,我的注意力就是明确的。当然,我区分向前看还是向旁边看,一如我的注意力有先后变化。

为什么感性确定性走向灭亡?这里无法指出它在哪一种运动中瓦解的,是如何瓦解的,只能够说明为什么它消失在意谓中。

感性确定性是一种意识,它意识到某一外在于我的对象直接地为我而在。这个对象不仅在此;而且它的当下已经扬弃到一种知中,我知道它为我而在。可是,这对于感性意识是非本质的。对于它,本质的只是对象。对象处在对象的知的对立面,仅仅被规定为我的另一面,简单地说,作为这一个。一旦这一个在实际例子中获得规定性,我们就会发现,就像此时和此地一样,这一个并非个别的,而是相对于众多特殊的普遍。这一个既不是打字机,也不是窗户或灯;诸如此类只是被认为是这一个,尤其是即使灯和窗户也表示着普遍,而不是那我眼前的。这一个只是在此时此地被认为是我的对象。于是,感性确定性从对象退回到我。现在,任何一个我和这一个如上所述皆是普遍的。作为特殊的我仅仅被认为如此罢了。同样,在试图说明此时此地时,此时此地丧失了自己,溶解到众多此时此地的普遍性之中。

由此可见:意识的确定性,我把注意力集中到出现在我的视线中的打字机上,并不涉及作为打字机的这一个,而不过是这一个自身。虽然这一个被认为是个别的,可称呼它的名称却为众多的对象所共有。但是,确定性的感性特征却要求与个别对象的排他性关系。没有任何普遍能够被感知。

诸如房子和打字机等普遍者得到承认和接受,这一个总是间接地是特定某物。如果这种知不是消失在无言的意谓之中,而是应该确立下来的话,那么,从感性确定性中必定生出感知[Wahrnehmen,或译:知觉]。

知和普遍者相对于本质性的对象不再是非本质的。这一个被规定为具有众多特性的物,它在感知中首先又作为本质的而出现,对立于被感知,而被感知作为非本质的。这种区别在感知的辩证法中又倒转过来。它不仅倒转过来,而且变得非本质的对象成为无本质的,它的存在只在他者那里。这就是相[Schein,或译:映像]。并且这个相是那种曾作为感性确定性标志的直接性的残余。虽然感知的出发点是感性个别性扬弃为普遍性,但是这种普遍性仍然是感性的。相应地,物既是一个,同时也分散在特性的多样性中。

正如意识作为感性确定性消失在意谓中——自己无法作为知而保存下来,感知消失在错觉中。黑格尔这里考察的不是感官的错觉。感官的错觉是个别的错觉并且由进一步的感知来更正。与此不同,为感知意识而出现的错觉在于,它不可能在对象那里停留为普遍,而是必须同时把对象作为个别性。这迫使它逃向一种众多视角的转变,一会儿认为这,一会儿认为那是本质的或者非本质的。

斯宾诺莎曾经尝试让意识摆脱这种摇摆不定,他确立了这样一种视角是本质的知,按照这个视角实体是唯一的,他把物的多样性贬低为相——感知所特有的直接性,这种直接性其实是想象力的产物,或者说,那唯一的实体思想的感性化。

这里只能简要说明,近代哲学的历史在什么意义上同时是意识教养的历史。

意识,一如它作为感性确定性而出现,是笛卡尔的位置的标志,一方面笛卡尔确立了我和对象的对峙以及对这种关系的关涉,从而第一次有了意识概念,另一方面这种概念把握的目标是完全取消在知当中的意谓。采用的具体方式是:方法不仅控制着检验对象的知,检验它的不可怀疑性,而且也控制着对所有可知之物的接受,只允许按照逻辑的秩序接受予以知的一切,而逻辑在最终为非感性的确定性那里获取开端,这个确定性就是:我怀疑,故我在。

意识把自己培养为感知,这种意识标志着斯宾诺莎的位置,斯宾诺莎将思想实体与外延实体的对立扬弃到唯一的实体中,而不是把对众多独立的物的想象对立于对唯一实体的概念把握。这里,他以取消意谓为宗旨,意谓潜在地趋向错觉和自我欺骗,这是因为这里的意谓并不涉及陌生的对象,而是涉及个别之我的独立性假相。正是因为这里关系到对自身的错觉,所以,斯宾诺莎把第一哲学的呈现理解并且标识为伦理学。

我们驻足于第一哲学的历史合理性:意识从感知到非－感性的普遍性——思想,或者说,来到知性,这种意识标志着莱布尼兹的位置。莱布尼兹扬弃了斯宾诺莎的概念把握和想象的对立,将之放到精神的发展中,放到从无意识到完整的意识——也就是我的反思——的过程中。莱布尼兹把实体的多样性变得真实,他同时把握了世界实体或者单子与超世界的单子的本质关系——只有在这样一种关系中,个别的单子才反思单子的总体或者单子所属的世界。反思这里是双重的,因而也是完整的:个别实体反思自身,自身既是个别的,也是和所有他者共同实存的。反思的内容作为个别的是它们向完美的觉悟的发展;作为共同实存的是超世界的实体的合理性,它们和所有他者皆把它们的实存归功于超世界的实体。

黑格尔用"力量和知性,现象和超感性的世界"为标题,表示意识教养的第三阶段,也是结束阶段,更准确地说,意识是与紧接着的自我意识相区别的对象意识。值得注意的双重标题,它与上述莱布尼兹的反思的双重性相呼应。

力量是这样一种对象,它本质上是普遍的,已将所感知的诸感性区别抛置身后,是知性规定或者概念——不过尚非作为概念的概念,而仍旧是作为意识之外的对象。概念表现出独立于知性的实体特征,同时这一实体本质上与所有实体一道在力量的游戏中,没有游戏这种共同作用,实体不能够是力量,为了成为对象,它必须外化自己——这与感知所关涉的物质不同。

这里,超感性的世界是怎样出现的呢?对象对于知性即力量,知性必须取消与对象之间的直接性。对于知性,力量的游戏成为物的内在的显现——现象,成为外相世界的整体,这个世界沟通着超感性的真实的世界。不过,外相整体或者说感性世界在这里并非错觉,而是内在的必然外化,这种外化把知性和内在真理联系到一起。这种真理不是别的,就是让感性世界得到解释的法则。

反思在这里成为一种完整的反思,知性一方面借助法则在物的内部重新找到自身,另一方面用这些法则解释感性世界并且回到感性世界。在这个反思运动中,意识完成了自身。下面需要考察的是:这个反思如何在自我意识的发展中过渡到规定。

第 五 讲

"感知"这一章尤其要求注意第一哲学和所谓实证科学的区别。标题暗示,黑格尔论及的是每一种生理学和心理学所熟悉的感知。从这个方面很容易看出,黑格尔的论述过程完全无法接受,人们往往用哲学的古怪深奥来谅解或者不谅解——视心情而定。

这里,没有什么对感知过程的观察;当然也没有把任何其他观察加以理论化。如果把在实证科学领域的业余哲学活动看作一场混乱,这无论如何是有益的。但是,没有描述和解释相应的个别感知过程,为什么要来谈感知?

这里提醒大家:在这部著作中感知并非任何偶然想到的、直接拿起的主题,而是明确地经过中介的,感性确定性要求实现其所知的真理,它在这个要求面前的毁灭规定着感知。感知出现在这里,是作为一种知的形态,这个形态必须从自身方面来证明它的真理,检验自身,并且是在考验所知物是否矛盾的过程中证明和检验。

感知——在这里不是别的,就是这样一个判断:**鉴于知的可证性,一切知皆是感知**。这又让人想到:这里出现的感知在本质上是意识的一个形态,一如近代哲学首次概念地把握意识,意识在这里更具有规定性——作为近代哲学原则的万物,而原则,一言以蔽之,就是自然理性及其方法。

于是,关键是要明确什么是这里的感知,它只是意识的一个形态,无论感官生理学还是心理学都不理会这样的一种感知,也没有能力把握它，因为无论这两种科学的哪一种都没有这样的意图和这样的权利，把感知当作一切知的统一规定来加以把握。不过，这并没有阻止个别研究者用看来颇合适的观念设想来从事哲学上的业余活动。如果已经看到，意识是并且如何是近代哲学原则下的万物的第一规定，人们就会懂得，这种意识不可能是这种或那种实证科学的事情——除非用一种僭越的方式，然而混乱总还会报复这种篡夺。

在《精神现象学》中，感知属于对象意识，在这里既是感知，也是被感知者。就对象在这一阶段必须首先是本质的而言，首先须讲解感性确定性的这一个向具有众多特性的物的发展，然后是错觉，感知表明自己所承担的要求：检验和证明一切已知者的真理。

如前所述，这里不是深入个别细节的地方。只是必须一再回忆在每一个教养阶段所谈的是什么和为什么谈论——我们回忆第一哲学的视线，是为了学会区分第一哲学的知和众所周知的见解。

意识发展的第三步给意识带来完整性，原因是这一个和我的关系，物和感知的关系被理解为相互关系，成为对力量和知性的关系的这样一种意识。这种意识却也第一次表明自己是全体性，并且是在现象和超感性世界的关系上，这一现象就是力量在它们外化的共同游戏中的统一，而超感性世界是法则的统一，法则是这样一些基本判断，从基本判断中现象或者感性世界得到解释。很明显：力量区别于它的外化，它不是什么感性的，而是思想，这意味着，力量具备的一切规定性皆是作为思想，这已经表现在其普遍性的特征上，思想的普遍性相对于感知的诸感性普遍性。由此，这里对超感性世界的谈论获得自己的权利。

相在感知中因为感性和普遍乃至思想的混合而具有错觉的特性，在意识的结束阶段，相成为超感性世界向其对立面的照耀

[Scheinen,或译:映现],这个对立面是它自身。这是说,相成为反思的映现。

在对象意识的这种向自身的反思中,它的诸契机扬弃了在感性确定性中和在感知中的有限性,这种有限性就是我和对象在彼此对立中的相互限制。感性的和超感性的世界处于纯粹的相互转换的关系中。双方在一起:一种唯一的无限的关系或者亦称纯粹的矛盾。

两个世界的齐一表明自己是根据,根据的行动是分裂,意识来自于这种分裂,从我和对象的对峙开始。意识其实是无区别的,而对已作区分的意识的概念把握——这种区分行为本身——是**自我意识**。这里,我不再区别于对象,更准确地说:对象不再作为一个与我不同的,而是我自己来做区分,区别我和我自身——那种反思,那种照耀,变为尺度:过渡到第一个反思规定,而这就是同一性。反思的逻辑想要如此——正如黑格尔在《逻辑学》中将它发展成为本质逻辑的开端。

如果意识教养的历史同时是近代第一哲学的历史,那么,在这个位置上一定将看到从莱布尼兹到康德的过渡。

回忆:感性确定性的这一个是对象和我以及我和对象的纯粹直接性。感知的物是普遍的并且也经过思想的中介,但却带着感知的感性,仍具有直接性的一面。与此相比,力量是一个本质上经过中介的对象。其外相不再关涉着感性的思想或者想象。相,不再有错觉的含义。不如说力量的外相是力量的外化,别无其他。力量却只和对峙的诸力量一起外化;它只在力量的游戏中外化,这种外化是相的整体或者感性世界。经过这个中介,知性关涉的不是个别的力量,而是现象的内核,也就是力量外化的法则,这种法则就本身方面是思想的全体性或者超感性世界。

由于意识的对象方面具备了思想的特征,于是,独立于思想的对象的外相过渡为一种照耀,意识在照耀中回到自身。这种回返的照耀是反思。由此可见:并非众说纷纭的我的反思,而是意识的反思,它意识到外在于它的行动的对象——我［博德先生］说,外在于它的行动的对象,而不是说,外在于我的对象的行动;因为我已经与意谓一道为感知所扬弃。鉴于对我在近代哲学中的作用的误解,必须强调这一点。

在莱布尼兹那里,反思,更准确地说,反思行动在起源上关系着无意识的仅仅消极的存在或者瞬息精神的仅仅消极的存在,莱布尼兹把形体理解为这样一种瞬息精神,而反思则由上述关系而得到规定。但是,反思行动不仅论证反思着的本质的个别性和完整性,如果它不同样反思所有其他的统一体以及它自身和所有他者的共处,这种反思就流于空洞。这一反思本质上却以一个就自身方面而必然持存的根据为中介,这是一切持存者得以产生和完成的根据,它同时是这个世界相对于其他可能的世界而持存的充足理由,相对于其他单子组,它们由无矛盾性、由单子的诸区别的可协调性来定义。

在这个位置上可以考察意识教养历史和近代第一哲学的历史的区别。第一哲学的各个位置表现在意识教养的历史内必然减少了,消减了没有实现的对绝对知的要求;这个要求是近代第一哲学的各个位置的特征,从笛卡尔一直到黑格尔。在第一阶段,也就是在笛卡尔、斯宾诺莎和莱布尼兹那里,这表现在他们率先去把握完美的知,也就是上帝的知,但却没有能够进入这一知的现实性。这个绝对知只是被理解为事实,但却没有内容上的发展。

表现在莱布尼兹那里,这就是他确信即使是造物主也首先与理性原则密切不可分,我们对受造物的判断分析以及对事实真理的分析在个别细节上永远无法臻于完善。绝对知的内容的多样性是我们——有限的知性——所无法企及的。

现在来看康德在绝对知的要求下的位置。蓦地一看这似乎无意义，因为康德的出发点恰好是严格地区分我们对灵魂、世界、上帝的全体性观念和我们对这些全体性的认识的不可能性。但是，就像他自己所说，他扬弃了莱布尼兹的绝对知的形态，是为了为信仰赢得地盘。这种信仰本身是绝对知的一种形态，它是理性的信仰，理性对自身抱有的确定性——确信它的绝对自由或者自我规定。与我［博德先生］所了解的所有康德－阐释相反，有一点是明确的：康德之所以坚持人的认识能力的有限性，是因为对于承认人的唯一的绝对知这是不可或缺的前提：对于他的绝对自由和自我规定的确定性。然而，所有认为康德摆脱了所谓形而上学的灾难的人，他们对此充耳不闻，因为他们想带着日常意识的说服力混进哲学。可是他们温吞吞地半推半就，被啐弃出来。

莱布尼兹的反思有两个方面，反思一方面论证了单子于自身的完美，另一方面把反思自身的观念作为处在所有共在对象中的对象。康德把意识的这两个方面结合到这样一种自我意识中。这又造成双重结论，这个自我意识为了是其所是不仅必须打破单子的完整性，而且自我意识自身永远不可能是对象，更不可能是认识的对象。

那么，黑格尔是如何发展这个自我意识？这个发展的逻辑，就像自我意识走出意识所要求的那样，它首先由同一性来规定，而不是其他。作为"我是我"这样一个同义反复。可是，在这种与自身的单纯关系中，自我意识只有无规定的规定，而这同时意味着：没有概念把握。只有与自身相区分，才获得对自身的概念。现在，当然不再像意识那样分我和外在于我的对象，而是分我和这样一个对象，它只由尚无显现的我的欲望来规定。我不是在与那些他者的外在区分中满足这个欲望,我借助并且通过这些他者出现并且消失在生命的循环中,与此不同,欲望的满足在那里才实现,在另一个自我意识和我处于对立关系的地方。但是另一个自我意识却仅仅产生于我自身的重叠。

自我意识出现在第一个反思规定中,它是同一性规定。作为存在着的,这种同一性是我的单纯普遍,是类,生命过程中众多自我发展、瓦解的单元的诸区别对于它没有意义。受这样规定的自我意识相对于类的各具形态的诸独立因素是否定性的,正因如此,这种自我意识尚无规定。为了规定自己,它必须自我区分,必须自我独立。它的这种独立性对于它首先却只是对象性的,也就是类的普遍生命。渴望独立的生命,这个欲望首先在确定这种他者[或译:这个另一方]的虚无性中得到满足。

然而,这种确定性还不是真实的区别,真实的区别是第二个反思规定,自我意识在这里发现自身的存在或者它的独立性。对类生命的虚无的确定性仍执着于这个他者。在这个确定性中的与类生命的关系总是不断产生被设置为虚无的东西。欲望回返,而满足只是欲望的反复运转。

只有通过他者自己取消自己,这个坏的无限性才被打断。自我意识把自身理解为自我意识,不再作为在纯粹我意义上的他者,或者众多我的类的意义上的他者,只有这样他者才能自己取消自己。这里重要的是:关系的片面性必须扬弃到关系的相互性中,相互关系在互相承认中实现,承认对方是自我意识。这里所涉及的并非是发现和接受一个陌生的自我意识。不如说,自我意识的完整概念是它在自身中相区别的概念。

再来一遍:抓住这一点对于取消自我意识概念中的混乱至关重

要,不仅是马克思用这种混乱来阐释黑格尔的下面一章"主宰和奴役":这里关系的他者不是他人,不涉及我和你的关系,因为它根本与人无关,而是关系着自我意识,自我意识作为一种知的形态,所以它甚至也不涉及可能把自己设想为自身的他者的个人。

自我意识是通过区别而得到规定,对于它区别不是外在现成的;区别来源于它自身的行为,它的区分和辨别行动,它与单调的类的我的完整区分。可这个区分完善于它自身的双重化。

做自身的欲望,独立的欲望,现在不再针对类,而是针对自身的他在[das Anderssein];目标是用他者的独立性在这个他者中自我扬弃。在这种行为中,它向自己证明了对自我觉悟的承认。

对承认的欲望首先针对整个他者的存在,自我意识连同它的双重性在他者中丧失了自身。然而它经验到,毁灭或杀死这个他者就是取消它只能于此找到承认的关系。自我意识考虑到这种关系,它克制自己,没有杀死他者,而只是征服他者。自我意识作为主人出现在自己的他在面前,这个他在作为奴仆。在这种关系中,主人却不仅经验到它对奴隶的依赖,得知自己的非独立性,而且因为关系的不平等,它对承认的欲望也没有得到充分满足。主人自己觉得自己是在奴隶身上变成了奴隶,发现只能够在奴隶的意识中找到独立性——但这并不是简单地把关系颠倒过来,仿佛奴隶会成为主人,而是这样:从这种关系回溯到奴隶意识的真正主人,这就是死亡,欲望起初只是想要他者死亡,然后,欲望只是以死亡威胁他者并且使它变成奴隶。可是主人在认识到自己是在自身的死亡统治下的他者时,才发现自己的独立性。

在这种意义上的奴隶意识怎样实现它所贪求的承认呢?没有其他途径,只有通过劳动。

正如主奴关系起源于受压抑的欲望,它暗自希求他者的死亡,同样,劳动产品也是被压抑的欲望,奴隶意识不再为了主人的消耗而劳动,也不为了自己的消耗,而是为了在把外部对象形式化的过程中呈现自身,这种自我呈现同时是它的自我教养的行动。

随着这样而获得的独立性,它和康德哲学的位置的联系也清楚起来。自我意识宣布自身的独立性——用康德的话来说:它的自发性不是通过单纯的同一性,而是作为知性,更准确地说:在概念把握的行动中,就这一行动关系着本质上的他者而言,也就是关涉感性直观所给予的材料而言,它是一种劳动。

作为知性,自我意识给自己"服务和顺从的训练"(9:115/29)——用黑格尔的话说,并且是出于"对死亡,这绝对主人的畏惧"(9:114/23)。就何而言独立的自我意识把死亡当作绝对主人呢?这会是什么样的死亡?剥夺自我意识的存在意味着:剥夺对它的承认,不承认它是自我意识。然而,在自我意识的双重性中,只有它自己能够收回自己的承认,并且是以这种方式:不通过赋予对象以形式而把自己变成久驻于对象上的,究其本质这是放弃对自身的教养,脱离意识教养的进程,因而也不再保持为自我意识,而是退回到意谓当中,按照这种意谓的本性,它总是"反权威的",它害怕畏惧——那种对死亡这位绝对主人的畏惧。只有意识教养历史的清楚而明确的知识让人们也认识到自我意识的分解和腐朽的标志和特征。

来听听黑格尔自己的话:"没有服务和顺从的训练,畏惧停留在形式上,没有详尽地呈现此在的有觉悟的现实性。没有教养,畏惧就一直是内在的、沉默的,而意识没有变成为其自身的。如果意识没有带着第一和绝对的畏惧来从事形式化劳动,那么它只是一种固执的虚荣;……如果意识没有绝对的畏惧,而只是经受住一些恐惧,那么,否定的本质对于它就停留为外在的,它的实体没有完全为之所感染。"(9:115/28)没有以概念把握的方式通过它的外化而自我教育的自我意识,是空洞的自发性的知性,这种知性结构是乌托邦的,这是因为它越过了劳动的材料。

自我意识所在的第一种规定是同一性,自我意识的第二种规定是区别,自我意识用它造成独立性,区别在对峙中发展,一方面是塑造出的独立的对象,另一方面恰好这个对象是意识本身。第三个反思规定是矛盾,或者在自身经过了反思的对立,自我意识在这里臻于完善。

在自身变得对象化的过程中,服务的意识塑造对象,通过致力于外在于它的对象而找到独立性。按照这一方面,它仍是意识——意识到自身是形式,它给对象的形式。但是,对象的存在对于它仍然不同于意识的存在。意识的存在相对于前者是有限的。可对于观察者来说,这个意识的本质是无限性,他看到,服务的意识不是两个方面的任何一方,也不是两者的结合,而实际上是区分和辨别的运动本身;在这个运动中,意识自身在思考、概念地把握、规定自身,于是只作为自由的意识而亮相。其自由的概念没有实现在任何其他地方,而只是在不幸的意识中,意识到自身是双重的、仅为矛盾的本质。

第 六 讲

意识经验的科学的科学性依据于必然性,意识的诸形态以这种必然性而相继出现。这种必然性在《精神现象学》中不能纯粹地呈现出来,因为运动的关联只是对于经验的观察者是可见的,对于经验中的意识本身却是不可见的。"在现象和本质变得齐一的地方",进而,在现象作为精神本身的现象抓住其本质——绝对知的自然——的地方,观察者和经验中的意识的差异才得到扬弃。随着绝对知才抵达纯粹概念的因素,概念淘尽了所有的意识特性。

概念的发展是《逻辑学》。这一逻辑返照到《精神现象学》之中——可这不是在整体上,而只是逻辑的一部分①,从直接概念的逻辑②到完全与自身相中介的概念或者本真的逻辑③由它来沟通。

其经验表现为《精神现象学》的意识既不是纯粹的存在或纯粹直接性,也不是纯粹概念或绝对与自身相中介者。如前所述,它是知,在检验自己的真理中不断获得新的形态,从每一次所扬弃的形态中得出新的规定性。在检验中辨别知和真理,这种区别反映一种概念的逻辑,这种概念"尚未作为概念而自为地建立起来,而是粘着直接的存在,它外在于概念"。黑格尔在逻辑学导论中这样表述本质逻辑的特征。这个特征也切中意识的基本状态;意识伴随着知而亮相,尽

---

① 指反思逻辑。相应于《逻辑学》的"本质论"。
② 相应于《逻辑学》的"存在论"。
③ 相应于《逻辑学》的"概念论"。

管这种知的所有人工性，意识也仍系缚于外部，也就是它的对象。

这里只能对意识教养历史中的逻辑规定做一个提示。这只有一个意图，即反复提醒，意识的经验进程是必然的，没有外部闯入的规定。这样，例如主奴关系不是随便观察到并在这里加以解释的现象。任何人都有可能想起某个对主奴关系的解释，它可能更能说服日常意识。相反在意识经验中，这一关系只是由对知的真理进行检验的过程创造出来的。

这里简略勾勒了意识之知的诸形态，最后一个形态是达到对自身独立性的觉悟的自我意识，自我意识过渡到对其自由的意识。这里走进视线的诸逻辑规定是反思规定中的区别和矛盾。自我意识具备对自由的觉悟，这是不幸的意识，意识到它与自身的分裂。

这种分裂完善了对于自我意识的存在极为重要的双重性规定，极为重要，是因为自我意识的存在只在相互承认中。之所以在这里谈到一种完善，是因为分裂和在双重性意义上的区别不同，具有自相矛盾的特征。

首先再简要地回顾**意识进程的逻辑**。在意识阶段，它由相[Schein]这个概念来照亮，相有三重："本质的和非本质的"、"相"和"反思"，它们分别和意识的三个形态相应和："感性确定性"、"感知"和"力与知性"。自我意识的发展历经反思规定的同一性、区别和矛盾。这里引人注意的是，自我意识的第二个阶段，也就是服务意识的发展回溯到意识阶段，逻辑上看，涉及意识的第三阶段的第二步骤；这就是外部反思。对于反思总是这样，或者本身是前提或者构成假设[Hypothesen-bildend]。

简要说明这一点：检验每一个知的真理，这是发生在反思方式中。它说明什么？每一次所知道的,出现在意识中,在意识中作为先入之见而亮相,它之所以只在意识中,是因为只有意识具备这样的特征,它关涉知与已知的关系,其中已知的是理念。由于知特地被当作先入之见,就其真理而言这种知是一种假设;不是判断的内容,而是它的真相在这里是设定的。

外部反思在内容上有一个直接的前提——并非造出前提,而是具有前提或者接受前提。作为这样的反思,它和真理的假设——这种设定某事为真——不同。当反思也在内容上造出诸前提时,才达到同一性。这种"造"前提的结果才带来一个知的体系,在这个体系中内容也不是接受的,而是创造的。只有这种知才完全通过方法而得到巩固。

前面说到,《精神现象学》构成一个先入之见的系统,那么,谈论先入之见就涉及经验中的意识。无论反复证明自身为偏见的是什么,对于洞察到这种经验的逻辑的观察者,它总是成为这样一种假设,意识的一个新的形态作为假设而产生了。

关于自我意识,在它的第二个发展阶段,也就是在区别规定中,它作为服务意识而实现自身,显然这里涉及外部反思。外部反思接受一个前提,即给定的外部对象,意识在劳动中塑造这个对象。意识所认识的外部对象,也就是纯粹之思的他者。而现在外部对象就其只是组建材料而言,从本质上区别于单纯意识的对象,而组建工作属于自我意识的行为。因而自我意识的行为不再直接关涉他者或者外部。若他者或者外部是材料,材料也已经接受观念的特性。这种观念用康德的话说是一种直观。自我意识作为劳动者、组建者出现在知性中,知性不能直接地关涉被给定的材料;为了与材料发生关系,这种材料必须已经是直观,既具备观念的特征也具备知性的概念。

作为服务的意识,自我意识即使是间接地,也仍然有一种给定的条件;它的反思仍然是外部的。正因如此,理论的自我意识的康德,直到如今仍是自然的反抗其教养的意识的庇护所。这里总是阉割了对于康德为本质性的东西。谁想看一个证据,可以依据莱辛巴赫[Reichenbach]的论文《攀登科学的哲学》["Der Aufstieg der wissenschaftlichen Philosophie"],在菲维阁[Vieweg]出版社的科学理论丛书中。对于为实践哲学所净化的康德,莱辛巴赫的论证开诚布公地证明了他的浅薄。

康德不容置疑的是,我们的理论能力的批判是为这样的目标所引导,腾出一个空间,在这个空间我们的理性是绝对的知,它是完全自由的,并且是在绝对的自我规定中,自我规定是行动的普遍法则。这里,只有在这里,康德层次上的反思不再是外在的,而是起规定作用的反思,这是由于理性形式是道德教化的唯一内容。

这在历史上正是自我意识的自由出现的地方,在这之前自我意识在认识工作中只是获得了独立性。这种自由的呈现开始于在不幸的意识中才达到统一的两个因素的发展。斯多葛主义和怀疑主义——和黑格尔自己所设的名称的暗示相反——不可理解为古典哲学的现象,它们的位置是在近代,最确切地在康德的实践哲学中。这里无法重复提供证据。有一种似乎难以根除的观念,认为黑格尔用不幸意识去表示中世纪的人的心念。面对上述观念,历史上对斯多葛主义和怀疑主义的误解也相应地不足为虑。如果允许把这算作思想,其来源则是对中世纪的无知,更为严重的是对近代自我意识的盲目。较为准确地说,这关系到对不幸意识的真相的排斥,把它驱逐出历史的当下。为了用人来排斥不幸意识的必然性,尼采让这种人说:"我们发明了幸福"。在理性之光面前这种人只还眨巴眼睛。

简言之：不幸意识是为矛盾所规定的自我意识——由于它的契机的矛盾，也就是对自由的抽象意识和正在实现自身的自由意识之间的矛盾。前者从劳动和依赖性的世界退回到思想，后者在这个诸种条件的世界中以怀疑消解诸条件并且由此确立意识的自由。这两个因素集聚在意识中，正是这种统一是不幸，它既不允许退出世界，也不允许漫无边际地对不自由进行无休止的批判。

不幸的、或者与自身相分裂的意识把这种分裂变成与自身的斗争。这是它的**个别性与普遍性的斗争**——用康德的话说：通过普遍的法则为个别的行动的规定而斗争，法则不是别的，就是理性的自我规定。非本质的或者由个别性规定的意识渴望它的实现，渴望成为自由的自我意识，而自由的自我意识只在理性的普遍性中。对于自我意识，这种普遍性是它自身的彼岸。首先在由单纯同一性所规定的自我意识的彼岸；那里普遍只是我的抽象的类。其次在由区别、由对立规定的自我意识的彼岸；那里普遍只是把自身对象化的造形的意识的劳动材料。最后在由矛盾规定的自我意识的彼岸；这里普遍是行动的理性法则，以良心的声音为中介的行动的统一。但是，这种矛盾——本身既是又不是自身行动的普遍法则——使自我意识消亡，变成理性。

意识与对象的第一个关系相应地是无限的渴望。在渴望中意识自己作为彼岸的普遍而为自身所排斥，作为纯粹的性情退回到自身，对自我感觉不胜厌烦，却不知道它正感觉着自我。

第二种关系是在劳动和享受中扬弃他者和外部。这种意识要某物，造出并且享受某物，但是这种行动对于它同时是间歇的，它同时在努力放弃自己，在那种行动中否认自己。这个反方向的行动却是矛盾的，这是因为自我意识还认识到放弃是假相。这种意识再次分裂为个别性的一面和彼岸的普遍性。不可否认的是,它仍然停留在个别化的意志的奴役中,这种个别的意志恰好不是理性意志。用康德的话说：意志是善,对此尽管有意志自由的所有确定性,却没有认识。

意识在这第二种关系中经验到它在行动中的独立性,此外无他,而现在自我意识分裂的双方的第三种关系造出自由的经验,并且是在完全牺牲中,既牺牲它的对象方面,即它的财产,也牺牲我的真理,而我每一次都是个别的,只是抽象的普遍。

但是,随着自我意识的运动的完善,它的不幸只是自在地为它所丢弃,不是自为的。自为地固定下来的是与普遍法则的区别,普遍法则不直接地是自我意识本身,而是间接地成为自我意识的督导,中介者就是良心。在良心中保存着个别性的一面,个别性拒绝满足自我意识把它的行动当作绝对行动的要求。在这最后的矛盾中,自我意识走向灭亡,这意味着从自我意识经验的考察者中,而不是从自我意识自身中,产生一个新的知的形态——理性。理性是根据,自我意识的诸种矛盾在根据中瓦解。

在逻辑上根据是反思规定的最后一个规定,它在自身中通过黑格尔所谓的"绝对反冲"完成了反思。这意味着什么？将在对理性发展及其自身的知的概述中下显示出来。理性的知普遍地以确定性为特征,确定自己是一切实在。从历史学上说,这是唯心主义的位置,本质上只有费希特在近代第一哲学的历史中拓展了这一位置。不过就像黑格尔告诉我们的那样,费希特对理性的发展并不彻底。虽然绝对知不再只是作为康德实践理性的确定性而亮相,而是同样出现在理论意义上;但是,绝对知在费希特那里只是在三大原理中实现自身,而在体系中的实现停留为一种理性要求,无法赶上这种要求。

费希特的位置因而只出现在理性这一章的引导性阐述中。只有黑格尔始终如一地发展并完成了理性的位置。正是这一完善让理性的令人惊骇之处——矛盾性——得到把握,费希特自己必须用体系和原理的分离来避免理性确定性——理性确定自己是一切实在——的结论。精神是现实的理性,如果黑格尔没有看透理性在精神面前的抽象特性,他也将无法彻底地论述抽象的理性。

《精神现象学》中,一切的关键正是在理性和精神的区别上,换句话说,在黑格尔和唯心主义的区别上。其分离的切割力量在黑格尔之后被抹杀了,这没什么可奇怪;意识形态靠唯心主义过活,从理性的逻辑发展中抽取出来的,而逻辑的发展不允许把理性认作为精神的抽象。

事先确立这一点:理性是确定性,确定自己是一切实在。将这一确定性付诸真理的要求在其实现的三大阶段中带来如下关于精神的真理:

1、如果精神存在,同时是考察的对象,那么它就不是精神,而是精神的对立面,也就是死亡的头盖骨。

2、如果于此确定精神是精神,那么,它实现在行动中并获得这样的经验,即实在不仅毫无精神,而且排斥精神。

3、如果设定精神是实在,又是精神,那么无论作为精神,还是作为实在,它都会瓦解——具体说,一方面由于立法的理性,另一方面通过检验法规的理性。

再来一遍:费希特的位置出现在这里只是作为对证明理性是一切实在的要求,这样一种要求来源于费希特的诸原理所说出的确定性;抽象地说它们是:

1)我是我,

2)我不是非我,

3)我和非我互相限制。

从第三条原理回到第一条的回归,表现出这样的秩序:意识,自我意识,理性——正如《精神现象学》有步骤地完成的那样。在回归中第一条原理却表明自己来源于实践理性。这是完美的因果秩序,费希特自己注意到这一点,他的位置不是别的,就是康德的绝对知的发展,并且从这样一个问题出发:我怎样意识到范畴命令式或者道德法?

这在黑格尔对理性确定性的发展和检验中有如下后果,理性迫切要求一种实践的理论,对于这种理论,理性的自我立法甚至成为外在的。而理性留下些什么?这里也只能对思想的运动做一个概述。

把理性确定性付诸真理,这首先是一种**观察**。这里所发生的不仅是这个或者那个感知;而是理性启动经验本身,按照它的意图着手研究对象。这个意图的规定性来自"对世界的普遍兴趣,这是因为它确定在世界中具备当下,或者它确信当下是理性的"(9,137-29)。

它在观察中的这样一种兴趣使它进入与知性超越兴趣的**解释**的张力中,知性致力于感性世界的现象及其法则。与此相区别,理性的兴趣总是已经具备与行动的关系。由于对"自然"科学的模糊不清的谈论掩盖了这一区别,它反而更加值得注意。关于力的游戏及其法则的科学并没有给意识形态提供场所。试图将意识形态牵扯到这种解释里,只出现可笑的混乱。在观察的理性的领域则不同,观察的理性的领域首先是自然,自然不允许和从事解释活动的知性的世界混淆起来。观察不仅停留在对可感知者的执着上,阐明它而不是计算它,而且只为此而关注被观察者,即理性应该在它身上外化自己,并且理性是相关外化的根据。如此之根据的名字叫自然;相反,力的世界的法则没有这样的根据，而只有解释。所谓自然是在与力的法则的区别中设立的，自然发挥作用，创造特定的形体结构。只要科学仍然研究这些形体及其秩序，这些所谓自然的外化，观察的理性就徜徉在这些形体结构中。也仅在这个范围内，它们对其知的意识形态化是开放的。显然，理性的实践特性一直在那儿立在背景中。所以最后要追问所做的观察的实践意义。

纵览观察的理性的发展步骤，这一点已经很清楚。它结束于骨相学，骨相学旨在从头骨的形式得出其内容的作用。这种推论也许并不像一眼看上去那么恐怖，可事实上，在日耳曼长型头骨的标准经过这种观察的意识形态化而获得骇人听闻的现实性之后，骨相学的可笑丢失了不少。观察种族特征，这就自身来说是无害的，或者也只是作为对形体构造和性格等诸如此类的关联的阐释。

决定性的是：理性是一切实在，处在这种确定性中，理性别无选择：它必然要在观察中把确定性变成真理。可是理性不是任何在某处可感知的东西，它必须阐明所感知的。而所有阐释的第一种就是：外在是某种内在的显现。这个阐释却只于这样一种信念达到完整性：内在反过来在某种外在那里具备基础——就像在对自然形体构造及其秩序的观察中一样，观察把握了根据自身，而不仅是它的外化。于是内外关系对于观察倒转过来，形式首先在其对立面那里，在本质那里具备基础，然后过渡到形式和材料的相互规定，最后作为和内容相应的形式而出现。恰恰这是绝对根据的逻辑发展，它照亮观察的理性的发展，观察的理性开始于对自然的观察，——自然作为本质和形式的基础——，接下来观察自我意识，自我意识在它的纯洁性中，在它和外部现实的关系中——这里内在本质成为一种可从外在进行规定的——，最后观察自我意识与它的直接现实的关系——这里所观察的外在本身规定着其内容。正是在那里精神自己是直接现实,可是这个现实否认精神是精神,这个直接现实是一堆死骨头。

第 七 讲

笛卡尔在 Cogitationes privatae [《独思集》]中写道："Larvatae nunc scientiae sunt: quae larvis sublatis, pulcherrimae apparerent. Catenam scientiarum pervidenti non difficilius videbitur, eas animo retinere, quam serien numerorum"（X 215,1.1-4）——"诸科学现在戴着面具,一旦揭开这些面具,它们才将以最美的方式显现。对于洞察了诸科学的环节的人,将之作为数的序列在精神中抓住它们,这似乎不是太难"。

这种意图找到知音了吗？要说的是：把它带到其根据上了吗？数的序列——如何在精神中掌握它？仅在这个意义上,即人们懂得计数。如果人们懂得它,将抵达在数的序列中的任何一个数的所在[Ort];个别的数不是通过别的,就是通过它们在数的序列中的所在而标识出来的。记住数的序列意味着：能够计数。但这并不意味着：能从一数到九十七。而是知道九十七是在数的序列中的一个位置——一至无穷的序列——不,只是数目计数到无穷。知道什么是数,意味着：把一与无限相关涉,或者思考一与零的区别。在精神中掌握数的序列是如此容易。同样也可以说：是如此难。

这里的掌握很容易在持有和记忆意义上被理解。但是,把握住那种区别是如此之难。在数的序列上之所以没有察觉这一点,只因为习惯的表象观念用坏的无限性来应对,也就是设想无穷地继续计数。可这种权宜之计什么也没有懂。

什么叫做：透视诸科学的环节？其对象的环节——人们兴许这么以为。数数就已经又开始了。这样一种依照对象的计数对于科学来说是外在的，这是因为诸对象本身并非由科学所创造，它们流于无穷的差异。这样的计数甚至没有一个像"一"这样的开始，而是随意地嫁接——尤其是当神学及其创世学说不再提供一种秩序的导线。

笛卡尔发现：科学不是用其他东西相互联系起来的，而只是通过自然理性，自然理性造就了诸自然科学。在自然理性中有一点可以看到，各门科学的发展必须从它开始。只有当自然理性本身接受了具有规定性的第一认知的形态，它才能够如此。要接受第一认知，它就踏进一种关系，关涉这里占据无限者位置的东西；而这就是方法。在无限者角色中的方法是反思，反思的第一个运动即否定，以便在对这种否定的否定中回归自身：我不能怀疑我实存。

为科学揭去其通过不同对象的规定而展示的面具，在面具下面显现这样一种自然理性的容貌，自然理性在绝对的——因为是反思的——方法之下规定自己是"我存在"的确定性，这时诸科学的环节才显示自身。这里第一或者一显示自身，它不是数数的一，而是概念的一。这种概念的对象不再是单纯的对象，而是对象的观念或者理念，仅仅作为理念它们才进入概念把握的秩序或者步骤。

科学的环节非常美，因为完全合乎比例，是逻辑的，理性的——所有这些说的是同一个意思；然而，这只在第一比例关系的外相之中，第一的比例关系是理性和方法的合理关系，一和无限的合理关系。

但是这种比例在近代哲学的第一阶段没有超出纯粹逻辑的形

态,对于它诸事实真理也有外在的方面——就像莱布尼兹所指出的那样。笛卡尔呈现的哲学之树,甚至直到莱布尼兹的 scientia generalis［一般科学］,又戴上诸对象性规定的面具。在斯宾诺莎那里诸科学的连锁环节之所以脱落,是因为对象的多样性被放在想象力中。

这个面具在康德那里才脱落,是在绝对知作为自我意识的层面上。这里诸科学的链条转化为诸原始内容的体系,也就是我们的认知的诸形式,既是直观也是概念的形式。但是自然理性的这一面貌也仍然是一个面具。在它作为绝对知而出现的地方,它确定我是自由的,这种确定性不可能是认知;而在自然理性是认识的地方,那里,自然理性甚至对于我的同一性的观念也表现得有依赖,依赖于在直观中给定的材料。借着这种材料,还保留着列数诸科学的不同对象的起因,科学自身依照对象的不同而不同。理论的自我意识不是绝对的第一,而实践理性的绝对第一不是认知,也不是相对于其他认知的——其他认知链条的——第一。行动的因果只是意志的因果,而不是可认识的因果。

自然理性仍然戴着面具——美隐蔽在诸个别认识的多样性中,这种多样性是没完没了的、历史的多样性或者经验多样性。是费希特取消了这种多样性,他把自然理性之光投放到诸原理的完整性中,这些原理起先却只是直接地出现,然后在一种回返的运动中又重新获取,回返的顺序出现在《精神现象学》中,作为意识、自我意识和理性的顺序。

费希特的发展第一次带来我们认知的诸形式的推导,它们在康德那里只是直接地作为感性和知性的给定形式。诸形式的推导意味着自然理性的行动创造并且证明了这些形式,它们在理性行为的统一中作为完整的知而亮相。最后一个面具似乎落了下来;显然从理性行为中产生的诸规定的序列不可能没完没了;因为理性通过其行动的方法自己给出所有的内容,它只认识源于反思本身的内容,所以在真实无限性之外的坏的无限性的可能性被取消了。

但是,这个方法仍然是所谓的"超验的",它本身仍然建立在认识方式的区别上,"我们对诸对象的认识方式,就其应该是先验可能的而言",对诸对象的认识方式,就其显现而言,准确地说,就它们是精神现象而言。只要绝对知还有一个相对于它的外在,不能够把外在作为自身来把握,绝对知就仍然蒙着面纱。在费希特的理性阶段,绝对知仍是内在性,处在将自身外化的要求中——要求万物应该是理性的。这是这样一种要求,把理性作为一切实在的确定性付诸真理。无限和一的理性关系或者比例,方法和理性之间的比例,而理性作为第一现实,这是因为自由行动者这里总还是一种 ratio reddenda[向理性的回归],一种尚待提供的东西。

谢林在实现这个要求时弄错了,这是因为他仅把费希特的理性作为自我意识,作为一种智性[Intelligenz],它只把自然当作它的另一面。对智性和自然不做区别的原则不是真实的原则,这是因为它不再是理性的,甚至不是理性关系或者上述比例关系,而只是无决断的茫然,尚非现实的自我意识恰从这种特性开始发展。自我意识以一种自己无法把握的方式分裂为自然和智性。具有标志性的是伪造的现实性,上述原则表现在这里,"艺术的"伪现实性,对原则的直接认知相应地是审美直观。这就是说,在无差别[Indifferenz]中无法把握的原则在这样一种方式中显现,这种方式可以和自我意识相比较,在赋予外在于它的对象以形式的过程中达到独立性。这样,在向康德哲学的水准的众多回潮中谢林表明自己处于第一位。

黑格尔则不同。他对显现的精神的呈现使精神的知获得中介,由此确立了这种显现的精神。精神已经在自身之外；外化对于它不是"应该"；精神的呈现显然不是从它的第一知开始，而是从它最末的知开始，开始于感性确定性。由此，知的完整性在近代哲学中第一次从方法上得到完美的保证。这从本质上与费希特的先验唯心主义不同，如前所述，在费希特那里也可以观察到从最后向第一的回归，可是只能在三大原理的观念下，原理的构想必须从第一开始，否则，最后的命题和反命题的综合将不可理会。

费希特开始于"我是我"的直接认知，它是理性的第一行动。虽然不再能够把这种理性理解为能力，而是作为行动，然而它的所作所为仍然只是为理性的实现开创可能性，在顺序上亦如是。黑格尔则不同，这里可以看到他与先验唯心主义的决裂，他以感性确定性为开始——不需要任何像费希特的原理那样的未经过中介的直接知。与近代哲学在黑格尔之前的所有工作相比，黑格尔惊人的强大正表现在这里。他的体系既不开始于没有中介的绝对知，也不开始于认识形式的发展，后者才赋予知以可能性；黑格尔的体系开始于已知，具体说，相对于绝对知的最后的"已知"——这正是感性确定性。

面向理性的自然之光，科学放下面具，这个过程并没有随着黑格尔而结束，对近代哲学的内部运动所做的简要揭示证明了这一点。在继续运作的反思面前，甚至哲学历史自身也表现为面具。只有闲散的知性去追问，是否无限制地把揭除面具进行下去。从笛卡尔以来重复的这种行动说的并不是这个问题。在每一个阶段全体性皆自我规定，对此笛卡尔说过，一定很容易把握全体性，——和数的序列一样容易——向前追忆起先尚为外在的东西。在我［博德］的时代，这项工作致力于回忆哲学史自身的整体，这样一种整体，它让两个较为古远的时代作为和近代原则截然不同的时代而成立,目的是获得我们的当下的概念。按照这个概念,期待将来揭除面具并在这种期待中超越历史,这只是空泛的观念表象或者 raison paresseuse[懒惰而迟钝的理性]。

哲学史是一直仍被当作诸知见或意见的历史来叙述,于是,任何一种当下的哲学只要不回避,就沦为科学理论,以便为已获承认的各门科学所咀嚼消耗,沦为意见的外相。如果黑格尔试图打破这一显相,那么却在这样一种方式中,因为他把哲学史放到哲学自身的外部,他就仍然为他的方式所束缚。

叙述的单调的无限性粘附在哲学史上,掩盖了历史的合理性,尤其遮盖了具体的知的坚毅和果断,这种知仅为第一哲学所本具。简化其历史的整个工作的目的是,使它脱离一种再现,再现的记忆只能把历史的种种形态当作某种过去的,然后以为往事对当下具备影响力,然后当下在过去的诸种影响下萎缩成各个当今。顺便提醒一下,有关"影响"的观念只是一种奇特的"influxus"["涌入"]学说的垃圾产物,借这种"influxus"每一个实体皆为它的神性造物主所造和保存。

使历史变得单纯的工作不可能是毫无思想的数数,也不愿看到这种轻率。所寻找的简洁只能是逻辑的单纯,再现的逻辑所再现的那些全体性是近代第一哲学不断深入地规定了的。黑格尔给出关于这个进程的第一个概念。正因如此,这里《精神现象学》得以呈现在逻辑进程的单纯中——这与近代第一哲学的逻辑进程是一致的。这种双重性在每一层次上都提供了从再现性记忆中自拔的机会,这意味着,摆脱近代哲学的时间历史所渲染的,而进入概念把握的运动。这无法在日常意义上得以简化,除非对哲学之事进行欺骗。确定性——即使是感性的——同时要求独立思考。没有人能够替另一个人确定某事、某种事态。所以,尤其是今天众说纷纭的意识是一桩容易而又困难的事情。对于自然意识是容易的,对于日常意识却是如此困难,以至于人们可以认为,在所有对意识和意识拓展的要求之外,恰是意识本身已经变得不可忍受——这是因为扎根在意识中的方法,因为在意识中安家的无限性。

重新回到意识教养的逻辑中来。在理性这一章中,主导的是**根据规定**。对于观察的理性,绝对根据进而是主导的——和我的纯粹同一性一样绝对。作为已经论证的而出现的首先是形式,形式的根据在本质。理性被规定为这样一种确定性,它是一切实在;而对于它首先要做的是通过观察把这一确定性变成真理。理性这里所观察的首先是形体结构,对于它所谓自然是根据。理性这里追随着一种信念,这就是外在是某种内在的外化,是对一种理性的、自成组织的自然的反射[Reflex]。

在观察的第二阶段,自我意识是对象——"在它的纯洁性中并且在它和外在现实性的关系中"。就其纯洁性来看,内在规定自己是诸逻辑法则;就其和外在现实的关系来看,内在处在诸心理法则中。无论哪一方面,内在都被当作是没有规定性的,它从已外化的东西那里接受规定性,但是作为内在的法则控制着外化——我能够使自己意识到的诸法则,从种种外化开始,但是相对于法则的普遍性各种外化都是个别的。

在观察的第三阶段,外在规定的方式是这样:外在作为个别的规定着个别的内在。在观相术和骨相学中,在自我意识和它的直接现实性的关系中观察自我意识。这里理性在外部发现特殊的内在的规定性,不再是普遍的内在的规定性——就像第二阶段的诸法则那样。

形式自身规定着它的内容,现实的理性或者精神在这个形式上走向灭亡,结束于它自身的对立面。

这就是把自己当作可观察的理性的最后结论,现在从这一结论中退出,保持理性本具的方式,理性试图通过自身来自我实现,将自身呈现在世界的行动中。也就是作为自我意识。不是在作为自然的世界中,而是在已获承认的建功立业的世界中,也就是在伦理的世界中,并且在承认和赞同的行动世界中,也就是在人人为所有人而劳动的世界中。自我意识在这个世界里寻找它的幸福,这意味着它是与自身合一的意识。

黑格尔把这种努力的第一阶段,或者出于独立性意识的自我实现,放在"乐趣和必然性"的标题下。由于个体投入生命,"与其说他为自己造福,不如说他直接地获取和享受幸福"(9:199/6)。但是,这里他获得的经验恰恰是放弃了自己的独立性;"他经验到一种双重意义,这在于,把他所做的,也就是他的生命,据为己有;他获得了生命,但不如说,他借此正抓住死亡"(9:201/8)——具体说,他自身在对陌生者的享受中物化了。对于他这如谜一般,他的行动的后果不再是行动自身。普遍性的力量,正如它作为教化而出现,对于他变成不可思议的,"在普遍性的力量上个体性粉碎了"(9:201/28)。

按照逻辑,理性在这一阶段只作为形式上的根据而出现——也就是说:根据和所论证者还没有不同的内容。其内容完全相同,因而原因关系流于空洞。换句话说:由于个体追随着乐趣,放任它的欲望,它只是做出行动的样子而已。实际上它在自己无法洞见的必然性中浪费自由,这种必然性并不因为人们假借这种行动的自然性而在自由的意义上得到澄清。在自我规定的意义上,这个根据同样等于无根据。黑格尔在逻辑中对单纯的形式根据所做的说明在这里生效,他说在形式根据的空洞的同义反复中,"现象和幻影未经筛选地交错在一起,共同享受同等的级别"(11:306/40)①。

自我实现的第二阶段由此出发,个体自身是这种必然并且是在意识中,"直接地在自身中具备普遍或者法则","心的法则"(9:202/5)。随之个体知道,什么不仅是他自己的乐趣,而且是人性的福祉。实现它的尝试却不仅面对现存的普遍秩序的反对,而且甚至面对其他的心的反对。个体知道他的心的法则如何被投放到非现实性中;理性秩序的观念变成一种疯狂。"为人性的福祉而跳动的心因此过渡到疯狂的自负的浪潮中,进入意识的愤怒,面对毁灭而保存自己,并且是通过摒弃它自身所是的错误,努力视之为他者并且说出这一他者"(9:206/5)。他诅咒普遍的秩序,并且于此揭露一种错误,它不是别的,而就是:普遍秩序同样是所有心的法则,就这一方面而言只是在"普遍的斗争"面前的相,"在这场斗争中每一个人都争夺他所能企及的"(9:207/22)——理性秩序只是人们称作"世界进程"的东西。

从逻辑规定上来看,这里出现的是"实在的"根据——根据和所论证者的内容不同。由于两者从相互漠然的态度中走出来,彼此接近,无论是根据还是所论证者都表明自己具有双重内容。它因此是把不同的内容连接起来的外在的根据:心的法则无论作为个体的法则还是作为普遍性的法则都有非理性或者偶然的一面。

正在实现自身的自我意识首先把不同内容作为自己的理性和他者的非理性加以辨析,不同的内容回归到同一性的根据,重新获得形

---

① 《黑格尔全集》,第11卷,《逻辑学,第一卷,客体逻辑(1812/13)》,费利克斯·迈纳出版社,汉堡,1978年,第306页,第40行(Hegel, *Gesammelte Werke*, Band 11, *Wissenschaft der Logik, Erster Band, Die Objektive Logik (1812/13)*, herausgegeben von Friedrich Hogemann und Walter Jaeschke, 1. Auflage, Hamburg 1978, S. 306, Z. 40)。本书中《逻辑学》的引文皆出自这个版本。

式根据的同一性,由此,实在的根据现在成为完整的根据。这一运动规定着理性自我意识的发展,这是它自我实现的第三阶段或者最后阶段。

第二阶段的结论是:为了把自己作为理性和法则加以实现,自我意识必须牺牲个体性。这种意识是美德。这种美德与世界进程的关系如何?那种牺牲不仅涉及个体;它同时取消个体性,随之而取消世界进程的错误。只有这样,才能够谈及自我意识的实现——自我意识在自身所做到的,也同时在他者身上完成。

这样一种完成的运动表明:在和美德的斗争中,世界进程取得胜利,战胜彼一方面,按照这一方面美德和世界进程相对峙。此一方面正是美德身上的虚无,也就是"关于最好的人性和对人性的压迫,关于为善而牺牲和对牺牲的滥用,种种华而不实的议论;——这些理想的本质和目标作为空谈而崩塌,它们高标心灵而让理性落空,鼓舞人心,却毫无建树;高谈阔论,而一定只说出这样的内容,即预备为如此高贵的目标而行动并且操如此卓越的言谈方式的个体,他把自己算作卓越的本质"(9:212/26)。

想说的是:精神出现在美德的规定下,并且带着对一种自在的善的观念,于是,它所实现的不是别的,就是扬弃美德和世界进程的对立;自我意识获得这样的经验,"世界进程并不像看上去那么可恶;显然它的现实性是普遍的现实性"(9:213/15)。也就是说,在世界进程的对面,精神没有自身的现实性。这是它现实化的结果。个体性没有被牺牲掉——相反:个体性的行动和运作显示自己是目的本身。这引向何处?将在理性的最后发展中表现出来。

# 第 八 讲

理性的特征是确定自身是一切实在，这种确定性在实现其真理的过程中是对这样一种原则的证明，据此，**没有什么是没有根据的**。从实体到判断、从判断到判断力，而判断力即理性本身，对象的如此之深入规定赋予原则这样的表述：**没有什么没有理性**。对此的证明处在这样的要求下：把一切实在与理性的关系公开在同一性关系中。

在证明这种同一性时，理性在《精神现象学》中获得的整个经验却是，不是实在，而是理性自身为了同一性而不得不放弃它的他在。头盖骨从来不面向理性，而是理性面向头盖骨，世界进程从未按理性的美德行事，而是理性向世界进程看齐。这就是理性对表面上的既定实在所做的观察和通过自己来实现自身的尝试所得出的两个结论。

第三个阶段指出理性是"个体性，它自在自为地是实在的"。前面的阶段以下列要求为特征，个体把自身扬弃为普遍，由此而赋予自身以理性的实在。这种普遍起初是无规定的，作为单纯的必然性，它只是取消个体；然后，它接受法则的规定性，可是法则仍然既是普遍的，也是个体的；最后，个体本身作为为自身而起规定作用的而出现，并且规定自己是美德——美德被理解为由个体实现的普遍。但是，这种实现瓦解于美德和世界进程的对立，一去不复返了。

个体虽然不是自在地实在的，但是在头盖骨中个体性却是自在地实在的；个体虽然不是自为地实在的，但是在世界进程中个体性却是自为地实在的。现在可以看到双方的相互渗透，也就是自然的原始规定性和行动的个体性的相互渗透。

个体性的原始规定的自然首先不在别处，而是在人们所理解的特殊才能、天赋、性格等等之中（9：217/25）。在自然中鉴于行动的诸条件来谈行动，行动不在别处，就在于呈现它的诸条件。当它成为现实时，个体才知道它是什么，当然这种现实不再像在前一个阶段那样，似乎对立于个体的行动。这时，行动不再停留于那些条件，而是将之直接投入使用。

在得到实现之后，个体性在天赋上的比较开始了——评定较大和较小的天赋，视功绩来区别较好的和较差的。这样一种区分在此却无关紧要，这里关系的不是别的，只是个体性的自我表达。然而这里我们位于何处？在质的判断无意义的地方，在每一个成绩都是好的地方，这究竟是什么地方？人们不再能够说什么是低劣的，关键只是个体性的自我呈现。

一个众所周知的地方，黑格尔称之为"精神的动物王国"。Animal rationale et civile［市民的理性动物］之所在，霍布斯最早给了这个动物一种规定性。"人"在这里是一个模糊的表达，不以任何方式标志着compositum［整体的契合］。精神的动物王国是市民化的动物的世界，这里动物所指的不是别的，就是外化行动的诸条件，或者所谓的自然禀赋。

这种状况可以和前一章的第一阶段相比较，那里，理性的自我意识试图通过自己来实现自身，它闯入生活，寻找它的乐趣，但是只发现它很陌生的必然性，由于这种必然性它在自己身上犯下过错。而这里，行动着的个体完全在它的元素中，它知道关键只是表演它的才能；知道自己与所有他者的行动在这一点上是一致的。"因而根本不发生振奋、抱怨或者悔恨"——每一个体表现自己,尽可能地树立自己,同时不触及好与坏的绝对区别。假如愿意坚持这一区别,那么,表演自己的劣质将正是一种享受,这是因为在劣质中实现了特殊的多面性和偶得的念头,而美德是乏味的。使自己变得有趣的个体性却只在表面上抓住好坏的区别,实际上只将之寄期望于观众。

在这个精神动物王国的第一阶段,个体只经历快乐本身,所要求的很容易满足:毫无顾忌地表现自己,这就是说,使行动的条件和根据互相渗透。然而,他所获得的经验是:不要投入他的工作,或者不在任何工作中完全地表现自己;这样,对于他条件和根据就各行其是——意愿和执行意愿的行动也如此。相对于他本身不变的本质,工作显现为偶然的和正在消失的。在与他自身的分离中,工作仅仅还是一件事。不过并非"仅仅"。显然,个体同样从他自身的表演中撤回来,工作对于他成为"事本身",所关系的是"事本身"。

至此,局面变得完整,精神动物王国里所有个体的相互行为的统一出现在面前。所有个体在谎言中是一致的,其欺骗性在于混淆事本身和在他人面前自我表演的兴趣。只要每一个人像受骗那样去自欺欺人,欺骗就是完美的。正是在这一点上这种市民的王国找到凝聚点,事本身成为普遍的,这种普遍完全为个体性所渗透了。

整个运动的逻辑位置是进一步被规定为条件的根据,即自身没有根据的根据或者无限定者,它首先是条件和根据的关系——这种关系历经同一、区别和矛盾的反思诸规定。在精神动物王国中矛盾的表达是欺骗,所有人对所有人说谎,因而同样不是欺骗:应该分离诸个体的东西,恰好维系着他们。

相对的无限定者过渡到绝对的无限定者,与这一逻辑运动相应,从事本身中产生理性的绝对的事,而这就是道德教化的实体。理性自我意识在伦理实体中拥有最后的对象——它自身作为立法的意志。立法意志直接地表现在具有规定性的并且因此而有差异的诸法则中。但是，正是这种内容的不同，亦即其规定性一再反抗义务的纯粹普遍的必然的绝对性。结果是：不得不放弃普遍绝对的内容。于是，立法所留下的只是"普遍的纯粹形式或者实际上是意识的同义反复，这种同义反复出现在内容的反面，是一种知，它没有存在着的或者真正的内容，而是关于本质或者本质的自相同一的知"（9：231/38）。内容只是听任于人的健康知性，这种知性在其直接性中无法成为理性而稳固起来。

从逻辑上看，在这个第二阶段条件和根据的关系被取消了，两者"降低为一种相；绝对无限制者在它的设定和设定前提的运动中只是这样一种运动，相在其中扬弃自身。"（11：319/4）。

不容混淆的是，这里所有的应该都崩溃了，这种应该在康德的绝对命令并且也在费希特的理性要求——"我应该是我"——中道出自身。本质上为立法者的理性，它现在要做的只是清除它的应该，在这项行动中它是"检验法则的理性"。其行动的结果"在这里似乎就是既不可能产生特定的法则，也不可能发生对法则的知"（9：234/20）。然而，这种相的真理却是：在扬弃对立于存在的应该时理性受到敦促，将自己把握为实体的已经实现的理性或者精神，并且是在伦理世界的诸形态之中。**从逻辑上看**，关系到根据变成为事的发生过程，根据从反思自身中走出来，进入现象，并且首先走进实存之中。

"一件事的所有条件皆现成，它就进入实存"（11：387/14）。这就是说：反思必须回忆起所有的条件；然后由自身而生发出来，不需要为此还做特殊的决定，不需要一个说"你应该"的根据。

在理性这一章的导言中，黑格尔说到理性遗忘了它从自我意识和意识中的生成［Genese］。因而，理性的整个发展不是别的，就是回忆它的生成。完成了这一回忆，理性就回到精神或者理性的现象，理性曾是现象的抽象。这种抽象昭示在一种必然性中，这就是：理性确定自身是一切实在，而这种确定性的真理尚待证明。理性自己以"应该"而站到自身的对面，"应该"最终显示在理性的立法本质中。

理性的立法本质——这是具有决定意义的观察——不再被表象化为相对于精神动物王国的事本身的上层建筑，而是作为这一共同体的根据而回忆起来，正是道德教化及其法则的绝对无条件性实际上是欺骗的基础，这种欺骗把精神动物王国整合到一起；因为道德法总是抓住应该和存在、根据和条件的分离，执着于理性及其实在的分裂，其结果是，它们在精神动物王国中苟合起来。

这个地方也是《精神现象学》中的最重要的墙，这里可以察觉的是：第一哲学不是发明理论，而是在行动，这是因为只有第一哲学掌握着我们的自由，我们的人性。如何掌握？如果一个人没有顺应——我（博德）是说"顺应和契合"［fuegt］，——第一哲学的逻辑，没有承认它与知的诸多其他形态的区别，他就一无所成，相反只是损害已成就者。就此，谢林是一个迄今不为人知的、更没有充分认识到的警告。在新长出的绿枝上仍有同类事情发生。

没有一个意识的形态像理性自身那样在其教养的进程中妨碍自己，这是因为它本具的确定性——这种确定性比感性确定性难以消除得多，这是因为它确实在其发展的三大阶段中的每一个阶段都把自己变成真理；进程的发展仅取决于这种真理本身成为对真理的全面冲击。如果这没有发生，那么，已成为理性的特征的唯心主义就变成意识形态。

对本课程的真正主题的探讨尚没有开始，鉴于这一点，这里不加详细论述，只是扼要地在此说明：如果人们要概念，那么，只有一种意识形态；正如只有一个理性；意识形态的诸区别只是些发展水平和纯洁性的差异；显然，这里所说的理性明确地在起源上与自我意识和意识紧密联系——这又是按照理性的概念——，于是，意识形态在本质上是近代的现象。它寄生于意识的教养，具体说近代第一哲学所完成的意识教养。它依赖于理性在回忆自身发展时所达到的内容的规定性。意识形态不可能有在这种规定之外的内容。就此补充说明。

至于精神的呈现所涉及的，其出发点是：精神和理性的区分只有通过扬弃理性和实在、应该和存在、根据和条件的区别。意识迄今所有的三大形态，或者简单地说，理性是精神的抽象，抽象于精神在道德教化世界中的总已经是现实的诸形态。这种抽象的意义在于，精神在抽象中"分析自身，辨别它的各个契机并且驻足于个别。孤立这些契机是以精神本身为前提，为持存，或者这种孤立只实存于精神之中，而精神就是实存"（9:239/17）。

"精神"这一章所呈现的精神是按照 1) 精神对自身的意识，2) 精神对自身所构成的知，与"宗教"这一章不同，宗教篇是在自我意识的形态中发展精神。这就是说：精神首先被呈现在它自身所是的外部对象中。

从感性确定性出发，在意识经验的完整道路上，它的每一个所知的真理性皆得到检验，并且从对非真理的经验中每一次都产生出知的新对象。具体到理性，这种检验在于把已知的理性的现实性付诸真理。检验出的结果是理性本身的非现实性。而这种结果的另一面就是指出了理性的现实性即精神。现在，这种现实性首先被当作一种直接的——然而，其直接性却是经过中介的。而得到中介的是精神在其各个契机中的分析——在意识，自我意识和理性之中，这些契机提供精神呈现的层次和导线,甚至是在这样一个阶段内,这里只按照精神的意识来呈现精神,这些契机的顺序也在以下诸章节中重复自身。现在,继续用对逻辑位置的提示来陪伴发展,愈加变得多余。

只是概略地指出:在"精神"这一章中,概念的相应发展由"现象"[逻辑]所引导,经历"实存"、"现象"和"本质的关系"。照顾到这种发展,须注意的是:精神的三章分别是1)"真实的精神",道德教化,2)"异化的精神",教养,3)"自我确定的精神",道德只是作为精神的意识呈现出来。**对象的外在性**是意识的特征,这种外在性在相应的逻辑阶段留下清楚的印迹,大致上说是在关系到**自然**的**诸规定**中。特地强调这一点,是因为人们很容易为此所迷惑,于是不再洞察与《精神现象学》的相应。

精神直接地出现在这样的形态中,这个形态是抽象的理性的自我消解的结果;这就是道德教化的世界——一种教化,它不再显现在"应该"中,而是在存在的方式中——一种教化,它已经作为法则而在此,具体说在人的法则和神的法则的区别之中。这种区别从何而来?为什么精神之知的发展不是开始于它的同一性?

如前所述,精神直接作为意识而出现,但是不再像抽象的意识那样区别于外在的对象,而是区别于自身在行动中的外化。"行动把精神区分为实体和实体的意识"(9:240/31)。实体又把行动分为两个方面,一方面是普遍的本质和目的,简单地说:行动的思想;另一方面是出现在思想对面的个别的现实性。相区别的双方之间的中介是自我意识,它作为理性卸除了有限性。自我意识**本身**已经是它自身和实体的统一,实体具备普遍和个别的双重性。自我意识的行动在于把这种统一也变成自为的。这种变化表现为逆向的运动:一方面个别的现实性上升为普遍的本质——这是道德教化的行动——,而另一方面把这种普遍的仅仅思想出来的实体作为目的贯彻实施下来。只有这样,自我意识才创造出"它自身和实体的统一并且将之作为它的事业,因而也作为现实性。"(9:241/4)道德教化在这整个运动中实现自身,这里等于说:教化上升为知。而这一运动和它的毁灭是同一的,这表明道德教化取消了其直接性。

伦理实体在普遍性和个别性上的分离是一种在行动法则中的分裂。这种法则在它生效的地方是对立的法则,对立面的每一方都作为完整的法则而亮相,因为是作为完整的道德教化的精神。

关于人的法则这一方面,就个别性并不意味着个别偶然的意识,而就是自我意识而言,人的法则可视为个别性的法则。作为伦理的它和共同体是同一的,现实的共同体既作为民族——在实体方式中,也作为公民——在意识的方式中。

人的法则"在普遍性的形式中是众所周知的法则和现存的道德风俗;在个别性的形式中就是它自身在个体中的现实的确定性,确定它作为单纯的个体性是政府"(9:242/19)。

神性的法则只能在与人的法则的相反意义上得到规定,与国家权力相反,这里是单纯而直接的道德教化本质,它在家庭中具有现实性,而家庭是作为自然的共同体和民族的元素。家庭在那唯一的行动中,也就是在死者的丧葬中,表明自己并非是单纯自然的,而是伦理的组织结构,葬礼所涉及的家庭成员是作为伦理本质并且是完整的伦理本质。这最后的义务是完美的神性法则;因为葬礼确立了死者与单纯自然物的区别,安葬以行动的方式——亦即在道德教化的世界中——接纳毁灭,将死者交托给当作个体来把握的大地,从而卸除了自然的摧毁性力量。这个大地,它在伦理意义上的表达是冥界国土。

即使是个别性法则，具体说在国家政府的个体性中，它也在战争的动荡中回忆起冥界国土，战争打破了公民在其生计，在其劳动和享受中的个别化。在战争这一共同的劳动中可以感觉到冥界的主人——死亡。

被统治的共同体划分在"人格独立性和私有财产，以及法人权利和物的权利的诸系统中"，进而在劳动分工的社会中划分自己，与此相比，神性的法则在男人和女人、父母和孩子、兄弟姊妹的关系中展开。人的法则和神性法则的对立深入这些关系，却并非在这些关系的殊死对抗中走向毁灭。这些关系总是不断在男人和女人的结合中获得宁静，于是回到家庭整体，正如被统治的共同体的种种对抗在道德教化的直接实存这个阶段又达到平衡。

但是，道德教化精神及其直接性的这种有区别的统一无法维持自身，在道德教化精神中自我意识要求作为个别的个体性的权利——这种权利在那道德教化的世界中已经熄灭了。个体性在道德行动中锤炼自己并且脱颖而出，道德行动每次只让一种法则成立并且在完成相应的义务时伤害相反的法则。不过这里须注意的是，这不是在诸义务的冲突中，而是在对另一种义务的无知中。正是这种无知是罪过，自我意识在这种过失中知道自己是个别的。罪过是它的知的片面性。对于它这是无法理解的过失，超越了自我意识，成为对它来说为陌生的命运必然性。承认过失，这里只是痛苦。察觉到另一法则，可是没有理解。这种经验是孤单的，既脱离家庭共同体也脱离国家共同体。国家只能够压制这种个别的精神，而不是理解和把握。精神的个别化是向外实现的，作为自由的国家，精神孤立自己并且确认自己。在这个国家中，道德教化的诸形态，家庭和与之相应的统治都灭亡了。

道德教化瓦解于一种统一，它完全脱去了直接的道德教化的诸关系。而这种统一是彼此分离的诸个体的抽象普遍性，个体不再系缚于实体。"普遍瓦解于绝对的多样个体的原子中，这个死去的精神是一种平等，这里人人皆作为个人、作为法人而成立"(9:260/30)。什么是法人？这将表现在双重意义中并且在法权状态揭示一种统治，它是精神作为死去的精神仍然具备的力量，并且在"世界之主"的形态中。

第 九 讲

在精神中,在它直接的显现中,它本身的诸多抽象被取消了,这些抽象特性显示在排斥性的对峙中:在我和对象的区别中,在我和我的对立中,在存在和我的应然的矛盾中。从感性确定性之我的空洞的普遍性和冷漠中出来,这个我一定已经在行动中、在自我呈现中达到个体性的具相,和自然的合目的性的条件和根据一起共生,直到自然理性能够被接纳到其独具的力量当中,作为立法者而亮相。立法将理性表现在它最纯粹的行动中,关系着理性的自由。而行动的纯洁性也表明自身是空洞而无规定性的,对法则的检验不过是轻而易举的游戏。

只要理性只在其诸契机中分析自身,更准确地,将自身拆散为各个契机,用莱布尼兹的话说,resolutio teminorum[瓦解在其自身的诸组成部分],那么理性自身就是空洞无力的。然而:黑格尔之前的近代第一哲学的整个运动所造就的正是这种自我分析,业已在此的精神要达到对自身的知,分析的环节是不可或缺的。精神只以完整的分析为线索才构成这种知。没有这种分析,精神的显现只是空洞的相,相只通过确定、通过简单的保证掩盖其非现实性。

精神的现象只是得到保证,而没有得到证明,这里是说没有得到中介,它就只在片面性中,这种片面性表明精神是抽象。这种精神是不能够承受并且经受住死亡的精神。这所说明的,精神形成对自身的知的第一阶段就已经弄清楚,精神这里知道自己是道德教化。这种精神的现实性的试金石是对它的灭亡的把握[Begriff]，精神实体完全消解为在法权状态中的仅仅由法权状态维系的个体。黑格尔也将死去的精神把握为精神现实性，只有这样精神才是现实的精神。精神死于现实性，把精神对立于这种现实性的所有谈论都是醉心于幻影。一种迷狂，它没有任何权利把自己和古老的哲学名字联系到一起，如柏拉图，奥古斯丁。

因而，重复一遍：道德教化的实体毁灭于法权状态之中，这是所有人作为人格而平等的状态，人格也就是法主体，道德教化的规定由此而完成。再来一遍：这里显现的道德教化所关涉的是近代的一种现象。

"我们看到道德教化世界的种种力量和形态在空洞的命运的单纯必然性中沉沦。它们的这种力量是在其单纯性中反思自身的实体；但是反思自身的绝对本质，空洞命运的那种必然性，不是别的，就是自我意识的我"(9:261/7)。

黑格尔这样来回忆道德教化行动的发展，对于这种行动，在神的法则面前的罪恶是无法把握的，显现为不可思议的命运。可是，这种命运只是精神对自身的无知，它不知道为了认识自己在必然性的内容中是立法者，个别的自我意识或者我应该赋予必然性以内容。

在法的状态中，人和神的法则的对立被取消了，与之一道消亡的是道德教化的实体。在法的状态中，每一个人作为法主体而得到承认，只有这种承认是实体性的。正是在人格中人人平等。但是这种平等仍然是抽象的。这种抽象的实体是什么？一种没有主人的内容，这种内容必须从所有人的形式上的平等来规定自己，也就是必须确立每个人与所有人的区别，同时这些区别并不扬弃权利平等和个人的人格。这样一种内容只能依附于法人的偶然此在，只能是一种占有。法权状态和在其实体中个别化的个体社会了解这种占有,它不是外在的财产就是内在的财富,或者是在这两个方面的匮乏,内在的财富让人成为特殊的精神和个别的性格。但是,对立于法的普遍和必然,财富的分配只能被视为偶然和任意的结果,被视为自身本具的权力,对于法的确立,这种权力是外在的,却正是在法的抽象普遍性对面的实在力量。就此,"法人"这一称号返转为一种"蔑视的表达"(9:262/27)。

由于道德教化精神的死亡,内容分崩离析,而法人之间的种种区别按照内容来规定自己,这种内容是共同体的分化瓦解。人格的散沙是多样的,绝对的多样性把人格集中到一种统一当中,它具备所有内容的意义,因而具有实在的本质意义。黑格尔称之为世界之主,正是这位主人,一如我们所有人都认识他,我们,我们所有人都相互要求以某物作为私有财产。世界之主是这样一种"人格,对于其意识不存在更高的精神。"(9:262/36)

这位世界之主把所有内容,这就是说人格的每一种占有,都交给了任意独断,只有这样他才统治,他只在挥霍放纵中统治。他是"强悍的自我意识,知道自己是现实的神"(9:263/10),相对于抽象的法的平等是现实的。现实地作为所有人皆承认的,而所有人都处在各自财产的现实中。

承认这位主人,他不是别的,就是死去的道德教化精神,他没有奠立联合,而是排斥法人中任何实体的连续性,法人已经分散在"绝对的碎裂"中。只有这位主人自身是他们的连续性,和莱布尼兹的原子相似,所有法人只经过他而相互关涉。"法的人格通过它所陌生的内容在人格中得以确立而获得经验,——而内容之所以在人格中得以确立,是因为这种内容是法的人格的实在,不如说是因为人格的无实体性"(9:263/24)。

谁听见这里的弦外之音,就看见镜中的自己——不是在对现成诸关系的解释和描写的镜子中,这面镜子属于想象,也属于臆断。黑格尔举起的是概念把握的镜子,它清楚而分明地显示,是因为它接受的不是既定者,而是展开其生成和发展——在这种生成和发展中,法权状态连同道德教化本身只是整体的契机,现在这一契机在它的另一契机中被照亮,自我意识在世界主人那里获得了混乱凋敝的经验,经验到其异化的实在。

究竟为什么道德教化的实体必然瓦解?因为它是精神——这就是说:瓦解是必然的,因为对于精神,对于精神的自知,瓦解或者说对其契机的分析是本质性的。精神是本质而作为本质它是反思。精神是知,在反思中知的方法特性得到实现,正是这种方法特性迫使那种本质的瓦解,这种本质对于精神的意识而言仍具有存在的单纯直接性。

这是一个反驳那种混乱的谈论的机缘,按照那种说法,哲学的独特之处在于提出本质问题,并且是在各门科学的诸对象那里——一种本质问题,它直接地接受某种规定性,例如时间,并且问:这是什么?话外音是:这"究竟"是什么?究竟,以区别于非本质的、各门科学关于此事的顺带的概念。

在诸如此类的直接的本质问题上,人们很乐意引柏拉图对话的例子为依据。这里无法说明,这种依据不仅没有正当的理由,而且还歪曲了哲学及其对真实的规定的独特位置和境况,在这个位置和境况中柏拉图不得不把对所谓本质的追问引入到哲学中。这里也无法详述本质和存在的分离,就像它是哲学的第二个时代的特征一样。

至于哲学的第三个时代，即近代，必须说的是，它恰好排除那种按照第一个时代的方式所提的本质问题。从历史当下现实出发来考虑，把哲学与本质问题拴在一起恰恰是不相宜的，这种问题随着个人兴趣的不同而转向各门科学的任何一个对象。或是追问人的本质，或者追问历史的本质。正是这种超越各门科学的实际认知的方式，是通俗意义上的形而上学，理应和这个名称一起交给衰落和腐朽。这种理论化与第一哲学没有任何共同之处。

在近代哲学中，笛卡尔已经把**本质**在严格的意义上与**规定性**等同起来，在此之前，人们一直把规定性理解为偶性。它们是同等的，关键只在于真实的规定：它们是这样一些观念［Ideen］，我们心中的诸多表象［Vorstellungen］，我们意识到它们并且在观念的观念上——斯宾诺莎将之规定为反思——有它们的统一。反思又与观念表象的方法是同一的，正是这种反思在原则上不允许直接地接纳某物，不允许同样直接地去追问某物的本质。谁想要这样，就势必违反近代哲学原则。如果这样一种意志应该不只是任意武断，那么，它势必在近代原则的危机中经受了一次考验。对这样一种要求，本质的爱好者们却不曾流露出丝毫预感。

回顾道德教化精神的运动，回顾知道自身作为实体的知的发展，更准确地说，实体作为实存者，这里简要地回忆**实存的逻辑**：实存首先与任何一种规定性不同——受到规定的是物及其特性。其次，实存与多样性合一，不再是诸特性的多样性，而是物质的多样性，物由物质而组成。最后，物消融于实存，实存作为物质的关系，而物质现在作为独立的而亮相。

再看一眼近代哲学的第一阶段的逻辑：在笛卡尔那里，与任何一种规定性不同的实存是双重意义的，这与实体在思想和外延上的双重性相适应；实存在那里一方面叫作：处在思想者的实体性怀疑之外——其次：处在相对于思想者本身的某一外物的实体性怀疑之外。观念的所有内容——只要观念是真实的——不是属于外延的就是属于思想的实体，在那里作为物和特性加以区分和联系。

在斯宾诺莎那里，实体是唯一的，关于它的实存我们没有别的概念，只将它理解为本质的必然后果。这个本质作为实存的，却没有其他规定性，只有来自其诸多特性的规定性，也就是来自诸多物，而这些物按照其持存是本质的他者，也就是物质，没有在以自身为起因意义上的独立性。

莱布尼兹才洞察多种受造物的独立性，并且赋之以彻底的个性化的实体。这里，一个普遍的实体融入任一实体和所有其他实体的关系中——这样一种关系却只能是经过中介的，并且经由这样一种实体，它作为创造性实体而统一所有可能的规定性，将之作为可协调的带向实存。**实存**这里意味着：extra stare 处在外部——圆满地超然于任何其他持存着，每一个其他持存者都只在创造的个体性中认识其自身的外部。

显而易见的是：仅就近代哲学第一阶段的各个位置是按照绝对知的要求来裁夺而言，道德教化发展的历史才具备透明度。正因如此，在法权状态莱布尼兹的上帝必然显现为世界之主，或者说显现在对神的理性的极端颠倒中。

在世界之主那里，分散到法人中的精神自己排斥自己。在维系法人的那种唯一的统一中，精神自我异化了，变为现实的，不只是带着权利平等的抽象普遍性，针对这种平等，法的内容——亦即私有财产——始终是独立不羁的，因为是任意规定的。

"其自身是绝对秘密的精神,它把内容作为同样强硬的现实性放在对面,而世界这里具备外在的规定,是自我意识的否定"。(9:264/16)但是,这个世界其实不是自我意识所发现的外在现实性。由于自我意识曾在孤独中要自身,它也要下这个世界,在否定性的劳动中造出世界。这个世界"通过自我意识自身的舍身外化和本质剥夺来维持此在,荒漠化笼罩着法的世界,世界似乎使自我意识蒙受失散的诸元素的外部强力"。(9,264/27)

精神如何自己把这种自我异化带向知?通过教养。在这个位置上,《精神现象学》所呈现的意识教养反思其自身的行动。

自我异化的精神将对自身的意识双重化了;一方面是现实的意识,也就是"自为地自由的对象性的现实",它在世界之主的统治下出现在个体私有财产的诸区别中,这里,人人是他的所有。另一方面是纯粹的意识,这里,精神知道自身和本质的统一,这里意味着,知道它的否定性行为。与此相应,世界对于它分裂为当下和与之相对的彼岸。两者皆是它的造物。当下是"一个王国,这里自我意识及其对象都是现实的"(9:265/31),而彼岸不在当下,而是在信仰中。

自我异化的精神的如此之双重世界通过教养而回到行动的自身,这个教养瓦解了双重王国。简单说明第一个方面,也就是现实王国的诸契机;这里首先是权力和财富的区别,然后是好与坏的差异,最后是对立,黑格尔称之为高贵的和卑贱的意识的对立。相对立者面对另一方无法保持纯洁并且在双方的颠倒中消失。它们尚是没有自身的诸极端,意识的自身从两极集中到它们的中心。这里是语言本身的方法上的位置,而语言作为行动。之所以提起那些契机和它们的中心,是因为近代哲学在原则上必须坚持不直接地接受任何观念,包括语言的观念,因为这种直接的接受立刻让哲学蜕化为随心所欲的在其他学科原则中浅尝辄止的理论化。

　　教养世界的现实性既不是国家权力，也不是财富，而是判断和言说，言说夺去所有那些极端的精神，促使它们相互瓦解，以这种方式说出所有那些极端的精神。这是分裂的语言，它把"行善者的意见和观点"与受施者割裂开来——既对自身的依赖性感到愤怒，也为意见所激怒，在这些意见里财富向穷困者传达自己。因此，语言扬弃了对国家权力和财富的献媚。

　　顺便提醒：马克思主义者一直还追踪着其鼻祖，不断地重新投身到《精神现象学》中的主奴关系上，而没有去透彻地思考现实世界的"现象学"发展，这只是表明了一种拙劣，无能深入意识教养的运动。

　　黑格尔清楚地说明：语言只在那里出现在它独具的意义上，那儿，精神把握了自我异化是自身的行为。只有在这里，言说本身的力量才有步骤地实现了只有言说才能完成的事情：让我自身显现：单独的我，在听闻它之处，它把我——如黑格尔所说——传染给每一个人，它同时是普遍的我。

　　鉴于当今的、过于当今的哲学对语言的评价——一方面作为日常语言，另一方面作为诗的语言，正须留意此处。两种语言都是在哲学意义上无判断的语言——无决断的语言。而分裂的语言已经陷入这两者之中。

　　谈论一切、评判一切的我总是只说出自己，它把其世界的不同契机推向矛盾，世界因矛盾而瓦解。它厌倦了这种同者反复，于是，或者退回到单调的分散中——这里权力和财富又成为它的努力的最高目标，或者发现它自己和它从前的这些行动目标同样虚荣。在呈现自身的双重虚荣中——这也是它的目标——表达自身的行动实现了现实王国的真正兴趣。单个的我因为孤立而瓦解，这种孤立曾是我作为人格的标志；这是从这个世界的陌生现实中的回归。但是这种回归只是自在的，并没有为了自我意识而发生，因而只是现实的意识向纯粹的意识的提升。在自身的虚妄的现实观念中，意识逃往现实的彼岸。

这里和在不幸的意识那里一样，必须防止混淆在中世纪或者哲学的第二个时代中规定自身的信仰与属于教养世界的作为现实的彼岸的信仰。后一种信仰在自身的王国中就有对手——它就是同样超越感性的纯粹洞见。信仰与纯粹洞见首先在彼此的无关涉性中共处，然后处在与对峙于纯粹意识的现实世界的关系中，最后处在纯粹意识之内的相互关系中。正是在这里，纯粹洞见表明自己高于信仰，这是因为纯粹洞见扬弃所有出现在自我意识对面的独立的东西。纯粹洞见使自我意识成为自身，这就是说，成为概念。

但是，这个概念必须首先实现自身，因为关于它的意识还只是个别的偶然的意识。纯粹洞见还必须成为普遍的；它要得到宣扬。"纯粹洞见成为所有自我意识的固有财产"（9:291/22），这只是要求的这一方面。另一方面的目标是：建立所有人的平等，取消"原始的自为存在的所有片面性和独特性"（9:292/1），正如这曾是法权状态的特征一样。在满足实现理性的普遍性的要求时，每一个人都应该达到这样一种洞见，看透纯粹我自身的绝对平等。这就是所谓的启蒙要求。

如果人们按照习惯把黑格尔的启蒙和历史上的启蒙观念相混淆，就没有看到近代的独特当下现实。按照黑格尔的启蒙的概念，启蒙在今天和在十八世纪一样具备当下现实；如果在细节上跟随黑格尔的陈述，就很容易信服这一点。这里只能够简要地说明其发展的步骤。

首先须指出,纯粹洞见所理解的信仰,它如何把信仰歪曲成为迷信,然后是信仰在启蒙中的经验,信仰自身丧失了名誉。这两者却只是启蒙的否定性实在,启蒙只在与信仰的对立中规定自身。

对其肯定性的实在的分析旨在这样一个问题:如果信仰的真理被谴责是迷信,那么,该怎么办?"启蒙代替前者而宣扬的真理是什么样的?"(9,302/36)沿着这个问题黑格尔揭示出第一哲学的对手的位置,它迫使《精神现象学》成为绝对知的证明。这个对手就是所谓自然意识。我(博德)所知道的文献都对这一中心位置熟视无睹,它们与此无缘,这是由于更原始的对反思特性的盲目,外部反思也属于这一反思的发展——并且是不可回避的。

第 十 讲

　　理性确定自己是一切实在,这一确定性在检验中得出这样的真理,理性应该是一切实在。对于精神则相反,它是一切实在,这是真实的。只是这必须成为精神的确定性。精神必须学会如何是一切,再来一遍,学会如何是一切万有。它必须规定它是怎样的一切。就自身而言,万物的思想和某物的思想一样没有规定性。精神只有在与一的关系中设想多,才超出某物。其实不是哲学从某物过渡到这种关系的思想。相反,对于哲学更早的是这种关系,而不是某物。就规定性来看,一和多的关系晚于第一和万有的关系。只有后一种关系在哲学中是原则性的关系。这是一种双重关系——一个比例。一与多只是相对峙的。相反,第一与万有既是相互分离的,也是共同的;因为第一既在其自身是第一,排斥他者走在前面,同时它也是相对于所有他者的第一,带着一个顺序。这种双重性对于哲学的每一种关系都是本质的。无论这里人们是想起亚里士多德,还是想起托马斯·阿奎纳或者费希特。

　　然而这里需要加以限制。亚里士多德就已经观察到,巴门尼德的"存在者"不是原则,因为它不是相对于他者的第一。每一个他者都被彻底地排斥在外——他者并非作为显现,这还会准许它还有独立的一面,而是作为知见的多样性①,这种多样性没有洞见。第二个

---

① 俗称第三条路,但是在品级上无法和女神所启示的前两条路相提并论。女神不让巴门尼德靠近第三条路。实际上能走这条路,但是这是在死亡中沉沦者的思想之路。可朽者无知,无知却并不妨碍他们有许多知见。知见是双头兽,那里没有真正的信赖。见巴门尼德残篇之六。但是,知见的总和构成名利场,排斥真理的尺度。见巴门尼德残篇之一。

限制是黑格尔所做的。在《费希特和谢林哲学体系的差异》中，黑格尔反对费希特把原则和万物相分离，费希特的原则是在诸原理的形态①中，而万物是按照原理所完成的体系。黑格尔反对这样一种理性，它应该是一切实在，却因此而不可能是一切实在，原因是这种理性首先在原理的形态中已经和一切实在相分离并且形成三大原理的完整形构。黑格尔在《费希特和谢林哲学体系的差异》中尚没有提及这一点；但就事质而言，他已经完成了他的转向并且对第一哲学的规定造成难以估量的后果，只有巴门尼德的首创性行动可以与之相比。怎样才能比较呢？

　　巴门尼德的洞见对知见的冲击开启了哲学逻辑的当下，哲学逻辑在黑格尔的体系中结束，具体说是通过把种种知见一劳永逸地纳入洞见本身之中。什么样的知见？答案立刻说明了黑格尔的事业的必然界限：自然意识的诸知见。就此已经暗示了，在自然意识不仅像一开始那样被接受，而且是派生出来的地方，《精神现象学》的这个位置对于理解黑格尔的整体事业具有决定性的意义。由于上述所言的内容不为人知，这一点迄今没有得到重视就并不奇怪了。

　　暂且不谈对后黑格尔哲学产生的直接可见的各种后果，不谈我[博德]这里得出的结论。可以明确的是：近代第一哲学一登场就带着这样的要求，把一切传统之知作为单纯的知见加以取消。这一要求的满足在康德那里做了第一次转折，康德不仅取消了已知，而且取

---

① 第一，我在我之中设定我。"在我"是"安顿地"——所有概念理性知道的根据。根据区别于缘起、起因。起因和作用并非互为内在的；而从根据中得出的，在根据之内。第二，"我在我之中设定我"带来的后果：在我之外是虚无。但是这个虚无是我的，是被规定的，受牵制的虚无：非我。我与非我对峙。"我应该是我"意味着，如果我们看到非我的一面，须将之置于我中。我应该是理性，而理性作为一切实在也包含非我（否定性）。第三，我和非我相对峙，也相统一。两者都是有限的，相互排斥。我的实在和非我的实在相互排斥，这对矛盾扬弃在"设定于同一之中"，由此产生的任务是：保护根据，维护理性。

消了来自近代第一阶段的哲学独特的对象——灵魂、世界、上帝,不再把它们作为认识的可能对象。但这却是为了证明这种对象是观念的必然对象——在由他者来论证诸知识的关联中必然地作为调节因素,在行动中必然地作为自由的确定性。

费希特的转折超越了对各种知见及其对象的扬弃,针对知见及其对象带来认识的保证,这是用对自然理性的所有规定进行建构来完成的,这些规定在康德那里仍被当作是单纯的财产清单。费希特的建构在涉及我们认识的可能性诸条件之外同样也涉及形成知见的诸条件。

现在看黑格尔的步骤:走出这些条件的建构,把知见本身的建构作为体系的重要组成部分——作为《意识经验的科学》。藉此抓住逻辑的对手,也就是抓住绝对概念的科学的对手,尤其是绝对知的对手,俘获并且化解它——它并非作为能力,鉴于洞见和知见,能力总有双重意义,而是作为知,作为已然的所知,作为自然意识对自身的确定性。是怎样的确定性?这还没有随着感性确定性,也就是随着《精神现象学》的开端而真相大白。对感性确定性的驳斥仅仅克服了精神的一个抽象的形态。不是直接的感性确定性,而是真正的——因为在其根据中得到透视的——自然理性的确定性,只能在现实的知的发展中或者说在精神的发展中亮相。它具有标志性地出现在自我异化的精神的呈现过程内,并且恰好在精神取消异化的地方,在它扬弃信仰之彼岸的地方,它最富有规定性地出现在那里,那里精神的启蒙行动回答这样的问题:什么是启蒙的肯定性实在?启蒙把信仰之知作为迷信而加以驱逐之后,它自己究竟知道什么?

启蒙首先知道所信仰的是空洞的本质,启蒙把信仰的所有规定性降低为所谓的人[道]的,降低为有限的诸规定,它们应该打破绝对本质的尊严。圣母像是木头，大教堂是石头，圣体是老鼠饲料。纯属把一种已经完全架空的本质加以种种感性化。

在此，积极的启蒙之知的第二种因素已经透露出来："意识在其最初的现实性中是感性确定性和意谓，这里，意识从经验的整个道路上回归，重新是其自身的纯粹否定的知或者是关于感性事物的知，这意味着存在着的诸物，它们无所谓地对立于自为的存在。它在这里不是直接的自然意识，而是意识为自己变成自然意识。起先由于意识的发展而陷入所有混乱，现在通过纯粹的洞见回到第一种形态，它已深具经验，得知这个形态是结论。"(9:303/19)

由此可见：感性确定性的直接性本身在精神发展的这个位置上才是经过中介的，也就是经过反思的并且得到论证的。精神这一方面同样既是经过中介的（通过对其抽象形态的分析）也是直接出现的（暂且是存在着的，作为道德教化世界）。

结果是："洞察到意识的所有其他形态的虚无，乃至感性确定性彼岸的一切的虚无，因此，这种感性确定性不再是意见，而是绝对真理。"(9:303/27)

在这个位置上黑格尔显示出，什么叫作深入对手的力量。这意味着：在自身的知中寻访对手，把对手的确定性当作自身的来承担。异化的精神承担起它的诸抽象形态——最后为"纯粹的"意识——所无法承受的：这就是把握感性确定性是绝对真理，具体的命题是：我们所有的认识都必须建立在经验的基础上，这种经验依赖于在感性直观中的既定材料。每一种自以为能够脱离这种经验的知都沦入不可论证的虚无之中。

在这个位置上可以看出，为什么康德的位置包含着近代哲学的中心危机——一种危机，正如《精神现象学》导言让人的懂得的那样，它迫使这部著作的产生，迫使自然意识的教养，而教养不得不将自然意识推向绝望，以便逻辑科学，绝对概念的科学得以出现。

在感性确定性作为有根据的而亮相之处，在感性确定性上升为绝对真理的地方，黑格尔向自己提出的整个挑战清楚起来。挑战在自然意识的自然得到揭示的地方被接受了，挑战的是精神作为自我异化的精神，它是具备规定性的精神，从在"纯粹"意识的彼岸的异化回归的精神——精神在启蒙中架空了这个彼岸。从这一运动中，自然意识的根据表明自己与自然存在的根据是同一的。这种意识本身只在感性直观中才能经验自身，并且在这种直观形式的作为内在的取悦自我的倾向中，这种自我取悦倾向就是时间。按照其自然，自然意识本质上是时间的。只有作为时间的，自然意识才认识自己，相反，在它的作为自我意识的同一性中它只是把自己表象化。如果这种表象不伴随着一种经验认识，它就是空洞的。

对于自然意识，一切超出感性确定性之外的知都是虚无。须注意的是：不是超出感性直观，而是超出感性确定性，超出建立在感性经验之上的知。在其直接性中得到中介的感性确定性的知区别于单纯直接的感性确定性，教养曾以这种直接性为开始，而经过中介的感性确定性的知有能力成为科学；它所具备的自身和它外在的物不再只是个别的我和这一个对象，而是在整体性的种种调节性的观念下。启蒙意识摧毁了信仰自身的内容，所带来的正是这种整体性的思想——即使只作为空洞而单调的概念，它永远无法由感性直观来实现，因而也只是间接地关系着感性直观——这正是康德在《纯粹理性批判》的先验辩证法中作为"理念"加以发展的那些概念。

但是，这里出现的自然意识不仅从信仰自身的彼岸为自己拉来整体性的思想。如果经验的对象不是"被排斥在绝对本质之外的个别性",那么这种整体性就会没有与经验的关系,没有对经验的调节性意义。这就是说,没有那种在今天仍逃向康德的人所提供的直接理解的个别性。

启蒙的真理的第一个因素是:绝对本质必须完全是没有规定性的;所有规定性是人的本质和人的观念。第二个因素规定启蒙之知的独特对象。第三个因素呈现上面两个因素的相互关系。这里清楚了,为什么所有的启蒙都需要一种人类学。就何而言呢?

第一个因素已经让人认识到,现在把意识作为人的意识来讨论,并且鉴于其时间性和有限性。和第二个因素的内容相关,它带来对一切有限性的互为-存在的洞见。简单地说,这个洞见就是:一切都有用。黑格尔说道:"对于人,作为意识到这种关系的物,从中得出他的本质和地位。"(9:304/28)

人和他身外的物一样是感性现实的物。只要外物这个他者不只是直接地为他而在,只要他意识到他者的互为-存在的关系,这个关系对于他就获得普遍性。对于他一切都是有用的。甚至理性也是一种有用的工具——一方面为了维持自我生存而节制享受,其次规划一种无间断的享受。他把被架空的绝对本质的漫无边际转移到在这种持久性中,这个绝对本质曾是信仰的事。

然而,有用性的严格普遍性也向他自身要求使自己有用。理性规定人,"使自己成为普通有益的普遍可使用的部队的成员"(9:305/12)。他已经看到理性本身是益用的工具,不允许在自己被当作有用的工具被对待之处粉饰自己。

但是启蒙不满足于人的有用性。它随着对宗教本身的益用的洞见才结束，甚至看穿了 etre supreme［最高本质］的有用性。

如果信仰反抗这最后的卑鄙，那么，它却连自己的纯洁都不能保持，纯洁毁在它的不彻底性上。信仰只剩下"沮丧的精神的渴望，精神为丧失它的精神世界而悲伤"，它和启蒙的区别只在缺少满足的情感。正是这种情感现在在启蒙本身中发挥作用。

完成了与作为迷信的信仰进行的斗争之后，启蒙中出现了绝对本质的规定的派别——无规定的一派或者纯粹思想的一派与纯粹存在的一派或者纯物质的一派。两者停留于益用的思想立场；但是它们不能够反思它们的统一性。只有通过益用概念及其无自身性，对立者回归自身的路才为双方打开。正因如此，益用对象的自身被释放到它和自我意识之我的统一中，自我意识之我以这种方式放下个别性，成为普遍的主体。

"这里，精神作为绝对自由而现存"(9:317/14)。现在，它所舍身外化的世界对于它无条件地是它的意志。这个意志是一种普遍性，不再像在现实世界中那样是 volonte generale［普遍意志，公意］——在国家权力对个体的陌生规定中可以看到这一点——，而是 volonte de tous［公众意志，众意］，所有个体的意志，这里个体是作为自我意识的个体。

"绝对自由的这种未经划分的实体上升到世界的御座，没有任何力量能够反抗它。"(9:317/27)世界主人在完成启蒙之后于这个教养的结束阶段以另一形态亮相，它不同于道德教化的结束阶段①。现在，他的统治不再允许任意的内容方面的放纵，诸人格曾是按照这些

---

① 指"法权状态"。在法权状态中，人格是普遍的形式规定，"我"的具体内容是特殊的，是偶然任意的。

内容而相互区分的。现在世界之主这样来统治,他把法的抽象平等转移到自我意识的个体自身的现实平等中。不平等的诸对象性规定在启蒙工作中已经变得丧失本质。现在,统治力伸向人的核心,而人是在益用的完整规定下与他的个别性分离的人。

绝对自由的普遍性只还应取消一个对象。它给自己设置了唯一的对手——即自知,知道自己是绝对纯粹和自由的个别自我。这是公众意志的敌人。这一意志如何与它的敌人了结呢?只有对手的抽象此在是可以下手的。这是什么意思?

这个此在并非是抽象的,否则它将不过是思之所想。它是变为现实的自我意识的自我的此在,这种自我意识在启蒙中已经取消了它自身的陌生性。自我是现实的,这是在它的绝对自由得到完整的中介的意义上——从法权状态的自我开始,在它既看透了现实世界,也看穿了信仰世界之后,在它瓦解了两个世界的诸实体性区别之后,自我变成丧失了世界的一个点。另外,这里贯彻了康德的完整过渡,从诸辩证的整体性,从世界的不可决断的开始,过渡到源于绝对自由概念的行动的开始。

这里须明确下来:绝对自由置于自身对面的是经过彻底启蒙的自我。正是启蒙洞见的纯粹性造成最后的冷酷,随之,普遍的意志中断了其对面的个别自我的散漫状态。自我的此在面对绝对自由的普遍性是抽象的,这是因为在自我的自为存在中只还剩下对变成现实的普遍性的排斥。正因如此,对于拥有权力的普遍意志而言,个体的此在降而为单纯的自然性,就和一棵甘蓝菜的此在一样。

因而,在自由的个别自我那里"普遍自由的唯一事业和行动"(9:320/9)是剥夺个别自我的此在,给这种抽象以死亡,"死没有内在的规模和完满,遭否定的是绝对自由的自我的未完成的点;它是极度冷

落的最肤浅的死亡,其意义不超过砍掉一棵甘蓝菜或者吞下一口水。"(9:320/10)

"在这个单调的音节里有政府的智慧"(9:320/14)——也就是一种个体性的智慧,普遍意志在这种个体性中固定且必须固定下来,这是因为执行这种意志每次都要求特定的指示和行动。仅就意志是获胜的党派的意志而言,这种意志才是普遍的,准确地说是党内集团的意志;因为它才是决定贯彻其统治的党。

普遍意志的,更准确地说,全体意志的党,不再以所有财产的集体化为目标,这些在法权状态下是个体的偶然占有的东西。全体意志的党所关心的是个体性的根。按照党的概念,完全的社会主义不仅要求剥夺个体的所有,而且索取个体之所是——也就是它的经过启蒙的自我。

这种进步的社会主义的真正同志[又可译:享受者]不再是在由劳动来分工的生产过程中的工人,而是干部,他只还是在党的普遍意志的功能中的个别人。值得注意的是党的意志,这就是说变得矛盾的普遍意志。

统治集团辜负了意志的普遍性,并且正是因此而对个体的自然存在犯罪,他们被虐杀或者——一如人们准确地说的那样——被冷遇,另一方面,统治集团从个体的一种罪过中取得这种权利。个体的罪行在于内心里或者意图上远离统治机制。"被怀疑出现在这里,或者说它有罪过的意义和作用,针对这一仅在于内在意图的现实,外在的反应是简单地根除这个存在着的自我,在它身上除了夺去它的存在自身之外没有其他东西可以被剥夺。"(9:320/29)

"在这个它所独具的事业中,绝对自由自身成为对象,而自我意识经验到什么是绝对自由"(9:320/34)。在对这种统治的恐惧中,绝对自由的自我意识发现它的自由的实在"完全不同于自由自身的概念"(9:321/2)。完全不同——这样一个发现,它对于许多人来得太晚并且似乎今天不少人又经历并且清算这一发现。

显现的世界区别于自在的世界,这个区别的最后现实是恐怖的统治。随之,纯粹意志及其主体的区别也瓦解了。在其个别性中,意志主体只还是形式,作为如此之形式它是已知者,正如对象的现实只是形式,是丧失自我的形式并且作为如此之形式也是纯粹的已知者。

精神也在教养阶段再一次显示自己是意识,并且以与一种外在于自我的对象的关系为特征。它当然是自我,这里关系到精神的意识;但是,这个自我对于精神是外在的,在自我异化的意义上。因为这种对立,精神通过它的教养阶段而成为主人。在它作为道德教化的精神而灭亡之后,现在它作为道德精神重归,带着对自身的纯粹的知。

第十一讲

就精神作为结论亮相而言,它的存在得到了中介。它从理性中脱颖而出,一如在本质的逻辑中本质作为实存从根据中现前。也就是说,并非理性是精神对面的长存的源泉,而是以根据的方式,"根据自身过渡到实存"。正如在实存中本质是直接现存的,精神也是直接的。它的直接性经过了中介,这说明:精神具有对自身的知并且培养这种知;它作为对自身的意识而直接地出现;或者它的直接性是经过反思的;显然,在抽象契机中的分析与理性一道被扬弃在精神中了。

经过其作为道德教化的显现,精神的工作把反思过的存在从自在状态推向自为的存在,为了精神的存在。具体说,通过伦理实体在法权状态的瓦解。这里,反思不再只直接地现存于精神,而是被设置为反思。**从逻辑上看,这里发生从实存向现象的过渡**。而现象的第一个规定与诸反思规定的发展相应,是单纯的自身同一性,这种同一性却与相[Schein]的发展相应,分别在不同的内容中展开自身——本质的和非本质的内容。

就精神而言,自我异化的精神着手其教养,它必须一方面确立它的同一性,另一方面既在其丧失本质的世界里或现实王国中,又在彼岸思想中或者信仰中。在逻辑中是现象的法则,在《精神现象学》中是纯粹洞见,无论对现实还是对彼岸都是否定性的。

在现象的第二阶段,现象的单纯法则过渡到对立;"现象的本质与现象自身相对峙,显现的世界站到自在世界的对面"。须加以注意的是：现在不再关系到本质和非本质的区别，而是关系到本质在它自身中的对立。至于《精神现象学》的相应运动，这种相应不容易把握，因而须要在更具体的规定性中来说明。

这里不可以为对峙的世界所迷惑，它在启蒙——这是主题——中恰好不再是单纯地相区别的现实世界和纯粹意识的世界。必须明确：启蒙展开的是一种在自身中的对立，并且是通过与迷信的斗争。逻辑的现象世界无论如何不再是来自教养的第一阶段的自我异化的精神的现实世界，而是诸有限性的世界，这些有限性是经验的有限对象，是感性确定性所知道的；这个世界是自在的世界，出现在它的对面的是彻底的人人为他人而存在的世界——丧失自我的物的世界，丧失自我是因为益用，而有用的物包括以对这种有用性的意识为标志的物，益用的严格的普遍性特意被当作最高本质来颂扬。

在现象逻辑的第三阶段，现象世界和自在的世界的对立回到其根据："自在者在现象中，反过来，显现者作为已纳入其自在存在的而得到规定；现象成为关系"。

精神教养的第三阶段与此相应，这是由于丧我的人处在绝对自由之下，而绝对自由不再是个别者相互之间的自由，只还确认自由的孤单化的此在。自在者这里是绝对自由，人远离绝对自由的意志的普遍性，想维持他的特殊自由，可是只要自在者贯穿于现象并且实现自身，人就只还维持其赤裸的生命，这个生命面对普遍性是如此虚无，以至于它只是受到怀疑，怀疑其大逆不道。个体性这里仅还在普遍意志的功能上是其所是。

这种意志的现实传播着恐惧，在恐惧的经验中，个体性本质上已经扬弃到普遍之中。经受住并且战胜对死亡的恐惧，这是完整的教养，这是异化的精神在自己身上完成的教养，这是精神从众多内容和有产者的世界的回归,内容和有产者曾对法权的形式主义一直无动于衷。死亡的恐惧最后消解了陌生的对象,这个对象最后只剩下个体性的外部此在。现在精神在意识中本质上和自身相同———回到了它自身的纯粹知之中。这里不再有一个世界对立于另一个世界,也不再有一个无世界的个体的点对立于行动世界。相反,产生了内容的两种全体性:一个是道德世界,在它对面的另一个,也就是自然,已经变得毫无意义。

在这一课程中反复提到,意识教养的历史不仅必须在逻辑上弄清楚,只有从逻辑透明性上——以严格的方法——才能确认教养历史的科学性;而且就这个历史自身而言,它返照到近代第一哲学的历史之中。不过,历史的各个位置这里表现在非同寻常的规定性中——对于占支配地位的混乱历史观而言非同寻常。

这样一种历史观上的混乱是不可避免的,观点总是局部的,即使它超出个别的历史位置来扩展它的知识;它的知识总是漂浮在大量的所谓影响之中,甚至无法清楚区分各种影响的水准。那里,最后的依据总是直接的所言及其相同的附和;作为最后的根据总能够指出某处引言,然后解释从头开始,又以这同一位作者的字句相同的引言为线索,或引用其他人们认为对他有过影响的人物。

清楚指出与意识教养的历史及其逻辑相应的近代第一哲学的各个位置,它是一项完全不同的事业,这已经显示在它表现为双重的,一方面在对精神的诸抽象契机的分析上,其次在精神的发展,才仅仅是意识的精神把自身作为世界的诸形态而带往知。这是在通向宗教之知的途中,在宗教的知中精神将作为自我意识而亮相。

已经指出,近代第一哲学的每一个位置就其为了自身而言是作为绝对知而出现的,这也为每每重复的信念找到辩护的理由,这个信念就是:不管怎样按照其原则规定而论,哲学在本质上现已完善了。这种信念在后黑格尔,甚至仍在海德格尔那里,带上对未来的率先把握的形态——一种依照我们的图像和比喻的未来,并且因为经过反思①,一种针对当下现实为否定性的未来。而在未来像在海德格尔那里一样得到完整反思的地方,产生了富有特征的双重性:一方面未来是被视为否定性的近代的单纯延续,而另一方面对这种否定的否定在于相对于哲学的第一个开端的另一个开端,或者说是向尚从未思想过的开端的回归。

尤其迫切的是把近代第一哲学从与第二哲学的未分离状态中解脱出来,因为后者不在原则上做出区分,所以它在历史意义上为第二哲学。② 原则的诸区分在近代与通往绝对知的方法的培养过程的每

---

① 这种现代的反思是指现代思想家的历史阐释工作,这里的历史作为世界历史被阐释为迄今人性的一贯历史,它在整体上呈现出人性的自我剥夺的否定性,并为新的人性的将来提供确定性。

② 第一哲学即概念把握的理性形态,第二哲学在这里仅作为相对于第一哲学的另一种哲学,尚没有洞察其独立的理性形态。博德先生本人对这个问题的表述,请参见《现代的理性构造》,弗莱堡/慕尼黑,1988 年,第 358 页(*Das Vernunft-Gefüge der Moderne*,Freiburg/München 1988)。参见博德,"世界理性的运动",《布伦瑞克科学协会文集》,XLVIII,1998 年。第 221 - 250 页("Eine Bewegung der mundanen Vernunft", *Abh. d. Braunschweigischen wiss. Ges.* XLVIII, 1998. S.221 - 250)。又见本书附录"我服务于智慧"——育恩·穆勒与贺伯特·博德的谈话:
"世界理性作为一种思想,它从思想之事那儿造出其开端,您首先为现代清楚地阐述了世界理性,而在《形而上学的拓扑学》中没有特别着重地提到它。难道它不是在哲学乃至形而上学的历史中就已经发挥了较大作用吗?
确实在《拓扑学》里它还没有作用。那里还没有完整地区分哲学。当时我还没有明白这种世界理性——仅提及它的各个开端:阿那克西曼德,伊壁鸠鲁,霍布斯——是独立的结构。现代才迫切地要求正视它。这是为马克思、尼采和海德格尔所激发。
相对于第一哲学也就是形而上学,另一种哲学把自己划分为自然的和世界的,而这种差别在《拓扑学》中尚不清楚,是吗?
是这样。我当时仍抱有这样一种偏见,即最后时代的哲学只以笛卡尔为开始。这是一种牢固的先入之见,它忽略了世界理性的政治关怀具有同等的权利。"

一个阶段相一致。阶段的划分就自身而言是方法的次第，或者说它显示出一种逻辑，也就是自然理性的逻辑，自然理性有步骤地去除了存留在其自然性中的局限。

从这种逻辑本身得出，在自然理性的发展中康德占据着卓越的位置——卓越，是因为它巩固了自然意识。在分析精神的抽象契机时——逻辑上看在本质的发展作为在它自身中的反思——康德的位置落在自我意识的呈现上，按照同一、区分和矛盾的诸规定来划分，分别是：我的类，自我在主奴对立中的双重性，自我与自身分裂并成为不幸的意识。每一个步骤皆与意识脱离其自然性有关，并且意识是自我意识，它已经扬弃了单纯意识对象的外在性。

康德的位置在精神的发展中呈现出不同的面貌。虽然它的教养阶段为自我意识的本性所规定，为自我意识所独具的反思阶段所规定。但是这种规定为这样的事实所超越，它就是精神自身作为意识而亮相，这在精神教养的第二个阶段意味着：精神的外部显现为一个世界，而世界不是别的，就是它自身的异化形态。在消除这种陌生者的过程中，精神把握到并且否定了作为实存的自身，这种实存过渡到现象之中。

这个行动的第一步在于展开先验①的立场，而这意味着确立一种认识，这种认识"不再致力于研究对象，而是致力于我们认识对象的方式，就其应该是先天地可能的而言"。不再致力于对象的认识，而是转向认识我们认识对象的方式，它之所以能够是第一哲学的行动，是因为这里——区别于洛克或者休谟的工作——实际上认识到第一及其万物，这一点在这样一种视线上崭露头角，即我们认识对象

---

① 先验的意思是理性超出自身走向知性和感性而同时仍然在自身之中。它体现了理性的卓越，而非时间的先后。

的方式应该是先天地可能的。它是且如何是先天地可能的,这是康德的先验认识——一种以现象意义上的对象和物自体意义上的对象的区分为指向的认识。

关于在其教养阶段的精神的纯粹洞见曾这样说:它既否定现实,也否定现实的彼岸。它针对现实是否定的,这表现在自在[Ansich]的瓦解,于是也瓦解财富和国家权力的陌生性,瓦解判断中的好和坏的区别,最后瓦解在判断者自身上的好和坏的对立——意识与其陌生的世界的平等和非平等的所有规定。这里,整个工作在于把对象作为现象并且纯粹地作为我们的认识能力的现象突现出来,只有这样,认识能力才在一切认知中保持同一性。

然而正是这项工作同时否定现实世界的彼岸,这表现在纯粹洞见只能够并且只可以确信认识能力的同一性是表象观念的,而并非是在先验意义上得到认识的;显然,否则就又会放弃我们认知对象的现象特征,物自体掌握着现实世界的彼岸;如果那样,我们的认知至少必须在彼岸向对象看齐,而不是对象向我们的认识看齐,用这种方式认识将再度丧失认识能力的同一性和自发性。这种能力的现实性,能力的实行必须把能力本身双重化,分为感性和知性,直观和概念。只有这样对象才作为现象稳定下来。

在第二阶段,纯粹洞见必须成为所有自我意识的本具财产,而这发生在启蒙中。认知的内容从前是灵魂、世界和最高本质的内容,启蒙的工作在于剥夺这些曾经是一切实在之总和的诸全体性,康德用《纯粹理性批判》的先验辩证法做到了这一点。由于这些全体性表明自身对于我们的认识是矛盾的并且因此是不可认识的,彻底地化对象为现象才得到保障;不仅对象本身对于我们不是物自体,而且对于我们来说对象不可能属于在那些总体性意义上的物自体。作为现象,对象完全处在我们的权力中,正如在近代哲学的第一阶段我们的思想处在我们的权力中一样。

直到现在,也就是经过这场启蒙,感性确定性才被放到绝对真理的品级上,显然,证明了那些全体性的不可认识性之后,对它们的真理的赞同被贬低为迷信——一种信仰,它永远不能够证明它的合理性[Vernuenftigkeit]。恰是针对对待《纯粹理性批判》的庸俗态度,必须明确,先验感性论和分析并非直接地接受它们的对象,因而也决不能被当作是对认识过程的描述;相反,它们的对象在根本特征上完完全全是经过先验辩证法中介的——这就是说,是其否定性工作的残余,是对作为我们的认识的首要对象的灵魂、世界和上帝进行解构的残余。

经验的诸个别对象作为现象才从彼岸性中落下,按照彼岸性它们作为物自体首先属于它们的造物主和造物主的 intuitus originarius[原始面目];显然,康德不容质疑:仅有鉴于此对象原则上是物自体。另一方面,科学从来不由诸个别认识来组成,而是由以论证的方式结成的认识整体来构成。这种结合的调节[Regulativ]却是诸条件的系列的观念,这个系列从一个无条件的[东西]开始。就像朝向开端那样,论证的方向指向无条件者,于是无条件者的观念始终发挥着不可缺少的作用。只有它把每一个现象联系起来。

先验辩证法在第二阶段变得透明,这个阶段不仅造就了那种是绝对真理的感性确定性,一如感性确定性论证感性论和分析论,而且它也使所有的真理变得有限、继而也变得人化;显然意识本身具有现象的一面——不在自我意识的先验统觉之中,但是却在时间顺序的自我感觉中或者内在感官的自我取悦倾向中,时间是内在感官的形式。

直到第三个阶段才清楚,是什么推动先验辩证法并且促使它把上述诸全体性排斥到我们的认识领域之外,是什么促使我们的认识限制在自然:康德明明白白地说:只有通过把行动和自然事件彻底地区分开来,我们的自由才得到拯救。

自然针对我们的自我规定而具有陌生性,只有当行动及其作为道德教化之行动的评判彻底脱离了上述陌生性时,由道德教化规定的行动的可能性才得到把握。我们的自由如果不是绝对自由,就不是自由。也就是说,如果在道德教化领域我们的种种判断中掺杂了对自然因果性的考虑,这会破坏理性意志的严格普遍性和每一个人对它的绝对义务。按照各不相同的自然状况人就有可能滑向个别意志的特殊性之中。

康德第一哲学的自我论证的这个结束阶段表现在《精神现象学》中,就像近代第一哲学较早的那些立场一样,没有充分承当起绝对知的要求。由于这里关系的不再是抽象的自我意识,而是精神,那么,绝对自由的单纯确定性与感性确定性截然分开,于是也就与认识和知绝缘,随之产生了最可怕的变态,赤裸的恐怖。在这种恐怖下,与普遍意志、由获胜的党派所执行的意志相对立的个别生命贬低为全然的虚无,这一点相应于所有自然的[东西]对于道德教化之实现毫无意义。因为道德教化本质上是情思[Gesinnung],从来不是现象,所以结果就是,执政党置个人于嫌疑之中,怀疑个人对政府缺少赞成态度,冷淡或者干脆取消个人。就像清党所显示的那样,真实的情思因为其内在性也从来无法得到证明。只有麻木的执行者不引起嫌疑,那种对自身的因而也是有罪的诸意图的怀疑。

最迟在这里人人都会察觉,《精神现象学》的重要性何在？什么叫作穿透精神的现实性抵达精神的当下,当然这以分析这一精神的诸抽象契机为基础。只有从抽象契机那里开始才有清楚而明确的、更具有规定性的认识，这种认识伴随着精神现象的呈现，用莱布尼兹的话说，adaequet[合适并且相称]和intuitiv[可直观]，adaequet，这是因为把握了实现的可能性，intuitiv，是因为某一个特定精神形态的个别之实现始终被看作是整体的契机。

这里也应该清楚，当下的知——这个当下是近代——不能够并且不允许是描述。在意识的教养史中相区分的诸契机从来没有纯粹地出现，其理由已经在于：它们不以先后顺序出现，而是出现在一个唯一的当下。概念把握的先后并非时间之先后。只要这里第一哲学被纳入这种逻辑的进程之中，它就表明，第一哲学在根本上不是时间性的并且因此也不受那种物的限制，人们称这种物为人。第一哲学自从它的开始以来就关心和思考人性，一言以蔽之，这个开始就在人的踉跄踏步之外，并且正因如此它所关心和思考人性从来不从人及其行为态度上照搬下来。

精神的第二阶段，精神的教养取消了异化的形态，直至取消个体的此在，这个个体在绝对自由的恐惧下甚至丧失了它的稳定性，被扬弃到纯粹知当中，知之所以是纯粹的，是因为自我意识的任何外在性都被取消了。回顾精神的诸抽象契机的发展，这里从事的是向理性的过渡，理性的特征是确定自身是一切实在。但是——须明确——这个过渡在精神作为意识的发展过程之内尚没有完成。

作为变得如此确定其自身的精神，它首先作为知而出现，黑格尔称之为"道德世界观"。

这个表达显示了道德教化世界经过它在法人及其人格教养中的瓦解，从人格的单纯真理过渡到知。这里没有被认为在人的法则和神的法则中自相冲突的世界，而是精神的自身直观的世界。

世界观的世界完全是这一自身所固有的财富——在法人的财产首先作为非精神的和陌生的［东西］、作为现实世界的异化的实体而出现之后。财产在法权状态曾是诸个体的丧失精神的实体，分裂在个体的多样性中。在绝对自由的恐惧中，诸个体的自然存在的最后外在性被扬弃了；精神意识的对象仅还是它的确定性或者纯粹的知。

顺便提醒大家：感性确定性的绝对真理只有通过在党的暴政下变为普遍现实的死亡恐惧才中断，党在完全的社会主义中实现普遍意志或者民族的唯一意志。在社会主义中，启蒙从它自己的迷信中解放出来，它相信"普遍意志只是人格的实证本质，这种人格在普遍意志中只知道自己是实证的或者是得以维持实存的"。(9：321/3)从这种迷信中的解放极为痛苦，自我意识的现实已经上升为纯粹思想和抽象物质，积极的现实翻转为否定的本质，这种颠覆的经验造成解放。于是，普遍意志表明自己"同样是对自身思想或者自我意识的扬弃"(9：321/11)。

众所周知，以后，所有的意志都不愿意如此；没有人想要那按照普遍意志所必然发生的。因此，再一次预告各位，即使那些人充耳不闻，他们已经又渴望在普遍意志下占一席之位。

第 十 二 讲

在为绝对自由的自我意识取消了对象的所有陌生性之后，在过渡到理性所特有的知之后，精神仍停留为意识，作为意识关涉相对于它的他者。这个他者现在对于精神，准确地说，对于义务的意识，却是一种全然无意义的现实性。它是自然，道德在自然面前是独立的；无论是哪一种法则首先都处在相互漠然的关系中。这里只有意识所承认的义务是本质的，自然是非本质的。

然而，道德意识和不幸的意识不同，在一个对于它作为自然而无所谓的世界中，它不能够放弃"履行义务的行动和享受其完成所带来的幸福"(9:325/33)。作为精神的实体形态，道德意识在自身是世界性的。它不能够停留在纯粹义务的意识中，而必须寻找现实的至乐。这一处正须放在眼里，因为它和理性的发展相并行，也构成意识形态发展的独特的支点。

经验表明：至乐不存在；尽管如此有这样的确定性：至乐应该存在。这个"应该"奠立在道德性[Moralitaet]和对象自然的和谐上，这种和谐同样是应然的。在道德性的概念中要求这种和谐是世界的终极目标——按照完美的实现道德情思[Gesinnung]的条件，这种和谐是理性的要求。

但是现在这个公设不仅切入作为世界的自然的一面，而且同样抓住作为感性意志的自然。道德性必须也与感性意志处在和谐中。在进一步的规定上，和谐要求"在道德中永远进步。而道德完善被推向无限；如果完善踏入现实，道德意识就扬弃了自身"(9:327/33)。

在它的实现中，纯粹义务的意识必须规定自己是现实诸义务的意识；对于意识，特殊的诸义务必须变为神圣的。随着这种特定内容的义务的神圣性，世界之主以新的姿态出现，并且作为道德性和至乐相和谐的根据。落在世界之主手中的不仅是多种义务的神圣性，与之一道的是义务的神圣性本身。现在真实的立法者是世界之主，在他面前道德意识是不完美的意识并且配不上至乐。它的幸福仅来自恩惠——再来一次：只因为恩惠，道德意识才被规定为幸福。尽管如此——这种恩惠也是功绩，只要道德意识作为纯粹意志和纯粹的知在思想中是完美的，而思想是那另一种意识或者是主人，恩惠就是它的功绩。必须看重这位主人——只有它，没有自己的业绩。

只有终极目标的观念一方面为道德意识抵挡这样一种洞见，即没有"道德完善的现实的自我意识"(9:331/29)，另一方面抵挡其中所含的后果，也就是"没有道德的现实"(9:331/33)。

出发点的命题是：没有道德自我意识。它过渡到相反的命题：没有道德现实。因为在两者中是同一个自我，得出的合题是：在我自身有义务和现实的统一。而恰恰只是在自身，也就是说在其现实性的彼岸。在这一结果中，道德意识开始时对自然和感性意志的漠然态度被取消了。有道德自我意识，但是只在观念中，没有道德自我意识，"但是另一种意识却让它确立为道德意识"(9:332/11)。

道德世界观带来些什么？一个对象，意识不再只是发现它，而是刻意设定它。但是它把对象设置到"自身之外，作为它的彼岸"。这是在绝对自我规定及其实现的思想中展开的矛盾。直接地从道德的只是观念存在的方面过渡到另一方面——也就是过渡到虽不存在，但却确立的道德——，藉此道德意识为自己掩饰这个矛盾。然而正是这样有了对双方的关系的意识。这种意识无法严肃地对待任何一个方面。道德性本质上成为一种掩饰或者说错置，一种相。

道德意识把道德和自然的和谐外化为道德意识彼岸的对象——这种对象自身是意识。于是道德行动转为至善的行动并且因此扬弃自身。在彼岸之主的恩惠下，行动或者不再是自身的行动，或者是没有内容的行动，也就是说只认为彼岸的主人是重要的。随着对道德性的扬弃，它与自然的和谐也被扬弃了。这种和谐的公设从前就不是严肃的。

扬弃错置了道德意识，它把道德自身的完善推延到永远无法达到的无限性。随着这种完全的自我歪曲而真相大白的是：道德意识和彼岸的区别完全是虚妄的，"势必会想到并且设定"这个彼岸，可它"同时却是非本质的"(9:339/30)。

由此产生一个新的道德性形态，即良心，如果良心不可能沦为单纯的欺骗，它就必须抛却那种自我[Selbst, 自身]与自在[Ansich]两个契机的分裂。现在，精神鄙弃道德的世界表象，这种表象是道德世界观发展的必然结果；精神回归自身并且"直接按照良心来行动，不带有那种观念表象的中介"(9:340/15)。

在良心意义上的自我[Selbst]的第一个标志之处，黑格尔回忆了自我穿越精神的整个发展的成长历程。在道德教化世界里，自我规定自己是人格；人格的此在是接受承认的存在；那里，自我尚没有与它的这种普遍性分开。在教养结束的第二阶段，也就是在实现了的绝对自由中，普遍性和个别性的直接统一被取消了。不过普遍性还没有成为脱离自我而自由的此在，而是停留在"自我的对象和内容上，是自我的普遍现实"(9:341/32)——在统治的党团形态中。

道德意识才将这种现实性和普遍性放逐到自然中,但同样把它作为经过扬弃的留在自身中。"但是,这只是这两种规定交替变换的虚假的游戏。作为良心它才在自我确定性中具备内容,既对于先前空洞的义务,也对于空洞的权利和空洞的普遍意志;原因是这种自我确定性同样是直接的,是此在本身"(9:341/36)。

在道德世界观中,自我和由它释放的自然之间的关系是直接的,这种关系让两者各自独立,却又将之结合于相互排斥的统一之中。由于自我本质上变成他者,这种统一被刻意设定于掩饰或者错置之中。由于自我把自身放到彼岸的外在性中,对于自身它变成他者,但它同样从彼岸直接地收回自身。以这种方式,在道德意识及其所生产的对象之间只还有一种空洞的区别。

作为良心,自我所具的独立性不再针对一个他者,它已经认识到,这个他者只是一种直接性,它因这种直接性而过渡到它的另一种存在。纯粹的义务和与之相对峙的自然或者感性对于良心只还是扬弃了的契机。因为这些契机良心变得具体。

道德本质在行动中对象化——但是作为没有独立性的对象,并且这才真正不是道德本质的确定性的彼岸。对象只是如其所知的这样。道德本质知道它,一如对象自身之所是;显然,对象作为行动的特殊情境直接地在感性确定性之中。行动把作为情境之所是的现实转变为所造的现实,这是向现实性之知的过渡,现实成为意识造就的现实。

在此处须回忆起:如前所示,在显现的精神的第二阶段的第二个步骤中,自然意识的自然性找到了规定和论证,具体说,在真理问题的关联中,追问启蒙自身所散布的真理。整个意识经验的历史开始于感性确定性的直接性,而在启蒙中经验到:感性确定性作为结果,也就是作为经过中介的确定性。更准确地说,这个结果在于这样一种洞见,它看穿一切超出感性确定性的[知的形态的]虚妄。

这里,在作为意识的精神的最后阶段,在这个正走向毁灭的对象性意识的阶段,感性确定性的源泉来到光天化日下,不仅是中介的事实,而且中介过程的行动者也水落石出。它就是良心。一个在方法上、历史上皆为关键性的位置,对于诸科学的持续具有极重要的意义和后果。顺便提到尼采的一句格言,出自《快乐的科学》,标题是"在何种程度上我们也仍是虔信的"(格言344),追问科学和道德的关系。另外,这是一个通过比较尼采与黑格尔弄清第一哲学的优越的彻底性的地方。

感性确定性是良心的一个方面,良心是对象性意识的完善形态,意识仅还是世界性精神。良心,是它由自身而创建出感性乃至自然。有鉴于此,近代哲学的笛卡尔的开端获得了透明度。

良心是绝对的自我,它取消了不同的道德实体,它们是多种义务。因此,检验法则的行动对于它变得多余。这一理性行为曾是只做观念表象而尚未实存的精神的最后行动;对于良心,它是缺乏本质的活动,这是因为良心看透了纯粹义务的普遍只是思想之物并且是道德意识与自然现实性的矛盾的起因。

良心具备自为的真理;这种直接的确定性对于它既在行动的舍身外化中,也是一种感性确定性。只是因为真理必须投放到对自身的信服中,这种战胜了怀疑的信念——正如《谈谈方法》[Discours]的第一个规则所要求的那样——,所以,这种真理的第一次实现是个别的我。这一由在思想或权衡中的实现方式所规定实体却既是个别的,也是普遍的。因为在行动的外化中它关系到一种针对它为否定性的实体,它只是隐藏了它的普遍性。

良心的自我一方面是"它作为这种个别意识的知"(9:344/7)；另一方面它是这样一种义务，这就是把这种知作为本具的，作为自己的信念。近代方法的第一规则其实是"法则，是它为了自我，而不是自我为了法则"(9:344/17)。以这种方式，和笛卡尔一样，黑格尔使得作为工具的理性从属于作为良心的理性。

良心本质上是个别的；作为实体，它却同样在本质上是义务的普遍——一种普遍，它与自身相区别。因而作为与普遍相区别的实体，义务与良心相对立，作为由另一个我承认的契机。义务之知的普遍性要求失散在情况的多样性中，在行动的个别情境中须考虑到这些情况。而本质自身的普遍性要求消失在这样的问题上，从义务的多样性中须选择哪一个当下予以实现？这里做决定的是个体的臆断和它的毫无意识的自然存在的偶然性；显然，它发现冲动和爱好是它自身的直接确定性的内容。

针对在个别情境中义务所取的内容的随意性，普遍义务的观念无法与之抗衡——就像普遍义务在权利和法则中只是现存的并且通过这种单纯现存性而对抗道德性独特性。但是，个别行动为普遍福祉而担负责任的观念在此也没有任何建树；显然，在追求个人的私立目标时，普遍福祉同样得到促进，甚至得到更大促进——就像全面发展的资产阶级社会所证明的那样。良心本身对任何内容都是开放的，对于它只有自我规定是无条件地合乎义务的。

随着这种既为义务的，亦为良心本身的统一内容的标志，良心完成了它的直接现象的呈现。良心发展的第二阶段开始于这样一种考虑，须完成的义务每一次都是具有规定性的，因而也相区别的内容。只要良心通过行动把这个内容设定为持存的，它就与自我意识的所有因素不同，与单纯的信念不同，它发现对它的信念的承认并非必要的。只要信念是内在的，人人都能够确立他的信念；在已经实施的信念那里则相反，为信念负责的个体彼此分开，而普遍性，它或者承认或者不承认相应行动是义务。然而，无论行动的良心还是承认的意识都不受行为的特定内容的约束。

这样产生的后果是：判断的一方，或者说普遍，一方面不确定个体的行为是否在道德上是善，具体说是否出于完成义务的动机，另一方面却不得不败坏这个行动；普遍的意识或者诸他者必须瓦解由此产生的不平等，行为"被判断和解释而化为乌有，以便自我得以维持"（9，350/30）。相关行动所传达的不平等越突出，反应也就越强烈。

至此这样一种行为只是任何一种行动，没有显示在行动中的自我的规定性，行为的存在因而只能是满足乐趣和欲望的共同现实性；在此自我没有呈现在道德特有的存在中。自我没有以直接的行动作为自我进入普遍自我意识的此在，而是才通过它在语言中的表达。

"这里我们再次看到语言是精神的此在。它是为他者存在着的自我意识，直接地作为如此之自我意识而现存，并且作为这种自我意识是普遍的。语言是与自身相分离的自我，作为纯粹的我＝我使自己对象化，在这种对象性中同样保持自己为这个自我，一如它直接与他者交融并且是它们的自我意识；它听取自身，一如它为诸他者所听取，这种听取正是已经成为自我的此在"（9；351/11）。

语言独特的位置曾在教养世界的分裂的意识的表达中。只有这里语言才作为语言亮相，具体说作为中项，它以否定的方式衔接现实世界的诸极端，目的正是在瓦解性的言说中让听取言说的我从自身方面说出自己是我。在精神经验的其他地方，语言并非作为语言而行动，而是"在道德教化世界里（作为）法则和命令，——在现实世界里先是（作为）劝诫"（9，276/6），以后作为对国家权力和财富的献媚。

只有在现实的意识完全牺牲了它的自为存在时,语言的形式自身才成为内容,说出纯粹的自我。也就是正当觉悟到自身的意志完全无自我时,这个意志只要普遍的至善。这里,我不再是现存的,而是在言说中创造出来。而这种创造从良心中生发——一如现在才显示的那样。

我,在教养阶段说出自身的我,随着它评判一切、瓦解一切的言谈,消亡在对它自己的虚荣和无本质性的认识中。相反,"良心语言的内容是知道自身是本质的自我。它只说出这一点,这种言说是行为的真实现实性和行动的确立"。(9:351/29)

只由道德自我意识规定的行为,其完满是这样的行动,"从它自身的直接确定性形式的过渡到稳健的形式,即意识对义务心悦诚服,知道义务是出自自身的良心"。道德行为集中在说出良心;而这是说出行为的认真负责,相比之下行为的内容则无所谓。在这种表达中自我承认他者并且为他者所承认;已经凭良心行事,这个保证在其真实性上是不容争议的——完全不同于行为的特定内容的合义务性。

由于普遍性和个别性完全从它们的区别中回到了良心的统一,它们把所有相对于这个至为内在者的外在性都放下了。在道德意识经过陶冶,完全从对象化撤回自身之后,它没有仅仅被简化为最贫乏的形态,而是沉潜下去,直到精神的绝对自我意识,意识就其自身方面来自精神。道德意识落入宗教,就良心听到自己是神性的呼唤而言,宗教的痕迹仍可以在良心上见出。至此,道德性穿越其各个契机的运动结束了;此外,属于这种精神的仍有一种考察,意识是如何对待它的沉潜并且试图障碍它。所谓信念的行动者,他只还能保证已经按照良心行事,如前所述,这是道德意识的最贫乏的形态;但是,他将不惜一切代价地执守的恰是它的贫乏,最猛烈地抵抗教养向宗教的迸发。这种众所周知的企图从下面的分析中直接跃入视野。

那种障碍的第一个形态是所谓的美的心灵。它无法外化自身，不在行为中实现自身并且表现为道德意识。美的心灵停留为内在的，它不是实体的，而是观念表象中的自我意识。它在无力行动的渴望中消耗自己，只生产一个空洞的内在对象。

对于这个特殊的个别——特别是鉴于义务的普遍性——其自身大于义务；它以这种方式设立内在存在与普遍的不平等，个体于此显示自己，它在法权状态就已经与普遍性相隔绝，尤其是在绝对自由的统治下独立于普遍性而行事——尽管它是彻底启蒙了的个体，也掏空了其所有本具的本质。由于它炫示它的不平等，对于普遍来说它是恶；它所说出的对义务的信念表现为伪善。

必须促使这种内在的恶建立真正的平等——不是通过说出义务，而是通过说出它的恶；必须驱使它坦白罪过，承认它针对普遍的顽固抵抗，在普遍的法庭作自我批判。"它确实承认自己是恶，恶是由于它自以为按照它的内在的法则和良心来行动，对抗已获承认的普遍。"(9：356/35)

然而随着对这种伪善的揭露，坐在法庭上的普遍自身成为一种特殊，显然它恰好不包括前面那种特殊；这只表示，它自身并没有普遍地得到承认。它区别于被揭露出其特殊性的意识，只是由于它不是把它的特殊性放在自私的行动上，而是放在对他者的评判上。

而现在，一旦评判就自身方面被判断是一种行动，两者就不仅在其特殊性上相同，而且也在它们的知的内容上平等；像任何一种行动一样，它在自身有特殊性的一面：行动的自私的驱动力；于是，评判的行动本身表明自己是伪善的。

对恶的承认建立起平等,但是,评判的意识不是以自己的坦白去回应它,而是从自己这一方建立起一种不平等。至于所供认的,"自我确定的精神的最高愤怒被放置在这里"(9:350/33)。道德的贴身侍从和精神同样恶,是它拒绝给被供认者以纯粹知的连续性,也就是在他者中直观自我的知,这个他者承认:我亦如是。不过,即使这种不平等也将被取消。

第 十 三 讲

自我确定的精神的发展,或者道德性的发展,完成于这样一种确定性,它恰好瓦解这种道德性;显然,道德性所特有的对峙——开始于置身于一种自然之外并与之相对立的道德意识——遁入抽象。随着外在于意识的对象的消失,意识本身也消失,退回自我意识的内部。意识自身得知这种倒退是一种沉沦。道德确定性最后缩回到了纯粹的良心及其表达之中,它经验到自身是无根据的,正因如此,按照良心行事的个体,他的信念仅仅仍被接受,但不再能够受到筛选和决定,不再能够为了他人而得到论证。

就此黑格尔说:"实体瓦解于这样一种绝对的确定性,它是绝对的非真理,在自身中崩溃。"(9:354/10)这个评语必须和感性确定性的规定一道来看,在前一阶段,即精神作为意识的发展的中间阶段,感性确定性是绝对真理。**这个绝对真理的源泉在绝对非真理**,完全净化的良心把自己规定为这种非真理。

在何种程度上它是绝对非真理?只要它作为意识而维持自身,也就是停留在和外在于它的对象或者内容的关系上。由此可见:它自绝于精神的自我意识,后者是宗教。

良心沉沦于一种无根据的确定性的绝对非真理中,一种只还是自以为是的确定性,良心的沉沦本身是向精神的自我意识的过渡;但是,这个过渡对于意识不是过渡,而只是沉沦,意识必须抵抗这种沉沦。自在地存在着的实体对于它是"知作为它的知"。这种知所知的只还是单纯的我的贫乏,这个我成为它的所有本质。因而它还只是和它作为"极端抽象"的诸契机打交道,"其中没有任何一个抽象站得住,而是在他者中丧失自身,而它生产这些契机。"(9:354/19)世界对于它只还是它自身的回声。恰在它卸去了所有对象性之后,"它缺少舍身外化的力量,把自身变成物并且承受存在的力量。"(9:354/30)在提取良心的纯洁性的过程中它耗尽了自己,这意味着,耗尽了它的创造力,耗尽了建立自身的力量。

已经谈到这种美的心灵的软弱,也谈到它以执着的心念向普遍挑战,普遍驱使它承认自己的特殊性,而这又把普遍本身在它对特殊的评判中降为这样一种特殊,普遍因之而不公正地对待所供认者,与所供认者之间没有平等;显然,坐在法庭上的普遍不肯承认自己也作为特殊而亮相。

正因如此,普遍表明自己是"背弃精神的意识,否定了精神的意识;它没有认识到,精神在对自身的绝对确定性中是凌驾于所有行为和现实之上的大师,能够丢开它们并且使之变得没有发生"(9:360/7)。

在死去的精神的世界中,万物在法权下的平等得到了承认;但是,这种权力是抽象的,因为它放任现实本身,将之交给了纸醉金迷,即极度的挥霍,现实只在因丧失了道德教化而丧失精神的私有财产中。相反,在已完成的教养世界中,得到承认的存在过渡到普遍意志身上,普遍意志是自我的普遍现实。但是,这个被承认的存在没有不受单个自我羁绊的此在,面对个体它走向毁灭性的对立,这种对立是来自绝对自由的恐怖统治。

在因瓦解了的道德性世界中如何呢?普遍和个别的对立在这里被取消了。但是,个别在此成为特殊,而同样的事情也发生在普遍身上;诸如此类就像在教养阶段的党团或者当权集团。

在死去的精神于良心中复活并且成为现实的普遍性之后,自私的意识偏离了精神,而正是在这种对现实普遍的精神的偏离上意识是恶。这里,它不再只是个别的,而是特殊的,现在,它在普遍那里有它的现实性。

就恶是坦白的而言,现在恶经验到精神的力量,精神消解了因矛盾而决不可能的事,具体说:把已经发生的变得没有发生,把特殊重新纳入普遍的唯一现实中。

相反,通过对自身的判决而变得特殊的普遍,也就是恶的普遍,却背离了普遍的精神,这是由于它离弃了精神——a-theos[无－神的]——,其原因是它的非分之想——自身是普遍的精神——恰好否定了普遍的精神。这是最可恶和不可原谅的恶,因为它正好切断了宽恕,或者说它是违背精神的罪业。恶在完成了的道德性中才变得可能,是真正的障碍,精神阻碍自身向宗教过渡。这种无神论是前所未有的伪善,不仅为纯洁的良心的伪善,此外还是普遍的良心的伪善。

甚至这也是美的心灵,它无力超越自身,舍身外化为宽恕的行动,于是就把这种无能变为一种美德。它是虚伪的无邪,判断而没有行动的普遍性的纯洁。因为它只能在无现实性的内心达到与个别他者的存在的平等,而这只是与无精神的纯粹存在的平等——美的心灵"在没有和解的直接性中崩溃,疯狂,失散在病态的渴望中"(9:360/27)。不要忘记这种疯狂的先行者①,它源于精神的种种抽象。

---

① 参见《精神现象学》第五章"理性的确定性和真理性"中第二段第二节"心的法则和自大狂"。

在那里精神作为普遍而出现,它的心为人类的福祉而跳动;这种跳动过渡到"疯狂的自负的陶醉",而这种自负"是直接要普遍存在的意识个别性"(9:206/15)。

在对恶的坦白中,个别中断了它的特殊自为存在;这种坦白揭开了精神对于其现实的权力——使所发生的没有发生。"精神的创伤治愈了,不留疤痕;行为不是永不消逝的,而是被精神收回自身,而个别的方面是正在直接消失的,不论个别性是作为意图而现存着,还是作为此在的否定性和否定性的限制。"(9:360/34)

精神却也"对于它的特定概念具有权力"(9,361-9),它打破特殊的普遍的片面判断,显示了这种力量。坦白的意识丢开它的特殊现实性,对坦白的意识的直观推动做判断的一方去宽恕,这里意味着:面对现实的行动而"放弃自身,放弃它的非现实的本质"(9:361/17)。

"和解的言词是在此的精神,精神在对方中直观其自身作为普遍本质的纯粹的知,在其纯粹的知中,它作为绝对于自身存在着的个别性,——一种相互承认,这是绝对的精神。"(9:361/22)这种和解是真正的我与我的平等,也就是,于自身存在着的[Insichseienden]或者自我的绝对个别性与义务或者对自身的纯粹的知之间的平等。

"和解的'是',是扩展为二的我的此在,这里,两种我脱离了它们的对峙的此在,我在此保持与自身的同一,在其完整的舍身外化和对立面中具备自我确定性;——和解的肯定是在它们之中显现的神,它们知道自身是纯粹的知。"(9:362/25)

这种谈论越是令人遐想,也就越有必要在完整的规定性中把握它。这位显现的神隐藏在道德性中,也为道德性所隐藏。它在和解中才出现，这是最后作为义务和个体而对峙的道德性双方的和解，神于是经历了恶的行为和判断的中介。恶在自身是虚无，却也仅仅在自身，这就是说在这样一种关系之外，在这种关系中恶作为纯粹知的一个方面而出现，具体说作为知道自己是本质的个别性。如果精神在恶身上显示出力量，那么是在这个意义上，恶虽然对于作为道德性的精神发展不是本质的，但却在打破阻碍教养进程的抵抗中至关重要，教养这时超越道德性，超越作为意识的精神，走向精神的自我意识或者走向宗教。

《精神现象学》和《逻辑学》不同，在经验的每一个阶段都必须估计到一种自己挡住自己去路的意识，它阻碍其经验的发展，阻碍意识之知的自我批判。这种可能性甚至也没有遗落在科学体系之外，显然，鉴于所有知的彻底可论证性，意识无处可逃，无法躲进它自己喜好的领域中。相反，叛逆者的反抗性也总是表现为精神自身的形态，仅于此精神证明其绝对的现实性和力量。

到此为止尚没有。但是在每一个阶段，对自身及其真理的反抗必然更加艰苦，原因是知和自我论证随着各个阶段而增长和强大。在精神是意识的整个阶段中，沟通它自身的僵化和片面性的工作也使得意识所凝结的诸形态越来越构成威胁——这在道德性的发展中，尤其在良心的净化中触目惊心。没有一种道德谱系能够与这种道德性的消解相较量——无论是达尔文、尼采还是弗洛伊德所完成的谱系；后者始终是一种落空的历史，其原因在于他们的怀疑在对象的外部，因而也只是叙述历史，没有开始和结束，因为依赖于某种在怀疑之前的东西，它侵蚀、折磨着怀疑。

相反，自身完善的怀疑主义就像黑格尔这样称呼并且实现的那样，总是在自身中，它消解自己在否定行动中每次作为新的对象所创造出来的东西。它完善自身,这是因为它扬弃自身。之所以能够如此,是因为它像笛卡尔的怀疑那样指向整体并且自己构造自然意识的这种知的整体,清楚而明确地表述它,追随它直至最后的根据。正是"精神"这一章造就了感性确定性的概念及其绝对真理,一如也造就了良心概念及其绝非真理,而感性确定性源于良心。

黑格尔的怀疑是第一哲学的怀疑,仅为第一哲学所特有,这是因为只有第一哲学承受住诸原则的危机并且促进整个时代原则的危机。怀疑,它若没有造就绝对的知,就是丧失能力的,因为对于其对象是抽象的或者外在的。这种无能成为一种风格,变成理解上的伪彻底性,富有个性的是,这种理解在所谓交往问题上伤脑筋,以此证明它落脚在日常意识中。

这种怀疑的特征是无休止地重复它的行为。在它达到知的地方,知不是产生于怀疑,而是得自于教条主义的直接性。教条主义和怀疑主义在一种未经反思的对峙中直接地相互关涉,这是因为无论哪一个都缺少第一——也就是缺少方法,方法只允许经过中介的第一,正因如此使得自我完善的怀疑主义变得可能,其整个运动趋向第一,必须抵达第一,在其中完成自身。从这个结束来开始检验,检验本身才把知带往绝对的知。属于绝对知的还有完整的否定的方法,一如黑格尔以所有的纯粹性将它呈现于《逻辑学》。这种逻辑开始于似乎是纯粹实证的东西,按照其概念却是地地道道否定的——具体说开始于存在,它作为既没有规定性,也是直接的。

至于道德性逻辑,在"本质逻辑"中与之相应的体系位置是"本质的关系"。它从现象的瓦解而来——参看《精神现象学》:各怀自身意志的个体的多样性与普遍意志的差异消解了——一种瓦解,它造成与绝对自由紧密联系的恐怖统治。在全面统治下那种多样性过渡到一种全体性，其中内容同时就是形式。两种皆是纯粹的知，去对象性的知。

这种知不再有对他者的关涉，因而只有把自我关涉的片面性扬弃到本质关系中去。这种关系产生两个方面——而不是相反——，但是它们不再具备一方针对另一方的意义，而是各自是自为的全体性，并且作为如此之双方而相互独立、漠不关心。

就关系本身是作为道德性的精神而言，一种全体性只能是道德意识，而另一种整体性只能由针对道德意识的独立性和漠然态度来规定。仅作为如此之全体性，它是自然。这里已经清楚，为什么近代哲学使自然成为对象，且如何使之成为对象——我没有说"有"：如它对于自然神学和依赖它的自然哲学或者自然科学是有效的那样，而说："使……成为"。照彻费希特的位置，这一点还将更加清晰。

本质关系的双方"在它们相互漠然的差异性中破裂了"(11,353/12)。这种破裂表现在，义务仅在与自然的关系中而自然只在与义务的关系中是独立的。正是这种关系促使道德意识舍身外化到自身的彼岸，同时把自身降而为现象。本质关系的实现是实现双方的统一，经过反思的独立性和直接的独立性的统一。这双方的关系首先是整体和诸部分的关系，在这个关系中双方相互限制，互为前提。道德世界观为了实现而要求一种现实性，这种现实性应该和道德处于和谐之中。而这种和谐势必每每表现在个别行动上，行动切入自然和感性，可以从概念上将之作为道德整体的令人喜悦的一部分。

"在这一关系中还没有任何一方已被设置为他者的因素，它们同一性因而只是一个方面；或者同一性不是它们的否定的统一。因此，第二步过渡到那里，一个方面是另一方面的因素，在它这里就是在它们的根据中，而根据是真正独立于两者的，——力量及其外化的关系"(11:354/17)。

这里作为力量的外化而出现的,在《精神现象学》中是伪饰或错置。它扬弃了理性和感性的矛盾,而矛盾这里是直接的或者只是被接纳的。正是在设定这个矛盾时,道德意识假装它不再严肃地对待这个矛盾。道德意识自己变成他者,把自己外化为不同于自身的他者,并且同样又从它的这一外化中收回自身,由此造成双方的统一。"这只是一个空虚而透明的区别,是相,而这个相是中介,中介即独立的持存本身"(11:364/31)。

力量所外化的只是这一点,为他者所激发力量趋向外化,它与他者的关系,实际上是与自身的关系。它所表达的是:"它的外在性和它的内在性是同一的"。(11:364/20)转移到《精神现象学》中这叫做:所有道德的规定皆是自我规定并且是内在的规定,而这个内在即良心。合乎良心是义务的唯一内容或者是一切特殊义务的基础。良心对内外之分起先是无所谓;它是如此地内在。接着良心走出对这种区分的无所谓的态度。区分成为它的形式,行动的道德性迁移到合乎良心的单纯宣说中。这里的效准是:"于是,才只是内在的东西,正因如此而不过是外在的。或者反过来,只是外在的东西,正因如此而不过是内在的"(11:366/8)。这是说:它同样只是形式上的,一如它还没有自身的形式。

内外之别扬弃在统一中,它既取消了自内反思之整体的片面性,也取消了现象整体的片面性。这里内容和形式的同一性是一种本质,它自在自为地不是别的,就是"外化自身",公开自身。《精神现象学》中的道德意识所经验到的正是这第三种运动,它"作为道德天才,知道其直接知的内在声音是神性的声音"(9:352/37)。这声音是"在自身中的弥撒,其行动是对这种本具神性的观照"(9:353/1)。

进而,这孤独的弥撒同时本质上是一个教团的弥撒,由此出现内容和形式的逻辑同一性。有良心者的教团,他们相互承诺他们的认真和善意,即作为个别的,作为普遍性,他们为彼此的纯洁而欢乐,为知和言的美好而欣悦并且爱护他们的卓越。

这个教团和其中个人的特征是自我的抽象意识,这个自我远远避开以公开的方式持存着的精神自我意识,视之为他者。鉴于宗教,这是绝对的多义性向宗教过渡的地方,同时是过渡的最大障碍之所在,在无以超越的自我满足的意义上,黑格尔在逻辑进程之外仍专门展开这种自我满足,作为美的心灵,美的心灵必须坦白自己的恶,打动与之相对峙的普遍判断,取得宽恕。两者的和解突破那种多义性,多义性在历史上表现在模糊的对良心的上诉,把良心当作最后的宗教审判,也表现在纯粹派教会的模糊的宗教性。

如果人们愿把这种补充性的运动与第一哲学的历史相联系,那么它是黑格尔对唯心主义的取消。若人们在黑格尔早期著作中已经看到对宗教的殷切关心,那里也应该逼近黑格尔自身所确立的概念。转移到第一哲学的历史中这叫作:卸下"先验的立场",一如黑格尔在其最初发表的哲学论述中已经做出这样的要求,具体说在谢林和费希特的研究中。

鉴于第一哲学的历史,精神的诸抽象形态虽然已经弄得明明白白。但是那里,先验的立场只是观念表象的,但还没有得到概念把握,这意味着在显现中没有被看穿,正如最终对于理性和费希特的位置这是富有特征的。直到呈现显现的理性或者精神现象,才让先验的立场作为结果而得到认识,这是因为在精神的运动中不再是真理,而是知处处是结果——这显示在诸如感性确定性的结论上。在精神的运动中才清楚,近代第一哲学的开始得自于良心,既鉴于通过方法而实现的合乎良心的知性,也鉴于相对于这种知性的外部规定,知性在行为中只为自身负责,而外部规定是自然。

当人们看到,黑格尔是如何从宗教,也就是从精神的自我意识着手把握意识教养的历史,才能够理解,扬弃先验的立场对于哲学意味着什么。然后人们也会看到,为什么先验立场的当下——在本质上是费希特体系的当下——对于黑格尔起先分布在历史中,为什么黑格尔起先被逼向一种对哲学史的概念,在临撰写《精神现象学》之前也是这样。

道德性的精神分为教养的精神和道德教化的精神。它出现在费希特体系之中,这已经由之可见,即费希特自己把这样一个问题视为先验唯心主义的出发点,关于在实践理性的确定性中的绝对命令的意识是何种意识?

第十四讲

真理和确定性的区分是近代哲学的意识所独具的,有鉴于此,说近代哲学把真理理解为确定性,这只是混乱的议论。若把概念把握简化为理解,于是也简化为观念表象,那么,看起来如此。

上述区别说明了什么?这与"意识是什么"是同一个问题。仅鉴于意识,这个问题才有意义。

我意识到一件事——这在近代哲学中是说:我知道,我在以观念来设想一件特定的事。而更明确地这是说:我再现某件具有规定性的、与我不同的事的观念表象,同时对我的再现进行反思。反思我的观念表象活动,这把观念表象活动上升到确定性。这种确定性却与我所再现的观念表象的真理截然不同。而这就如同在说:**对我再现某一特定观念表象所进行的反思还不是认识**。可关键却是认识及其真理,反思以此为目标才有意义。

我如何从对我的观念表象的反思而抵达认识?仅在真理和确定性的彻底分离中,更富有规定性地说,通过怀疑,怀疑突出所有真理的非确定性。

不是从观念表象到事本身,从而经验观念与事的齐一,而是从反思到认识,是什么促发了这样的意愿?前一种方式是哲学的第二时期的特征,它无法达到对万物的认识,更准确地说:没有像造物主那样的对万物的绝对知。

所有的谨慎都在这个提示里，为的是不助长这样一种无稽之谈，即近代哲学为神学的观念所误导，试图僭越造物主的知或甚督促人自己取代上帝的位置。这是对近代哲学的诋毁，其阴森可怖之处在于它的公开后果。只有把哲学界定为第一哲学才能中止这种诽谤。

第一哲学确实以绝对知为宗旨。但是，并非指造物主的知，而是指我们的知作为绝对的知——我们的，这是鉴于赋予我们的可能性。当然要充分挖掘这种可能性，而这意味着，只有概念的绝对知。这里既没有对上帝的模仿，也没有把人变成上帝。绝对知应该是我们的，虽然必须淘尽由人规定的知所具备的自然性，但是，它是我们的知——不过，这里的我走过了通向概念把握的纯粹因素的完整教养之路。

出于这里不加深究的原因，黑格尔自己引出了上述混乱，他用不同方式指出绝对知和绝对理念的神圣性。这也有充分理由，我们马上就会说到。但是必须知道，这里本质上指的是自然神学的神的神圣性——不是启蒙的神，而是近代前期的神。中世纪的上帝只是在第二位上，也就是作为造物主，一种科学的神，在第一位的是**仁慈的神**，在三位一体的意义上的爱的上帝。这里也再次显示了对原则危机的重视的必然性，这无论是对黑格尔还是对海德格尔来说都很陌生。

笛卡尔所建树的意识是绝对知的第一个形态——不过仍在一种唯一的认知的个别点上。它是第一种源于反思的认知。它给认知带来什么？存在的自明性——并非任何一种观念的，而是思想者本身的自明性，只要他的观念表象——正是这种活动——是实体性的。这里必须再度准确到位：笛卡尔只为这种活动建立了思想之事的实体性，这是由于不是任何一种观念表象，而是作为怀疑的思，造就了这个存在。如果笛卡尔谈到观念表象，如果他也指向某一设想出的东西，则马上就会提出观念表象的真理问题。相反，怀疑并非朝着某物的内容规定，而是某物的真理，旨在与单纯观念表象对面的实体之所是的相同，实体所是在观念之外而独立地出现。

在思想着的我这种情况中，我思的确定性直接地成为真理。和 Suarez ① 相区别，这不仅是观念与物相匹配的 veritas formalis[形式的真理]，conformitas ad obiectum[在客体上的匹配]，而是反思两者相等同的 veritas radicalis[无条件真理]。在造物主的知中，平等由此而生，即没有任何东西不是因造物主而产生。但是，在我们的知中却是由于思想活动与我们的存在的相同，更严格地来思考，是我们的存在与思想行为的齐一。因为且就思想行为是我们的实体而言，笛卡尔也不怯于确认：只要我们是我们，我们就连续地思想——无论在睡眠中，还是在母体中。昏暗的和明澈的思想之间的区分，混乱的和清晰的思想之间的辨析就变得愈加重要。

在笛卡尔看来，第一哲学的工作就是把第一认知的绝对知提升到绝对者的知，或者说提炼成真理整体的知，非此莫属。

这在斯宾诺莎那里就已经清楚，他从片面地规定的、思想着的事的特殊实体过渡到这样的实体，它思想的实体和外延的实体的区别降低为它的诸属性，诸个别实体的多样性降低为唯一实体的特殊模态。由此却恰好发生了对笛卡尔的第一认知的认识目标的威胁，出于反思及其方法的意图，第一认知理应是我们的外部认知的手段。换一种看法：斯宾诺莎的步骤威胁这样一种必然性，这就是：所寻找的认知是我们的。

---

① Suarez, Francisco de, SJ, 生卒时间为 1548－1619, 西班牙经院哲学的代表。

面对斯宾诺莎,莱布尼兹的要求是,自我论证的实体把它的这种自我论证交给充足理由律,根据的原则绝对地既是我们思想的原则,也是绝对实体的原则。正因如此,莱布尼兹使得非绝对的、受造的诸实体的多样性又自由了——不过带着这样一个规定,即每一个实体都是精神的,作为精神的实体只通过万物的秩序而拥有与外部的关系。

现在我们尝试第二次穿行处在近代哲学第一个阶段的意识,并且是鉴于已经说起的确定性与真理的区分,这个区分对于《精神现象学》的运动始终是奠基性的。

近代第一哲学以绝对知为宗旨,绝对知属于绝对概念。首先:为什么属于概念?这里又须注意意识的基本状态。在我确定我是思想的实体之后,我确定我再现了一个特定的观念。这种确定性并非通过我对我的反思而获得的,更不是通过我设想观念表象。我有这种确定性,只是通过我对我的行为的反思,这个行为就是辨别真伪。无论如何确定性对于我只产生于这样一种果断的决定:严肃地对待方法。

必须一再针对流行的说法而明确:笛卡尔的我既不是原则,也不是理念。我是实体,并且作为思想着的行动者。因为这样,对思想行动的确定性才直接地是真理——我在。它是第一和唯一的真理,直接来自我思的确定性。

我所不是的,是观念,是观念表象,其真理必须得到证明,也就是得到中介。我所不是的,却一方面是一种思想的实体,其思想同时是创造性的洞见,因而是完美的。我所不是的,另一方面是一种非思、非行动的实体,是非我。它是对峙的实体,也就是外延的实体。

就何而言近代哲学的认识是概念的把握呢？首先，真理的实现只是间接地关涉非我的诸实体，直接地关涉诸观念；另一方面，这种与观念的关系处在方法与再现的关系之下，而再现是我对观念表象的再现。更富有规定性地说，与观念的关系从属于 regula generalis〔普遍的规则〕，据此，我所清楚明确地理解的一切都是真实的。必须使真理和确定性齐一，而确定性是我从相应观念的再现中获得的。概念理解就在这种使之等同的行动中。

斯宾诺莎的步骤在于取消实体的差异性，通过唯一实体的概念，在这里，存在或者实体性来自本质或者说来自实体性的真实观念，也就是把所有真理置于这样一种确定性中。

为了理解这个步骤的必然性，必须回溯到自由在原则中的现实性。回溯到概念把握自身的自由。

我是自由的，万物待我来把握。实现这种自由，笛卡尔是通过从诸偏见中解放出来，偏见是所有无概念的判断。积极地：我规定自己是这种意义上的存在，它是怀疑活动的结果，出于方法，我把自身规定为怀疑活动，方法对于我的行动也是普遍的。我是不自由的，一方面相对于外延诸实体的存在，我给自己所规定的**存在**是片面的，外延的实体是我的概念理解的目标。另一方面相对于思想活动是片面的，思想活动因为是万物的起因而是完美的行动。在怀疑中同样显示出概念理解的陌生规定，这种理解正是于此关系到给定者。

斯宾诺莎的实体取消了这种不自由，它把由思想和外延所引起的对立规定降而为属性并且自己就是引发自身的行动，实体自身既是思想的，也是外延的。但是，斯宾诺莎的实体的自由从自身方面包含一种陌生规定，亦即不自由。为什么？因为我们的理解对于这个自由的实体来说变为外在的。我们的存在亦复如是。

莱布尼兹取消了这种不自由，他建立了思想实体的多样性，没有另一种实体。个别的实体自身规定它的诸多属性和模态，它们是实体的特殊本质的后果。但是，有鉴于万物共存的理性秩序，这种本质规定被当作是给定的。对既定者的容忍可以扬弃到自己的赞同态度中，对自我觉悟的诸本质的赞同，对理性原则下它们的合理性的赞同。在理性原则下，理解本质上是自由的。可是，这种自我意识不是已经实现了的对万物的理解，原因是万物的秩序没有在个别中得到理解，例外的仅是那样一种本质，它再次作为造物主而亮相。由于造物主的出现，我们又看见不自由的一面，它在被造的存在这一形态中，相对于万物而孤单的实体。只在原则上可以理解这个实体，而不在其个别性中。对其个别性的理解属于造物者的理智，一个陌生者的理智。

在莱布尼兹这里，我们的绝对知第一次展现在知识的多样性中——也就是所谓诸理性真理。它们呈现一种真实的全体性，我们能够通过分析建立这一全体性与同一性的确定性的平等。在斯宾诺莎那里，世界就已经是确定性和真理的齐一，不过只是相对于这一个真实实体的世界之相；那里，世界是我们的自我欺骗。而在莱布尼兹这里，真实的世界出现了，它是我们的世界；可是它由纯粹的理性真理组成，这些理性真理并不下达这个世界——同样是我们的世界，诸事实真理——，关于诸事实的真理无法达到诸理性真理的确定性。世界的双重化不可避免。

我们有多种绝对知，但是只在矛盾律所及的范围内，也就是我们的真理分析的范围内。由此可见：我们所知道的不是真理的全部，不是绝对者。鉴于自由，这意味着：每一实体的活动是自由的，因为它遵循内在的原则，这种原则造成每一个实体的个体性。而这里业已表明，达到自我意识的个体的原则就其是被造的实体而言原则上保留了自然规定性的方面。作为既定的，个体性内在原则同时是不自由的来源，而我们根据这个原则规定自己的每一个行动。

现在从这番考察可见，康德在《纯粹理性批判》中的这句话究竟意味着什么："如果**现象**是**物自体**，那么就无法拯救自由"(A 536)。莱布尼兹的个体内在原则不允许物自体存在——就我们而论，我们的自我意识不可以是物自体，不可以是实体，而是**主体**；就这一主体的行动对象而论，它们同样不可以是物自体，而只是**现象**。

在莱布尼兹那里，自我意识仍有意识的外在对象的意义，这是因为它的真理作为被造的实体的真理无法达到与诸理性真理的确定性的齐一。在康德这里，自我意识才成为意识的一种新的形态，而意识是近代哲学原则的万物。这一原则在笛卡尔那里就已经是方法，具体说是对所有真理的怀疑行为，在斯宾诺莎那里是反思一切真理的行为，也就是在"idea ideae"［观念的观念］的形态中，它在"causa sui"［自身的起因］中实体化，在莱布尼兹那里是反思所有在理性真理和事实真理的双重性中的真理，并且在矛盾律和充足理由律的双重原则下，它在创造性个体这样一个中心，在受造的诸个体的多样性边缘，将自身实体化。

在康德这里，方法和原则第一次自身作为认识而亮相，并且是先验的认识。它不再像在莱布尼兹那里是形式逻辑，而是一种认识，以认识作为我们的认识为内容。而作为我们的认识，它是一种现象的认识，通过对观念表象材料的加工而形成，前一阶段的被造的实体降而为材料。作为既定的，这种材料要求双重的加工，以便形成现象的认知：一方面将之纳入直观的形式，从而扬弃为观念表象；然后将这种观念表象从属于概念的普遍秩序下。这种理解或者说知性行为是自发的，彰显自我意识的自由。可是这种自由实际上并不自由——不仅是因为观念表象作为某物的观念表象依赖于给定的材料，而且也因为"我思"是这样一种观念表象，知性造出它的前提是：必须有一种能够伴随着"我思"的观念表象在此。由此可见，在直观和理解中加工认识对象并于此确信自身独立性的自我意识，恰好在这样一种认识中陷入最深的不自由，自我意识是奴仆，这是因为它不是致力于自身，而是只有在他者身上劳作时，它才能够显示自己是自我意识，显示自己在彰显其同一性的行动中。这在本质上只是自我意识，而不是自我认识，显然，在先验的，方法的，也就是原则的意义上，自我意识自身不是现象。它只在时间化中是现象，也就是在感性化之中。

怀疑一切的要求在笛卡尔那里导致理论认识和实践认识的第一次彻底分裂，彻底的是因为方法要求的。他提出一种暂时的道德来代替实践认识，由明智的规则所组成。斯宾诺莎把他的整个第一哲学构想为伦理学，这是在扬弃了思想和外延的实体性对立之后产生的必然结果。按照其规定，呈现那唯一的实体是为了人的自由规定，这种自由作为人的自由必须扬弃自身。在莱布尼兹这里，伦理学出现在自然理论的对面，这是因为论证的差异，论证一方面只应该是机械的，另一方面却是目的的，或者说，源于诸理性根据，这就是说，按照"principe du meilleur"［最佳原理］的诸根据。论证的两种方式延伸到各自实体的行为态度。整个世界是一切可能之世界中最好的。

康德的自我意识迫使两种论证方式的彻底分离，相应地是我们的观念表象领域在自然和道德上的分离。分离之所以是彻底的，因为是原则上的分离，这意味着方法上，更准确地说是从先验认识的诸原理上的分离——开始于一切综合判断的最高原理。笛卡尔不得不暂时分开的，在这里似乎是最终的决裂，因为在原则上，在其认识上分开了。

只有自由和自然全然分离，自由才能得救。康德的这一洞见是奠基性的，对他的后人也一样。可是这些康德的追随者不承认自由不得不停留于片面性，因而也不承认自然有资格要求自己的一个方面。

这如何可能？再看康德的位置：自然现象是认识的唯一对象。自由不显现，因而也不可认识。但是——实际上应该重复三遍：尽管自由的理念不是真理，但它是一种确定性，绝对确定性。对自由的怀疑不仅是不道德的，而且是道德的扬弃，是理性的自杀，这意味着弑杀原则的自我规定。

在什么意义上自由就是一种确定性？笛卡尔的反思确定性作为真理出现在"我在"的认识中，而"我在"是"我思"的直接后果。相应的结论在康德这里是：我行动，所以我是自由的。这个结论在康德那里却不是认识，不如说它说出了实践上必要的一种理性前提，这种理性将自身思作为实践的，也就是作为起因。只有在自由理念的前提下它才能是起因。没有这个理念，一切缘起皆是自然的，机械的。

可是，如果那个结论不是认识，它怎么能够作为确定性而出现呢？自由，这个理念如何是确定性？仅作为判断，不，作为法规，也就是道德法。这个法则是绝对的，具体说是在这样的意义上：它把一个行动设想为是为自己本身的，与任何其他目的无关，作为自在的是善的，也就是理性的，所以，行动也作为客观必然的或者应该实现的，不必顾虑外在于它的诸根据和条件。

对于康德的所作所为的理解，清楚这一点是至关重要的：方法在个别中的具相在这里过渡到绝对命令的自我觉悟，而不是过渡到自然认识的自我意识上。也不是过渡到纯粹知性的原理上。这种先验的认识和先验的自我意识一样,没有和经验认识的关系就什么都不是。不仅如此。虽然所有我们的认识都面向自然领域;但是,恰在自然领域认识从来不是真理之全体性的认识,因为所有自然知识的全体性本身只是观念的,从来不能够是一种在认识中实现了的。对于必然个别的经验认识的联系,在一门科学的论证关联的意义上,认识的全体性理念只具备调节性意义。

康德的革命如何为拯救自由指出了方向,这要在费希特和黑格尔那里来谈。其他人都用一种误解来套康德,不过其谬误只有那在当今把第一哲学带到纯洁性中并且在纯洁性中巩固了第一哲学的人才清楚。

第 十 五 讲

如果从确定性和真理的区别上看,《精神现象学》的整个运动,直到宗教的出现和对宗教的超越,是一种逆向的运动。精神把自身变成观念表象,在这样的精神形态中每一次都把真理显示为一种确定性的;与此相反,在实体的精神形态中每一次都把精神的真理提升为确定性。直到宗教,精神形态的两个系列在近代第一哲学的路途上都是透明的。随着宗教,黑格尔才超越它们,而所有的形态皆是唯心主义的发展。为了对黑格尔超越唯心主义有一个清楚的了解,这里再一次勾勒了唯心主义的整个发展并且是从确定性和真理的区分上着眼。

这个区分直接地回溯到近代哲学自身的原则,这里指随着笛卡尔而出现的第一哲学。所以,在每一个步骤上,必须把原则的进一步规定放在眼里,而原则就是方法。与这个原则相区分的是第一确定性,所有的真理都必须与之相等。这里须加以注意:如果其中没有保持和实现了自由——按照秩序把握万物的自由,如果一方面的确定性没有以另一方面的真理的完整性为导向,那么,彻底的真理和与之相关的方法就毫无意义。否则,人们可以停留在培根的方法上,停留于知性和自然相对立的无思想的外在性。而人们无法在此驻足不前。实际上,就科学脱下了它们的哲学外表而变成了技术而言,这里涉及的是一根干枯的枝条,对于富有洞察力的人它作为哲学也早就干枯了,它不要求来自哲学方面的参与。如果没有第一哲学会是什么样子?对此可以洋洋洒洒地发表言论。如果不再过问这种哲学的独特性,更不去把握这种独特性,那就更加潇洒。因此,必须首先在第一哲学的界线内了解第一哲学本身。

什么在这里冒险?对此,黑格尔的自然意识概念给予了最后一个洞察;在自然意识借以传播和实现其观念表象的单一声调上,人们将不会有任何乐趣。而把自然意识的灾难推卸到法国革命那里,这是在哲学的时间历史上的博学多才带来的恶作剧。

笛卡尔称 ordine philosophari [哲学运思的秩序]是方法的实现。按照秩序把握万物的自由,拯救这种自由是近代哲学逻辑发展的推动力。这里,我们已经一直追踪到康德。

康德看到:就整体而言,对自然知识的认识只在于显示道德教化在本质上的绝对自我规定,自然认知仅在这里具有意义。让我们来听他自己的话:"智慧地养育着我们的自然的最后意图,在我们的理性建制上,本真地只放在道德上"(《纯粹理性批判》,B829)。再说一遍,在我们的理性建制上,并非我们泛泛的表象能力,而准确地是原则的能力。这种理性在实践意义上并不决定自己是知识,而是成为绝对命令,具体说是无条件的命令,绝对正是作为那种决断的表达,在认识中它是确定性。理性在实践意义上是绝对的决断,具体说它决定以自由为根据而行动,因为出于既为自我给予的也是普遍的道德法。

这种理性[Vernuenftigkeit]的片面性显而易见——不是因为自然被设定为道德的另一个方面,绝非如此!而是因为这种理性没有作为认识,没有作为真理,而是作为命令,更准确地说:作为行动的法则而出现,它甚至根本不再以自然为对象,而是成为了纯粹的自我意识。它只是把自然观念表象化,将之作为无所谓理性的,也就是说,从自然那里不生发对道德教化的规定。谢林对费希特的误解就在这里——以为智性［Intelligenz］的发展需要由自然的发展来补充。这是对斯宾诺莎的模仿，一个在哲学中炫耀自己的年轻人所能想起的。这样一种模仿之所以可能，是因为没有看到自我意识在康德那里作为道德的是原则的万物，在这个层次上自然从根本上已经丧失了本质。从原则上看，谢林哲学是反应。可以用黑格尔的思想，从不幸意识的渴望来解释对自然的眷念，并且正是在康德的层面上，从道德性来解释。

可以这么说，费希特所接受的冲击力来自康德思想的心脏。而这——如上所示——仅是道德法自身。费希特问——而这是以男人的稳健，他不必再否认父亲——：关于绝对命令我们有哪一种意识？这个问题令人惊讶，因为它本身已经把意识和自我意识联系起来，在此表明自身是理性的问题，理性以意识和自我意识两者作为契机。一个在精确意义上的坚实的问题。问题已经被它的答案所超越。

关于绝对命令，我们有一种直接的因而也是直观的意识。藉此，先验的方法过渡到先验的唯心主义。这说明什么？让我们回忆康德的道德确定性：我行动，那么我是自由的。这个被必然地设定为前提的自由，它从它这一方面规定行动是在道德法之下的行为。但就我具有这个法则的直观而言，得出的结论是，我存在。而这个存在不由别的，只是由我自身的直观，由这个理性的行动来规定的。无论从哪一个方面它都不是一个被给予我的存在；这里没有我加工的感觉的材料；不如说，这个存在是纯粹由我设定的，也就是理性之我的直观行动的后果。自我意识，道德自我意识，通过对它的意识而成为了理性的直观，这种直观自己设定它的对象。这里似乎达到了完美的自由，自由在近代哲学的第一个阶段总是一再走向造物主，自由是他所本具的。为什么 veritas radicalis［无条件的真理］作为我们的只是消极地而不是积极地得到实现呢？

但是在所要求的对万物的直观的意义上，我通过自身的这种设定立刻表明自己是不完整的，这是因为这种直观尚缺少多样性的一面，更为准确地说：缺乏［质的］精彩纷呈的方面。而这里的精彩是指什么？显然不是康德的直观材料的精彩，也不是这种材料在感性直观中观念表象化的诸个别性的精彩。这些被排除在外，是因为直观这里是理性的直观，精彩只能从理性自身的行为中获得。

让我们在此听听费希特本人，引自知识论第二篇导论（第7段，85页，马纳出版社）："我借此机会明确地说：存在概念根本不被看作是第一的和原始的概念，而是只作为推导出来的，并且是通过行动的对立面派生出来的概念，只是一个否定性的概念，这里是先验唯心主义的本质，尤其是先验唯心主义在知识学中呈现的本质。对于唯心主义者，唯一积极的是自由；存在对于他只是对第一性的否定。只有在这个规定下，唯心主义才有稳固的基础，保持与自身相一致"。对于今天用语言分析装扮起来的"本体论者"，这是值得推荐的阅读材料，这种人擅长从"存在"这个词的意义来对付费希特。（作为可笑的喀耳刻［Kirkae］①的牺牲品。）

存在——一个否定性的概念。这是一种认识，笛卡尔的事业将这种认识带向完满和宁静——虽然不在原则上，但却在笛卡尔本人对它的原则所取的意义上，也就是在 prima cognition［第一认识］的意义上。如果存在是一个否定性的概念，那么，所有的实体不仅在其规定性上与确定性相等——外部的实体已经被规定为否定性的——，而且实体"自在地"亦即在真理上已经与确定性相等——实

---

① 根据荷马史诗，Kirkae 是一位提坦女神，太阳的女儿。在《奥德赛》中可以读到，Kirkae 掌握着许多魔术，能够把人变成猪。

现了理性确定性的真理,理性是一切实在,这成为真理;而反过来一切实在的理性已经上升为确定性。

自由是唯一积极肯定的。这就是说:自由是唯一既定的。为了从核心处理解黑格尔的步骤,必须准确地把握这一点。费希特完成了对自由的拯救,抵御从作为既定者的自然那里而来的威胁。但是为什么?康德不是已经完成了这种拯救?当然。但是以一种代价,新的威胁随之而来,并且仍然从自然而来。就何而言呢?因为自然为自己要求所有的认识。在什么意义上自由因此而失去保护了呢?这表现在普遍意志对自由的篡夺,这种普遍意志不是作为认识,却仍是作为理性而出现,对于已经架空的个别自我意识,面对理性或者普遍意志,自我意识的个别性的最后支撑倒塌了,并且是在对自然存在的威胁中。这是自然存在的肯定性[或实证性]在现实上的瓦解。

理性或者道德自我意识的存在是行动。单纯的存在是一个"由行动的对立面"派生出来的概念。这不是说:由对立面导致行动;不如说这里所关涉的是,理性的我的行动既是对峙的[entgegensetzend],也是设定的[setzend]。设定的行动是我与自身的同一性的直观。当然,我只作为自由的我,作为觉悟到其自由的我,也就是行动的我,具备这样的我的直观才使费希特有可能跨越康德的理论自我意识,并且把认识融合到实践自我意识之中;真实者,它在康德那里从来不可能是一切真理,真实者现在成为全体,并且是所有那些规定的全体,它们在康德那里只在与感性直观的诸对象的关系上并且最后在与既定材料的关系上才具有意义。

面对这种精彩,理论的自我意识的态度是综合的。康德说(B130),在所有观念表象中联合[Verbindung]是唯一不由客体给定的,而只能够是主体自身建立的,因为联合是主体的自发的行动。这个行动所带来的是"我思"的综合性观念表象。费希特把这种自发性行动扬弃到自由的行动中。自由的行动却仅在如下范围内设定自然，它把自然放到与我相对峙的规定性中，也就是设定为非－我。在这个规定性中，自然不是直接被设定的——那将是无稽之谈，而是作为否定地存在着的，否定地，这意味着其既定性的一面被扬弃了，它被净化为认识能力本身的诸形式的精彩纷呈——就像康德所看到的，不再把自然与一种单纯既定者，与某种实证的存在联系起来。鉴于这种形式的精彩纷呈而提出的唯一任务是自然的演绎，或者意识的历史，这是意识的生成发展史。

相对于道德自我意识的直接出发点，它的设定和对峙，意识的生成发展史是一种回归——具体说，从综合出发，在综合命题中设定和对峙的行动结合起来，我和非我分担真实的整体。回归开始于这个位置，就像黑格尔在道德性一章中所详细阐述的那样，回到我是我，并且是以对作为综合命题的认识来说为本有的前提，在这样的回归中，"我是我"的直接性假象消失了，这是由于这里指出，"我应该是我"如何是绝对命令的结果。更为详尽地说：

"在我的思想中，我应该从纯粹我出发，绝对自觉地［selbsttaetig］思考纯粹我，不是作为被物所规定的，而是作为规定物的"（《费希特全集》，4:219/40）。[①] 为了鉴于这种规定而驳回一种混乱的知见，这种混乱也会在与黑格尔的关联上自命不凡，这就是：在道德世界观中所谓道德意识将自我对立于一种既独立又不独立的

[①] 《费希特全集》，第 4 卷，《1797－1798 年间的著作》，斯图加特－巴特·堪施达忒，1970 年，"知识学导论第二"，第 219 页，第 40 行（*J. G. Fichte-Gesamtausgabe*, Werke, band 4, *Werke 1797－1798*, herausgegeben von Reinhard Lauth und Hans Gliwizky, unter Mitwirkung von Richard Schottky, Stuttgart-Bad Cannstatt 1970, Zweite Einleitung in die Wissenschaftslehre, S. 219, Z. 40）。

自然。

在康德这里，自然决非一种物自体的关联，而是现象的关联。自然不是最高本质存在的创生，而是其为我们之所是，不是独立的。另一方面自然为我们而存在，并非只是由于我们而存在，因为现象的认识仍然依赖于既定的材料。

在费希特那里，这种物自体和现象的区别丧失了本质，因为实践理性作为实践理性，在它的行动中也是理论的。所以他能够在上述引文里说：可以绝对自觉地思想我，我是规定物的。为此却要求，只把康德的材料思作对行动的推动力。在这个作用力下，思想是感觉［Empfindung］，但是不是对外部的感觉，而是对内心所发现的感觉。

康德的经验之思的第二个假定这样说："与经验的质料诸条件（感觉）联系在一起的，是现实的"（A218）。感觉是"对象在观念表象能力上的作用，就我们为对象所刺激而言"（A19）。对此，费希特说："只有异类才被发现；原始地设定在我之中的总是在此。"（《费希特全集》，3：150/12）①他继续道，感觉是"我的行动，通过行动的我，我把在自身中发现的陌生者与自我相关涉，化为本有，设定到自身中"（《费希特全集》，3：151/19）。

据此，现成的只还在尚未被设定到我之中的意义上是外在的，尽管它是在我之中被发现，却还显得是一种陌生的存在。只是作为陌生的，它是独立的。而它只是因为道德意识对它的漠视而具有这种

---

① 《费希特全集》，第3卷，《1794-1796年间的著作》，斯图加特-巴特·堪施达忒，1966年，"知识学精要"，第150页，第12行（J. G. Fichte-Gesamtausgabe, Werke, band 3, Werke 1794–1796, herausgegeben von Reinhard Lauth und Hans Jacob, unter Mitwirkung von Richard Schottky, Stuttgart-Bad Cannstatt 1966, Grundriss des Eigentümlichen der Wissenschaftslehre, in Rücksicht auf das theoretische Vermögen, S. 150, Z.12）。

陌生性。

面对自然,道德意识首先是无所谓,而自然和它分担着我的整体。然而这种冷漠却是一种自然的真理,这种自然还必须成为道德意识的确定性。而只有通过道德意识与自然的相互参与,自然才是确定的;这在费希特的意义上变为理论的,意识投入其自身的生成发展,从中得出的结果又是道德的意识。如黑格尔所见,这个道德的意识最终是纯粹的良心。"作为良心(道德自我意识)在自我确定性上才具有内容,既是从前空洞的义务的内容,也是空洞的权利和空洞的普遍意志的内容"(9:342/1)。

在良心中,精神的意识的自我通过自身而充实,普遍的对于它成为内容,具体说,我应该是我——这一最高要求的普遍。这里实现了这个普遍法则,法则是为了自我,而不是相反,自我为了普遍的法则——无论是在变得个体化的诸人格的法权状态,还是在被剥夺了自我的人的绝对自由之下。

良心达到纯洁性,这不是因为自我没有意识到任何错误和瑕疵;相反,良心没有意识到任何瑕疵,是因为它过渡到纯洁之中,这里,它的唯一行动是向他人说出自己。在这种言说中,自我与自身相分离,并且作为纯粹的我=我而对象化(9:351/14)。道德意识的真理成为良心的自我确定性,其自我确定性的唯一外化是单纯的对良心纯洁性的保证,是自我的自我表达,由于良心的声音对于自我是神圣的并且作为神圣的而得到承认和赞同,自我同时把自己假扮成普遍的。

纯洁良心的自我享受自身,这个自身既是个别的,也是普遍的,并且在纯洁良心的团体中。"这里我们看到自我意识退回到它的内核里,一切外在性作为外在性皆消失了,——回到我=我的直观,其中这个我是所有本质和此在"(9:353/36)。这里,费希特的智性

[intellekuelle]直观不再于直接性中,而是作为结果而出现。而这个结果实际上意味着此在的完全消解,精神作为意识曾以这个此在为目标维持自己,从道德教化经过教养而抵达道德性。

"净化为这种纯洁性(我=我),意识是它的最贫困的形态,而这种贫困构成它的唯一所有,贫困本身是一种消失;这么一个实体消解于其中的绝对确定性,是绝对的非真理,它倒塌在自身中;它是绝对的自我意识,意识在其中沉沦"(9;353/8)。

消解实体是实体性精神的整个工作——一种工作,它像将自己表象化的精神的诸形态的早期运动一样,融入直到黑格尔为止的第一哲学的三个阶段。直到精神过渡到宗教,随着宗教才达到黑格尔自己所在的维度,在这个维度上精神的双重运动呈现自身,一方面从精神的确定性到确定性的真理乃至非真理,另一方面从精神的真理到真理对自身的确定性——一种双重性,在黑格尔之前出现的每一种第一哲学的形态都必然具备这种双重性,这是由于确定性和真理在近代原则中的差异和相互论证。

随着检验法则的理性,第一个运动结束于非确定性中,这种非确定性是绝对的,因为检验法则的理性得出这样的结论:"既不可能有具备规定性的法则,也不可能有对这些法则的知"(9;234/20)。这种非确定性之所以是绝对的,是因为它不能够给予比理性自身更高的谋求解决的机制——按照近代哲学的原则。理性的自由或者自我规定结束于这样一种不可能性,即无法把自己规定为一种具有规定性的行动,一种伦理的因而也是必然的行动。

正是这种绝对的非确定性迫使精神离开自为的观念表象,转向这样一种意识:当精神观念表象化并且分析自身时,精神已经存在,也就是——分析得出这一点——作为伦理的并且只是道德教化的实体。第二次运动开始于这一实体或者说精神的真理,在这场运动中精神必须把这个真理带往确定性——这一次得出二律背反的结果,也就是纯粹良心的绝对非真理。

绝对非确定性和绝对非真理一道才给出关于自然意识的绝望的完满概念。这是意识对确定性的绝望,这种确定性对于意识具有本质意义,也就是上帝死了。但这是一种确定性吗?让我们停留片刻回想费希特的提示,存在是派生的、否定的、因为是产生于对峙的概念。然后倾听黑格尔的《信仰和知》的结束:

"但是纯粹概念,或者无限性,作为虚无的深渊,一切存在葬送于此,必须把无限的痛苦纯粹地标识为契机,标识为最高理念的契机,别无他论,无限的痛苦从前只在教养中是[时间]历史的并且作为近代宗教所依据的情感,它就是:上帝自身死了,这种情感仿佛只是经验地表达出来,用帕斯卡的话说:la nature est telle qu'elle marque partout un Dieu perdu et dans l'homme et hors de l'homme [自然是这样,它处处提示一个已丧失的神,无论在人之中还是在人之外],而这样,或者是牺牲经验本质存在的道德规则,或者是形式上抽象的概念,被赋予了哲学的实存,而哲学被赋予了绝对自由的理念,因此,在为神所弃的完整真相和艰难中重建绝对的痛苦或者思辨的受难日,重建受难日本身,否则它是[时间]历史的,因为教条哲学以及自然宗教的爽朗、较不彻底和较个别者必须消失,所以,只有从这种艰难中,最高的全体性才能够并且必须以其完整的严肃并且从其至深的根据中复活,这个根据同时是博大的,最高的全体性复活在其形态的最爽朗的自由中。"

第 十 六 讲

意识的历史尤为奇特,因为它是逻辑的历史,意识的历史也是从笛卡尔到费希特近代第一哲学的历史,这个历史建立在概念之上;哲学的认识是概念把握。为此而要求发展并且规定一种在概念[名词]中的存在,更准确地说:处在概念把握[动词]中的存在——或者说显示,概念把握是且如何是实体性的;另一方面要求在其全体性中规定实体性。传统而抽象地说:提炼出蕴含在 essentia[本质]中的 esse[存在],并且通过 esse[存在]的这种被蕴含的存在来规定在唯一性中的 essentia[本质]。

对于笛卡尔这意味着:在我的思想行为中我确定我的存在;与这种确定性相等同的是这样的真理:我不是别的,而就是我正在做的——我是思想之事。

但是这个真理并非万物的真理,因而近代哲学的第一阶段于自身再一次分为三个部分,区别于接下来的两个阶段。① 我是思想之事——这个真理排斥另一事:我是外延之事,或者,我是万物所是——万物,其真理须间接地加以把握并且须间接地与那种确定性——我是——比肩接踵。

斯宾诺莎排斥直接确定的真理——我是思想之事——的排斥性特征,他干脆扬弃实体的多样性,从而也就取消了思想之事相对于所

---

① 这里的第一个阶段指笛卡尔开启的意识阶段。接下来的两个阶段指自我意识阶段和理性的阶段,分别体现在康德和费希特的哲学中。

有一切事的唯一性。那唯一的实体既是思想的也是外延的。它是万物的真理,而真理是直接确定的,只要这一实体按照其本质包含了实存并且只能被理解为实存的——一句话:是其自身的起因。

但是这种直接的确定性对于我并非是直接的,因为它以扬弃我的个别性为前提。只有当所有真理既是一个,也是多种时,确定性对于我才是直接的。莱布尼兹看到:就每一个实体是精神且思想着,哪怕只是晦暗而混乱地思想而言,真理是一;就每一个实体皆与别的实体相区别而具有自身的规定性而言,真理是多,不过这里的规定性与所有以及尽可能多的规定性在思想自身中相协调,具体说,在界定真和伪的精神中相协调。

"我思,故我在"的确定性通过莱布尼兹既摆脱了其对立于外延实体的万物的真理的片面性,又在确定性的陌异性面前维护了自身。作为我的,它成为万物的真理,成为每一个实体的真理。但是它对于我是这样一种真理,不在个别中,仅在普遍中——只是作为理性真理,并非作为事实真理。

为了让事实真理为了我而成为理性真理,必须把事实理解为我的理性的业绩。这种事实不是自然的事实,而是我的行动的事实。按照它与自然起因的差异,只在自由的确定性中才领悟到我的行动。"我是"的确定性势必过渡到"我是自由的"确定性。它源于我行动的意识,这就是说,我自己是开端,开启了在自然中的现象。没有像单子的内在原则那样的被给定的开端,而是绝对的开端——因为法则而绝对,理性鉴于我的行动而规定自身是这样的法则。

这里又有一个原则的对峙。就像"我是"的确定性按照其"我思"的来源而排斥非思想的且与思想相对立的实体,同样,"我是自由的"确定性相应于"我行动"的来源而排斥那样一种起因,它不是出于自由而开始,而是与之相反,作为相同者按照自然的无穷重复。

这种自我意识本身所具的对峙却有独特之处,认识能够在其中只遵守遭排斥的方面。因为这一方面出现在从前的自然这一方面,人们有理由把在自然中出现的意识称作自然意识。对于认识,因而也对于真理,自然意识必须接过整个排斥工作,自己排斥自身,同时巩固如下确定性:万物的真理的认识是受排斥的,这样一种全体性必然只是单纯的观念——即使这种观念是必然的。一种概念,它像自我意识一样不包含存在。

在康德那里,按照确定性,自由的观念先于自然的观念,而按照真理和认识则相反。所有论证乃至对自由的拯救皆在于理论的自我意识,它就自身方面只具备同一性的确定性,而没有其实存的确定性。

道德的、自由的自我意识的意识,才把这同一性的确定性纳入自由行动的确定性,就存在丢弃了被给定的存在的规定而成为被设定的存在而言,自由行动的确定性表明自身是真理。现在,理性真理才成为事实真理,由理性而来的万物的创生才成为意识的所有形式的逻辑或者演绎。意识行动的诸形式成为了真理。"我是自由的"确定性过渡到"我是绝对的"确定性。后者并非产生于我行动的意识,而是产生于我的既设定又反设定的行为的意识。行动意味着:走出自身,进入作为陌生者的现象,这里不再能够维持对本具自由的确定性。相反,设定和反设定停留在我及其真理中,这种真理既与自我意识对自身同一性的确定性相同,也与存在的确定性相同,这是因为这种同一性已经扬弃在行动之中——为了自身而以自身为存在的根据。以这样一种方式,第一和第二阶段的确定性结合在一起而成为理性的确定性——理性是一切实在。

总而言之:1)我思,故我在。2)我行动,故我是自由的。3)我设定我的存在,故我是绝对的。随着这样的步骤,万物的真理等同于第一确定性。它成为实体的,这个实体不是别的,就是现实的道德教化——区别于伦理观念。在观念中,道德教化似乎仅仅是上升为普遍性的我。因此,那三大步骤呈现如下:1)我有人人所有,亦即理性。2)我要人人所要,亦即自由。3)我知道人人所知,亦即在良心里我是我。这就是诸确定性,我把道德教化的实体或者万物的真理溶解到这些确定性之中。由于我能够既接受概念的普遍性,也带上我的普遍性并且在这种情形下正是人人所是,这些确定性都具有双重意义。丧失性格,这是近代的个体在精神的真理向确定性的过渡中所遭受的威胁,由概念把握的普遍性而来的彻底性造成了这一点。是人人所是,也就是法人,其区别实现在占有与享受的权利上。要人人所要,也就是取消劳动的差别,所有人在全体意志的共同事业中。知道人人所知,也就是做纯洁的良心。这种知的绝对非真理与对普遍法则的个别内容的绝对非确定性结合起来,普遍法则是观念中的道德教化,它始终处于这样的问题下:什么是应该。

双重意义开始于笛卡尔对理论理性和实践理性的划分。对于理论理性有效的不是"我有人人具备的理性",而是"我是理性",是思想的事,别无其他。对于实践理性有效的是"我应该是理性的",我的意愿应该按照普遍的理性法则,我应该是我。理论理性和实践理性的结合,理论哲学和实践哲学的结合,从来没有回到它们分离的理由和根据。在笛卡尔那里,这个理由在于:方法——也就是原则——在严格的普遍性上不可能在万物的真理中生效。在实践的真理中也像在理论的真理中那样怀疑这种绝对自由,这似乎是不可能的。这一点产生了极为值得注意的后果:在道德性意义上的教化应该在穿行形而上学和物理学的过程中得到论证。即使这里所含的颠倒为康德所发现。在概念上理论认识仍然优先于实践信念，按照自我论证的进程，在费希特的知识学中理论哲学也先行于实践哲学。颠倒这种关系是不可能的，这将违反方法的原则。而事实上所尝试的诸颠倒只得出一种片面性的结果，它从根本上拒绝了理论和概念把握，为的是为意识找到所谓它所依据的这样或者那样的基础。

直到黑格尔——或者换一个视角——黑格尔已经选取了切入那种区分的根据的道路，在追随和拯救绝对自由及自我规定的过程中，对于黑格尔的先行者根据显现为本质上的陌生规定，也就是显现为向宗教的回归。因为关系到万物的真理，在创世论的水准上接受绝对自由，正是这必然在宗教中看到原则上的陌生规定的巢穴，一种与自然理性之光对立的蒙昧主义。

黑格尔在《精神现象学》中是如何且在何种规定性上引进宗教？必须防止把宗教这个名字与人们从任何意见和习惯之中造出的东西结合起来；黑格尔与雅考比之类的人没有关系，在虚无和上帝之间进行选择，雅考比把要虚无的意志强加给费希特并且因此视唯心主义为一种"虚无主义"。在《信仰与知》中，黑格尔表明了对这种指责的态度，他揭露其内容上的空乏，接着评论道："然而就费希特体系自身所涉及的，虚无主义的任务固然在纯粹的思想中，可思想无力达到它；这是因为这种纯粹思想最终只停留在一个方面，因为这种无限的可能性有一种在自身对面并且同时和自身一道的无限现实性。"（4：398/17）①他继续道："认识绝对的虚无，这是哲学的第一，对此费希特哲学贡献甚微，雅考比也甚讨厌其哲学；两人相反都在与哲学相对

---

① 《黑格尔全集》，第 4 卷，《耶拿手稿》，费利克斯·迈纳出版社，汉堡，1968 年，《信仰与知》，第 398 页，第 17 行（Hegel, *Gesammelte Werke 4*, *Jenaer Kritische Schriften*, Felix Meiner Verlag, herausgegeben von Hartmut Buchner und Otto Pöggeler, Hamburg 1968, *Glauben und Wissen*, S.398, Z.17）。

峙的虚无中；有限，现象，对于两人皆具备绝对的实在；绝对和永恒对于他们是认识上的虚无"(4：398/28)。

认识上的虚无是一种无限性，它执着于和有限性的对峙。相反，虚无取消了与它的外在物的关系，这种虚无则是绝对的。这种真实的虚无在费希特那里被放在信仰之中，放在对道德的世界秩序的信仰之中。而任务是把这种信仰转化为认识。鉴于费希特，这促成了道德性向纯粹良心的发展，向我与自身的同一性的发展；费希特必定回避这种发展。黑格尔这里的论证是："对于我，诸物最终不能够成为它们所应该是的，其原因在于非我将会因此而停止存在，而如果我＝我作为真实地绝对的同一性将无需第二个原理，那么我会扬弃我自身已经设定的，并且自己中止是我"(4，399/25)。

什么是这真实的虚无？ 纯粹概念——纯粹，因为它不含有什么，只是自我规定的活动或者绝对自由。黑格尔认识到：在道德性、良心、我与自身的同一性意识中实现这种自由的可能性是不真实的。因为良心以为能够通过回归漠然无差别性而取消思想相对于存在、无限相对于有限的片面性，所以纯粹良心是绝对地不真实的。纯粹良心对具有规定性的行动漠不关心并且只还说出它的纯洁性——这种纯粹性，它无法论证并且因此在原则上是不真实的。纯粹良心的绝对非真理却在于，精神是自我意识，却作为意识而亮相，由此而带有一种对峙的、所以也是片面的无限性。

《精神现象学》在这个位置上指出近代第一哲学的所有形态皆是审美的并且为什么必然如此。并不是因为它们对抗宗教，而是因为它们把宗教放到无法决定的位置上，在概念把握的意义上这就是说：置于绝对的非确定性和非真理性。

面对这一进程的必然性以及逻辑，所有的促进、斗争抑或所谓无神论的描述不过是饶舌的空谈——这种谈论不明白自己,因为它没有能力把握事情。它不能理解被认为是上帝的声音的良心,在一切行为中被认为是最后的申诉机构的良心,不是别的,正是它是为神所弃的意识——为神所弃,因为它是意识,精神的意识,而精神只有通过概念把握才达到其自我意识,具体说,把握那种双重的绝望,绝望从绝对的非确定性抵达绝对的非真理性,从而完成了自身。

正是在意识历史的这个位置上有可能显得,黑格尔似乎超出了近代哲学,他仿佛抵达近代哲学的根据,概念的把握似乎打破了近代原则的界限。而这却是一种具有严重后果的欺幻,其严肃性在原则的危机的意义上。首先用一个历史学的提示来抵御这种欺幻。《信仰与知》的引文已经让人们认识到,向宗教的过渡所遵循的核心规定是无限性的规定。而恰是这种规定成为邓·司各脱的神学的中心意义;这是因为,他发展了这样一个命题:对于造物主和受造物,存在必须"univoce"[严格,清晰地]得到使用。这个咋看似乎枯燥的看法却与古老的原则的基本规定相反,过去,上帝的彼岸性正是牢牢建立在存在与造物主以及创世之间的差异上。按照托马斯的规定,造物主的存在是他的存在,重复一遍:他自身的存在,这种存在恰好表达了造物主的本质在原则上是不可认识的。如果他首先应该由无限性来规定,那么,他是通过与有限的对峙来获得规定,并且藉此开启了纯粹自然神学在原理上的可能性。

附带说明,在第二时代的前期一开始就清晰可见的,也显示在第三时代的前期:就像斯多葛很快出现在亚里士多德之后,在第二时代于托马斯·阿奎纳那里完善之后,司各脱也立刻亮相。在苏格兰人的上帝证明的独特性上人们能够认识到整个距离,这种证明完全建立在可能性的观念设想上,它向具有概念把握特性的认识提出了挑战。

（尤其富有标志性的是：不再是物质，也就是脱落在知之外的东西，principium individuationis[赋予个体性以条件和可能性的并且解释诸个体的多样性和差异的原则]，而是 haecceitas[个体性]：对于知，个体变得有趣——最普遍的概念的存在，univoce[在唯一的严格的意义上]被使用，本体论代替第一哲学——passions entis disiunctae[存在者的诸单个孤立状态]走到超验的位置：idem vel diversum, contingens vel necessarium, actus vel potential[自一或者差异，偶然或者必然，现实的或者可能的]——他拓宽了本体论的证明，增添了 summa cogitabile[最高可思性]的无矛盾性证明；只对上帝的无限性证明有效——因为自由，意志在洞见力面前的优先性；意志规定须认识什么，意志本身是愿望的起因——神性的意志只通过逻辑法则而具有约束力，只能够要没有矛盾的东西——因为受造物为上帝所愿，所以它是善；并非因为受造物是善，上帝才要它。）

这只是支持在追随《精神现象学》的思想时处处要满足的要求：不为偶得的想法所左右，尤其是不将这里出现的种种规定混同于旧时代的现象，或者从以往时代中提取这些规定。这种风格已经蔓延开来，尤其是在近代哲学排斥自身并且散布出超越近代的假象之后——这种风格尤其依赖对希腊的种种特定观念，然后迫使这些观念又扮演起排斥的角色：狄奥尼索斯反基督，赫拉克利特反形而上学，等等。

宗教必然在意识历史中具有前史，而精神却回归到它的开端。

"就意识是知性而言，意识已经成为超感性的意识或者对象性此在的内部。但是超感性，永恒，或者一如人们此外还可能称呼它什么，是没有自我的；它才只是普遍，它离知道自身是精神的精神还差得很远"(9:363/9)。这同时是对莱布尼兹的位置的回忆,回忆那理性真理的超感性世界,理性真理还没有凝聚成为一个自身,而是停留为形式逻辑,这种逻辑只是被移置到现象及其力量的法则中。它们是相对于感性世界的外部的内部。把一种立法者的观念与这种合规律性结合起来,这只是个别随意的。这种观念只是退了色的最高本质观念。

"自我意识在不幸意识的形态中获得完善,随后,自我意识只是精神的痛苦,它努力超拔自身而再向对象性奋进却又没有达到。因而,个别自我意识向它的不可改变的本质进发,而前者与后者的统一停留为一种自我意识的彼岸"(9:363/13)。

在不幸意识中,在其个别的和普遍的理性意志的分裂中,出现一种宗教幻象。让我们回忆:知性的神圣是整个空虚,知性的这种空洞性只是用梦想和由知性本身所产生的诸现象来填充和遮掩。如果现象的诸法则占据了场地,梦想马上就消失。在不幸意识中,在自我意识的完满形态中则不然。从与诸对象的劳动交往中走出来,在自由中它为自身赢得了所谓自然,这个既没有加工过也没有使用过的世界,一种神圣的、不可触犯的和充满神秘的尊严。这种自然的伪-神圣性随着向理性的过渡而丧失了,它只是意识的过渡性现象,这种意识不能够确信自身是一切实在,它无法将它的自我意识与对象性意识结合起来。于是,这种分裂的痛苦也在它所努力的行动中平息了,也就是在自然的观察中,当自然把自身的理性在头盖骨的个体性上对象化之后,以为在头盖骨中实现了理性,然后,自然归于平静。

在理性的两种契机中获得这种神圣的经验之后,黑格尔下如此论断就不足为奇:"从那种痛苦中为我们而生的理性,它的直接此在及其独具的诸形态没有宗教,因为理性的自我意识知道自己在直接的当下现实中并且于此寻找自身"(9,363/17)。直到精神的动物王国和既制定法则又检验法则的理性。在自己为自己做观念表象并且在诸契机中分析自己的精神的各个形态皆穷尽之后,有效的是:精神在这种活动中尚是没有实体的,更准确地说,不知道自己是实体的,正是在这里精神一直没有宗教。因此,我们的观察总结出,精神只是在理性的发展中生产所有那种具备意识形态[Ideologie]特征的内容。应该说明的是:为自身而把自身观念表象化的精神,它所获悉的理性在这种经验中并非意识形态的,但是,当检验法则的理性趋向绝望,而绝对非确定性的绝望无法承受时,这种理性必然变成意识形态的。与此不同,如果精神不转向诸实体性形态,那么,那种无宗教的精神必然变成意识形态的。要说的是:精神认为理性的知是一种实体性的知并且是一种真理,而不是尚须付诸真理的确定性,其真理化过程消失在绝对非确定性之中。正是因为确定性的真理化已经静止下来了,所以,意识形态的不同阶段显示出一种它所特有的僵化特征。

虽然意识形态无法把宗教设想为别的,只是当作意识形态;但是,这与宗教的概念及其真理无关。对这一点一无所知,这在宗教自以为能够踏上意识形态的地位时达到了高潮,或者不如说,落到了低谷。

第 十 七 讲

在对《精神现象学》的逻辑和历史做了所有这些详尽的阐述之后，它给我们关于近代的概念并且仅仅是近代的概念。于是，这里所把握的宗教也只能是属于这个时代。如果没有在方法上实现这一点——到现在为止，我没有看到这种方法的实现在何处发生——，那么，黑格尔的洞见就不是解放性的，而是令人窒息的，并且激起反对黑格尔的种种运动，直至愚蠢无聊的攻击。

鉴于整部著作至此的运动，提出了这样的问题：确定性和真理性的分离对于从笛卡尔到费希特的整个第一哲学是奠基性的，现在，从这种分离中得出什么？这种分离所要求的方法原则被抛弃或者退化了吗？这将会是历史倒退吗？退回到在原则意义上无本质却又挑战本质的笛卡尔之前的自然神学阶段，如前所述，邓斯·司各脱已经导向了这一阶段。这后一种情况从一开始就遭受排除，这是因为业已发展的诸契机不可能消失于无概念性的表象观念，而是明确地要求扬弃到概念之中，它们从真理中得知这个概念。之所以是明确的，这是因为精神至此只是作为对自身的意识而亮相，然而却在现实的我与完美的普遍者的和解中精神回归自身的统一性。精神的意识于是过渡到它的自我意识中。

宗教才只是把绝对知所概念地把握的［东西］观念表象化，正在这一点上，宗教这里区别于绝对知，尽管如此，但是退回到自然神学是不可能。

在迄今的历史中,在分析为了自身而将自身表象化的精神的过程中,绝对本质虽然已经达到了意识,但是,宗教的外相[Schein]为了理性而消融自身,而意识和自我意识的诸完美形态融入这种理性。

"相反,在道德教化世界中我们看到过一种宗教,具体说冥界的宗教;它是对命运的可怕黑夜的信仰,相信逝去的精神的报复[Eumenide];——前者是在普遍性形式中的纯粹否定性,后者是在个别性形式中的纯粹否定性"。(9:363/21)为了不错失对这种宗教的近代特征的洞见,必须把黑格尔对希腊神话的隐射放在一边。和所有类似的情形一样,黑格尔的隐射其实只意味着某种东西在此进入视线,它在近代语言中尚没有变得可以听得见——作为二十世纪的神话。前一种冥界的宗教在其片面性中就像尼采的狄奥尼索斯一样是非希腊的,不妨也说出来——海德格尔把真理规定为无蔽[Unverborgenheit]也不是希腊的。

可以把冥界的宗教与在丧失精神的法权状态中伦理的发展放在一道来考察,与世界的主人一道来考察,这位主人的国度承载着资产阶级社会的所有特征。法权状态的概念是清楚而分明的认识,而对冥界的了解则是朦胧、混乱的,前一种宗教属于这个冥界。再一次且更富有规定性地说:与冥界、命运的普遍性以及与逝者的个别性相应的对立面是死去的伦理精神的世界,是在与抽象的法律平等相脱节的诸占有内容中挥霍无度的主人的普遍性,是在相互隔绝的个体的绝对分裂中的个别性。正是这一面给出近代冥界宗教的真实的概念;世界之主是"骇人的自我意识,它知道自己是现实的神"(9,263/10)。一旦人们看到这一点,那么,所谓黑格尔对希腊神话的借用,他对希腊悲剧的阐释,诸如此类的闲言碎语就告结束了。黑格尔并不阐释,他概念地把握——甚至也在他用外在的影射掩盖概念把握的地方。

"这种对必然性之虚无、对冥界的信仰成为对天国的信仰,因为逝去的自我与它的普遍性结合起来,自我所包含的必须在普遍性中被分开并且如此地变得清晰起来。但是,我们只在思想的元素中看到过这个信仰的王国,它的内容的发展没有概念,信仰之国因此而消亡在其命运之中,亦即在启蒙的宗教之中。在启蒙中知性的超感性的彼岸重建自身,但却是用这种方式,即自我意识在此岸获得满足,它不知道超感性的彼岸是自我,也不知道那空洞的、既无法认识也不激起畏惧的彼岸是权力。"(9:364/1)

宗教的这种形态,对于它,命运本身,也就是命运的黑暗,在启蒙中因为信仰的无概念性而成为命运,启蒙宗教又可以与这一精神教养阶段的真实自我和真实权力相比较。对天国的信仰面对其成熟的对立面具有这样的意志,"把天国移植到大地上"(9:316/7)。一种意志,它自己作为"绝对自由的未经划分的实体登上世界的宝座,没有任何力量能够抵抗它"(9:317/27)。彼岸既不可认识,也不可怕,学会了这一点,这种革命的意志就愈加自由。它是从启蒙宗教那里学到的,启蒙宗教只还通过其普遍的有用性能够在彻底的人的知性面前为自身辩护——一种人道主义,它最后仍抱怨在普遍意志及其政党的恐怖统治下它被歪曲得无法辨认了。甚至这种人道主义也劳驾希腊人。

"绝对本质是积极的内容,这在道德宗教中终于又重建起来;但是这种内容与启蒙的否定性相统一"(9:364/10)。它是这样一种宗教,良心在宗教中庆祝其道德的天才性,绝对地设定自身存在的我〔具备〕的神性的创造力量。这种孤独的对神的祭祀也找到它的教团,联合成为"对良心无恶的相互保证,对诸种慈善意图的承诺,成为这种双方的纯洁性的欣喜并且为知和言说的庄严所激励,享受关爱和维护如此之卓越性的荣耀"(9:353/13)。

对向真实的——因为得到概念把握的——宗教的过渡,这种宗教进行着最顽强的抵抗,而得到概念把握是在精神的自身纯粹的自我意识的意义上。想要说的是:在良心中精神使它的对象世界、观念表象和特定的概念臣服于自身,它在自身[bei sich]。由于精神在自我意识中将自身表象为对象,它具备普遍精神的意义,"于自身包含一切本质和一切现实性"(9:364/25)——然而现实性是作为扬弃了的、所思的现实性。现实性不是在独立显现的自然意义上的自由的现实性。须将这种局限放在眼里,因为它显示出宗教向绝对知过渡的必然性。理由不限于此,而且尤其鉴于"后"黑格尔哲学的发展,自由的现实性被解释成为一种包含在精神之中、同时却又独立显现的自然,这种哲学在自然那里找到依据,为的是转向一种包含在自然之中、又从自然中提炼出来的精神。**究竟为什么与所有本质一道包含在的普遍精神中的现实性应该具有自然的意义?是怎样的自然?**按照意识迄今为止的所有教养,这个名字难道不明明是误导吗?一种误导,就像在《逻辑学》中的诸自然规定所可能是的那样?但是这个问题的提出并非直接地源于黑格尔的体系,而是源自在他之后的哲学发展,它是由第一哲学向所谓形而上学的堕落所引起的。

在精神的自我意识中——这种自我意识是宗教,精神的此在仍然外在于精神的宗教,更准确地说,它们分道扬镳,在精神的现实世界中仍有精神生命的另一面。任务在于,通过宗教的发展取消这种分离。

在宗教中,精神为自身而把自身观念表象化。这里,与它的良心来源相应,宗教只呈现绝对精神的确定性的方面,却还没有呈现其真理的方面。在精神的现实性规定自身是独立自由的此在之前,它才只是作为在精神中的观念表象,也就是一件外衣。只是难以看透为什么这种独立自由的此在应该是自然。为什么拯救自然？恰恰有鉴于此黑格尔把时间规定引入宗教的生成之中,这个问题就变得更加迫切。

在宗教中,精神为自身而把自身观念表象化。"它[精神]的形态表达它自身,其形态本身必定不是别的而就是它,或者它如在本质中那样显现自身,或者如在本质中那样是现实的"(9:365/11)。如果精神意识的对象一定同时具备自由的现实性的形式,为何——为了再次追问——恰恰这种自由的现实性就应该是自然呢？在一个令人瞩目的哲学的世纪过去之后,可以这样追问。再次并且是再三：**这是为什么？**或许因为对第一哲学之所是没有决断和含混不清？一定要自然本身用发展[Evolution]来显示一种历史之外相[Schein],好让针对历史自然性和知本身的自然性的冲击力量有可能介入？使发展的思想得以了结,结束思想的自然性？在这部著作的序言里黑格尔特地通过与生长[Wachstum]的比较使这种自然性变得清晰可见。

"作为绝对精神而自身是对象的精神,只有它自身是同样自由的现实性,它在这种现实性中始终意识到自身"(9:365/17)。这里说出这样的要求,从宗教,也就是从精神的自我意识过渡到绝对知——人们也许以为,过渡到精神的理性,然而所说的是：过渡到意识自身。在宗教中精神是绝对本质；精神还必须把自身作为绝对本质而变成对象,具体说成为绝对知的对象。在自由的现实性中精神自身是对象,但是为什么自由的现实性应该是独立显现的自然？**自然在其现象的独立性中是一种自由的现实性吗？**如果人们继续追问其现象的独立性在哪里,这就愈加可疑。那里有一种自由的现实性能够与第一哲学的历史在自由上进行较量吗？与在诸原则的危机中实现的自由相媲美吗？此外自由会在何处得到救赎呢？除了在第一哲学中，在何处精神是在它的世界中呢？或许说是在此呢？且慢。

宗教不是绝对知，但是它是绝对本质或者是精神的绝对自我。作为这种自我，宗教是精神发展的诸契机的单纯全体性。这些契机或者这些形态的进程"在与宗教的关系中，而不是在时间中观念表象化了"(9:365/29)。鉴于精神诸形态的全体性，宗教这里有不完美性，它没有时间。"只有完整的精神在时间中，而诸形态，完整的精神作为如此之精神的诸形态，呈现在先后顺序之中；因为只有整体具备真正的现实性，并且因此具备与其他不同的纯粹自由的形式，这种形式把自身表达为时间"(同上)。

奇怪：为什么且是在何种意义上完整的精神"在时间中"？它的这种"安顿之处"[Worinnen]从何而来？精神的诸形态呈现在先后顺序之中，这一点还没有对诸形态的时间性作任何说明——除非《逻辑学》还不存在，并且正因如此也没有可能考虑到逻辑的先后顺序。有鉴于此，前面所提出的问题也解决了。这些追问所设的前提是后黑格尔哲学的沟通工作。

现在变得更加清楚了：《精神现象学》完成了自然意识向概念因素的教养。把《逻辑学》的知纳入教养的进程中，这会违反这种教养的必然性。这一点现在有值得注意的后果，与《精神现象学》的完满相适应，诸自然规定必须接纳到逻辑本身之中，尽管不同的是逻辑是一切真理的逻辑，而不是单纯的形式主义。于是，把自然意识的教养纳入科学体系的诸后果是无法估量的；由此随着绝对理念向自然的舍身外化也必然地产生了自然在逻辑和精神之间的中介性意义的发展，正如《哲学全书》所呈现的那样。精神从自然中脱颖而出，而这必然地规定着精神历史的运动方式。

洞察这些关系同时也是在对后黑格尔哲学的真实判断上的突破。这种洞察知道:关键不在指责黑格尔对诸原则危机的认识,指责第一哲学的相应界限及其历史对时间的超越。这里别无选择。拯救自由需要更大的耐心,为的是与自由的对手做个了结,也就是自然意识,甚至也了断日常意识。

针对其他来说,精神的整体是纯粹自由的形式,这种形式把自身表达为时间。精神自身在这个形式中是对象。在真正的现实性及其经验的意义上,对象只在其时间化中——就像康德的理论自我意识只能够在时间化中成为经验的对象,这就是说作为经验的我而可认识。

精神的运动不仅呈现在各个契机的先后顺序中:意识、自我意识、理性和精神,而且同样表现在这些契机作为特殊的全体性而对精神的普遍性的归属上。经过这些特殊全体性的中介,精神规定自身是这样一些个别性,它们从自身方面在特殊的全体性之内先后有序:例如在意识内的感性确定性,感知,知性。这些个别性把精神呈现在"其现实性中,在时间中区分自身,然而以这样的方式,即后来者在自身保持着先行者"(9:366/7)。这是因为没有什么在知中流失。知本身是认识的完美,过去和当下在认识之完美中不造成区别,它们两者对于知必然是一种曾经所是[ein Gewesenes]。只有当人们没有摆脱自然的时间、感性的时间时,人们才不得不区分过去和当下。极为值得注意并且具有标志性的是,海德格尔尽管——像他所认为的那样——排斥计算出的此刻[Jetzt]之时间流程,却在他的演讲《时间和存在》中没有一次能够摆脱它。这也是思想不自由的结果,具体说并非没有从所谓自然中获得自由,而是没有摆脱思想自身的自然性,其投射[Projektion]无论在过去还是现在总是所谓自然——至少就涉及哲学而言。

"宗教的生成就包含在诸普遍契机的运动中"(9:366/14)——也就是在意识、自我意识、理性和精神的顺序中。但是只要宗教自身是现实的精神,就包含个别性以达到宗教的诸规定性,在这些个别性中精神借助先前那些普遍契机而是现实的。宗教的这些规定性又有力地穿透普遍精神的所有那些特殊的契机,以便在宗教及其规定性中出现诸契机的共同性。

所有这些契机都构成了一种独特的原则。与那些规定性的共性相应,在宗教中这些原则必须放弃相互之间的隔绝。

另一方面至于在特殊契机的发展中的进程,它表现为:"如果迄今为止的一个[Eine]序列在其通过各个环节[Knoten]的进程中标记出其中的种种后退,而从这些后退中又在一种[Eine]持续中延伸,那么,现在这个序列似乎在这些环节上、在诸普遍契机上破碎了并且分散成许多线条,这些线条结成一束,同时对称地统一起来,以至于相同的区分聚会到一起,在这些区分中每一个特殊线条曾在自身内构成自己的形态。"(9:367/12)由前后的秩序变成了并列的秩序——就像由时代原则的完整危机所产生的并列秩序一样。

在宗教中,现实精神的实体变成了主体;相应地在实体那里是属性[Attribute]的诸规定性,它们出现在这里是主体的谓项——主体,它是精神的自我意识。这说明什么? 主体一旦从实体中走出来,它的诸规定性就丧失了属性的单独的意义,而是成为谓项,其每一个谓项都说出完整的主体。宗教的诸形态每一次皆是全体性。

自我意识的精神是自我确定的精神,宗教的工作将是把精神带向在真理方面的自知,也就是扬弃精神作为宗教所独具的直接性,让作为这种直接性而出现的存在成为精神的对象。精神还必须成为它自身的意识,精神自身作为对象。具体说是这样,精神进而特地取消它作为自我意识所具备的与意识的区别,它源于这种意识。这才是造成精神的存在与精神的本质相等同的平衡。一个在近代哲学的原则上随着确定性和真理的分离而提出的任务,具体说是概念把握的任务;只有在概念中,存在与本质才达到平等,并且是作为在本质中的[东西]的完整现象。

确定并且意识到自我的精神必须把自身变成对象,这个对象不是任何外在于自我意识的,而是"为精神的确定性亦即为实体所充实"。正是在这里,实体与主体的平等才显示自身,实体不是消失了,而是成为主体。

在这部著作的前言,在一处经常被引用的地方黑格尔说:"按照我的洞见,一切的关键在于不仅把真实理解和表达为**实体**,而且同样也把真实理解和表达为**主体**,这种洞见不得不通过体系本身的呈现才得到辩护"(9:18/3)。人们通常忽略"同样也",把这一点理解为近代哲学排斥旧哲学的特征。但是这里所谈的并非如此。不如说,实体是知本身的直接性的表达,也是为了知的存在[das Sein fuer das Wissen]的直接性的表达,正是这种直接性包含着扬弃直接性的要求,并且既为了**知本身**卸除其自然性而达到绝对知,也在**为了知的存在**那里,具体说通过逻辑的工作把存在规定为绝对理念,这种逻辑开始于存在作为无规定性的直接者。

正因如此,鉴于科学体系的完整规划,可以理解那种要求,一切都应该是为了实现这个要求。并非消除、克服、弃置实体,而是把它锤炼为主体的谓项,并且在统一中完成那个把真实既理解为主体也理解为实体的"同样也"。

"精神和自身的直接统一是基础或者纯粹的意识,在纯粹意识之内意识相互分开。以这种方式包含于精神的纯粹自我意识之中,精神并非作为自然的造物主而实存于宗教之中"(9:368/11)。这让人想到,精神一开始作为意识而出现就已经是一种经过中介的直接性。这却在实体成为主体的谓项时才变得可见,在这个主体中精神仍然包含在自我意识内并且要求正是在那样的谓项中的外化,这个谓项完整地说出精神;再一次回溯到"前言":"精神的力量只与力量的外化同样伟大,它的深邃只像它在展示中所敢于传扬、敢于丧失的那样深邃"(9:14/12)。因为执着于自然,黑格尔必然地把创造[Schoepfung]理解为这种外化和展示。有鉴于此可以理解,精神作为自我意识,也就是说在宗教中,精神作为单纯的主体根本不是作为自然的造物主而实存。不如说,它在宗教的运动中所造出的,是"作为精神[复数]的诸形态,它们一道构成精神现象的完整性"。

第 十 八 讲

在黑格尔对"自然宗教"的阐述中,如果让自己受其思想的影射和感性化所引导,那么必将在黑暗中来回踏步——这会特别棘手,正是在宗教这一章应该把握黑格尔对整个近代第一哲学的超越。此外,阐述过程这里明显地停留于速写,具体说,宗教概念一再潜伏到一种现实性之下,这种现实性的概念把握的存在[Begriffen-sein]至少唤起外在性的印象。

更为重要的是,鉴于《精神现象学》的整体在所有规定性中来理解宗教这一章的任务,另一方面在逻辑学的体系的相应位置上寻找依据,具体说在"现实性"①这一节。

任务得自于精神经验的位置:精神从它的作为意识的阶段走出来,进入自我意识的阶段,从它的实体性显现到主体的或者自身的现实性。可是精神为了能够把自身当作主体显示出来,或者说为了把真实——也就是说整体——理解并且表达为主体,实体就必须接受谓项的意义,整体在谓项中完整地说出自身。

精神作为自我意识,它从作为意识的自身而来,因此,精神的对

---

① 在黑格尔《逻辑学》的客体逻辑中,本质论的第三部分即"现实性"。这一部分分为三章:绝对者,现实性,绝对关系。其中第二章现实性又分为:甲、偶然或形式的现实,可能和必然;乙、相对的必然或实在的现实,可能和必然;丙、绝对的必然。见杨一之先生译《逻辑学》下卷,商务印书馆,2004年。

面首先有作为这种意识的自身；这是精神在其中直观自身的形态。现在须做的是，把这个形态塑造得与精神自身毫无区别，经验到这个形态是精神的现实性，而这种经验就是宗教。

经验的运动具备独特之处，不再呈现意识、自我意识、理性和精神这些形态的前后秩序，而是呈现**普遍精神的这些特殊契机的诸个别性**——这些个别性把所有的契机规定在它们各自的发展中。所以，宗教的每一个形态都作为全体性而出现，这就是为何第一种形态——也就是自然宗教，直接的宗教——就从逻辑上呈现了绝对者。绝对者已经把内和外的对立置于身后，并且精神的自我意识知道自己是对象，对象因此不再是外在于它的，而是"包含在它的纯粹的自我意识中"；于是绝对者首先作为绝对者的"展示"［Auslegung］而亮相。这种展示尚不是绝对者的现实性方面的规定，尚不是一种自然的创生，而是这样一个开始，即开始说出实体是谓项。

由此也证实了从前反复地表达过的观点：在《精神现象学》中，第一哲学的历史连同其各个位置因为切除了所有没有实现绝对知的要求的枝节而变得透明，**绝对知的要求首先要求是绝对者的知**。那里，概念把握普遍地背弃了上帝，绝对知的要求处处是尚未公开宣示的宗教。

宗教这里出现在《精神现象学》中，从历史上看它是从笛卡尔到费希特的近代第一哲学的不同位置的共同前提。那里，宗教本质上是没有得到把握的、因而只是从外部接受的前提；只是说出了它，但是没有特地做出它。正因如此，宗教的不同形态也没有在契机的意义上出现，在普遍精神的诸特殊契机的意义上亮相，它们也没有显示出第一哲学的诸特殊位置的顺序——除非在这种意义上的顺序，这个顺序在第一个分为三重的阶段内显示自身①,这里哲学按照其自我理解仍然承认上帝是原则,在与自然理性的区别上,与我们的知性的区别上来看待上帝。在这个阶段,上帝本质上是一种仅仅为现成的前提的表达,这个前提又是反思的外在性的标志。

直接与这种外在性一道而来的是:哲学在并且只在这个阶段接受自然是给定的前提,哲学区分神和自然——在第一和第三个位置上,亦即在笛卡尔和莱布尼兹的位置上——用自然科学的方式安排它们,不过在莱布尼兹那里已经打破这种方式。对于康德,只有当理论意义上的自我意识在他那里具备自相排斥的特性时,也就是自我意识为绝对知排除在外时,自然科学才进入视线。

随着对宗教的历史地位的考察可以断定,它们的每一个形态都从整体上表达了宗教,普遍的精神完全地在它们的诸个别性中,另一方面,自然宗教的第一个形态之所以必然是光的本质,是因为理性的自然之光。这第一种形态,它在近代第一哲学的每一个位置上——就像接下来的诸宗教形态在每一个位置上也都在此。

精神知道自己显现在这个形态中,这个形态的规定性产生于对峙,而对峙又源于自我觉悟的精神与自身的关系,它把自身作为对象,一方面是意识,相对立的方面是自我意识。"意识和自我意识的区别却同时落在后者之内;宗教的形态不包含精神的此在,无论精神是从思想那里获得自由的自然,还是从此在那里获得自由的思想;不如说宗教的形态是保存在思想中的此在,以及一种自身在此的所思"(9,369/10)。这里再度可见:就宗教除了与绝对本质有关之外别无旁涉而言,为绝对知所要求的明确性虽然已经包含在宗教的单纯概

---

① 这是指由笛卡尔、斯宾诺莎和莱布尼兹构成的近代自然理性的形态。

念之中，但是仍然缺少绝对知的清晰性，或者精神的那种辨别力的发展，按照这种分辨，精神既是从思想那里获得自由的自然，也是从此在那里获得自由的思想。它是绝对的区分，本身作为绝对关系的交互作用，作为完全透明的区分，过渡到概念。

宗教的纯粹概念因为在其中表象化的普遍本质的无思想性而只是一个概念，而现实的宗教分崩瓦解为无数的形态，在不同宗教的系列中分裂，因为其中每一个形态皆排挤一切其他形态的规定性。"将得出的不同宗教的系列，同样又只是呈现了一个唯一的并且每一次皆为个别的宗教的不同方面，而似乎把现实的宗教在其他宗教面前标识出来的那些观念表象，它们出现在每一种宗教那里"（9,369/18）。

按照到现在为止的所有谈论，可以清楚，"不同的宗教"这个表达里面说的并非摩西教、基督教和穆斯林教的区别，更不是人们习惯称做宗教的所有其他观念表象方式，直到所谓的自然宗教。不管怎样，这些与《精神现象学》的自然宗教毫无关系。原因是它们与精神的现实性毫无关系。

从上述引文看，黑格尔无论如何没有按照莱辛[Lessing]的方式以为，不同的所谓一神论的宗教都有同样的基本思想。相反，这里出现的精神宗教从根本上抵御任何抽象的普遍性，正因如此它们也只能够在个别的形态中现实化。

在启蒙中被称为"自然的宗教"的——这里愿提及休谟的"Dialogues concerning natural religion"[《关于自然宗教的对话》]——是一种抽象，它属于启蒙所独具的信仰，并且在启蒙的信仰中占据它们的体系位置。这也在较早的对所谓自然的宗教的种种努力中一目了然，就像它们首先在十七世纪的英国得到发展。为了[提供]粗略的特征，这里只引用 Herbert of Cherbury[切尔伯里的赫伯特]的

"de veritate"[《论真理》]中关于自然的、所有人天生共同的宗教的五项 notitiae communes[普遍标志]:"esse supremum aliquod numen; supremum istud numen debere coli; virtutem cum pietate conjunctam...praecipuam partem cultus Divini habitam esse et semper fuisse; horrorem scelerum Hominum animis semper insedisse, adeoque illos non latuisse vitia et scelera quaecunque expiari debere ex poenitentia; esse praemium vel poenam post hanc vitam."["有一个最高精神;人必须服务于这个最高精神;美德永远带着虔敬,这被视为祭祀上帝的最重要的部分并且历来就是如此;在灵魂中曾总是怀着对人这种奴仆的厌恶,这并非秘而不宣并且必须用忏悔来抵偿;在此生之后既没有奖赏也没有惩罚。"](1656年出版,268页以下)这离休谟的宗教自然历史已经不远了,往后人们只还期待着弗洛伊德对它们进行利用和翻新。

必须对诸如此类充耳不闻,才能听得见黑格尔对不同宗教的谈论。至于第一哲学,笛卡尔把一切在推测的可能性中因而也在联想中浅尝辄止的学问判给了虚假,更准确地说,送回了老家。

在宗教精神的第一个形态上马上就经验到这一点。为了是形态,这个精神必须首先从它的纯粹概念中、从它的本质中走出来亮相;"这个概念与展现的白昼相反是它的本质的黑夜,与作为独立形态的它的契机的此在相反,是它的诞生的创造性秘密"(9;370/27)。这里须回忆:概念作为纯粹的、也就是无形的概念才只是本质,这个本质尚不是主体;主体仅作为谓项的主体,而精神的实体又必须规定自身成为谓项。作为本质,概念只是黑夜而对立于概念向思维和存在的判断或判断过程而发展的白昼。

对此逻辑说:"内在的是本质,但是作为全体性,它本质上具有这样的规定,即与存在相关涉并且直接地是存在。外在的是存在,但是带有本质规定,关系到反思,直接地同样是与本质的无关系的同一性。绝对者本身是两者的绝对统一;是它造出本质关系的根据"——内在和外在的关系的根据。(11:370/26)

黑格尔自己在他的逻辑中完全外在地隐射东方(11:378/10),就光从黑夜中的诞生而言,为了打消任何与东方有关的比较,须认识到:"那是纯粹的我,它在舍身外化、在作为普遍的对象的自身中拥有自身的确定性,或者这个对象对于它是对一切思想和一切现实性的渗透和把握"(9:370/32)。这里是宗教思想和在道德性中所说出的思想的衔接。更具体地说,纯粹我承认了它的特殊性,也就是说坦白了它的恶,一如它获悉最后从同样为恶的普遍方面而来的原谅——它在自身的这种外化中把自己作为普遍的对象,把源于纯粹良心的确定性移置到宗教中。在宗教中,所有思想和所有现实性方才行遍自身,思想和现实性两者已经在道德性的纯粹知中与绝对非真理分道扬镳,这是道出自身的良心的绝对非真理。

在对象化中,绝对精神将自身规定为一种形态,它只是单纯的与自身的关系,自身是一种不确定的存在。它是"无形态的形态"。只是一种照耀或者"纯粹的、包罗万象和充实一切的上升的光之本质"(9:371/13)。自内反思,它把尚无形态的外物当作它的实体——一种黑暗,这种黑暗是反思自身的来源,反思照进源泉,给自身单纯光照的形态,光的流注同样是"吞噬形构的火流"——火是舍身外化的实体化的光。和存在同样,理性的自然之光的思想也没有持恒的形态,这是因为它从本质上是单纯的——在自然的诸形式中毫无理解力的流转,"把它们的界限拓展到无度,并且消解它们在崇高中绚烂之极的美"(9:371/23)。

这是一种理性的陶醉，这种理性才是自在的而尚未成为自为的，它刚刚在自然形式的散漫的光照中经验自身——用培根的书名：在 *Sylva Sylvarum*[《郁郁树林》]中。它直接地映现于林木中，它同样直接而不留痕迹地收回自身。理性是尚无理解力的光，这就是说：自然之光，它还没有理解自身并且决定成为方法——没有从单纯绽放的自失中收回，"没有落回自身而成为主体"(9:371/26)。

顺便说明，海德格尔的所谓回归形而上学的根据，由于对他的行动的错误评价，并且为一种仅仅据称是希腊的真理理解所误导，他也许回到了近代第一哲学的根据。其理性的彻底的非理解性，尤其是他的真理规定，支持上述怀疑。只有明白这一点——马上我会指出来！——，人们才能够在他的真正强大之处寻访他。他理解为哲学的第一开端的，必须先脱去希腊开端的外表并且移交给近代哲学的原则。他的无羁的思想降落在诸原则的危机所划分的界限上，这对于两个较早的时代[希腊时代，中世纪]是一桩好事，这将把它们交还给我们。

正是上述这一点结束了我的犹豫，把海德格尔牵涉到第一哲学中去，以防止把他降低为阿多诺的一个对手。近代第一哲学也揭开它的根底，认清它并且使之对象化，就此而论，海德格尔属于近代第一哲学。由此可以澄清海德格尔对近代第一哲学的怨恨，对知性的、方法的思想的怨恨，他将之贬低为表象的算计的思维，而没有尊敬并且评价第一哲学的长逝，在孤寂中第一哲学拯救了自由并且正在拯救——随着海德格尔。①

---

① 博德这里尚没有明确提出世界理性与自然理性、概念理性的区分。在 1980 年出版的《形而上学的拓扑学》的前言"历史当下的形而上学"中，博德先生指出现代从三个维度上拓展了其思想形态的完整性：对生活世界的省思，对服务于生活世界的科学技术的省思，对人的创造性本质的省思。现代之思已经完成现代世界和哲学历史的彻底区分，并且

尚为直接的自然宗教把绝对本质放到众多非本质的规定性的对面,自然宗教在这些规定性中毫无理解力地漫游。它把自然形式的多样性当作既定的现成的前提,它从这个前提直接回到自身并且正在这里表明自身是外部反思。现实性直接地被接受了,在回忆现实性的尚"无自我的装饰"的多种形式时,黑格尔谈到"花的宗教"。跟随着这个自然宗教的第一种形态的是"动物宗教"。这里想说的是:分散在个别性中的光在持存状态的诸个别性中——它们显现为一个实体的各种属性,其中每一个属性皆完整地表达了实体。这些个别性都是自为的并且相互敌对,它们在生命斗争中完全压倒了普遍,这是一切针对一切的斗争。正是这是动物性的,就像在《精神的动物王国》中发展的动物性一样。但是,动物宗教的精神的个别性不再是动物王国的个体,而是"一群分散而无法结社的民族魂,它们在仇恨中彼此殊死搏斗"(9:372/22)。消极、排外而自为的个体,在动物宗教中是民族;在精神走出流注的光的无形态性之后,它是普遍精神的第一个形态。由此可见,与动物宗教相比,花草宗教的兴起,只是一种反应,它们无法承受自然的光的意识,这种光面对他者把自身规定为一个自身,而花草在虚弱中寻求一种没有持恒的形态的无自身性。不过,这里它们没有回到光的单纯——这种光作为火又吞噬了它的诸形式,而是投身到精神宗教的泛化之中。

与此相对的是"劳动者",他把自为存在扬弃到对象形式中,把他的自身物化了。"众多彼此吞啖的动物精神"的宗教,或者诸民族的

在由马克思、尼采和海德格尔所构成的现代核心省思中从力量、意志和知这三重性上实现了当下世界自身的区分——迄今的当下和将来的当下。是现代唤起对世界理性的尊崇,它关注的不是理念及其自然和精神,而是人自身的历史、世界和语言。当代应以现代世界为中介,认识哲学历史自身本具的当下。这要求:1、打破所谓的"历史连续性";2、体察概念理性所保藏的智慧尺度。

宗教，过渡到普遍性的超民族的宗教，普遍性理解自身是劳动者。花草宗教的意识的直接自在和动物宗教的抽象自为存在过渡到劳动者宗教，对于它，那种直接的自在成为一种现成的材料，自为存在通过形式化而在这种材料上对象化，扬弃自身并且置身于外。

逻辑上看，动物宗教的民族是绝对者，它由单纯的展示到达绝对属性的稳固和持恒。这种属性一方面是"在与自身的单纯同一性"(11:374/21)中的绝对者，另一方面，具体说按照反思这一面，却是否定，也就是排除一种由单纯对立所规定的属性；因此，就是动物宗教及其民族所特有的敌对性。

如果人们看到，所谓的和平研究如何在抽象之中来回兜圈子，简直令人啼笑皆非。它们在对侵略的解释中没有一次能够达到在黑格尔意义上的敌对性的宗教维度——自然宗教的维度，自然理性的原则展示在这种宗教中。

事实上也很难在黑格尔的阐述中把握自然宗教的近代特质，只有已经知道它作为近代现象并且只欲被当作近代现象来把握的人才能够理解其近代特质，这种人严肃地对待原则的危机。他不是用想象，而是用绝对者的逻辑来接受花草和动物。

按照这个逻辑，第三步是这样：**把绝对的属性过渡到绝对者的模态或者从绝对者的外相到相作为相**，乃至到自内反思的映现。这个模态是绝对者的至外的外在性。按照这种外在性，绝对者只是它自身的一种方式。在这种模态里它特地把自己设置为外在性；而它"不仅是至外的外在性，而且因为它是作为相的相，于是它是向自身的回归，是瓦解自身的反思，作为这样的反思，绝对者是绝对的存在"(11：375/9)。转向劳动者的宗教，这是说：对于这种宗教绝对者完完全全在自身之外，驶进了物之中，在物中却恰好不作为光明本质的宗教的诸自然形式,而是纯粹人工的形式,受民族规定的自为存在把自身释放到这些形式中并且作为自为存在而具体化了。黑格尔这样说明这种劳动:它是直觉方式的建筑,"就像蜜蜂建筑蜂窝一样"(9:373/14)。

但是这个比喻并不是说,民族所变成的劳动者的行为是不带理智的。相反:行为是地地道道技术的,也是刻意和理智的活动。但是,鉴于精神的自我意识,也就是从宗教来看,这种行动就像蜜蜂的所为一般是无思想的、自然的和不自由的。工蜂的社会又可理解作为近代现象,此外至于工蜂的社会,至少自从曼德维尔①的《蜜蜂的寓言》以来也就被说成如此之社会。

由于精神显现为工匠,它"还没有抓住思想"。工匠的工作是严格的形式的工作,形式仅仅"鉴于直线与光滑平面及各部分的平等关系的单纯联系,圆的不可通约性在那些部分上被取消了"(9:373/17)。工匠所具备的建筑术是理智-框架的建筑术。工匠的宗教,更清楚地说,技术的宗教是与道德教化精神在其中死亡的"法权状态"相对称的,这是非常准确的切中点。黑格尔对宗教的这种形态的作品特征的提示也证实了这一点。

或者这些作品"只不过把精神作为陌生的死去的精神纳入自身,这种精神已经离开了它与现实性的生动的交融,自身死去,回到这种缺乏生命的结晶中;——或者作品外在地与精神相关涉,就

---

① 曼德维尔[Mandeville, Bermarde],1670年生于荷兰鹿特丹,1733年于英国伦敦去世。曾为医生,社会理论家。1703年开始成功的写作生涯并以英文发表作品。在其主要著作《蜜蜂的寓言》中,他提出了富有挑战性的论点:并非德行,而是恶习是公共福利的来源。个人利益必然与公共利益相抵触,这是他的论点的认识基础。按照他的基本观点构成的重要经济学原理叫作"曼德维尔悖论"。反驳曼德维尔的主要有哲学家贝克莱[George Berkelay],经济学家哈奇生[Francis Hutcheson]和亚当·斯密[Adam Smith]。

像关涉这样一种精神,它自身是外在的且并非作为精神而在此——就像关涉那升起的光,光把意义投到作品上"(9:373/21)。在这种两难选择中,技术工匠的宗教耗尽了自身:一方面是赤裸裸的理智的日常,另一方面是星期天,这时理智飞进花草宗教,为的是在无形态的形态上恣意享乐——理性的自然之光的一种既无规定性又无约束的宣示。

第 十 九 讲

为了能够解开自然宗教在在诸形态之谜,为了能够看穿它们的近代性,必须一再忆及《精神现象学》的前言,那里黑格尔说:"说出绝对者是精神的"观念表象,它是"最崇高的概念,它属于近代及其宗教"(9:22/5)。那里所有联想的徘徊踏步都在对花草、动物和工匠并且尤其是光本身的想象中结束了。

这里是自然理性的各种形态,理性把自身变成对象并且在意识到自身的精神的层面上。首先理性在它的单纯同一性中,同一性直接照入诸自然形式的多样性中,同样直接地收回到同一性的单纯之中。然后是分散在互相仇恨的诸民族的差异性中的理性。最后,理性把自身置于自身之外并且在对现成者的组建中与自身相对峙。

在这最后的形态中是精神自身的自在存在,它把精神变成精神所加工的质料,并且是用这样的方式,即精神把自己的自为存在物化了。不可以把这种物化与那种组建相混淆,在那种组建过程中自我意识作为服役的自我意识而赢得独立性。因为在那里材料已经是物的,现成地作为物。但是这里精神处在创造者的情形中,创造者甚至还为他的诸形式造出材料——不过是这样,他自身,具体说在他的自在存在中成为加工的对象。从近代哲学原则来看,这里关系到一种理智的出现,这种理智自己通过方法来加工和制作自身。这是本质上为工匠的精神,在它分裂为灵魂和身体、精神和形体之后,工匠给光造形,赋予它外在的形态。因此,组建工作接受这样一种意义,即替灵魂穿上衣服,给身体以灵魂——在思想和存在一度分开之后,完成思想和存在的相互交融,一方面是作品,精神在其中已经死去,另一方面是作品所适合的精神自身,一方面是精神死于其中的那些形态,另一方面是意义——或者如人们所说:意义赋予。

技术-宗教具有死去的理智性和某种意义赋予——一如这种可恶之事的称呼——这两个方面。自在,也就是真实,下降为无意义。只有这样它才是材料,这种精神的自为存在在材料中物化了。意义赋予却和物一样是多样的,它在众物之中用形式把意义变得清晰可见。所给予的意义本质上是不同的意义。

第一眼看,黑格尔似乎在对工匠的阐述中提供了对各种建筑艺术的或多或少充满幻想的追述。其实,这里只因此而谈论建筑,因为自然宗教的精神最后规定自身是世界建筑师,在这个世界他在家里,原因是精神既是世界的材料也是世界的形式。作为由精神自己所给予的周围世界,精神在世界中就是在家里,只有扬弃由它自己强制造成的灵魂和身体的分裂,精神才领悟到这个家。这是把知性的抽象形式加工整理为更富有灵魂的形式的要求,知性的抽象形式在一个个框架的生产中变得直观,而植物的生命服务于这个要求,植物生命"不再像早期柔弱无力的泛神论所认为的那样是神圣的,而是被(劳动者)当作可使用的某物并且被放到较低的外在和装饰的位置上,劳动者把自身理解为自为存在的本质"(9:374/13)。

在技术工匠的宗教中发生了以下过渡:起先以光明本质而亮相的精神的自为存在变成了加工的材料,在加工过程中动物精神的自为存在作为所造就的众物之形式走出自身。而现在从直觉的劳动者那里产生出工匠,他从所造的物那里把自己理解为自为的本质,这个本质为丧失灵魂的住所添进一个灵魂或者一个意义。这种灵魂又是自然宗教精神的自在存在,现在却不再被当作单纯的材料,也就是按照单纯的光的一面,而是按照装饰的花草的现象这一方面,这种现象只是作为赋予意义的装饰被接受并且被加工到技术世界的住所中去。"为思想的形式所压迫",有机的形式丢失了短暂性并且把"直线的和平面的形态"上升为"富有灵魂的圆"(9:374/20)。

至此,劳动者的宗教只呈现在普遍的元素中,由他、由他的思想所渗透的环境,一个制作出的世界和居所;现在须观察的正是这些劳动的个别性的形态。具体地在作品中,"我自身在这里作为自身而生存"。而作为自身,我自身生存在语言中。一如其劳动的安顿之处是他所造的世界,语言是他自身的家园。

劳动者的自身"还缺少这一点,即在自己身上说出它于自身包含一种内在的意义,它缺少语言,缺少这种充实的意蕴本身就在其中的元素。"(9:374/36)意义取自于这个元素并且在言说中被给予。

再一次来回顾:起先,劳动者没有自身,他在动物的形态上,也就是在民族或者氏族形态上具有自为存在,通过对现存者的形式化,他把他的自为存在物化了。接着,劳动者作为工匠把自为存在收回自身,他作为"自我意识的形式的"劳动者旨在赋予他的住所以灵魂,这个他所造的住所是无生命的架构,他用丧失了神圣性同时又持恒的花草宗教的形式来装饰它。他已经从物之中收回自身同时使物承担起自身,最后,这个自身还必须特意作为自身而被言说出来,所有的意义在这里安家。

鉴于精神的自我意识在其中直观自身的对象,这意味着:舍身外化的我自身的理智建筑首先过渡到自由的建筑或者在作品中觉悟自身的雕塑之中。这种无声的形态还需要上升的光明,光虽然不再是作为材料,而是作为显示(Zeigen)的共同作用者。雕塑的、圆形的亦即生动的形式,外部对于这种形式成为单纯的外壳,成为其自身的掩饰,相对于这种外部的内部"首先仍是简单的黑暗,是不动的,是黑色而无形式的石头"(9:375/10)。

这种黑暗与光所走出的黑暗相区别,是浓密、持恒并且封闭于自身的。工匠所完成的最后的赋予灵魂的工作,自在存在和自为存在、"自然的和自我意识的形态"彼此相分离的两个方面的最后混合,是这种精神自身的多义性的爆发,在这里,意识和自我意识进行斗争,单纯的内部与多种形态的外部进行斗争。

自然的和自我意识的形态——"这些多义的本身谜一般的本质……在深邃难解的智慧的语言中爆发出来——",工匠把"思想的晦暗和外化的明确性"结合起来(9:375/20)。

这里人们还必定想起理性的自然之光的早些时期吗?还一定随着黑格尔本人而想到雅各布·波墨[Jakob Böhme]吗?今天人们难道不更有可能看到这样一个人?他从技术工匠的宗教这个阶段而来,在"回归形而上学的根据"的途中回到的不是别的,就是近代哲学的原则,思想的黑暗和外化的明朗的结合,人们对之议论不休,津津乐道其艰深难解的智慧语言,不过这种智慧不断重复地可笑地出现在蜜蜂——或者蚂蚁——工艺那里,也出现在哲学的学术运作那里。

如果一种哲学没有落在近代各个位置的逻辑发展中,如果这种哲学在那里没有作为个别性而表现其必然性,那么,它就不必让人们认识到近代的宗教——除非它与近代的原则发生关系。在意识的历史中再度发现海德格尔哲学的某些特定特征,这完全是可能的,甚至是极易想到的。但是,它们只表现在意识显示宗教之相的地方——一方面在不幸的意识那里,另一方面在冥界的宗教那里,后者属于道德教化的精神。然而这些是个别的特征,它们不可能作为某种哲学的整体而出现。海德格尔哲学也不可能整个地出现在对近代宗教的阐述中。否则，后黑格尔哲学的必然中介工作，其相对于第一哲学的必然外在性，最后甚至其向作为第一哲学的哲学的回归，都将会被误解和错认。关于海德格尔的提示是想说明，他是且如何是与近代哲学在原则上联系在一起的，并且这一点表现在他的世界冲突中，阱架的世界和四维世界的冲突，也表现在他的技术外壳与语言之家的冲突上。就像他自己所看到的那样，这种对峙属于某种自一[ein Selbes]，其自一性在他那里却完全没有得到把握，具体说，局限于单纯地说出"共属性"。他最后的话是"das Ereignis"["大事件"]，这不是别的，正是作如此理解的同一性的本质。用黑格尔的话说，这个词只是走近这种思想，它是思念、思忆。令人惊讶的是，黑格尔让人们理解和把握的是：技术工匠的宗教的思忆。

更重要的是准确地考察这种宗教的发展并对之加以辨别：它的动物宗教的来源，源于民族的意识。其第一个阶段：没有意识的劳动者按照一种死去的理智的尺度来建立他们的世界。其第二个阶段：技术工匠的阶段，他有意识地走向这样一个目标，即给用头脑造出的世界建筑以灵魂，他自身显现在世界建筑中或者在世界建筑中锤炼出自身。其第三个阶段：语言强力的阶段，语言强力说出自身的个别现象的内部，也就是，说出在形体建构中对象化的建筑师的内心。建筑、雕塑和语言智慧分别归属于这些阶段，不可以把这个秩序当作对精神外化的评论或者其历史起源学的呈现，它只是作为具有规定性的方式的符号，觉悟到自身的精神按照这些方式在自身中发现并且直观自身是对象——简单地说：像精神自己所领悟的那样。

技术工匠的宗教完善了自然宗教或者——同样的是——自然理性的宗教，在这里自然理性的宗教给自身以尊敬，在技术工匠的宗教中,工匠的工作努力向上"抵达他的意识的分裂,精神与精神在分裂中照面"(9:375/28)。在这个阶段的整个运动中,精神脱离了"与直接自然形态的没有意识的方式"的混合。由于精神说出它的内部,精神的对象与精神自身达到齐一。精神的造形活动[Gestaltung]是精神的,它逐渐转向为了自身而把自己呈现为艺术家。于是,自然宗教就变成艺术宗教。

艺术宗教和工匠的宗教有何区别? 黑格尔说:工匠所做的是"综合性劳动,扬弃思想的和自然的种种陌生形式的混合"(9:376/5)。形式的相互陌生性最后显示在语言上,有意识的与没有意识的在语言中作斗争。

正是下面关于艺术宗教的章节非同寻常地排斥概念把握,用模糊的过去的历史麻痹自己,沉溺于神话,丧失生命的比喻在神话语言的强势中遮盖自己,比喻引导人们偏离当下,就像希腊世界一再通过近代宗教而翩翩起舞,近代作为新时代也在一种希腊世界的幻影中流失了。

为了不丧失对在宗教中所进行的事的清醒意识,让我们再一次来看体系位置;在《序言》中是这样说的:"真实仅作为体系是现实的,或者实体本质上是主体,这在这样的观念中表达出来,这种观念说出绝对者是精神——这个最崇高的概念,它属于近代及其宗教"(9:22/3)。

现在,宗教是精神,这种精神走出其意识——在意识中它是实体性的——而努力把自己造就成自我意识。这种自我意识的精神却还没有作为自我意识的而成为对象,而是作为它由之而来的精神。这个精神作为意识自身具有外在性的方面或者自然的形式。宗教的第一个阶段必然呈现和瓦解的正是这个方面,在这个阶段上宗教是自然宗教。这种瓦解无法用别的方式，而只能这样发生：起先相互对峙的思想诸形式和自然诸形式积聚到一起——正如第一哲学在它的第一阶段中把起先相对峙的思想和外延的实体放到一起——首先把实体的对立降而为属性的对立（斯宾诺莎），然后把属性瓦解为精神自身的行动的模态——从没有意识的行动到自我意识的行动。精神让意识看到，精神在世界中安家，而世界对于它首先是陌生的自然，它自身塑造自然的形态，万物在这个自然中具备根据，所以这样造出的世界与其他相比是更好的。

就像黑格尔所指出的那样，尽管不通过感官，觉悟其自身的精神首先**按照感性确定性的方式把握自身**，就此而言允许将之与近代哲学相比较。它自身的光的"这一个"[①]或者花草本质对于它既是正在消失的，也是显现的。精神也**按照感知的方式把握自身**，——黑格尔这里说到"精神的感知的宗教"（9：372/8），感知的物只在唯一的规定下对于精神有效，这个规定与所有其他特性相敌对并且是毁灭性的，把其他特性贬低为欺幻；只有自身的民族是真实的，实体只能够是一个，它由于另一种特性在绝对性中、由此也在持存中的显现而受到威胁。

最后，自然宗教的觉悟其自身的精神**按照知性的方式把握自身**，只要知性在现象的内部发现自身，那么所有现象都是由知性来规定和制造的。围绕着知性的居所是它的组建过程的结果，知性的目标是把这种知［Wissen］付诸真理，它最终在语言里找到其自身的外化形式，自身的房舍。

从整体上看，自然宗教涉及的是自我意识的发展，自我意识已经

[①] 对应于抽象的意识发展过程中感性确定性的"这一个"。

显示了**宗教的相是不幸意识**——在把精神表象化的诸精神形态之内。现在,按照对绝对者的位置的准确界定,在艺术宗教中与此相应的是"现实精神"的形态——现实的,在相应的呈现现实性的逻辑阶段的意义上。

现实的精神是"道德教化或者真实的"(9:376/9)精神——就像黑格尔在回顾实体性精神的整个运动时所说的那样,或者说在回顾才只是精神的意识的精神运动时所说的那样。进一步,在启蒙阶段信仰瓦解了,对艺术宗教的独特位置的考察必须与这种瓦解相应,具体说,道德教化的精神在艺术宗教这里和在启蒙信仰那里一样必须从它的真理过渡到其自身的纯粹知之中。

在宗教的第二个阶段才清楚,为什么在前面阶段的第二个步骤中,也就是在动物宗教的关联中谈到民族,民族在将精神表象化的诸精神形态中再次出现在第二位上[①],也就是在理性的自我意识通过自身而实现的过程中。无论在这里还是在动物宗教中民族都无法把自己作为其本质之所是,也就是说作为**道德教化的现象**。在自然宗教内,民族只出现在自然的规定性中,它作为民族的同样也是精神的规定性,并且从中只得出其排斥性的特征。

从现实的或者道德教化的精神来看,自为存在的排斥性意义也保存在技术工匠宗教的民族中,具体说,统治结构的第一个现象在光明本质与个别的诸自然形式的关系中,它又取消了这个现象,紧接着在主人-民族与其他民族的关系中,最后过渡到"压迫各民族的等级制下,层层等级共同造出健全的整体的组织机构之假象,但是这个整体缺少诸个体的普遍自由"(9:376/16)。

---

① 指"有生命的艺术作品"。

为了也使这个提示脱离种种奇异的联想,人们必须把它和所提及的显然是资产阶级的社会放到一起,这里的资产阶级社会处在尚安稳的道德教化的形态中,据此它是"在法和义务的多样性中的组织"并且分为相互分离的阶层及其特殊的行动,这种行动的共同作用形成整体(9:376/29)。严格地说,这些阶层是知性世界的残余,在这个世界里虽然有道德教化却仍然缺少诸个体的普遍自由。

这种自由无法安分下来,道德教化世界的发展已经显示出这一点,个体对其此在的限制始终不满并且领会了"其自由的我自身的毫无限制的思想"。"对实体的平稳而直接的信赖回到对自身的信赖和对自身的确定性"(9:376/34)。伦理世界毁灭于"道德教化精神的绝对的轻率,它瓦解其持存的所有固定的区分,把它庞然的有机枝干消融于自身,完全自信地达到毫无限制的欢娱和它自身的最自由的享受"(9:377/7)。这里不再应该有任何怀疑,尽管所有后来的对希腊神话的影射,然而艺术宗教的精神完全彻底地是近代原则的精神。在这里并非直接的道德教化的精神具有宗教的、因而也是哲学的意义;其实它的直接性已经是经过中介的,并且是通过自为地把自身表象化的精神的运动。所以,艺术宗教的精神这里立刻表达在教养的阶段、更富有规定性地说,表达在启蒙中。因此,当黑格尔说到这种精神出现时,他引用自己的话,"信赖中断,民族的精神在自身夭折"(9:377/16)之后,"自身确定的精神活着,它哀悼失去的世界"(9:377/19)。在向启蒙的真理过渡中正是如此。

"在这样的时代出现了绝对艺术"(9:377/22)——再说一遍:在启蒙的时代。精神在这里把伦理实体从它的特定存在收回到它的纯粹自我意识,因此对于为丧失世界而哀伤的精神,这个时代作为夜的时间而出现,"实体在这里遭到了背叛"。但是,实体世界的这种日食同样是"精神自身的纯粹确定性的黑夜",理性的自然之光,也就是近代哲学的原则,在自我规定的进程中抵达这个黑夜。这时要说明:自我确定性之所以是黑夜,是因为它是纯粹的。而它是纯粹的,这是因为在自我确定性中思想的形式与自然的形式不再混同在一起。纯粹的自我确定性是纯粹的人工性,是思想艺术的主体或者方法的主体,一种方法,它生活在破碎的对万有的信赖中,它把所有传承下来的真理贬低为一个假造的世界,原因是这些真理没有在自我确定性中的根据,在假造的世界里,在真假之区分的意义上,一切尚待去做。只有在这种近代的原则规定上理解艺术宗教,在呈现其个别形态时概念才能够确立起来。

只有考虑到艺术宗教的体系位置,才能明白被广泛引用的黑格尔的话,他说按照艺术的最高规定艺术已经成为过去。具体说,它的最高规定在科学体系中不是别的,就是一种宗教的形态,并且是近代宗教,一种不仅觉悟到自身,而且也确定自身、确定其现实性的精神的宗教。这里有效的是:"后来精神超越了艺术,以便获得精神的更高的呈现;——具体说,不仅是从自身中诞生的实体,而且在将之作为对象来呈现时就是这个自身,不仅诞生于它的概念,而且以概念本身为形态,以便概念与所造的艺术作品知道彼此是同一个自身"(9,377-25)。

第二十讲

走在宗教前面的诸形态一方面是为了自身而把自身观念表象化的精神，另一方面是世界的精神；从逻辑上看：本质和现象，而本质作为在自身内的反思。走在宗教前面或者从逻辑上看先行于现实性的这些形态不在时间中迷失。"完整的精神只是在时间中，而完整的精神作为精神，其诸形态呈现在一种顺序［Aufeinander］中，显然只有整体具有真正的现实性，因此相对于其他而言具有纯粹自由的形式，这种自由把自己表达为时间的。"(9:365/29)。

宗教的或者现实性的诸形态"在时间中相区分，但却是这样，后继的形态在自身保存着先行的形态"(9:366/7)。这说明：宗教的发展所特有的时间是知的时间——与意识的教养历史相适应。这种知在自身不知道将来；它达到自身的完满的当下现实，在这个当下现实中每一个后继者都在自身保持着先行的个别性。它是回忆的时间。

精神的现实性在时间中相区分。它是一种历史。宗教包含黑格尔的历史阐述的基本轮廓——把这部历史理解为全体性的或者整个精神的历史，这个全体性是国家。宗教的个别化的诸规定已经让人认识到历史的划分，正如黑格尔后来所做的历史演讲那样——分为东方的、希腊的和罗马的王国，紧接着这些王国的是第四个和最后的国家，黑格尔用"自知的主体性"来表示其特征(《历史中的理性》，Hoffmeister，253页)。最后的国家已经是绝对知的时代并且不再属于宗教，更准确地说：不再属于宗教的基本轮廓。

人们在这里看到：历史的划分本质上是两个部分，具体说在新旧对立的意义上，新旧之对立是近代思想的特征——les anciens et les modernes［古老的和现代的］。较古老的时代相对于新时代、最后的时代是暂时的，黑格尔这样来说明它："按照自然的方面"它是"精神的垂暮之年。自然的垂暮之年是弱点；精神的垂暮之年却是完美的成熟，精神在成熟中回到纯洁性，但却作为精神。精神作为无限的力量在自身保存较早的发展的诸契机并且由此而达到精神的全体性"。

在这个全体性上树立起来的是什么？展开这个问题属于下一个学期。现在，关于历史哲学的提示只是让人们理解，为什么黑格尔已经在《精神现象学》的宗教阐述中就明确地提出那种旧时代的三大王国的特点并且藉此将宗教排除在近代之外。**正是这种对宗教的排斥是近代的宗教**。从那里，宗教这一章带上独特的双重意味，具体说，一方面概念把握的近代性是宗教篇章的运动的根据，另一方面三个旧王国及其精神的直观叠加在概念把握之上。

在这个地方不能够再对此保持沉默：我［博德先生］对黑格尔的阐释与时间历史意义上的黑格尔背道而驰，只从哲学的当下现实出发才获得正当性。说白了——因为不假思索地表达出来：我对作为个人的黑格尔毫无兴趣——正如对笛卡尔或者对任何其他较早的哲人那样。**哲学地说**：关键总是在于考察什么已经做过了，是如何做的，而不是去理解说过什么和如何说的。没有一位与哲学家的名称相称的哲人做这些。无法否认哲学的当下现实。只有作为永逝的哲学，它才与古老的当下现实相互共属。

黑格尔的解释者也许能够自己证明其有用性。他们在重新拣起黑格尔时所用的直接性并不表明他们已经为他的所作所为所震撼。黑格尔本人也许是最后一位［哲人］，他放下了在他身后的哲学的绝望。他兴许已经迎接这种绝望。显然他熟知它。在这种绝望上他兴许已经看到：自由是可以拯救的并且从何着手。

促进诸原则的危机，尤其是促进近代原则的危机，这要求在宗教中突出近代这个时代，尽管它带着旧时代的三重投影，严格地说，旧时代根本不是时代，因为在现实性中、因此也在时间中它没有具备规定性的开端。《精神现象学》的宗教是近代宗教，按照概念这是毫无疑问的，黑格尔自己谈到它。因此，我们要求它也显示出近代的现实性。黑格尔把宗教的内容浸没在神话中，古老的神话是面具，在它实际上已经落下之后，必须脱下面具。**第一哲学的当下现实已经不再建立在新旧排斥之上。**当然，谈论作为新时代的近代的哲学是有意义的，但是不再立足于对旧的排斥，而是旨在第一哲学的三大时代的区分，这种区分是从最富有规定性的开端而来。

《精神现象学》并非结束于某种神话，就像在黑格尔之后跌落到第一哲学之外的其他一些著作中可以观察到的一样。宗教的整个发展以此为目标，这就是精神在宗教中把它的形态作为精神而观念表象化，并且超出这种观念表象而达到其自身的概念。这种近代精神根本不可能成为在古风意义上的神话，原因是它的神话被纳入精神的观念表象中。这些神话是诸理念，只能够在这样的规定下理解如此之理念：它们在我们之中并且完全处在我们的权力之中。这将它们彻底区别于古代的神话。更有甚者：它们建立在确定性和真理的区分上，因而在对其真理极为重要的直接性上是破碎的。人们还只能够愿意相信它们——出于自由的并且是绝对的意志，这种意志在近代哲学的开端就在有目的的怀疑中启示了自身。神话的意志并不比彻底怀疑的意志少一点否定性；因为神话的意志已经以自然意识的绝望为前提，就此它只是比彻底怀疑的意志更加成熟。绝望是自相矛盾的意志，它赞同一种观念表象，而这种观念表象已经在形式上打破了神话中的信赖。如果这种意志不再与向概念的过渡紧密联系，也就是说如果它不再要把自身作为自由的意志，那么，它就成为一个自然性的怪兽。

黑格尔关于自然宗教阶段所说的，从外部契合他对东方世界的特征的描述，那是光明升起的境域。可以从黑格尔的历史哲学中看到这种契合。这对于我们只有附带的意义，显然它从属于这样的问题：为什么近代精神于第一个阶段在东方寻觅自身并且是如何寻找的？这是因为它必须把自身作为绝对本质从全体性那里重新开始，而全体性对于它恰是外在的。因为精神为了确立自身是绝对者，它恰好必须确信外在的是它的。借取东方的隐喻，这在法国启蒙主义者的各种历史中已经成为最后的外在性，因为成了作派。在基督教世界的对面，它显得是自由的反命题。自然理性以为能够在东方的借喻中自由地表达自身。

黑格尔不仅用光明本质，而且也用动物形态并且最后用建筑、雕塑和晦暗的智慧来隐射东方世界，如果把它的外在性搁在一边，如果相反把东方世界当作是把自身作为精神加以观照并且表象化的精神所意味的［东西］，那么，它就像宗教的任何形态那样是一件"外衣"，正好掩盖了上述宗教形态的近代性，以便在表象观念上把它们与绝对知的近代性隔离开来。如此看来，我们的解释的合理性是清楚的，即使对这种合理性的要求违背黑格尔的话。

再说一遍：宗教的所有形态必须在时间上为近代所排斥，而时间属于这种精神的现实性。另外一方面，遭排斥的种种在近代面前不具备独立性，因为没有开端。不如说，在时间上被排斥在现实性之外的宗教在近代原则上具备其真实的开端，而在"科学体系"中唯一的现实性是近代原则的现实性。只因如此,近代原则能够在宗教中显示自身是绝对本质。如果它有外在于它的他者,它就不是绝对者。因为精神自身作为精神是对象,就此而言,外在于它的是它自身。在宗教中精神自身为自身所排斥。精神的自我意识要如此。自内反思[Reflexion in sich]本具的行为方式要如此。

现在我[博德]知道,如果我将自然宗教的诸形态转译如下,我在做什么:

把光明本质转译为既是自然的又为纯洁的理性,纯洁是在对其对象漠不关心的意义上。笛卡尔在"Regulae ad directionem ingenii"[《指导心智的规则》]的开始就以他的洞见亮相:就像阳光不受它所照耀的物的多样性的规定,从对象方面人的智慧也没有经过辨别,也就是没有得到规定。

自然理性是人的理性。而人出现在双重规定中,既是动物也是理智。按照时间顺序先是动物然后是理智。人的宗教——这就是说不再为纯粹自我意识的宗教,而是时间化的并且也感性化的精神的宗教——在那里,在它从无形态的形态那里进一步规定自身的地方,是动物宗教。动物被当作是与植物相区分的规定,也就是在生命的斗争和普遍的敌对的规定之中。因为宗教又是现实的全体性,这里人既不出现在抽象的普遍性中,也并非作为个别的人,而是作为民族,在动物的规定中它本质上是敌对的民族,也就是作为主人的民族对立于有进贡义务的民族,后者被贬低为只是独立民族的假象。

用培根十分精确地选择的表述,他是在谈到以实验手段侵犯自然时说的:自然理性是恶魔的[Luciferisch]①。这位光明使者的第

---

① 这个形容词从拉丁文 Lucifer(魔鬼)变来。而德文 Luziferin 是指能够使特定动物(例如萤火虫)发光的化合物。

一个形态体现在民族仇恨中；它的第二个形态是世界的理智，这个世界是它的作品——"这个"世界在与"那个"世界的区别中，近代哲学在其第一阶段喜欢突出这个区别，并且是在想到须在自然中建立Regnum Hominis［人的王国］的时候。如果我说：黑格尔在"工匠"的标题下所刻画的宗教形态的特征是技术工匠的宗教，谁还愿意在此谈它的现实意义。

一切皆是制造出来的，在这里没有什么会不要求一个理由，为什么它宁可如此而不是另一种样子，为什么这样就胜过别一番景象；显然为了世界建构的最佳可能，一切都经过考虑。理性的外相从万物中回返自身，反思自己的行动，相是纯粹的往复照耀。在这种映现中自然理性回归自身。具体说从机械的诸起因返回到目的地，更准确地说：自然理性自身作为意义引进到本身无意义的、因为只是直觉的生产过程。（Shocking, isn't it? 莱布尼兹）

相应地技术工匠的宗教从自身方面在三个阶段中达到完整性。"思，建筑，居住"——这是意义赋予的第一个运动或者赋予世界建筑以灵魂的运动。理智已经彻底地分开灵魂和身体，而灵魂和身体的相互渗透的第二个运动是意义在个别性形态上的呈现，个别性在表达上排斥所有陌生的意义赋予——把内在原则整理加工成为某个个体，个体表达一种意义，表达工匠放入其实存的意义，显然工匠看见了所有个体的共同持存。在个体中意义是雕塑性的，并且正是通过其教养的个别性，是教养把个体放到各种机械起因的对立面。鉴于可能的（诸构架）诸世界的多样性，外在装饰曾把世界建筑变为一种特殊的建筑，而意义在这里不再是外在装饰。

意义赋予的第一个阶段关涉到诸世界建筑，自然理性知道自己在建筑的特殊性中。第二个阶段关涉到封闭在自身的个体的雕塑，普遍的理性反映在其个别性中。第三个阶段现在关涉到混合或者综合，自然的形态在综合中规定自身是相对于自我意识的尚没有意识的方面。它是自我意识的个别，但是它仍然把自我意识理解为某种从无意识性中得出来的。晦暗的思想，这是 notio obscura［黑暗、模糊的观念］，它趋向自我意识的表达的清晰性，趋向语言，而语言仍然显示着自然性的、乡土性的符号。没有这种语言的自然性，意义赋予会丧失意义，具体说它不再具备身体和灵魂的差异，这种差异对于技术工匠的宗教的理智是基本构成性的——其理智必然始终顾忌自己的有限性。仅只对这种理智来说，语言变成家，在寻找居住性时理智把这个家当作与自己相区别的。但是和自我意识不同，语言只是作为自然的语言。（莱布尼兹致力于对语言的 Characteristica universalis［合规则性的一般阐述］，这种努力没有达到理性，而只是抵达形式逻辑的知性。）

晦暗的思想达到表达的清晰或者说来到语言，在这里自然宗教完成了。艺术宗教将看到思想成为思想，成为艺术作品的清晰此在。

"精神从它的形体中逃往概念，纯粹概念的实存是个体，精神将它选作其痛苦的容器。在这个容器上精神是普遍和力量，个体承受住这种力量的强暴，——作为它的激情，献身于这种激情，它的自我意识丧失了自由。"（9：378/1）但是纯粹的自身将激情贬低为行动的材料并且在作品中把普遍的精神个体化了。

这是怎样一种自身？在这里将回想起为了自身而把自身表象化的精神的自我意识阶段，更准确地说，回想起在个别性和普遍性之间分裂的不幸意识。进而在对实在精神的运动的回忆中想到伦理世界，回忆它的覆灭，更具有规定性地说，回忆精神教养的路途中具有特征的破裂——现实世界和信仰世界的分裂和统一，无论哪一个世界都在这种统一中灭亡了。

也是这个自身,就像它出现在艺术宗教中一样,它在自由的道德教化中具备实体。但是这里它知道自己在对象中是**行动着的意识**。没有对立于它的世界,既没有现实的世界,也没有信仰的世界,而它自身在其作品中是现实的,并且只因此现实性才作为精神自身的现实性而成为对象。现实性也是艺术宗教的发展的逻辑位置。这种现实性的精神性已经表现在:它和实存相区别,在与可能性和必然性的诸模态的统一之中得到把握。为了看到这一点,却首先必须通过艺术宗教的各个契机来追踪艺术宗教,其第一个契机是抽象艺术作品。

这里的抽象意味着什么?首先在与行动着的意识的最遥远的距离中考察艺术作品,作品是行动着的意识的本己形态。只要艺术作品"作为物而在此"(9:378/19),它就与意识隔得最远。大多数所谓的艺术考察盘桓在**这种物性的**抽象中。对于这种考察,艺术作品分裂为个别性或者个体性的方面和它的"周围和居所"或者环境的普遍方面,它产生于这种环境。无论哪一方面的考察都同样地抽象,即使兼顾两个方面也没有放弃考察的抽象。毫无疑义的是:这里完全可以确定,并非在考察单纯的物;但是这些物如何就是艺术作品,对此还缺乏概念。与艺术作品交往的抽象方式是"直接的",它作为直接的方式无法说在何种程度上艺术家的行为不是模仿,就像工匠的模仿;它只是确信艺术行为不是模仿并且不是用论证而是用显示[Zeigen]来补救自己。人们只是指出,在桌子上的壶也许和人们自然地看见的不一样。然后就停留在这种毫无概念把握的显示中。这仅仅指出了单纯的事实,即艺术作品把物提升到"不可通约的诸关系中"(9:378/29)——不可与知性创造的那些带有同样可计算性的物相通约,因而与那些物相反是个体性的,也就是具有不可分的统一性。但是如前所述：这一点没有得到把握，而只是直接地被看见，局限于一种又回溯到知性及其观念表象的视线，就像"不可通约"这个排他性的规定所表示的那样。

在自然宗教里不谈神。神随着艺术宗教而出现。具体说与神在艺术作品中的呈现一起出现。但是，艺术作品的呈现从本质上与这一点相关联，即已经知道把神与种种自然现象相分离，对于神来说自然现象降而为外衣。众神在宗教意义上才出现，在自我觉悟的精神的意义上，在这里众神作为新神与自然元素的旧神相区别。"自然元素的自由此在的荒凉本质和混乱斗争，泰坦巨神的非伦理的王国，被战胜了并且被遣送到清明的现实性的边缘地带，被放逐到宁静的世界的阴暗边界，世界在精神中发现自身"（9：379/14）。因此，自我意识才净化为纯粹的行动。与之相应的是艺术家的亮相，他"舍弃其特殊性的"不宁和混乱，"脱离形骸并且上升为纯粹行动的抽象"（9：379/33）。这样与他所知道的神的本质相应合，艺术家完成了"作品和他的自我意识的行动的分离"（9：379/35）——一种由抽象造成的分离，这种抽象必须再度将其各方面联合起来。

在这种联合中抽象的艺术考察再一次局限于此，即艺术作品在与作品的生成相结合的过程中得到理解，只因如此才把艺术作品看作是整体。只有这样艺术作品对于抽象的考察才是富有灵魂的。这种考察没有超过行动和物之存在的种种抽象规定和诸方面的分裂，它也不在抽象的确认中，即认为对于这种考察来说艺术家的行动方面无所谓，考察只看结果或者作品。

精神概念不能够缺少自我觉悟的契机，为了纯粹的作品的缘故而压迫这个契机，从神话上看是倒退到了无法满足的对古老众神的渴望，向往道德教化之前的世界——如果它是一个世界的话。

抽象把艺术家和他的作品隔开,艺术家自己在抽象中经验到"他没有创造出与他等同的本质"(9:380/12)。他从大众那里得到的惊叹并没有让他从中再度发现"他的教养和创生的痛苦,他紧张的工作和努力"(9:380/18)。这表明,赞许与他的自我意识在本质上不平等。当评判者"以他们的知识高踞于作品之上,艺术家知道,他的业绩远远大于他们的理解和谈论,当他们作为赞赏者屈就于作品之下并在作品中认识到掌握着他们的本质,艺术家自己作为大师也同样地知道"(9:380/21)。

鉴于这种非齐一,艺术作品要求"其此在的另一种元素,神要求另一种创生,在目前这种产生过程中他从创造的黑夜的深处进入对立面,落入外在性,沦为毫无自我意识的物的规定。而较高的元素是语言,——一种此在,它是直接自我意识的实存"(9:380/24)。

在语言中个别自我意识既说出自身,又以这样一种方式为万物所听见,即万物知道自身是如此之自我意识。语言所塑造的神是一种自我意识,它在对象化中保持在自己本身中〔bei sich selbst〕。它是"纯粹的思想或者这种思忆,其内在性在赞美歌中同时具有此在"(9:380/36)。

与这种普遍的元素相对,神在语言中却也有个别性的形态——就像雕塑紧跟着建筑那样。而这种个别性是神谕,对于宗教自我意识它还是一种陌生的自我意识的语言。在它的继续教养中,神谕的单纯真理成为一种平庸的陈词滥调。作为神的没有明文规定的法则的言说,它丧失第一种陌生性。进而它被规定为"道德教化的民族的精神"(9:381/32),也就是一种个别化的普遍性的精神,这样一种神谕,"它懂得神谕的殊胜之处并且宣说相关的利益"(同上)。

但是这种答复仍然仅仅以偶然的规定为目标,对立于关于有待做的事情的普遍之知,偶然是特殊的行动及其种种周折的偶然,与个人以理智和思量所做出的在他的个别情形中有益的行动一样是偶然的。普遍道德教化之所是,在这里是已知的。"虽然思量关于偶然行动的神谕,但更高的却是知道这一审慎的行动本身是某种偶然的,因为它牵涉到特殊及其益用的方面。"(9:382/17)值得惊奇的一束光亮,"大地的蒸腾夺去了自我意识的审慎"(9:382/6),但在"酝酿着不安的大地下"近代哲学之光焕然生辉,然而在第二次穿行艺术宗教的进程时这才能够变得好理解。

脱离了这种陌生而偶然的自我意识的语言,同时从思忆的赞歌的不稳定的普遍性中超拔出来,这样的艺术作品在哪里呢?它在祭祀礼拜中。

第二十一讲

　　这里对艺术宗教的呈现首先在神话形态的遮掩下。旅途伸向何方,对于已经第一次穿透自然宗教的人来说是毫无疑问的。宗教的精神有双重土壤,这是因为它给自己一个在它的历史之外的历史。艺术宗教承载着所有黑格尔认为是希腊世界的特征,更不提荷尔德林①。并非是说和任何其他人的相比,他的看法较少切中问题,也不是说必须用历史学的研究或者相应的语文学来补充和修正他的看法。不如说在宗教本身的意义上并且在与绝对知的区别上,它停留为一种[执相的]看法。

　　因此,仍用自己的学识来装饰希腊世界的显现,这只会是闲情逸致。照理它还会取悦谁? 各种各样敏感的人,对于他们宗教理应还是可以享受的? 仍旧自视为基督教徒,这对于他们已经变得难堪,于是他们在希腊的众神那里享受轻松和欢娱? 但是,我们要把握我们的当下现实,别无他求。**没有什么来源[和将来]好让我们把自己误置其中而弄错自己。**

　　抱着这样一种意志,我们来看宗教礼拜的发展——没有额外的附加物。崇拜是如何完成了抽象的艺术作品? 作品与它在艺术家的自我意识的纯粹行动中的生成过对立,首先从对立的情势向抽象

---

① 但是,荷尔德林在1801年12月4日给伯仑朵夫的信中明确地说:"我长期徒劳地苦苦地专研,现在知道,生机勃勃的关系和秩序在希腊人和我们这里都必然是至高无上的,除此之外,不允许我们与他们有哪些相同之处。"(《荷尔德林文集》,商务印书馆,2003年,第440-441页)。

的艺术作品运动,接下来作品在与它相同的语言因素中生成,在语言中赞歌达到自我意识的普遍表达,并且最后在神谕中具备了个别性的语言。

祭祀礼拜本质上是我自身向纯粹的神性元素的净化行动,灵魂的陶冶,正如灵魂已经在赞歌的怀念中发挥作用。然而这种抽象祭拜的灵魂"仍不是沉降到深处并且知道自己是恶的那种我自身"(9：383/7)。这里,通过纯洁的戒律我自身放下其特殊性,践行了清规戒律,这个我自身并没有超出一种秘密的因而也非现实的完善。仅仅在观念中的完善必须过渡到现实的行动中,纯洁的自我意识才脱颖而出,这个自我意识只在其现实化中才在此。居住在彼岸的普遍本质必须通过个别性的中介与现实性结合起来。

礼拜行动具有双面性,一方面"正如怀念规定着对象一样,扬弃本质存在的抽象并且使它成为现实的,而就像行动者规定着对象和自身一样,把现实的上升到并且上升为普遍性"(9：383/32)。这种行动开始于一种祭献,这就是不带任何可见的用途而献出财产。这里所表达的舍弃"对行动进行反思,直至普遍和或者本质,作为自内反思"(9：384/3)。现在神降临到祭品之中,作为神的符号——进入植物或者果实和牲畜之中,而这里发生一位自身是神性的实体的牺牲。为了让牺牲的行动是可能的,"本质必须已经自在地牺牲了自己"(9：384/11),它把自己变成了果实和牲畜。这种业已自在地完成的神自身的牺牲,现在我自身通过放弃祭品特意为意识而呈现它,"并且用更高的、也就是我自身的现实性代替那种本质的直接现实性"(9：384/15)。

这种献祭人本身的现实性现在特地呈现于此:献祭人只将一部分完全献出,献出谷物和酒这植物的方面,而牲畜的方面却在献祭中为自己保留下来,他只毁坏了无法使用的,而将可享受的为自己备作饭菜并且自己享用。在享受祭祀宴饮时,本质的对象性此在对于他成为自我意识的此在。关于礼拜的第一个行动就说到这里。

这种行动的意义首先在思念中,并且随着祭祀宴饮,祭献的此在被取消了,这必然唤起另一个行动,它赋予思念以对象性的持存,具体地通过建造神的屋宇和装饰神的画像,以取悦于神。"但是这里所出现的不仅是神的光荣,神的恩惠的祝福不仅只在观念中施与劳动者,而且劳动也具有与舍身外化和陌生祭拜这第一种意义相反的意义"(9:385/3)。神的屋宇对于人的使用是开放的,在困难境遇中祭品为献祭人敞开着。向神表示的尊敬同时是"对富有艺术的慷慨的民族"的尊敬。"这个民族在节日里同样装饰自己的居室和衣着,它办理种种事务时伴有装饰性的器物。以这种方式民族从知道感谢的神那里为它的献祭接受回报和神的恩惠的明证,劳动把民族和神联系在神的惠爱中,并非在希望和某种以后的现实性中,而是在表示尊敬和呈献祭品中民族直接地享有自身的财富和装饰带来的愉悦。"(9:385/8)在直观人的艺术才能的享受中,或者在艺术家自身的 ingenium[天才,精神,自然禀赋]的享受中,更准确地说,在他的民族的天才的享受中,献祭的愉悦和享受获得完满和恒久。

让我们约略深入这种叙述的逻辑,要提醒的是,在艺术宗教中涉及的是**现实性的发展**,现实性在自然宗教中才仅仅作为绝对者而被引入。对于抽象艺术作品,所考察的现实性的第一个形态是"偶然性或者形式上的现实性、可能性和必然性"。已经说明的是:与实存不同,现实性只能够在现实性、可能性和必然性的三重性中得到把握;它是对绝对者的反思或者对其形式上的诸契机的反思。自笛卡尔以来,富有特征的概念把握的运动是这样一种运动,首先把现实扬弃在一种可能或者表象中,为的是把表象的存在从其本质中抽离出来并且将本质作为必然的来把握。

现实性的第一个运动显示出它是绝对的形式,这个形式没有作为内容而得到规定。现实性首先"与自内反思的规定相反而处在直接性的规定中"(11:381/10)——关涉到艺术作品:作品就是作为物而在此,与之相对的是艺术家的行动的自我意识——一种现实性,它对立于没有在作品中绽放的可能性,没有与作品达到平等的可能性。这是抽象艺术作品发展的第一个阶段。

第二个阶段发展了现实性和可能性的关系,它们在这样一种必然性中,它和诸相关涉者一样相对于它的内容始终是形式上的,因而就像偶然性一样。艺术之神的规定性在这个阶段瓦解于在礼拜中向神并且最后也向自己表示尊敬的那些人的相互感激。这种礼拜的艺术作品没有做到把神的纯粹本质及其在行动者的自我意识中的现实性带往相互规定。双方——精神的物和精神的行动——停留在偶然性中,始终是对立的。

偶然性的第一个原则说:"什么是现实的,就是可能的"(11:381/35)。可以把它翻译为:万物皆充满神灵。这不是说:每一个物都是一个神,而是说有一位神居住在万物之内。精神是艺术家,因而发现自己在万物中,因为没有什么不是人工的或者没有什么不是一种思想的形态。

逻辑的第二步在这里启动,作为自内反思的现实性,**可能性**只是"与自身的同一性规定或者自在存在的同一性规定"(11:382/2)。对于抽象的艺术作品,这意味着它向语言形态的过渡;具体说在语言形态中自我意识的本质——这种本质已经与自我意识相区分,是神的形态——在它的对象化中也始终直接地自在自为[bei sich],它不再下降到没有自我意识的物的规定中。迎合这个对象的是思念的赞歌——一种思想,就像在不幸的意识的发展中说得那样,它只是走近纯粹的思,而没有与之合一。

从逻辑上看,只要语言的元素是由在自身没有矛盾来规定,它就是可能的所在[Ort]。正因如此,语言却同时是与可能发生矛盾的地方,或者说是不可能的所在。神谕的语言既有所言,同时也无所言。在自身已经知道了允许做什么这个普遍之后,神谕或者本质的声音说出在个别之处须做什么,把这作为某种既是可能的、也是其反面的[东西]。这是一种矛盾,而鉴于在个别之处须做什么的规定,这种矛盾扬弃自身。

允许做什么,这只集中在对"他"的回答上,这个他在神谕中说出自身,这是礼拜的行动——逻辑上看,**现实性作为偶然性发展的第三个步骤并且是结束的步骤。**

在礼拜行动中达到的现实性不再是第一种现实性,那在自身之外具有经过反思的存在的现实性,具体说,这是由于艺术作品曾于物的抽象中在此,而此物的对面是艺术家的自我意识——两者不平等的对立,这也是在宗教精神意义上的非真理。而礼拜的现实性是"**经过反思的现实性,被设定为其自身与可能性的统一**"(11:383/19)。对于这种行动有效的是:一方面所做的,另一方面也做。人献祭,但是他从众神的馈赠中获取他的礼物。人放弃对祭品的享受,但是这种祭品在祭祀宴饮时还给他。人为了敬神而建筑和装饰,但是在使用他的作品时,每逢众神的节日而装饰自身的此在时,尊敬回到他自身。

在这个运动中,可能性起初还不是一切现实性,正因如此,万物因为充满艺术的思想而充满神灵,这一点也还没有成为真理。

具体说，起初纯粹的礼拜行动仍然和自然众物联系在一起，在这些自然物上看不到它们的人工性。就它们被看作隐秘的神的符号而言——但却只在祭祀中，在礼拜的行动中才被看作如此而言，思想对于它们才只是内在的。这些自然物，也就是所祭献的果实和牲畜，并不显示它们身上的被设定的存在；它们仍然是直接的现实性，在这样的现实性上可能性或者思想没有根据。众物中几样代表性的被牵涉到祭拜中，祭拜行动和祭祀宴饮结束了，众物又沉沦到自然性状态。

相反，在持久的祭祀作品中思想规定的人工性自由地出现了——在庙宇和祭品中，得到安顿的存在和与另一方的关系是众所周知的，在另一方中它获得在此的根据。但是这些物也具备这样的独特性，直接地从这种规定性中掉转开去，这也让物与精神的自我意识的联系显现为偶然的。因为这些作品也供其他祭献活动使用。

这里和他处一样，艺术家的自我意识和他的作品达到统一，但是仅在内与外的掉转中，进入统一又从统一中出来。在逻辑中相关的意思是："这两种规定的变易的这种绝对不安是偶然性。但是，因为每一种规定直接地转向对峙的规定，于是它在后一种上完全与自身结合，而这种一个在另一个中的相同规定的同一性是必然性"（11：384/31）——但才仅仅是相对的**必然性**，紧接着的段落指出这一点，与之相应的步骤在《精神现象学》中是有生命的艺术品。

作为他的阐述的导引，黑格尔把艺术宗教的礼拜与相应的自然宗教的第一阶段加以区别。光明本质及其花草宗教只把在普遍中的这一点还给信奉者，即"他们是神的民族；神只为他们获取他们的持存和单纯的实体，而没有赢得他们现实的我自身，相反，我自身是受指责的。他们所尊敬的神是空洞的深邃，而不是精神"（9：385/24）。

他们隶属于一位主人,这位主人是武断的深渊。因为处在一种理性之下,这种理性没有达到自身的规定性和责任或者责任心。

相反,艺术宗教的民族是自身的主人;它知道"它的国家和国家的行动是它自身的意志和自身的完成"(9:385/19)。它的礼拜是神向自我意识的回归,而自我意识是神本具的场所。光明本质或者日出的、东方的本质在获得满足的自我意识中西沉——这是在它降而为对象性的自然力量之后,在丧我中被吞噬了。无自身的自然"在有用性中——能够供饮食——达到其最高完善;因为在这里它是一种较高实存的可能性,触及精神的此在"(9:386/17)——特地在礼拜中显示出的,尤其在祭祀的宴饮上。

"那种如日东升的光明本质在这种享受里泄露了它是什么;享受是光明本质的奥义。奥秘并非某个秘密或者某种无知的隐蔽性,而是在于自我知道自身与本质为一,而本质已经是公开的"(9:386/24)。恰是这一点是实体的"背叛":自我为自身而变得公开。对象,它起初是物自体——人们是这么说的吗?现在对象在自身被泄露了——它的妙用被揭示并且是通过它成为我自身的欲望对象,这个我自身要它自身并且要完全是它自身。

"通过礼拜而对于自我意识的精神在它自身中成为公开的[东西]",它才只是光明本质的起伏运动,光明本质是直接的精神或者自然的精神(9:387/1)。这种精神的自我意识的生命仍然执着于与自然物的关联。它的众神尚不是真正天国的众神,而是 Ceres[谷神]和 Bacchus[酒神]。源于对他们的崇拜,精神才只在毫无羁绊的陶醉中意识到自身——正如它在逻辑上与生成的绝对不安相呼应。精神必须就自身方面成为对象并且安静下来,而这不再发生在物身上,而是发生在富有生命的我自身中,这些自身出现在节日里,"人为了他自己的尊严而给予自己的节日"(9:387/25)。在庆典游戏中精神显示在美的形体塑造的运动中。不过人还没有把"绝对本质的意义"放在这种仪式里,"因为**本质**才向他公开,尚不是精神;没有作为如此之本质而**本质**地接受人的形态"(9:387/26)。

自我意识和精神本质的统一既在酒神的欢庆鼓舞中,也在美的形体中;但是这里两者[自我意识和精神本质]每次都在自身之外。它们只在语言中,具体说在节日诗歌的语言中,重新找到平衡——在既清楚又普遍的内容的语言中:清楚,是因为艺术家"努力超出第一个完全实体性的欣喜和感悟成为这样一种形态,它是自身的此在,在它的所有波动中为自我意识的灵魂所渗透并且与之共生";普遍,这是因为"在这个是人的尊严的节日里,柱形雕像的片面性消失了,这种柱形立像只包含一种民族精神,某种特定的神性品格"(9:388/14)。由于精神舍弃自己而外化为完全的形体性,它取消了其民族的特殊性,这个民族"觉悟到其人的此在的普遍性"。值得注意的是,这种普遍性并非起源于游戏,不同的民族精神在竞技中相互较量的游戏;相反,这种游戏是动物宗教的一种形态,它在关于奥林匹亚精神的各种类型的谈论中仍旧让人看到民族之间的敌对性。对人的此在的普遍性的觉悟已经无法在这种游戏活动中产生出来,其原因是对人性及其统一的抽象普遍观念已经作为意识形态的先行赋予而混杂在游戏中。更不用说,在黑格尔的视线中,诸游戏仅仅通过精神的形体现象的美而具备祭祀意义。只在这种美上可以辨认出游戏是生机盎然的艺术作品。因此,将之与各种最高纪录的念头联系起来实在太荒谬了。之所以提及这一点,是因为围绕着这种炒作的闲谈也已经流传到哲学教师们中间。

关于富有生命的艺术作品这一节的逻辑位置,前面已经说明了。

在这个阶段偶然性进一步规定自身,成为相对必然性。现实性,可能性和必然性在这里不再是形式上的,而是实在的。为了清楚说明这一点:

作为物,对象在其规定性中相对于自我意识总是偶然的——指抽象艺术作品的祭祀礼拜。这时,绝对本质没有这样一种现实性,即按照绝对本质的内容理应由自身来规定的现实性。一切与之紧密相连的内容都持有[过去时]单纯的众物的一面。但是,美的形体及其所构造的运动,它们的节日成为对象,在对象中,在这种活生生的艺术作品中,从属于可能性的现实性是实在的或者蕴含着被规定为精神本身的外化的这样一种事质,它不接受任何其他规定。这里行之有效的原理是:"现实之所是,能够生起作用"(11:385/34)。

有生命的艺术作品的发展的第一个步骤显现为酒神的陶醉。逻辑上看,实在的现实性于此直接地在自身具备可能性——转向宗教的精神:自然的精神直接地在自身具有自我意识并且在这种直接性中只是自我意识的陶醉。

随着第二个步骤,精神接受对象的宁静,具体地说在节日的各种游戏中。在这里,可能性自身变得实在,它显示出在各种规定、状况和条件上的丰富多彩的内容,它们统统与节日相关,因而关系着自我意识的自身的显现。可能性这里是另一种现实的自在之存在——正是美的形体及其所构成的运动的自在之存在。恰是因为它才仅仅是这种现实的自在之存在,所以这里绝对本质的意义尚不能够被放到一个人身上。庆祝行为的多彩的内容才只是被设定到与绝对本质的关系中,但是,由此也已经得到设定,不再像为神所附或者为神所鼓舞并且陶醉那样仅仅处在直接性中。

有生命的艺术作品的发展的第三个步骤取消了精神的非齐一,

因此也取消了精神仅外在于自身的非真理——无论从所提及的处于陶醉中的我自身方面，还是从通过舍身外化而处于美的形体中的本质方面。有生命的艺术作品的精神在诗歌中同时显现为内在的，由此取消了外在的非齐一。在逻辑上这是他在的自我扬弃，并且是所设定之存在的设定本身，所设定之存在是节日游戏中的对象化所本具的。

宗教精神随着有生命的艺术作品而"放下了自然的特殊印象和相似之处"(9:388/23)。因而道德教化的民族摆脱了其特殊性并且觉悟到自身的人之存在的普遍性。但是，这恰好说出概念把握本身所具有的必然性，而它对于自我觉悟的宗教精神才只是相对必然性，具体说关涉到一种与人性的显现迥然不同的神性。

把动物宗教的种种特殊的民族精神结合到一起，结合在作为普遍人性的精神的纯粹直观中，这是有生命的艺术作品的成果。普遍人性的观念在展望各民族的共同事业中实现自己，特殊的民族精神在放下其特殊性之后，已经通过自然与各个民族结成一个伦理民族——注意，暂时只通过自然，也就是说，没有经过反思。为了不至于产生所有民族结为兄弟这种错误的感情，要提醒诸位，在我们这里所涉足的神话的水平上，所谓一个民族，它就是"希腊人"①——并没有忽略与"野蛮人"的区别。只有通过矗立在共同的天空下，单个的氏族部落才结合成为一个共同的民族，也就是说，它们的不同的民族精神汇成一个幻象，"其元素和居所即语言"(9:388/32)——这样一种希腊语，它区别于野蛮人的舌头。正是那样一种语言，它在品达的赞歌文学中启示自身是共同的语言，并且于此造就出这种语言的自我意识。各个民族并非由于自然而是一个民族，而是在共同的天空

---

① 近代意义上的世界公民，经历了人性教养的自由人。

之下才结成一个民族,是诗歌培养并且塑造了这个天空。由此缔造的民族统一性尚且不是国家的统一性。对此,对神话和近代前历史的解说还有一番明确的话要谈。

第 二 十 二 讲

宗教精神从本质上在这样一个时代具有其现实性,这个时代规定自己是历史的。这种宗教历史始终被排斥在当下现实之外,相对于当下现实而具备一种前史的意义。它是没有自身的开端的历史,相反,其开端在另一方那里,它在宗教自身中是宗教精神的他者:这就是近代哲学的原则。

这种原则之他在尤其表现在:宗教的三种主要形态的每一种都完成于语言作品中。如果人们想到宗教是自我觉悟的精神,而语言在与自我意识相应的精神阶段中,也就是在教养中,找到其体系位置,亦即其独特的位置,那么,这就必然如此。就此已经可以说,语言在其近代意义上就是说出我,把它在其普遍性中表象化。这种语言属于一个发展阶段,在这个阶段还没有达到理性,或者说自我意识面对一切实在还没有卸除片面性并且经验到自身是有限的。然而,这同时是这样一个阶段,意识在此面临向绝对知的过渡,而这个过渡也是意识通往概念因素的教养的完成。

正是在向绝对知过渡之前的最后阶段,在向真实的概念把握过渡之前的阶段,必然会感觉到概念的匮乏。缺少概念,这在宗教精神独具的语言中表达出来;因为概念的匮乏在此必然昭然若揭,所以,这一章节看上去比《精神现象学》的任何其他章节都晦暗而错综复杂。晦暗,这是因为精神这里作为绝对本质还必须找到其同一性。复杂,这是因为绝对本质无法在近代的规定性中出现。

然而这也并不妨碍思想进路的清晰性,它遵循自我完善的本质逻辑——但是宗教精神仅"在自身"是清晰的。这向阐述过程提出特殊的要求,一方面抓住黑格尔的言辞,另一方面抓住概念。不让自己弄错,宗教精神的历史形态只是一袭衣装,精神自身在这种装束里是他者,也就是对象。无论是东方世界的还是希腊、罗马世界的装扮都不可以阻挡对宗教的近代性的把握,具体说,它是同时受到排斥的宗教的近代性。

对于尊重近代哲学传统的人,正是当今对语言和对话的谈论不得不引起这样的怀疑,他们在谈论一种宗教的羽翼,同样这种宗教也不愿是宗教并且对其主人的声音——语言的主人的声音——感到恼怒。具体说这位主人就是理性或者概念。当一位阐释的阐释者,伽达默尔,把人的 LOGON ECHEIN［具备理性］阐释为"有语言"并且还把这种意思强加于亚里士多德,强加于神学家,这是对古老哲学的何种诅咒。这里,只能用赫拉克利特的话说:博学多识并不教人具有理性。

如同精神的自我意识是精神发展的第二个阶段①,一种第二阶段的特征又最清楚地表达在这一运动②的第二个阶段——在艺术宗教中,这属于事情发展的逻辑。艺术宗教的语言本质上是神话。而这种神话从自身方面来说处在这个阶段的第二个步骤上,也就是在有生命的艺术作品本身中得到理解。神话自身是有意识的人工创作,就像它出现在品达的胜利赞歌中那样。在此,神话本质上已经成为手段。之所以提起这一点,只是因为历史地理解自身的哲学——

---

① 第一个阶段指精神的意识的发展,也就是精神在诸世界形态中的发展:真实的精神,伦理;异化的精神,教养;自我确定的精神,道德性。

② 指精神的自我意识的发展,也就是精神在诸宗教形态中的发展:自然宗教,艺术宗教和启示宗教。

与语言分析不同，语言分析完全落在第一哲学之外——以其对语言的必然的尊敬而必然地趋向人工的神话，更富有规定性地说，成为诗［Dichten］的邻居。正因如此，荷尔德林对于海德格尔的唯一性的意义乃至这位诗人与品达的独特关系变得清晰起来。具体说在近代或者西方意义上，荷尔德林独辟蹊径，唤起那种人工神话的历史意义，并且是在遭受排斥的近代宗教的意义上。海德格尔与荷尔德林的关系又一次显示了这位哲人的勇气——全身心地契合他自己尚没有领会的必然性。这是海德格尔思想的纯洁性的一个证明，其思想将他与当今所有的糊涂头脑无限地——因为从原则上——区分开来。

人工神话的诗人致力于创造共同的天空，在这个天空下，各个特殊的民族精神学会把自己看作一个共同民族精神的分支并且获得对普遍人性的观照。特殊的族群不是联合为一个国家，而只是融合为节日游戏的共同行动，在这种共同性中保持了诸个体性。

在行动中不同的民族精神觉悟到人的此在①的普遍性，行动的共同性，它是神性本质的回归之地，而过去在有生命的艺术作品中神性本质只显现在向形体性的外化中，可是因为神性本质在本质上是精神，所以它根本不显现在形体中。诗歌所造就的共同天空与这个世界仍然处在外在的关系中，尽管这个关系是友好的。现在艺术的任务是去掉这种外在性，将神性完整地引入人性。而这毫无例外地发生在语言艺术作品中。

语言艺术作品呈现普遍者，因而成为精神的作品，虽然还不在概

---

① 原文"Dasein"是古典哲学的常用词，在黑格尔的中译本中译为"定有"，"定在"，"实际存在"，"特定存在"等。这里译为"此在"，并非借取海德格尔赋予这个词的现代性，相反必须与这个词的现代意义区别开来。"Dasein"的最生动的含义即"在此"［ist da］，它启发读者去思考："此"是何处？例如本文中的"此"指精神的语言艺术作品。

念的形式中,而是在观念表象中,一如这种观念表象是精神的对象化行为本身所具备的。精神艺术作品的语言的第一种形态是史诗,虽然史诗没有把普遍的内容作为思想的普遍性而确立起来,但却确立它是世界的完整性。史诗的吟诵者的激情[Pathos]不是"令人陶醉的自然力量,而是记忆,省思和已生成的内在性,回忆从前为直接的本质"(9:389/37),史诗作品从中获得精神性。行吟诗人是缪斯的歌喉,完全消失在内容之中。他化入他的作品的个别性之中,作品以民族英雄为中介与众神的世界的普遍性结合起来。甚至这些英雄也像众神那样是"仅仅表象化的并且因此也是普遍的"人(9:390/7)。

"在祭祀礼拜中自在地发生的,在这种史诗中对于意识完全呈现出来,这就是神性与人性的关系"(9:390/9)。这个关系在有生命的艺术作品中还看不出来,相反被埋没了——从一种对自身没有理解的震慑和感悟出发,经过精神的舍身外化而达到形体性,直至用胜利赞歌[复数]来庆祝人的尊敬,不同的族群都委托诗人来完成这些凯旋之歌。神性本质最初曾在祭祀礼拜中进入与人性的关系,而史诗这样的艺术作品才只是为神性本质的回归准备了地点——虽然还不是概念的普遍性之所在,却也是观念表象的普遍性之所在。

在祭祀礼拜行动中已经自在地发生的,在史诗中特地为意识而呈现出来,具体说史诗的内容是"自我觉悟的本质的一种行动"(9:390/11)。英雄矗立在现实的各个民族的顶峰,正是英雄们的行动把普遍和个别结合起来,也就是实体的神性的种种力量与个别的诸民族的个体性的结合。如前所述,英雄只是观念表象的,所以,表象在英雄身上突出了普遍的方面,才完成了普遍和个别的合题。更准确地说情形相反:正是因为这个合题是目标和使命,所以观念表象必须充分发挥作用,确立自己是这个合题的实现。黑格尔这样说,"这个世界的判断依赖于这种规定性"(9:390/22)。一如后来所表明的那样,这个提示为发现在整个艺术宗教中的近代思想提供了关键性的启发。这个世界的判断——哪一个世界?在宗教的意义上这是我们的世界——理性的自然之光的世界。

普遍与个别、众神和人的关系,在这里是一种混合的关系,一方做着另一方所做的。一个同样的行动由双方来做。"前者之力量的严肃是可笑而多余的,显然这些力量其实是行动着的个体性的力量;——而后者的勤奋和劳作同样是无用的努力,显然前者主宰着万物。——可朽者是空无,而日夜辛劳的可朽者同时是强大的我自身,它征服普遍的本质,冒犯众神并且为众神取得现实性和营造行动的兴趣;反之亦然,这些软弱无力的普遍性,它们依靠人的施与而过活并且通过人才获得一些事情可做,它们却是自然的本质和一切重大事件的材料,并且同时是道德教化的题材和行动的激情"(9,390/29)。

神话的爱好者情愿把神话留在炙热的黑暗和其观念表象的混乱里——他们无法承认,这是观念表象,而是在史诗诗人自身的意义上视之为一种思念——因为他们混淆诗人的回忆和他们的思念,对于这些神话的爱好者来说,黑格尔对史诗中众神与人的关系特征的阐述必然作为一种启蒙的行动而出现,他们拒斥这种非虔敬的清晰性和明确性。但是,反对那种所谓理性主义的希腊之友出示了些什么?无非是学者的宗教,多愁善感的语言学家的休假地。路牌指向在无意识中的放松和减压。

辛劳的可朽者——这里处在与悠闲的不朽者的对立中——是我自身的空无,"否定性的莫测之力量",这种否定性是知性,处在与自然的本质的对立中,而自然的本质对于可朽者来说是行动的材料和伦理题材。在这种对峙中,出世的或者天国的众神还没有在此,没有对行动做出规定。

普遍和个别的综合联系经过这种对立而过渡到矛盾,这里,一方面"自然元素通过自由的个体性的自身才切入现实性"(9:391/1),另一方面它们从这种联系中隐遁而去并且把所有个体的[东西]消解于不受限制的普遍的纯洁性之中。但是,这个矛盾转移到神性本质自身那里,神性本质虽然在所有它的个体中"免除了短暂性和陌生的强力"(9:391/10),而另一方面这些个体以它们的特殊性相互抵触。这种彼此间的自我炫耀毫不严肃,是"没有任何结果和成效的确保自我的游戏"(9:391/21)。虽然众神彼此间是有规定性的,但是仍然意义模糊。正是这种在其个体性中的无规定性将"否定的纯洁力量"(9:391/25)放到众神面前;omnis determinatio est negatio[所有规定皆是否定]——"作为它们没有能力超越的最后的力量"(9:391/26)。整个内容属于观念表象,而必然性凌驾于观念表象的完整世界之上,上述这种最后的力量则是这种"必然性的无概念的空洞"(9:391/26)。

在这种必然性下,神的种种行动的游戏才获得严肃性,也就是踏入概念的统一性,它是真实普遍性。"观念世界的内容在中央自为地散漫地游戏着运动,聚集在英雄的个体性周围,而英雄却在他的力量和美中感觉到生命的破碎,看到死亡提前来临而满怀悲伤"(9,391/36)。

这里也可以看到后黑格尔哲学在其体系位置中的典型主题:观念世界的内容游戏,这些观念已经置身于概念的统一性和必然性之下,可是必然性不能够被确立为概念的必然性,在艺术宗教的状态下无法做到这一点,所以,对于艺术宗教来说必然性是盲目的,或者说是荒诞的，它不仅仅是伟大的行动和死亡的毫无意义的联系。这里不可以忘记，宗教是已经成为历史性的精神，最优秀者走向毁灭，宗教在整体上是一个堕落的历史，宗教历史表现为荒谬的。

英雄在行动中只把神性和人性、普遍与个别这两个极端结合起来。这两个极端所排斥的，一方面是必然性的抽象的非现实和个别，这种必然性高于众神，另一方面是现实的个别，也就是吟唱者。"两个极端必须向内容靠近；一个是，必然性应该以内容充实自己，另一个是吟唱者的语言，它必须参与到内容中；而先前任凭自身的内容必须在自己身上获得确定性和坚实的否定性规定"（9：392/9）——也就是不仅是观念表象的、而且是现实的我自身，不再为空洞的，而且从事概念把握的概念。两个极端向内容的这种靠近，向观念表象世界的靠近，它发生在悲剧中。

在这种艺术作品中，语言不再是叙述的，情节运动按照概念来安排。这里，自我意识的人出现了，他们的语言不是其行动的没有意识的伴随，相反他们把内在的本质完全放在语言中。不过，对于演员来说面具仍然是重要的；演员扮演一个不同于自身的他者。这说明："艺术还没有在自身包含真实的、本来的我自身"（9：392/33）。

虽然史诗的表象语言及其无自身的内容——没有行动者的我自身——也仍然出现在悲剧中，具体说在普通民众的合唱队中，合唱队只"构成出现在它对面的政府的个体性的积极和消极的材料"（9：393/2）。合唱队或者民众只是"普遍的土壤，由概念产生的各种形态从中生发出来"（9：392/35）。首先在敬神的赞歌中，众神作为神性生活的个别的诸契机，具备了独立性。

"一如概念在[个别契机的]诸形态之上，摧毁着它们[的独立性]而阔步走来，在民众感觉到概念之严肃的地方，受民众颂扬的胆敢存在于概念所统治的大地上的众神,在民众看见其境遇是如何糟糕的地方,民众本身不是在行动中切入的否定力量,而是停留在这一力量的丧失自身的思想中,在陌生命运的意识中,并且带来空洞的安慰的希望和软弱的和缓的论调"(9:393/8)。如果人们理解这里所发生的,那么就难以按捺住这样的思想,即第一哲学的历史和借以登上舞台的外部方式在这里变得透明了。情节的作用也支持这一点,黑格尔同意亚里士多德,把这种作用理解为畏惧和同情,它表现在合唱队的态度上,对更高力量的斗争和毁灭性的必然性的畏惧,同情为命运所击中者,带上与他们的同一性的外相,在这种同情里集合了毫无作为的惊恐、无助的惋惜和"顺从必然性的空洞的平静"(9:393/19)。

尼采以超人的悲剧所看见的正是这一点,超人,那无畏者,他却仍然为同情所威胁——最后为对自身的同情所威胁,具体说在最沉重的思想的压迫下,这一思想承认同者永恒轮回,进而承认超人行动的绝对无意义。不过,这是对那种哲学的预先介入,这种哲学本质上是"后"黑格尔的宗教。

在那观望着的合唱队的意识里,人们也许说,在这种时间历史意识里,"作为在观念表象的冷漠土壤中,精神没有在漫无边际的多样性,而是在概念的单纯分裂中亮相。因而精神的实体只表现在两种极端权力上的分裂"(9:393/22)。通过其中任何一个极端英雄接受了他们的性格,在英雄身上,概念把观念表象收归自身,就像行动者把旁观者的意识收归自身。

精神的内容一如它在这里所显现的那样,是分裂为神的权利和人的权利这两种力量的伦理实体。在道德教化的层面上,于是也在法的层面上,诸神与人的关系才抵达概念把握的领域,才抵达论证和实现的领域。赋予权利,这就如同:承认这种关系及其对平衡的要求。又是尼采十分准确地理解了这一点,他把希腊哲学的第一阶段作为悲剧的时代来阐述其特征。

相应地,不仅在内容上而且同样也在形式上,精神分为知[Wissen]与不知[Nicht-Wissen]的对立,行动者处在这种对立之中。也就像在神的和人的权利面前,在这里神性的诸个体的区别走向光明面和黑夜面的对立——一者是全知的和启示的神,另一者是神所宣示的"其所是"的欺骗性的公开性。在公开的意义中潜伏着欺骗及其腐败。与之相应的是一种犹豫不决的意识——它出于这样原因而犹豫,"因为这个启示的精神也可能是魔鬼"(9:395/2)。用魔鬼这个名字近代意识突破希腊世界的外壳从下面钻出来,在笛卡尔的《沉思录》里,近代意识在怀疑的顶峰仍然对这样的思想保持警惕,即我们的理性的创造者可能是一个恶意欺骗的精神,也就是谎言之父,魔鬼。

然而只是在呈现带着希腊世界的所有特征的宗教时,这个名字才在黑格尔这里脱口而出。

对启示性精神的不信任"因此而建立起来,因为知的意识置身于自身的确定性与对象性本质的确定性的对立之中"(9:395/3)——这表明:对象性本质没有确定性,而这又表现在意识中,即现实性自在地什么都不是而处在与道德教化的绝对法则的对立中。但是在行动中,通过把伦理实体规定为启示的,随着意识自身的这种片面性,意识经验到这个"已知者向其反面、向存在"(9:395/8)的倒转。行动即实现已知的法,在这里法自身翻转过来并且让隐秘的权利变得可见。

道德教化的实体曾是不同的,分为神性法则和人的法则的实体,家庭精神和国家精神的实体。相应地,实体亮相于两种性格之中。因为它只承认其中一种法则,知与不知的区分在两种性格里都不成立。知与不知这两个方面虽然在现实中没有各自的形态,但在观念表象中却形态各异——"一者是启示之神的形态,一者是保持隐秘的复仇女神。一方面两者分享同等的尊敬,另一方面实体的形态,宙斯,是双方相互关涉的必然性"(9:395/28)。这里出现了所有意识的形构[Gefuege]:诸相互关涉者各自自为地具有相同的等级,具体说双方在实体的品级上;其次,相关者的关系是概念把握的,这就是说作为必然的关系。第三,这种关系是实体的形态,或者说,是实体观念的规定性。

现在转入自我意识的基本状态,即实体的另一方面同样是纯粹的知和确定性——仅仅作为第一方面的对象而相区别;这个区别造成另一方面或者对象方面出现在遗忘的规定性中。如果人们耳朵里有海德格尔的话并且知道整个精神或者绝对者的历史是借宗教而成为主题,黑格尔的洞见是具有说服力的。哲学史为何是自我遗忘的历史,其理由在这里闪现出来。然而这是后话。

"实体是这样的关系:知是自为的,但是它的真理在**单纯者**身上,现实的意识通过区分而存在,区分的根据在取消这个区分的**内在本质**那里,确定性的清楚的自我保证在**遗忘**那里获得证实"(9:395/31)。这就是说:知是自为的并且在这种自为存在中排斥自身,其自身作为另一方的这一方,具体说,另一方即它的真理或者自在存在者。自在存在者是单纯者,其态度对立于自知的意识的区别,作为取消区分的内在本质。正因如此,"确定性的清楚的自我保证在遗忘那里获得证实"才有效,或者说:实体的观念表象在自我意识的统一的概念那里具有根据、综合的根据。自我意识被遗忘了,因为作为存在着的被否定了并且为自我认识所排斥,从这种自我意识中生发出"我思",作为确定性的保证。这个对艺术宗教在近代哲学内的地位的提示同时让人理解,康德的位置在近代意味着怎样一个转折点？让人真正理解,在后黑格尔哲学中不间断地向康德的回溯要做什么？Incipit Tragoedia［悲剧开始了］。① 而意识仍没有厌倦于观赏悲剧。

---

① "Incipit Tragoedia"见于尼采的著作《快乐的科学》第 4 卷的最后一节,亦即第 342 节的开头。就像这一节结束于"如是查拉图斯特拉的坠落开始了",用破折号与"Incipit Tragoedia"隔开的以下部分后来成为《查拉图斯特拉如是说》序言的第一节,也就是全书的开始。

在《偶像的黄昏》中,《"真实世界"如何最后变成了寓言》这一篇的最后一句话是："INCIPIT ZARATHUSTRA"。尼采确实把他的著作《查拉图斯特拉如是说》称作悲剧的艺术,这种独特的悲剧是现代堕落的灵魂实现权力意志的自我超越的艺术。博德先生借用"Incipit Tragoedia",反讽黑格尔以后的直接意识对表象的动物性执着。

直接意识渲染对自然基础的依赖性,以便增强对直接性的确认。排斥任何中介的"自然"脱离了传统自然意识的自我教养,其实是直接意识的泡影。严肃的现代思想家都把他们对生活世界的思考与满足直接意识的需求的生活替代品——各种意识形态——区分开来。

第二十三讲

不仅必须把真实的把握为实体,而且同样也必须将之把握为主体。由于精神作为意识而出现,它曾是道德教化的实体。现在精神作为自我意识而出现,它尚非主体,而是正在与主体的关系中发展实体,具体说把实体作为主体的谓词。这样一个发展过程是谓项和主体在绝对知中达到绝对齐一的过渡,在这个过渡之内,艺术宗教占据了突出的地位。在悲剧这种精神的艺术作品上,实体的特性明朗化了,作为关系,它的谓项特征才由此突显出来,它必然地关涉主体。是确定性把知与物自体、与真实的认知相隔绝,而知的自为存在,确定性,是对知的根据的遗忘,具体说,忘却了真理的主体是现实的本质存在。

意识作为实践的自我意识才明白了这种对自身的忘却,在实现法则的过程中它经验到,它只把握了实体的相互对峙的偶性中的一个,而没有了解实体本身。"追随着知之神,然而它却为没有公开的[法则]所震慑,因为对知的信赖而忏悔,显然多义性是知的本性,它也为知的多义性而遭受惩罚,而先前一定有过对此的告诫"(9:395/38)。有过告诫的符号,但是以一种知所陌生的形态。于是情形停留于此:知的多义性只是自在的,却不曾为了意识而在此。它仅仅追随在自我意识的形式中的知,也就是已经说出来的知,"自己的知,而隐藏了启示"(9:396/8)。这里,那也许行骗的神的隐藏已经过渡到行动者自身的意识。疑虑仅仅针对另一种意识,而并非针对自己的意识,这后一种意识仍然停留在自我确定性的欺骗之中。在笛卡儿的怀疑仅才了结了外在的疑虑之后,康德位置的两面性再一次变得了如指掌。《纯粹理性批判》从方法上把对象分为物自体和现象,证明了认识自在之所是或者认识真实是不可能的,这种方法似乎也使怀疑变得多余。不过这是后话——在回顾尤其值得注意的艺术宗教时再谈。

行动及其意识的实体性内容的种种力量出现在对立之中,对立的和解只发生在忘却中,遗忘变成了现实——或者作为"在死亡中的冥界之忘泉"(9:396/14),或者作为在开释罪行时对上界的遗忘,"并非宽恕罪责,因为是意识在行动,显然它无法否认罪责"(9:396/15)。无论哪一种忘却都是"现实性的消失,实体力量的行动的消失,它的诸个体性消失了,抽象的善与恶的思想消失了"(9:396/17)。留下的只是命运的静止的统一(或者说"单纯的宙斯":欧里庇得斯:KAI OYDEN TOYTOON O TI MAE ESTI ZEUS〔所有这一切中没有什么不是宙斯的〕)。

这位宙斯或者这种命运只是"一种至高的权力","个体性和本质的无思想的混合"消逝于其中,一切现象的偶然性消解于其中,这同样意味着"天国变得荒无人烟"(9:396/25)——正是那个特殊民族精神〔复数〕的共同天空,节日的诗人们曾经构撰出它,曾在共同的天空下抵达人生在此的普遍性的第一个意识。

悲剧在其完善中让那种唯一必然性的隐蔽的内核出现在前台,随之而亮相的是概念及其普遍性的统治。在那必然性的对面,英雄的种种对立的规定降而为人的激情的偶然性。

悲剧作为宗教的作品而瓦解了,同时自我意识显现为"精神的统一"(9:397/14),命运的抽象必然性以及实体的本质回归这种统一。只要这两者仍然与意识的自身相区别,统一就只是单纯的伪装,在演员和欺骗的双重意义上。"英雄出现在观众面前,分裂为面具和演员,分裂为人格和现实的我自身"(9:397/21)。于是,行动者每一次都是虚伪的。而合唱队、观众、他们的普遍意识的相互分离同样是一种伪善。这在喜剧中被取消了。在喜剧中"现实的自我意识自身作为众神的命运"而呈现出来。从前尚遭受压迫的统一得到了承认。

这里,众神是"普遍的契机",不再是我自身,是非现实的。他们的个体性还只是一种想象的杜撰,而正是这种抽象现在用讽刺道出了面具,说出这样一种可笑性,即这些形态理应自为地是某物。"我自身在这里作为现实的出现在其意义当中,为了做它的人格,它戴上面具表演"——应该注意到,是"它的人格",而不是"人格"——,"但是它同样很快脱离这种假象,又出现在它自身的赤裸的贫乏和习惯之中,它表现得对习性和真正的自身不作区分,也不将演员与观众区别开来"(9:398/2)。

在喜剧中所塑造的本质性恰好在其表演形态上要求与艺术家的我自身相区分,这种本质性瓦解于自我意识。喜剧讽刺地表演这一点,自我意识知道"它与自然的自身本质性有着怎样的重要关联"(9:398/13)——恰好没有关联;喜剧正是应该把这种关联消耗掉。喜剧也渲染道德教化的本质性的意义,它让民众的行为举止分为国家和家庭两个方面,与民众对立的是"自我意识的纯粹知或者普遍的理性之思"(9:398/19)。

在这种对立中也有可笑的推动喜剧的对照:民众群体所具有的意见之间的对照,一方面大众知道自己是主人,是值得尊敬的理智,另一方面是其直接的此在,这是其行为的必然性和偶然性的对比,其普遍性和庸俗性的对比。

喜剧的完善形态是对个别的道德教化格言、众多法则以及特定的义务和法的概念所构成的杂乱无章的智慧的扬弃,将之扬弃到美和善的单纯理念之中。是这样发生的,在这种多样性中辩证的意识异军突起,它打破如此这般的个别性的绝对有效性,于是,只有理性的普遍法则的特殊伦理依然有效。那些个别性的多样性是个性化的神性本质的最后残余——最后的,还只是美和善的单纯思想的云雾般的遮盖。

然而这种瓦解了道德教化的特定内容的理性之思具有另一面,它放任所有这些内容,把它们留给偏好和意见,辩证之知的力量转而成了为偏好作辩护的手段,也就是运用于证明那些理念的空洞。"美和善的单纯思想"(9:399/10)因此只是云雾,并且漂浮在臆断的空洞的天空上。它们上演"滑稽的戏剧,意见既包含作为内容的规定性,也包含着其绝对规定性、意识的刚愎自用,通过从这种意见中解放出来,空洞地,却正因如此而成为偶然个体性的意见和臆断的游戏"(9:399/11)。

艺术宗教完善于哲学行动的喜剧,行动还没有找到表现自身的独具的形式——哲学行动是作为与绝对本质的交往,这个本质还没有进入绝对概念。

这种哲学是对绝对本质的认识,而没有要成为绝对认识的意愿,在这种哲学的喜剧中,演员的我自身与他的人格或者他的角色达到完满的同一性,面具落下了并且是以这样一种方式,即我自身就是他自己的面具。面具不再只是表象的,作为如此之面具尚与我自身相分离,是对象性的。观众在苏格拉底式的对话中就在自己的家里,看见自己在演戏。"这种自我意识所观赏的,与其说是在它自身中那在它对面采取本质性形式的[东西],不如说是在它的思想、此在和行动中正在瓦解和早已放弃的[东西],这是所有的普遍向自身确定性的回归,由此确定性是这种完美的无畏和一切陌生者的无本质性,是意识的安乐和让自身安乐,一如在这种喜剧之外不再有的安乐"(9:399/30)。

人在辩证之知的力量发现了利器,既用来取消所有来自权利和义务的传统观念的陌生规定,也用来享受普遍道德法的绝对无规定性,此后,人在这种理智作为绝对权力而出现的喜剧中让自己安适。权利、义务、道德法对于他都是陌生者,而陌生者已经被贬低为无本质性,因而并不令人生畏。

人性在这里达到最高的安乐状态,这儿甚至哲学在人的眼里也自己废除了自己,在哲学消解了艺术宗教的地方,它也废除了自己。这种人性不能够看得更远了。更确切地说,这种人性是"民众团体,普遍的大众,他们知道自己是主人和统治者,就像知道可敬可佩的理智和洞见"(9:398/20)。这说明:民众进入了民主的统治形式之中,此前,他们已经在悲剧中看到绝对主人,具体说看到死亡及其完全的陌生性,为的是接下来在喜剧中再度认识它是所熟悉的一切世界现象。同时再度认识自身。

在涉及艺术宗教的近代性之前,我们把目光投向逻辑,尤其是精神的艺术作品的逻辑,以此作为中介。

首先须回忆,艺术宗教在现实性中映照自己,一如在本质逻辑结束部分的第二章中所发展的现实性那样,这一章的标题也正是"现实性"。由此可见,就像现实性出现于在现实性的真正名字下的发展的中间阶段①,艺术宗教最清楚地让人看到近代宗教的独特之处——

---

① "现实性"是《逻辑学》第二编本质论的第三部分,"现实性"分为三章:绝对者,现实性,绝对的关系。现实性这个中间阶段又分为:偶然的现实性,相对的必然性,绝对的必然性。

这就是对宗教的排斥。

现实性的先行的普遍特征是这样,现实性处在"与自内反思规定相反的直接性的规定下;或者它是针对可能性的现实性"(11:381/10)。至于直接性方面所涉及的,这里让我们听听关于艺术宗教的导言:"现实的精神在艺术宗教中具有其绝对本质的意识,如果我们问现实的精神是怎样的,那么结论是,它是道德教化的精神或者真实的精神"(9:376/8)——亦即这样的精神,它还必须努力工作而达到自身的确定性。因此,在较早的地方就已经提到相应的教养运动——尤其是启蒙阶段,那里涉及的是为丧失世界而哀伤的精神,具体说丧失那自在地存在着的世界建筑,精神曾经在赋予意义的过程中组建了这个建筑。

那种直接性的另一面是自内反思,翻译到《精神现象学》中:是意识,更具有规定性地说,是关系到一个由它所造、与它相同的对象的意识——总而言之:艺术家的意识或者纯粹自我意识的意识——脱离了自然物的混合,就像这种混合标志着先前自然宗教的建筑师阶段的特性一样。这种自我意识是与艺术作品的物的现实性相反的可能性,这种可能性在艺术宗教中导向一种现实性,而在这种现实性里自我意识只还让它自身生效。

就像现实性的出现,同样它是"针对某种可能性的现实性。两者相互的关系是第三者,现实的同样被规定为自内反思的存在,而自内反思的存在同时作为直接实存着的。这个第三者是必然性"(11:381/12)。

在《精神现象学》中,这个第三者出现在抽象艺术作品的发展中,并且是作为神的本质,在艺术家经验到作品与他本身的不平等之后,严格地这样来看待。在此,所呈现的神的本质来到这样的要求之下,即在它身上显示自我意识的方面或者自内反思的存在。

"但是,由于现实的与可能的是形式上的区别,同样它们的关系首先只是形式的并且仅在于:一方和另一方一样是被设定的存在,或者在偶然性中"(11:381/15)。这一点对于抽象艺术作品的整个发展是有效的。作品本身的形式主义在于,它的内容仍然在自然本质那里,即使以被扬弃的存在方式或者被设定的存在方式或者以现实地做出来的这样一种方式,这里显然不再承认自然现实性是真实的或者是自在地存在着的。

现实的和可能的之间的关系,也就是必然性,在这里停留在偶然性中,原因是一方和另一方都只具有被接受的内容,而不是具有源于这个关系本身而创造出来的内容。无论是对象的内容,还是思想的内容,都只是观念表象的,具体说,与对象和思想的诸形式相综合的,但却没有按照对形式本身的概念把握方式而产生并且从形式与内容的关系中产生。

"在偶然性中现实的和可能的一样是被设定的存在,因而现在它们已经在自身获得规定;于是,第二,现实的就成为实在的现实性,而实在的可能性和相对的必然性同样随之而发生"(11:381/18)。这相应于有生命的艺术作品的阶段。直接的精神或者自然精神在这里接受自我意识的实在——既按照现实的方面,也就是说,现在人的个体性本身作为为神性本质所震慑的而出场,也按照可能的方面,也就是说,思想知道自身是人的思想——首先在陶醉中,其次在美的形体性所塑造的运动中,最后有意识地在凯旋赞歌中。现实的和可能的从艺术家自身的现实性和可能性中获得实在或者实际内涵,同时放下"自然的诸特殊印象和相似之处"(9:388/23)。艺术作品的被设定之存在现在作为其本身而得到了实现。现实的和可能的之间的关系取自于偶然性；但是必然性在这里才仅仅是相对的；处在向人物形象的完全的形体性的舍身外化中，这种人物形象在诗人的凯旋赞歌中来到语言，精神自身关涉自身，自我关系作为与他者的关系。从这种他在中返回是精神的艺术作品的发展。

逻辑上这意味着："第三，相对必然性的自内反思给予绝对必然性，它是绝对的可能性和现实性"(11:381/22)。自内反思在现实性发展的开端、相应地在艺术宗教的开端曾对立于直接性或者仅为真实的伦理精神。随着精神的艺术作品精神作用于起先只在物性上显现的神性本质，自内反思也同精神一样，这显示在：在精神的艺术作品中有行动。这儿，是什么来到语言？在它之中，人在自身[bei sich]，更精确地说，在绝对本质与自我意识的关系中。叙事诗的、悲剧的和喜剧的行动顺序把这种诸神与人的关系带向同一性的关系。现在，在它们的逻辑中来考察这个顺序。

对绝对必然性的呈现作一番概览，就会注意到，黑格尔在这里没有作三分法——与前面的章节不同。这暗示着，在绝对必然性内不再有发展发生。对于精神艺术作品的阐述，这说明：其本真的形态是悲剧。叙事的和喜剧的呈现都停留在与悲剧的关系上，悲剧是它们的中项。一个观察，它对于判断后黑格尔哲学，品评其宗教性，是有几分兴味的。

现在来看现实性逻辑的结论："必然性的规定性在于，它在自身具有否定性、偶然性"(11:389/22)。偶然性——这曾是形式的必然性。正是它通过实在的必然性的发展成为了必然性的规定性。现在须在绝对者的形式中概念地把握这种规定性。这是从规定性与必然性的联合到必然性在规定性本身中的发展的过渡，规定性首先作为必然性的否定而出现，或者作为偶然性而出现。但是这种发展只发生在这样的行动中,精神之所及在语言中被表象化。

在史诗中呈现的观念表象是"自我意识的此在和外部此在的综合联系"(9:389/31),自我意识的此在仍作为偶然性的规定性而亮相。它是相对于普遍方面的个别方面,而劳动将是把个别作为普遍的特殊而加以把握,从而展开概念的统治,亦即经过观念表象及其互为的外部的联系而进行推论。

形式的和实在的必然性回到绝对必然性之中,绝对必然性同样是单纯的直接性,作为自内反思,它不再像在现实性发展的开端那样一方面对立于另一方面。"它是这样,两者是一个并且是相同的这一个"(11:391/9)。正因如此,对于史诗的情节有效的是:"无论是众神还是人都做了一件并且是相同的这件事"(9:390/28)。在这个完整的伦理世界之上,仍悬浮着普遍的我自身"作为无概念的必然性的空洞"(9:392/30)。只要最终的必然因为它存在而存在,必然性就是无概念的空洞。按照这种直接性的方面,绝对必然性是纯粹的存在。

但是,它同样是纯粹的本质或者自内反思,于是在"因为它存在而存在"(11:391/12)的用语中,重音落在"因为"上——这里要说的是,它"仅以自身为根据和条件"(11:391/13)。它与自身合一,因而是本质。它是直接的单纯性,因而是存在。绝对必然性是两者。它显现在英雄的行动中。英雄是中介,观念表象世界的内容散漫地围绕着他而自为地游戏——既不为人、也不为众神所把握。神与人在英雄的行动中接触,英雄处在绝对必然性之下,"从而显现为一个空洞的外在性;一方的现实性在另一方之中是**单纯的**可能性,亦即偶然性"(11:391/31)。

这里必须提醒大家:黑格尔并非试图评论史诗。不如说他在史诗中把握绝对必然性的表达,别无他想。而他已经冲着悲剧来把握史诗。史诗导向对偶然性的发现,众神与人的关系相对于绝对必然性是偶然的,而绝对必然性掌握着脱离了人神关系的英雄的行动。

相反悲剧让人们认识到:"不如说这种偶然性是绝对必然性;它是那种自由的、自在地必然的诸现实性的本质"(11:391/38)。必然性在悲剧中不再是盲目的,从逻辑上看:"这种本质怯于光明,因为在这些现实性上"——它们是分裂于神性的和人性的法则中的精神[单数]——"因为在这些现实性上没有照耀[Scheinen]和映现[Reflex],因为它们只是纯粹以自身为根据,自为地塑造出形象,只是宣告自己——因为它们只是存在"(11:391/39)。因此,它们是伦理世界的直接力量和权力,没有一种力量照入另一种力量,这让行动者忘记另一种法则的权利。各自自为的绝对必然性淡化了另一方的真理。

必然性在悲剧中不是盲目的,原因是不再有单纯必然性;相反,它是按照其存在而相区别的必然性——分别在两种法则之中,它们相互是自由的现实性。"但是它们的本质在它们身上迸发出来,启示本质是什么,两种现实性是什么。它们存在的单纯性,它们依据于自身的单纯性,是绝对的否定性;它是它们的无相的直接性的自由"(11:392/3)。一个和另一个法则只因此彼此是自由的,只因此一方不知道另一方,因为绝对必然性已经表明自身既是纯粹的存在,也是纯粹的本质——作为两者的同一性。正是这种同一性使两者彼此是自由的,让它们仅仅为自身而宣告自己。

由此存在却是自相矛盾的本质,"对立于这种在存在形式中的存在,也就是作为那些现实性的否定,否定绝对地与它们的存在不同,作为它们的虚无,作为一个与它们相反却同样自由的他在,这个他在作为它们的存在"(11:391/8)。那些现实性或者相互区别的法则在它们自身具备本质的方面,它否定其存在的方面,按照存在的方面它们彼此是自由的。由此可见:本质和它们的相互关系的必然性在它们身上曾是不可错认的。然而悲剧的行动者却必然地误认它们。

第二十四讲

与讲解《精神现象学》相关联,我们涉及《逻辑学》的少数几个位置,它们只应该证明《精神现象学》的进程的必然性,它们可能造成一种印象,这种逻辑虽然知道逻辑的形式主义,但却因为落空的说理[Raesonnieren]顺着矛盾律而去除了形式主义,具体说,将之收回到行动中,对于行动者矛盾律本身是真实的、经过论证的;"至少它是应该被放在逻辑科学之外的逻各斯"(21:17/28)。① 黑格尔在《逻辑学》第二版的前言里这么说,这属于他最后撰写的文字之一。

从这个关联中生发出来的逻各斯,它是概念自身,"这个概念是诸特定概念的根据和基础。……它只是思的对象、产品和内容"。黑格尔在这句话下面画横线,这句话是出于与感性地得到直观的或者表象的[东西]的对峙,具体说与所想象的东西的对峙。但是这种思从自身方面不与空洞而抽象的计算的表象观念相混淆,为此黑格尔谈到那种概念,它只是思的对象、产物和内容——否则这个"只"会造成多么大的误解。黑格尔继续说:那种概念是"自在而自为地存在着的事情[Sache],它是逻各斯,是所是者的理性,掌管众物之名称者的

---

① 《黑格尔全集》,第21卷,《逻辑学,第一卷,客体逻辑 存在论(1832)》,费利克斯·迈纳出版社,汉堡,1985年,第17页,第28行(Hegel, *Gesammelte Werke*, Band 21, *Wissenschaft der Logik*, *Erster Band*, *Die Objektive Logik*, *die Lehre vom Sein* (1832), herausgegeben von Friedrich Hogemann und Walter Jaeschke, Hamburg 1985, S.17, Z. 28)。

真理"(21:17/26)。

在这一核心标志上也可以直接看出黑格尔思想的细致和周到,具体说它避免用一个"和"把两种规定联系起来并且由此诱发两者的差异,这两种规定就是:"所是者的理性","掌管众物之名称者的真理"。在概念中,人们称之为习惯于称之为众物的[东西]的真理,与所是者的理性是一个且同一个[eines und dasselbe]。所是者,在所思之存在的形式中或者理性的形式中,就是真理,别无其他。在真实的形式中呈现真实,这是概念科学或者逻辑学的使命。其元素是绝对知,它之所以是绝对的,是因为精神的诸契机在此不再堕入"存在和知的对立"(9:30/8)而两相分离,就像在《精神现象学》前言中所说的那样。"在绝对知中,对象与确定性(对这个对象的意识)的分离完全消解了,真理与其确定性相齐一,一如这种确定性与真理相齐一"(11:21/1)。

现在还没有进一步论证,对于《精神现象学》的发展,我为什么只考虑本质的逻辑——绝对知除外,绝对知已经属于主体逻辑或者概念逻辑,只做这样的提示,本质的逻辑以概念逻辑为目标而得到中介,并且是以这样的方式:在逻辑中存在过渡到概念的自内存在[In-sichssein]。所以本质逻辑由存在和本质之间的区别所推动,就像意识经验的科学为真理和确定性之间的区别所推动。此外,竟可以满足于:《精神现象学》与本质逻辑的关系既显示在普遍的划分上,也通过思想的步骤顺序显示出来。

正因如此,如果绝对必然性的逻辑发展首先表明必然性是"盲目的",然后把这种盲目性扬弃到作为"怯于光明"的本质规定中,这也并非是偶然的一致——它会属于什么样的偶然?正是在这个规定的顺序中必然性出现在艺术宗教的史诗和悲剧上。

再一次指出对于悲剧为典型的伦理实体的逻辑，它分别在神性的和人性的法则上：按照其存在观察，两种法则各有其自身的必然性；其存在是自内反思的形态；在如此规定下它们彼此都是自由的现实性并且因而一种必然性看不见另一种必然性的要求。史诗没有超出这一点。

在悲剧中其本质在它们身上爆发出来，怯于光明者，只有在它那里两种法则才照耀彼此。这种怯于光明的光在两种法则的无相的直接性上爆发出来，"因为存在通过它的本质是与自身的矛盾"（11：391/6）——也就是自由的矛盾，这种自由的必然性是偶然，不是遵循这种法则就是另一种法则。两者的自由在对立中是其存在的不可能性，而存在作为相区别的现实性。本质作为这种存在的否定、这些现实性的否定而爆发。作为这些现实性的虚无，它就自身方面相对于它们是自由的——作为它们的他在，就像那些法则相互对立一样。

怯于光明的必然性，它在悲剧中不仅来到光天化日下，而且自身出现在光明的规定性中——作为从虚无到虚无的反思；显然，那些法则的存在由于本质的爆发而进一步受到规定——这种怯于光明的必然性"在它们身上曾是不容误认的"（11：392/10）。显然："在它们依据于自身的形态构筑[Gestaltung]中它们对形式无所谓——一种内容，相互区别的诸现实性和一个具有规定性的内容；这个内容是标记，曾给诸现实性印上必然性，必然性依据于诸现实性，作为它们的权利的见证，而它们为之所震慑趋于灭亡"（11：392/11）。这在逻辑中并且正好切中悲剧的本性。

绝对必然性是绝对者的形式。它作为纯粹的反思，作为"从虚无到虚无并且由此而回归自身的运动"（11：250/3），把内容释放到这一个和另一个法则的现实性之中;绝对必然性自己论证它对本质的无所谓,将之作为其相互区别的诸内容的一种形式。本质作为怯于光明者正是行动的,将自己隐藏在它所显示的[东西]中。本质只显示在内容的差别性上。

逻辑在继续:"表明规定性实际之所是,这种宣示——对自身的否定性关涉——是在他在中盲目的毁灭;萌发的光照[Scheinen]或者反思在存在者身上,作为变易或者作为存在向虚无的过渡"(11:392/16)。由此可见,绝对必然性的否定性只是为了宣示其毁灭性的本性而释放伦理世界的不同内容。别忘记:本质的怯于光明的光一直仍是近代精神的宗教的原始之光:也就是理性的自然之光:一种反思,它为了吞噬而创造,神性化的时间。一位自我吞噬者,却不吞噬任何某物,除非是某物的相,依据自身的诸形态的相,实体之相,而这个实体并非同时是主体。

"但是存在相反地同样是本质,而这种变易是反思或者照耀"(11:391/20)。这个"但是"涉及悲剧向喜剧的转化:悲剧英雄的自我意识从面具里走出来,只还与面具游戏;面具对于他不再是任何陌生的东西。习惯和平庸从面具内向外张望。瞧这儿!日常意识,带着它庸俗的明智。(啊,上帝——没有料想到,但现在明白了,日常意识!谁会想到?艺术宗教的这种结束!并且与民主的出现一道:"意识的舒适和让自己舒适,在这种喜剧之外再也找不到它"(9:399/34)。语言分析的懒散玩笑是多么民主:让自己在哲学面前觉得舒适。NAE TON KYNA!①)

人不敢相信他的眼睛:日常意识在宗教形态的尊严中:"个别的

---

① 苏格拉底爱用的一句奇怪的赌咒发誓的话。意思不很清楚。

我自身是否定的力量,众神,众神的诸契机,此在的自然及其诸规定的思想,由于这种否定的力量并且在这种力量中消失了;同时我自身不是消失的空洞性,而是在这种虚无中维持自身,在自身并且是唯一的现实性"(9;399/17)。对于日常意识,众神的最后之相,也就是美和善的单纯思想,成了偶然个体性的意见和武断臆想的游戏。

再一次来听取逻辑:"于是外在性是其内在性,它们的关系是绝对的同一性;而现实向可能的过渡,存在向虚无的过渡,是一种与自身同行;偶然是绝对的必然性,它自身是那种绝对现实性的前提"。(11;392/21)偶然现在达到绝对的统治。它是完整的现实性,而伦理世界的现实性仅仅曾是由它所设定的前提。这种发展即使没有已经卡住人的脖子,也让人透不过气来。

这个逻辑促使我们**第二次穿行艺术宗教**,以便现在来看不戴着面具的它自身,除却希腊世界的面具,但是仍然在历史的规定性中。而这里能够进入视线的唯一历史是近代第一哲学的历史。虽然这个历史在反思和显现的精神的运动中已经是透明的。但是,宗教才是现实精神的历史,在这个历史中宗教的每一个形态都作为全体性而亮相,任何个别形态以所有其他形态作为它的诸方面。仅仅在这些个别形态中精神是现实的;而现实的只是完整的精神;作为完整的,精神在时间中,它为自己把自身呈现在诸观念表象的秩序中。

已经多次提示,艺术宗教的发展在本质上关涉到康德的位置;现在来阐述这一点。在宗教意义上,因为鉴于自我觉悟的精神的整体,近代第一哲学的主题按照概念是现实性。它的局部的诸主题曾经一方面是自内反思——从方法上看,另一方面是现象——从自由、自我规定上看。现象与内在这两者的同一性——这是绝对的现实性作为近代哲学的统一的事。①

近代哲学所涉及的现实性，一言以蔽之，是理性的现实性。在其第一阶段，理性作为绝对者而亮相。它最清楚地在理性原则中说出自己。而莱布尼兹的位置也最清楚地显示这个阶段的特征："面对这个绝对者，反思的态度是作为外在反思，它只是观察绝对者，而不就是绝对者自身的运动"(11：69/20)。在莱布尼兹这里，这种外在性表现在双重世界，一个是理性真理的世界，另一个是事实真理的世界。理性自身始终是一种自然理性，这就是说，一种给定的能力。而这里它本质上保持是理论的理性。它是神，照亮自然——在自然中规定自身的神，或者把自己变成动物的神，作为自然的建筑师而亮相的神，一方面是技术工匠，另一方面是赋予意义者，他首先把万物安排得最好，其次规定每一个别成为意义充实的实存，第三，在个体性秩序中使自我意识的个体共同作用于这一现实化的事业，通过说出洞见来表达意义。这个神就是才仅仅观察的理性。

相反，康德确立了这样一种理性，反思不再是外在的，而是起规定作用的——它是现实性自身的运动，并且是作为实践理性。这里，真正的现实性成为主题，或者说**现实性在本具的形式中**，也正是在反思的形式。转移到宗教中，这就是说：自然还只是作为经过扬弃的自然而在此——扬弃到表象观念的形式中，艺术家的表象观念。他不

---

① 在近代概念把握的理性形态中，纯粹理性的现实性在康德那里体现在《判断力批判》中，是审美判断力所规定的自由的感性实在，当下地在美和崇高之中；在费希特那里体现在行动的我所彰显的理性规定上，当下地是理想；在黑格尔那里，自由的理念实现了自身的自由，创造性的理念本身具备理性的现实性，参见《逻辑学》中"客体逻辑"的第二编"本质论"中关于现实性的论述。下面用理性关系的图示来说明现实性的地位。

Kant： A C B：可能性　　　　　　必然性　　　　　　现实性(特殊性/否定)
Fichte：B A C：必然性　　　　　　**现实性（个别性/实在)**可能性
Hegel：C B A：**现实性(普遍性/限制)**　可能性　　　　　　必然性

仅把意义放进作品——工匠的每一个器具都有意义。艺术家远远胜过工匠,他自身就是为了自身而在此的某物而在作品中变得可见。艺术的精神创造作品,在作品中艺术精神把自身塑造成为现实性的整体,以便经验作为这个整体的自身。

艺术家的理论理性已经不再是观察的,不再只是外在反思,而是构造形式的和起规定作用的。这里没有一种我们的表象能力没有深入的认识。一切现实性皆是艺术家的。显然,它不再是物自体的现实性,而是为我们而在此的众物的现实性或者诸现象的现实性。因而,我们的认识不再是像建筑师思想那样的模仿,而是每一种认识都是一项工作,个体性在其中表达自身。

然而这种在理论理性行动中的个体性没有在作品中与自身达到平等。自我意识,即伴随着每一种认识的"我思",停留在艺术家的内心。在物性的作品上无法见到自我意识,看到的只是其人工性的普遍共相。

这里起关键作用的是,注意:自我意识应该出现在宗教意义上,因而在普遍现实性的意义上——不仅在知道自己是一切实在的理性的方式中。**实在和现实性根本不是一回事**,原因是"实在"是一种规定,它仅仅才关涉把自身表象化的理性,这在康德那里很清楚:它是我们的观念表象能力的范畴,属于质,而现实性属于模态,模态是具有特殊地位的一组范畴。用康德给知性行动的这种规则来更富有规定性地说:"与经验的物质条件相关联的,是现实的"。经验——这就是说:感觉[Empfindung]。由此可见,所有现实性的认识必然地是综合的。

如果黑格尔在艺术宗教的阐述的开端说道,随着艺术宗教建筑师放弃了综合性工作,那么,这只关涉"混合思想和自然的陌生形式"

(9：376/5)——而并非指综合性工作本身。对于作为现实性的现实性或者现实的自我意识,综合恰是重要的——不过不在混合的方式中,而在从属的方式中——具体说个别从属于普遍。就其才只是表象观念,尚不是概念把握而言,这是综合性的。更准确地说:康德自己仍把概念当作观念来对待。

艺术宗教的整个发展以这样的洞见为目标:"我自身是绝对的本质"(9：400/13)。"在单纯理性的界限内的宗教"的依据正在于此——用康德的书名来说。然而为了我自身作为这样的本质能够出现,它必须在它的他在中曾经经验到这种本质——想说的是:绝对本质沉潜于存在中。恰是鉴于这种沉潜的存在,精神把自身理解为艺术家,具体说,这位艺术家把自身对象化,如此也使自身变得可见。我自身是精神,它正是在这项工作并且仅在这项工作中作为真正的现实性而出现。

为了我自身作为绝对本质能够出现——而这恰如精神的确定性,确定自己是主体——,它必须首先是实体的,而这又首先在自然的直接性中。我自身起先只是在自然衣装中的神的本质,也就是在我们认识的唯一领域中。若没有在这个领域中的发展,我自身就没有可能性,作为绝对本质而被经验到并且被认识到。行遍整个艺术宗教,它都在经验的领域中,即使它的发展的自然本性流露出其本质的丧失。

再来一遍,因为这是至关重要的:我自身始终在经验的领域,而这只能够在其作为艺术作品的呈现之中,正是在这样一种鲜明可感性中,只有它为我自身保证了现实性。第一种人工性在于看出自然的内核,也就是绝对本质,它显现在个别的——请注意,个别的自然形态中:天空、大地、海洋、太阳等等。与这些平静的个体性相对的是自我意识的不安,自我意识只是"纯粹的行动"(9:379/30)——"我思"的观念表象的自发性。通过在对象身上看出或者看清一种绝对本质——自我意识的行动在它那里看见自己,这种行动所关涉的对象不再像在自我意识的理论行为的情形中那样,只是一种个别化的感觉。它们虽然是诸个别性,但却并非像草石一样的自然本质,而是像《莱茵河》、《多瑙河》①那样的个体性。道德教化的种种精神,也就是民族精神。它们被带到艺术作品的个体性之中,同时成为合乎自我意识的语言元素,这些个别性显现在赞歌中。康德的宗教,更准确地说:康德位置上的宗教在荷尔德林的诗中发展自身。

"纯粹思",这不是别的,就是自我意识的自发性。它在赞歌中具备此在。赞歌却仍旧是陌生自我意识的语言。作为本己的自我意识,它在神谕中说出自己,见《日耳曼》,人们也能够从哲学中听取它,这种哲学一定曾和荷尔德林联系在一起。神谕是个体的知,知晓那对他有益的[东西];不过这种自我规定的根据只在特殊性格的规定性。

在赞歌中,神性的形态说出自身,它"在自我意识的纯粹感觉的元素中"(9:382/28)运动——以感觉来表示自身是经验的对象;康德的自我意识就自身来说从来不直接地是一种经验对象;在赞歌中,它虽然也在时间化和感性化的过程中经验自身,但是并非成为经验的我,而是成为它所是的绝对本质。

甚至神谕也正属于自我意识的纯粹感觉的这一方面,但不是以思念的方式,而是作为道德教化的情思,它规定自身是特殊的行动。

神谕与"栖居在物性元素中的神性形态一道"(9:382/29)走进礼拜仪式。在祭礼中,神谕获得某一特定行动的特定内容,在这个行动

---

① 《莱茵河》、《多瑙河》和下一段落中的《日耳曼》皆是荷尔德林的诗歌的标题。

中绝对本质与现实的,也就是所经验到的自然衔接起来。这是这样一种结合,它完成于自然祭品的牺牲,在人工物品的供奉和享用中稳定和延续下来。无论是绝对本质还是在绝对本质中尚未了解自己的我自身,都在人工物品中安家。抽象的艺术作品在其发展中以可居住的世界为结果——或者住进了众物之中的自我意识。

有生命的艺术作品把绝对本质糅合到人的形体的现象中,在形体运动的美之中。这里,我自身知道自己与本质合一;本质的自然性在人的形体中是完美无缺的——无论如何自然在这里不再有遮蔽的意义;精神推动人的形体,其运动因而是艺术作品,在这样的人的形体中,形体中具有启示的意义。它所启示的,在自我意识的直接确定性中。于是在相应的语言作品也明朗化的是:人在其自身的节日观照中给自己致以敬意。

随着抽象艺术作品,自我意识让语言作品住进它的世界的众物内,在资产阶级文化的意义上。随着有生命的艺术作品,语言作品接受了人的形态,并非雕塑的人的形态,而是形体塑造运动的活生生的人的形态。然而,随着精神的艺术作品,自我意识才达到自我实现,作为其所是,作为在行动的、因而是精神的形态中的绝对本质,但却像现实性所要求的那样是鲜明可感地呈现出来的,因而是感性地可经验的。

在精神艺术作品中,行动本质上在语言中实现了。而这种语言却在精神艺术作品的第一种形态中处在叙述者的外在性中。这里也再一次确立了:"神圣的是我的话"[①]——具体说本质作为绝对的必然性,意识的我自身在这种绝对必然性里才完整地做出来。至于荷

---

① 荷尔德林:《犹如在节日》,第20行。

尔德林，富有特征的是，他把在精神艺术作品层次上的我自身只还带到对希腊史诗尤其是悲剧的翻译那里。① 在作品的位置上亮相的只还有反思。② 这样做是真实的；显然这种反思是近代的回忆或者记忆[Mnemosyne]。就像黑格尔针对史诗诗人所说的那样："省思和已生成的内在性，对从前的直接本质的回忆"(9:389/37)。从前——现在这意味着：在光熄灭的国度的另一面——在近代之前或者在众神之夜之前。从前为直接的本质并非是直接所发生的事件，诸如特洛伊战争。如此之事件对于反思只是由从前的诗所造的前提。它本身对于近代省思是先前为直接的本质。对于近代的精神艺术作品，这种诗的共同天空是已经消失的直接性。它是业已"飞遁的众神"③。

如果荷尔德林把基督教当作英雄史诗，这是在艺术宗教意义上的完美结论。这只证明了这种诗完全局限在近代的宗教上。④ 作为艺术作品，它不可能有其他的知，也不可能呈现其他的知。

这一切还与康德的位置有什么关联？它们在本质上相关。就何而言呢？艺术作品，只有艺术作品，使绝对本质成为经验的对象。在这个意义上，它以对象在现象和物自体上的彻底分离为前提；因为只有当我们确定没有物自体可认识，在这种情形下，艺术作品在近代之

---

① 荷尔德林在学生时代就喜爱翻译古希腊文学，自1800年起逐字逐句翻译品达的赞歌。除了1804年于法兰克福出版的《索福克勒斯的悲剧》之外，荷尔德林的翻译是为了探索诗艺，不含有发表的意图。
② 参见荷尔德林的《恩培多克勒斯的根据》。
③ 荷尔德林：《日耳曼》，第17行。
④ 博德先生后来看到，智慧的形态并不依赖哲学的理性关系，而具有自身独立的理性关系。因此，荷尔德林的诗并不从属于近代宗教，也不随着宗教不再是近代的最高认识形态而沉沦。历经了哲学历史的诸理性形态的完善，也经受住现代省思在生活世界、科学技术和现代人性三个维度上对智慧的否认，智慧形态当下地以语言性开启对人性的知。

内才能够在宗教的意义上出现。为此,传统自然丧失了在自身中显示最高本质、显示最高本质的合理性［Vernuenftigkeit］的意义。这种合理性显示在诸现象上,只是作为假设的,具体说作为由我们安放到自然中的合目的性——就像康德在《判断力批判》中所做的那样。消除对物自体的认识,这才使艺术作品获得显示对象的全体性和根据的自由,或者说艺术作品才自由地显示绝对本质。只要真实的整体仍具有自然的意义或者自然的方面,这就是不可能的。相反,艺术家的行动始终是片面的。取消了对象作为物自体的规定,或者认识到物自体为我们而在此,也就是它对于原则上的观念表象能力并不在此,重复一遍:不可能在此,这种认识才把自在之所是或者说真实的整体放到艺术家的创造中。

谢林也正是看到了这一点,他的思想从本质上与康德的位置联系在一起——却是一种倒退。因为谢林和荷尔德林不一样,在要求［过去时］行动,具体说,要求［过去时］艺术家对绝对本质的创造的地方,谢林只达到直观,达到绝对本质的呈现——而这种呈现又破碎在反思中,反思那作为缺席者的绝对者。这是不现身的艺术作品的艺术,众神及其与人的关系在这里直接地呈现出来。荷尔德林准确地感觉到,对这种直接性的复制［Imitation］不是真实的。因此,荷尔德林对希腊世界的反思关系是将希腊世界作为业已灭亡的,作为消失了的。这样,希腊世界确实是作为观念表象,作为理念。而只有作为理念,它才为近代人在此,它对于精神的自我意识才是真实的,一种真实,在缺席中得到呈现的世界。

随着黑格尔去回忆:这个世界的判断依赖于这样的规定性,按照这样的规定性自我意识是纯粹的行动,具体说"普遍和个别的综合联系,或者表象观念"(9;390/21)。

第二十五讲

艺术按照其最高规定的方面对于我们已成为过去,它意味着什么？这期间也许清楚了一些。具体说,艺术的最高规定曾经是把真实作为整体而说出来,说出作为绝对本质的真实,说出在宗教意义上的真实,同时宗教是近代精神的宗教。虽然就近代在每一个阶段皆显示了现实性整体而言,这种呈现贯穿于整个近代。但是意识到精神自身,这种呈现从根本上在康德位置的视野中才出现,也就是在"哥白尼式的转向"的基础上,这个转向说:我们的"认识"不必向对象看齐,而是相反对象必须向我们的认识看齐,须在这个方向上把握住真理。

而这又只有当我们的认识不是面向物自体,而是面向现象时才有可能。不过,诸现象的整体之知无法就自身方面是来自经验的认识——像这种认识的诸全体性只能够作为理性的诸理念而有效,仅仅由于诸现象的整体之知并不直接地是真实的,而是使之成为真实的,它才能够变得可见和可以经验。而这种"使之为真"仅在艺术作品中才发生。

在艺术宗教的引言中这样说:"在这样的时代出现绝对艺术"(9:377/22)。在这样的时代,自我确定的精神哀悼失去的世界——也就是自然宗教的世界,建筑师的世界,这个世界仍然镌刻着作为物自体的真实的认识。这种在自身是确定的精神,它觉悟到其我自身是自由的行动,这种哀悼的精神寻找它在艺术作品中的表达。与之相齐一,艺术作品才是精神的艺术作品,因为精神在作品中把它的实体的真理变成对象,而实体作为自由的道德教化。

抽象的、有生命的艺术作品让神性和人性显现在偶然的和仅为相对必然的形态中,而精神艺术作品则把绝对必然性带到光天化日之下,绝对必然性才把众神和人分辨清楚并且同时与它们相分离。如此,自我意识的我自身才有能力提炼自己,达到与绝对本质的同一性。

精神艺术作品的第一个形态直接地是史诗。在近代意义上得到规定,也就是得到反思,反思是出于知性的力量,而知性努力使自身成为关于自身的科学,具体说是超验哲学,于是史诗过渡到其自身的历史回忆:《纯粹理性批判》的结束把"纯粹理性的历史"收进视线。康德对此补充说明道:"这个题目只是为了标识出一个在体系中剩下的位置,而将来必须填满它"。(《康德全集》,3:550/4)[①]关于这个历史,他却才有一个史诗的、叙述的面目;显然黑格尔对行吟诗人所说的对他同样合适:他自身始终在中心生活之外,而中心是这个历史的诸英雄的行动。

纯粹理性的历史,就是说,纯粹得脱离了启示信仰的纯粹理性之光的历史,不仅最初而且最终是宗教精神自身的艺术作品,或者说,是自我觉悟的并且将自身对象化的精神的艺术作品。作为这种自身的作品,它也还必须呈现出来,作为近代精神或者绝对知性所本具的艺术作品。从叙述的外在性过渡到自由行动的形态并且变得可见,

---

[①] 《康德全集》,第 3 卷,《纯粹理性批判》(1787 年第 2 版),学院版,柏林,1911 年(翻印于 1973 年),第 550 页,第 4 行(Kant, *Gesammelte Schriften*, Band 3. (Abt. 1, Werke, Bd. 3), *Kritik der reinen Vernunft* (2. Aufl. 1787), herausgegeben von der Königlich-Preußischen Akademie, Berlin 1911 (Nachgedruckt 1973), S. 550, Z. 4)。

属于这个呈现过程。这是向历史作为被概念把握的历史的过渡。它表明：历史必须这样得到启示，为历史而做出区分的诸形态被看作是绝对必然性和概念的诸面具，概念"在这些形态之上毁灭着它们大踏步地走来"(9:393/8)；显然这些形态的意义只是作为精神和真实的批判本性的诸危机现象，真实是整体。

第一科学的促进者每次都进入一场对话，犹如古希腊悲剧的对白[Stichomythie]，这场对话并非建立在对已经言说者的评论和理解上，而只在于这样一种概念，它理解并把握每一个人必然地为自己所做的。这只作为提示，但却是一个过于提前了的提示，没有理由在这里继续详细地说明。因而人们必将还再一次考虑所谓的形而上学的终结。

精神艺术作品结束于喜剧，与先行的艺术宗教诸形态一样，喜剧这里在现象学中本身只是一个面具。它所显示的，也适用于它自身：它是完全透明的面具，对于观众成为镜子。与悲剧合唱队中不同，观众在这里占了演员们的上风。悲剧那儿是一场戏，演员和观众在戏里完全不同，而在喜剧中这只还假借可一眼看穿的伪装。在此人们从一种对于自身尚为陌生的必然性的历史过渡到白昼的秩序，让自身在日常中感到安适，具体说安于一种非真理，它是"理论的普遍和在实践中有待践行的[东西]"(9:398/28)的对照——对照，因为它是不真实的，所以也无法严肃地对待它。如果"直接个别性的诸目标从普遍秩序中"解放出来了，那么，只还剩下对普遍秩序和理论的讽刺。(9:398/29)典范性地思想——那就是格言。在此，最可笑的是它甚至还从哲学自身中找到论证——在必然的毁灭中完结的形而上学的论证。为何形而上学？

现在，最后的喜剧是"单纯的美和善的思想"的喜剧，或者在伦理意义上的艺术作品的喜剧。"形而上学"看起来如此——在形而上学形态中的自我意识(参见"启蒙的真理"一节,9,315)。一种喜剧,它把近代哲学的整个历史丢给了可笑性,这个历史显然在辩证的知的力量中继续前行,想从意见中解放出来,然而为的却是在结论中把意见——而不是把绝对知——移置一种出乎意料的自我安全性中。这是"由于在自身确定性中的个别的自我意识,是它把自身呈现为绝对的力量"(9;399/22),具体说呈现为在虚无性中保存自身的我自身。历史及其必然性消失在偶然的游戏里。

在精神的发展之内,自然意识在感性确定性的规定性中作为绝对真理而亮相——甚至也在康德位置的基础上。那里,它曾排斥了意见的特性而带上科学的情操。这曾被解释为绝对知的元素,作为在自然意识的教养工作中的最艰难的危机;绝望的或者对自身的怀疑的运动似乎停止下来——一种静态,实际上绝对自由的恐怖才打破了它。

而现在,随着艺术宗教的结束,似乎正是那种教养在日常意识的意见和武断中把自己交给了冷嘲热讽,其原因在于教养用教养的手段,也就是用辩证法,废除了教养的意义。必须弄清楚这个异乎寻常的事件。

自然意识在过去那场危机中曾赢得科学情操的坚实性。日常意识所达到的稳定性一丁点儿也不少——具体说舒适和让自己舒适的泰然,后者在社会的意义上。

通常把**日常意识**与**自然意识**掺杂在一起,首先有必要克服这种混合,已经在多层次上阐述过这样做的理由。其次,必须给日常意识以规定性,它只能从在意识教养中的体系位置来获得规定性。

第一个方面，从逻辑上看，自然意识本质上属于自内反思，这是由于对于自然意识来说存在是经过扬弃的，与这种存在的关系是它所本具的。这种存在是自然的存在，一如自然已经在自然意识的第一个形态中所显示的那样，这里自然意识是感性确定性。感性确定性消失在意谓中，意谓却除了感性确定性的内容之外还没有其他内容；①健康的人的知性也同样，它在知觉发展的结果上出现。

自然意识的另一个意义在那里，如前所述，从逻辑上看它属于现象。这里它本身是精神教养的结果，而精神规定了自身是伦理世界的精神；它是伦理世界完全瓦解的结果并且既在现实性方面也同样在信仰方面。在这里，自然意识并非消失在意谓中；不如说它在与信仰的对抗中规定自身，具体说从它的启蒙行动来规定自身，作为科学的意识——并非在黑格尔的意义上，而是在庸俗的意义上：建立在对感性确定性彼岸的一切的虚无性的洞见上。这是人的科学，人由有用性的意识来定义，尤其是人意识到包括他自身在内的有用性。人的意识的自然性在认识到他的自然存在无足轻重之后中断了，不仅如此，它尤其葬送在道德性的发展中，具体说随着对良心的发掘，良心不仅是自然对象性的真实根据，也是启蒙本身的根据。

和道德性一道，自然意识被扬弃到宗教之中，宗教首先又是自然宗教。但是，这里说起的自然不再是 natura naturata［受造的自然］，而是 natura naturans［创造的自然］：自然的理性之光，光规定着自身，把自身塑造成为自然的诸形式。这种自然已经是人工的——只不过自然宗教必须到达知道这一点的地步。从对象方面，它在建筑师的形态中知道这一点。而下一步是，宗教的精神把其自我意识作为艺术家的自我意识来发展：在呈现我自身时的自由行动

---

① 参见本书第四讲。

的自我意识。这里是考察日常意识生成发展的地方，也是我们要说的第二个方面。

再来一次：自我意识的地方是艺术宗教，一方面与除却自然宗教的自然性有关。这里泄露出这样一个秘密，"它与自然的自身本质性［Selbstwesenheit］有着怎样的重要关系"（9；398/13）。另一方面，艺术宗教却是历史性意识——我说的是历史性，而不是时间历史——的发展。民族成为历史性的，一方面它把祭祀礼拜带到恒久的神庙景象里，另一方面它把民族特殊性带往与其他民族的共同行动中，这种行动唤起普遍人性的觉悟——并非人性观念。这种觉悟通过诗歌成为恒久的听觉感受力，而诗歌是在一种具有规定性的语言中，它在汇聚起来的各民族的共同天空下获得了规定性。

这是历史性意识的诸契机。作为这样一种意识，它**在呈现回忆中的行动时才说出自身**。这是在构筑世界的意义上的行动，因为神性的和人性的方面在行动中走到一起。具体说是在一种必然性下，而这才完成了历史性民族的概念。悲剧不再以叙述的方式呈现这种必然性，而是**按照概念的方式**。行动着的诸形态的散漫的多样性聚集到单纯的分裂中。由此，历史既作为整体，同样也在其诸区别中变得可见。于是可以在其真相中把握历史。

就像悲剧意识消沉在喜剧意识中，日常意识从具有规定性的历史性意识中滋生出来。历史消失在日常中，也就是消失在一种时间中，这种时间以形式雷同为特性，它把历史性的——因为是本质的——区分平均化为同样的人的平庸的永恒轮回。艺术在这里不再造成与日常生活的区别。艺术只还有这种意义，即观众在观看自己表演。今天，这算作是对艺术家生活的真正分享。所谓的艺术民主化只是在事后表达了这样一个事实，这就是艺术在其绝对意义上消失了。没有历史性,剩下漫长的无聊。

当日常意识又以意见的形态而出现,那么,当然要与自然意识的意谓区别开来。由于自然意识的意谓以所谓自然为方向,它停留在理论意义上。日常意识丢下理论的意识,随之也抛开道德意识连同良心。如果它仍谈到良心,那么只在与喜剧面具的游戏之中。这期间每个人只有这么多良心,就像他还能够眨着眼睛欢迎援引良心这个依据那样。

日常意识从历史性意识的瓦解中抽取其内容,而历史性意识的内容在喜剧中,也就是仍在艺术作品的层面上,就已经淡化为善与美的思想。日常意识否定这种作为诸理念的内容,重复一遍,作为诸理念。意见本质上关涉善和美,每一个把自己理解为真正的自身并且同时把自己理解为人格的人,都必须有关于善和美的意见并且表达这些意见。这种意见及其表达是民主意识的真实品德,对于民主意识来说民主不再只是政府的形式,而是一种意识的形态。它是这样的精神,"它在意识的个别性中完全确信它自己"(9:400/11),所有的本质性,这意味着所有善和美的理念,甚至诸神,都沉没在这种精神中。"用一句话说出这种轻率,这就是:我自身是绝对本质"(9:400/12)。"在这种自我意识中,没有什么在本质的形式中面对它,精神丧失了其意识"(9:400/15)。仍然历史性地把握这一点本身,只有第一哲学有能力做到,这种第一哲学把历史作为原则的危机来把握。这里所发生的,完全无法描述。

美和善如何在日常意识的意见中呈现自己?无疑是为了意识的舒适和让自己舒适。然而如何?也为日常意识所独具的感性确定性因为不再依据自然,从而也不再依靠五官,而是依靠感性的观念表象或者想象,这一点与对诸理念和纯粹思想的否定相适应。这种想象的对象却是这样得到规定的,即精神在这里丧失了它的意识——类似于法权状态或者资产阶级社会的死去的精神。但是,资产阶级社会的富有特征的奢侈放纵在民主化的社会里与其说依赖于财产及其享受,不如说依赖于想象,除了把无精神的东西表象化之外,这种想象一无所长,谈论精神就已经被贬低为可笑的,一种被看透的幽灵的可笑性。

想象的无精神的东西进而是如何规定自己的?这是通过精神丧失其意识并且因此也无法把它的自身作为精神而对象化。对于它,没有意识的[东西]变成想象的对象——或者本能冲动。在无意识性中精神将想象的对象当作第一性的。因此,弗洛伊德的著名命题并不是说:满足本能冲动意味着放弃文化,而是说:通过放弃本能冲动而换来文化。放弃及其痛苦成为个体的本能冲动的负担,而不是给普遍性的文化带来负担。无法原始地感到普遍性的缺失,这是因为关联点始终是个别的自我。

再一次聆听黑格尔:"我自身是绝对本质,正如为本身所照亮的那样,这句话属于非宗教的、现实的精神"(9:400/18)。这种现实性早就把自己规定为个体性的地地道道的偶然性,而个体性是让自己舒适的个体性。这里也许会产生误解,以为宗教精神不得不有勇气废除自身。但是,宗教精神在此只是表明它也经得起个别的我自身的否定力量。它的真实的宗教还没有亮相。

自然宗教所特有的信赖,这种信赖仍在艺术宗教获得拯救,这种PISTIS[信赖]本身仍然是自然的,并且为了完全放下其自然性,或者说得更好,为了经验那把自身作为精神而公开的精神,它不得不首先学会懂得这句硬话,"上帝死了"(9:401/35)。而这是复活的精神。

在自身非常幸福的意识,喜剧意识,是不完整的并且有不幸的意识作为其另一个方面,后者知道在所有人的平等权利之下"让抽象的人格现实地生效是何等重要",并且"同样在纯粹思想中令其有效。它懂得如此之效验远远甚于那完全的失落;它就是这种意识到自身的失落,并且是其自身之知的舍身外化"(9:401/24)。

喜剧意识无法停留为自为的,原因在于它从来源上是片面的——自身的一个方面对立于已丧失的意识的另一个方面,后者自知其失败。这个失败的邻居闯入日常意识;它的不幸是无聊,从业已沉沦的历史那里留给它的这种无聊,日常的特性即相同的重复,只好费力地用新东西去打扮这种重复,打发由此产生的冗长的时间。

意识曾作为主体而努力从实体中走出来,现在日常意识作出丧失实体的假相。我自身曾是实体的偶然属性。由于我自身作为主体把实体从绝对本质的等级上排挤出去,因而将伦理实体贬低为我自身的谓项,也就是使之成为这样一种规定,这个规定只在与主体的关系上是真实的,关系到偶然的个体性。谓项包含在个体性中并且总是仅作为主体外化的结果,处在与作为绝对本质的我自身的绝对依赖性中。

然而这里已经表明:虽然我自身作为主体能够把实体降低为谓项,但是,如果我自身必须外化——即使以否定的方式表达自己,说实体对于它什么也不算,说上帝对于它已经死了,那么我自身就仍然无法摆脱与谓项的关系。正是这种被否定的谓项——由于个体性的我自身把自己变成绝对本质,绝对本质已经被否定掉了——正是这种被否定的实在从自身方面是一种意识,具体说是不幸的意识。这无法通过解释、通过阐释、通过科学来打消掉:上帝死了。

即使是各种各样的文化革命的偶像潮流也只能证实这一点。可以销毁艺术宗教的所有作品。整个这种损失的意识会存留下来。而因为它存留着，艺术宗教的作品也就没有被毁灭。间隙性的尝试很快就不了了之，这是因为"上帝死了"这种意识是无法熄灭的。上帝曾在此，这意味着：在知之中。让我们来看究竟如何。

凭借艺术宗教的作品，艺术宗教的世界并没有为我们而在此。"它们是它们为我们之所是"（9：402/9），如前所述，总是只有单独的个体才能为自己想象其世界。无论想象的构撰会多么生动，它只确证我自身作为绝对本质的统治，这个绝对本质在自身中把作品世界表象化。死去的神的这些纪念碑没有唤醒神，更不用提对纪念碑的维护。但是，这些作品让人们想起这样一个区别：仍然在作品中转让和变卖的精神与由作品而待回忆的精神之间的区别。所以，也值得去全力维护艺术作品。

已经说明，悲剧精神已经且如何把历史性意识带到规定性之中。关于那些艺术宗教的作品呈现在我们面前的精神，黑格尔说道："它是悲剧命运的精神，悲剧命运把所有那些个体的众神和实体的偶性聚集到这样一个万神庙中，聚集到精神之中，这是觉悟到自身是精神的精神"（9：402/31）。这个命运不再是历史自身的毁灭性的必然性，而是具有呈现的意义。这里表明：接受这样一种命运，这个必然性是我们面对命运的自由。

宗教精神已经具备我自身的规定性，但却又丧失了精神的意识。下一个阶段的工作将是把精神带往它自身的意识，同时不使我自身退却、退回到自然宗教之中。**在逻辑上这意味着**："如果一件事情的所有条件皆现成，那么，这件事情便进入实存"（11：387/14）。在艺术宗教的作品为我们而呈现的［东西］中，自我意识的精神出现的所有条件都具备了。如果我们理解并把握了这些是所有的条件，它们就为我们而存在。而只有当我们遍览并且看透了历史在其所有区分之中的整体,只有当这一历史作为悲剧艺术作品为我们而绽放,这时,我们才理解和把握了这一点。而这意味着:认识历史的诸危机的逻辑。别无旁骛。

第二十六讲

　　这里，艺术宗教应该在整体上鉴于康德的位置而透明起来——更准确地说，鉴于近代哲学的自我意识，是康德首次将自我意识在其独具的意义上加以发展。近代宗教的第一个阶段，或者说宗教意识发展的第一个阶段在本质上紧紧盯住自然，按照反思或者其观念表象方面，这显示在理性行动的观察特性上。自我意识发展的第二个阶段按照这同一个方面在本质上指向艺术家的自由行动。

　　就像在第一个阶段，理性观察属于第一哲学的本身，具体说属于它的现实性，同样，在第二个阶段艺术作品中的现实化也属于第一哲学。艺术尤其是诗在这里并非任何仅仅用文学搜集起来的东西；不如说它在具有康德特征的第一哲学中安家，扎根于原则上的自我意识。

　　第一哲学并且只有第一哲学总是必须作为知的全体性而亮相，因而，在第一哲学清晰地展现于近代历史之处，在这部历史是第一哲学的现实性之处，哲学不可能把艺术和自然科学搁置一旁，原因是它不可能把完整的因而也现实的时代精神的形态搁置一旁。无论自然还是艺术在这个时代都只一次性地在绝对意义上登场。它们是一席衣装，自为地将自身表象化的、意识到自身的精神必须穿上它而又脱下它。自然科学只在近代的某一阶段与精神的现实性相齐一，在自然中精神自身作为绝对者而是对象。人们可以说，由于自然和艺术上升为对现实精神的崇敬，它们的含义也被吸尽并且在绝对意义上被消耗了。这种谈论是逆耳的,但是它转移到启示宗教和绝对知当中,只是变得更加难以下咽。后黑格尔哲学的不安,对所谓形而上学的排斥,是一个极其富有欺幻性的过程——之所以有扑朔迷离的两面性,尤其是因为理性之光自身又显示为磷火,显示为一种对于理性来说是陌生现实性的后现象[Epiphaenomen]。在这个过程中第一哲学自身似乎已经耗尽了。而这一点正好在它的历史现实性的直观中。

甚至海德格尔对诗与思相比邻的信念也属于自我欺骗的历史。无论如何,就这个信念看到自己与荷尔德林密不可分而论,谈不上一种邻居关系,如果把荷尔德林的诗看作是一种知的形态,在康德的位置之外荷尔德林别无其他土壤。这种知的内容本质上由在绝对意义上理解的自我意识来规定。这种自我意识既不在理论上也不在实践上是经验的对象,无法认识。在理论意义上,它必须能够表象化,在实践意义上,如果行动应该是伦理的,自我意识则必须必然地被表象化。但是,只有通过呈现在艺术作品中自我意识才变得可以认识,并且恰当的方式只在语言作品中。其原因在于,说出我自身、说出我并且将之上升为普遍性,这是语言的独特行动。

精神曾隐藏在自然性中,它也曾在人的形体和运动的美中传达自己,当诗既不按照自然的方面,也不按照美的方面来呈现精神,而是把精神呈现在绝对必然性的行动中时,诗是精神的艺术作品。这里,相应的诗在本质上是回忆,在近代意义上亦即反思意义上回忆:诗并非直接地回忆如此这般的行动,而是将之作为诗所构撰的行动,回忆那古老世界的诗的行动。古老的,这是因为又在与近代不同的世界的观念表象意义上。而古老的世界又只能够是希腊世界,这是因为开端或者观念表象原则只在近代,在近代的现实性之外只显现为源泉——源泉的史诗，源泉的悲剧，源泉的喜剧。

近代哲学的原则在历史中对象化，这个历史作为近代宗教必须先行于近代，必须在那里以"源泉"的面目出现。正是这一点最终也对哲学本身生效，海德格尔首次寻访了哲学的源泉——更准确地说：在尼采的探究深入悲剧时代并且第一次洞察了其源泉性之后。对于把哲学的源泉上升到原则位置，这是一项决定性的先行工作。只有当源泉被理解为原则之后，近代原则才释放出第一哲学的历史，并且作为诸原则的危机的历史，它放弃原则的唯一性，这又让希腊的原则从其唯一性中走出来面对近代原则而获得自由，中世纪的原则显现为最后的原则，我们将它与普罗丁、奥古斯丁和托马斯·阿奎纳的名字联系在一起。不仅在源泉上寻访希腊哲学，而且在其原则上把握希腊哲学，这只能够在巴门尼德那里弄清楚。

（与我自己［博德先生］又沟通了一小步。）

并非因为荷尔德林和黑格尔深为希腊文化所打动，艺术宗教的世界就是希腊的，而是因为近代原则的映现直射"诸源泉"，所以艺术宗教被移交给了希腊世界。鉴于精神的艺术作品，没有什么比这更加具有标志性，荷尔德林的唯一的戏剧尝试以恩培多克勒斯之死为题材，就像荷尔德林自己对此所作的说明那样，恩培多克勒斯既非纯粹的诗人，亦非纯粹的行动家，而必须是"理想的"行动者：他的行动不是直接地历史性的，而是就像荷尔德林自己的诗一样处在历史性规定之下。从第一哲学来看，恩培多克勒斯处在巴门尼德之下。

对于宗教普遍有效的是，自我确定的精神在宗教中对象化了，成为精神的观念表象的对象，这意味着理念的对象。这在自然宗教中只在 ideatum［被表象］的意义上，在艺术宗教中却在双重意义上，从自我意识的同一性中生发出这双重意义，自我意识首先是自由的行动,但自己却没有经验的对象,而是必须使自身成为经验的对象。而它只能够在艺术作品中把自身变成经验对象。

但是精神在精神艺术作品中才与自身达到齐一——更准确地说:与精神的我自身达到齐一。这里,宗教不仅是自知的精神的诸形态的历史,而且也意识到自身是历史,作为历史而把自身变成对象——起先仍在叙述的方式中或者是史诗的,然后却是概念把握的或者悲剧的。

如果精神的历史在悲剧中发现其体系位置,如果历史性意识随着悲剧而得到呈现,那么必须注意,这个历史虽然是概念及其必然性的历史,但却并非已经得到概念把握的历史。

把我们的任务从与黑格尔的观点的混合中剥离出来:悲剧不仅呈现历史,而且呈现历史性意识,这是因为所呈现的[东西]具备理念的特性,也就是属于表象观念的、把自身对象化的精神。这个精神的历史本质上处在一种精神自己舍身外化的外在性中:宗教的三大阶段,它们先行于近代,带着东方的、希腊的和罗马的三大王国。作为精神现实性的表象观念,它们属于近代的宗教。作为这样的观念表象,它们不再有在此亮相的诸形态的直接性,而是统统属于意识。所以,对于悲剧也是这样:历史作为概念的历史呈现在悲剧中,但是正是作为如此之历史,它规定意识是历史性的。而这样一种意识,它拿起在希腊源泉中的悲剧,也就同时属于一个本质上已经灭亡的世界。

为了突出这里占主导地位的反思形构:在此,首先是在神话意义上的悲剧历史;其次是这一历史向艺术作品的当下现实的转移。希腊世界和直接性外相在《精神现象学》的相应探讨中大体如此。精神是一个外相,必须过渡到真实的反思或者照耀之中,这显示在:悲剧这里只是作为宗教精神发展的特定阶段而亮相并且仅仅因此而作为概念及其分裂的呈现。在艺术作品本身反思以这样一种方式显示自己,即作品知道并且说出希腊世界亦即悲剧世界本身是已经消逝的。这种作品直接地只还与消逝的世界的艺术作品发生关系,不再像后者与神话作为既定的神话发生关系,而是与神话作为所造的神话相关。在这种神话创作中,诗人自身成为悲剧英雄。不再是相互排斥的道德教化的法则,而是**相互排斥的历史世界**。人们能够从《恩培多克勒斯的根据》中记取的也正是这一点。

历史性意识大体如此,它之所以在日常意识中毁灭,恰是因为它无法成为历史性自我意识而巩固自身。历史性自我意识将会把握在历史中自我呈现的概念。观念表象是精神的宗教的特征,只要把历史看作为悲剧,只要历史是堕落的历史,只要它更进一步是形而上学灭亡的历史,观念表象活动就持续着而没有达到概念把握。"只要没有"——这种时间却本质上落在科学体系之外。在科学体系之内,如果历史性意识没有消亡在日常意识之中,就会违反发展进程的必然性。在日常意识那里根本没有可能概念地把握才仅仅是表象化的历史概念。

在日常意识中,神性本质变成人的过程结束了,这却只在我自身的极端上,在这里一切本质性,在这里众神及其诸契机皆沉落了。和神性一道沉落的是本质形态自身,而这说明:精神堕落进了毫无意识的状态之中。这种状况太为人熟知了,不必现在还来陈述出它。

凭借日常意识所获得的信念是颠倒的,不可以让对此的厌恶——就像已经发生的那样——误导精神退回到自然宗教并且最后回到花草宗教。我自身是绝对本质,对此的信念没有让自己在东方风格、在人工天堂里中断,而只是睡着了。从幻觉中苏醒,只是打断了偶然的个体性,并没有打断被认为是众物的陌生流程的东西,它作为毫无理解力的世界。不如说,关键在于就像另一种对本质的实体性的信念一样,也把那种信念降而为精神的自我经验的一个契机。

就像自然宗教属于自我分析的精神,艺术宗教属于实存的精神或者伦理精神。喜剧的或者完全幸福的意识同时是丧失了意识的精神回归的地点,——这不是向自然宗教的回归,但却是向精神的自我分析的回归,更准确地说,回到自由的自我意识的分析,这种自我意识曾在不幸的意识中找到其真理。这种回归的缘起却从无内容的经验出发,我自身在其抽象的普遍性中把自己规定为这种经验——成为法权状态的人格的抽象,绝对自由的人格的抽象、良心的人格的抽象。在每一种这样的规定中,人格都把内容释放到享受、恐惧和武断的混乱中。

幸福的意识在对其行为的分析中变得完善,必然成为不幸意识的反面。它是两者,因而是分裂的意识:一方面是幸福的,作为绝对本质而自娱,另一方面是不幸的,丧失了关于绝对本质的所有内容——正如康德的道德法。人格既没有维持在家庭或者国家中的直接的价值,也没有间接的思想出的价值,也就是道德业绩。我自身只知道曾经有过这一切。它看见自身在消逝的世界的见证面前。它们在此并且对它说着它在不幸中必须听的[东西]:一切曾赋予人格以价值的,都已经有过。正是这种日常意识的历史好奇心发觉和保留着证据,这些证据在我自身完全成为不幸的意识之处给它涂上对失去的世界的意识。

在精神的这个层面上,艺术作品的呈现媒介是怎样,这已经不造成任何区别——无论是绘画还是建筑,是雕刻还是语言:它们用同一种精神性说出命运,命运把隐含在诸媒介中的对消逝的世界的回忆献给我们。这里,上演一出本质上经过中介表演,它指向中介性的精神本身，精神期待着它的"回忆"(9:402/30)。

这个精神从种种舍身外化中回归，它们唤出精神出现的各种条件的全体性。再一次回忆已经属于莱布尼兹思想的逻辑："如果一件事情的所有条件皆现成，那么，这件事情便进入实存"(11:387/14)。已经说明过：决定性的是这样一种知，一切条件已经就绪，而这种知属于概念及其逻辑。

所有条件——一方面这是艺术宗教的所有不同形态，另一方面是"人格和法的世界，所释放出的内容诸元素的荒漠化的野蛮"(9:403/9)；其具有规定性的出现也是我们所有人看见的。在那一切皆允许的地方，只要不限制他人的臆测和武断，没有哪种人的价值扭曲的丑陋不已经找到其公众并且得到青睐。

它们聚集在一起：已没落的世界和当下世界的诸形态；它们"怀着期待在精神的诞生地周围涌动，这是作为自我意识而生成的精神"；"行遍万物的不幸意识的痛苦和渴望是它们的中心和精神出生的共同的阵痛，——纯粹概念的单纯性，概念包含那些形态作为诸契机"(9:403/12)。它们处在何种当下？也许在罗马世界的当下？或者在我们的当下？当下是黑格尔的或者费希特的？或者是近代原则的当下？它已经准备好作为原则而降生。

这个问题只能从对全体性的知中来回答，这是启示宗教的精神出生的诸条件的全体性。至于它的现实性，它接下来的发展不得不暂时悬隔起来。精神有耐心依靠一种力量来生活，这样的力量即使在死亡和荒芜中也保存自身。正是这是启示宗教的教义。从这样的宗教中我们自身获得一种耐心去完成第一哲学的经验。

当下的追问只能够从对这样一个问题的看法中澄清自己：是什

么应该在当下启示自身？这里，首先必须注意，这种宗教形态的观念并没有在想象中丧失自身，而是从概念出发。想象在这里几乎被清除在外，这是由于先行的诸宗教形态被加上另一种内在意义，而不是"它们在现象中直接呈献给意识的"。这与那众所周知的企图如出一辙，即粘合与古老世界的裂缝并且通过评论把旧宗教的知弄得合乎时宜。这种糊涂的意识逃脱原则性区分的种种危机。它也知道在哲学史中每一次都把自己与先前之所思的某种日常意义安插到一起。无论这种意识抓到什么，它都粘合。有一种杂色的博学，它实际上只是胡思乱想。

"对象化[的东西]的意义不只是想象，意义必须自在地存在，这意味着，对于意识来说从概念中产生并且在必然性中生发。……这个概念作为直接的也具有对于其意识为直接性的形态，其次，概念给予自身……自在的自我意识的形态，作为存在或者直接性舍身外化，这种直接性是无内容的感性意识的对象，并且对于意识成为我"（9：404/12）。这又一次是发展至今的宗教的两种运动。

对象化[的东西]伴随着在宗教中把自身表象化的精神的完整发展，如果要求对象化[的东西]的意义是自在的，那么，这意味着：注重作为世界精神的精神的现实性，世界精神或者说是历史化的精神，带着所有对于这个历史为本质性的区别。

在这种现实性的意义上，信仰是世界的信仰，它要求"精神作为一种自我意识，这就说作为一个现实的人而在此，他为了直接确定性而在，信仰着的意识看见、感觉和倾听这种神性"（9：404/35）。神的思想不同于想象，可以从任何一种从前流行的神话定则中解释想象。奇怪的是，学识如何把在这个人中的神的认识误置于想象之中，并且正是通过词源学的借口，这种想象靠神话过活，更准确地说，靠一种奥秘学过活，把这种或那种意义塞进神话。当这些解释者或者翻译者把人和神分开，说得准确一些，把耶稣与基督分开，仿佛知道他们在做什么，仿佛他们知道他们在此把怎样的神带到另一面，他们对这个神却只有一种既是学识上的又是狂热的想象，恰恰没有道成肉身的规定性。

相反必须抓住："这个神直接地作为我自身，作为现实的个别的人被感性地直观；只有这样他才是自我意识"。这是"绝对宗教的简单内容"(9:405/12)。"在宗教中知道本质是精神，或者宗教是本质对自身的意识，意识到自身是精神。精神是它自身在其舍身外化中的知；是这样的本质，它是在他在中保持与自身的齐一的运动。"只要它是意识的对象，这个神性的本质就已经得到启示，显然如此精神就"作为我自身处在与自身的关系中；这意味着，我自身直接地知道自己在与自身的关系中，或者我自身在这种关系中对于自己是公开的。……它是纯粹的概念，纯粹的思或者自为的存在，直接的存在，因而是为他者的存在，并且作为这种为他者的存在直接地回归自身，在自身中[bei sich selbst]；它就是真实而唯一的启示。"这种精神的形态，也就是概念"同样唯一地是其本质和实体"(9:405/16)。

活跃于哲学的第二个时代的哲学史学问恰恰回避这样一个现实性，具体说，回避在神人身上直接直观到的神之自然与人之自然的统一。而这又是那种抹煞第一哲学的诸危机的意识，据称基督信仰与哲学不可调和，在近代对此所说的一切之后，这种意识小心翼翼地避免提及上述具象，以便在奥古斯丁和托马斯·阿奎那身上把某种所谓哲学的[东西]转到前台，好让人们看到这些与当今学院哲学的衔接处。这样正好压抑了哲学的第二个时代的思辨性[东西]。

以这种方式只是推进了混乱，因而谈起上帝的人化或者人的神化,原因是缺乏"绝对关系"的概念,而"绝对关系"的发展掌握着启示宗教的经验逻辑。有关人化或者神化的各种观念表象让绝对关系倒塌了,盲目地面对理性关系,这种理性关系敦促人们把神与人区分开,而不是相反地把这种区分当作被给定的,从这种区分出发,然后发现无法遵守这个界限。这里,理性关系其实是第一性的,具体说作为根据的矛盾,而绝对关系稳固地建立在根据之中。同样是现实性逻辑的反思逻辑意欲如此。

相反,喜剧的或者日常的意识尊敬知性,没有达到理性。它觉得提到历史性的神人就已经逾越了哲学的界线。实际上,"理性的是现实的;现实的是理性的"这对于喜剧意识就已经算是越界。它不能够相信,原因是它认为这是信仰的事。

谁真正逾越了哲学的界线?正是那些没有踏上得到概念把握的现实性的土壤的人,他们在哲学中感到失望。那些在与哲学的接触中不再知道身在何处并且退回到他们由之而来的臆测的现实性的人,除了他们之外谁逾越了哲学的界线?他们只会留在那里,而不是为他们的懦弱找个出路。

第二十七讲

在绝对知公开自身是具有规定性的、历史性的人的自我意识的地方,宗教或者精神的自我意识才是对这种自我意识的意识。只有用这种方法,在艺术宗教的发展里已经瓦解的实体才重建起来。但是,在重建中实体不再是其从前所是,亦即不再是在自然宗教中所是的实体,而是把自身作为主体而创造出来。

"绝对本质作为现实的自我意识在此,它似乎从它的永恒的单纯性中降落下来,但是实际上它借此才达到其最高的本质"(9:406/15)——具体说,"是纯粹的思因而也是我自身[Selbst]的纯粹个别性,以及为了其单纯性的缘故是直接者或者存在。"(9:406/19)实体现在作为结论是可见的并且与作为结论的感性意识结合起来。到此为止,对启示宗教的整个阐述所指向的目标不是别的,就是从绝对本质的表象到它的概念的过渡,这个过渡完成于作为我自身而得到规定绝对本质的回归,回归到存在的直接性。这种直接性区别于曾由之而出发的直接性,是经过中介的,经过我自身的整个发展,在幸福意识的完整化中为了不幸意识而走进自身,也就是回忆已经丧失的[东西]。

"看见、听见最高本质是存在着的自我意识,这确实是它的概念的完成;由于这个完成,本质就直接在此,正如它是本质存在。"(9:406/24)它在此,是公开的,以其完整的深邃来到表面。如果它在感性意识的规定性上在此,那么,它却不局限于感性意识的规定性,不在这种局限里获得中介,自然意识曾带着这个局限直接地作为感性确定性而出现。这里作为存在着的而亮相的东西,不仅由它是感官的对象来规定,它同样也是自我意识和纯粹由思想得出的本质或者绝对本质。一方面这种自我意识是存在和思想的统一,另一方面恰是这种统一也是一种对于意识为对象化的形态。由于自我意识在整体上这样作为形态而亮相并且是现实的,因此,这个形态对于本质没有隐蔽的意义。相反,神"在此是公开的,一如其是;神就像他是自在的那样在此;他在此,作为精神。只在这种纯粹思辨的知中可以企及神,神只在知中并且只是知本身;因为神是精神;而这种思辨的知是启示宗教的知。"(9:407/1)

思辨是发展成为现实性的反思。思辨是直接的知,这种知知道:这一位就是神。但是这种直接性——这里显示出宗教的近代特征——本质上是经过中介的并且因此在原则上超越了对这种知的所有否定。对于在整体上理解黑格尔的位置,这一点具有至关重要的意义,即黑格尔的位置允许直接地知道:这一位就是神——然而它之所以能够允许,只因为它已经把这种直接性作为结论来思考,这又同样意味着:既扬弃近代哲学所独具的唯心主义又维护了唯心主义。

"这一位就是神",这种知拯救了感性意识及其权利,在康德的位置上不可能有关于这种拯救方式的概念,具体说是绝对本质的感性化,在这种感性化面前艺术失去其最高意义。"这一位就是神",这种知却通过看到"神是这一位"才是一种知,这就是说通过透彻地思考普遍的我自身与个别的我自身的同一性。

"先前世界的种种希望和期待都冲着这一启示,直观绝对本质是什么,并且在绝对本质中发现自身;在绝对本质中观照自身,这种欢乐属于自我意识并且震慑整个世界"(9:407/7)。这是怎样的世界?

它是罗马世界吗？是我们的世界吗？即使在这里，这个问题也不得不开放着——尤其是现在关键在于：和黑格尔一道去发展知道自身是精神的精神概念。

这个发展不可能在别处开始，而就在个别的（这一位）自我意识与普遍的自我意识的对峙。精神首先是"排斥性的一，虽然这个一为了意识而在此，可它对于意识具有尚未消解的一个感性他者的形式"（9：407/20）。精神出现在这个形态下，这个形态"还没有概念的形式，这意味着没有普遍的我自身的形式"（9：407/24）。概念当然在此，但是还没有作为概念。为了作为概念而在此，它必须选取穿行观念表象之普遍的道路。

这是说：这个人于感性存在中在此，而感性存在的直接性必须过渡到曾是性［Gewesenheit］，在所曾是中直观的意识才知道自身是精神的，从而成为普遍的，成为"团体的自我意识"。不是个人，而是团体完成感性存在的精神化。对于团体，直接的当下的神已经过去，是遥远的缺席者。但是神这样就堕入观念表象的形式，这个形式仍然把思想的普遍性与感性的个别性结合起来。这表现在精神的本质分裂为此岸和彼岸。于是它才仅仅认识了真实的内容，而没有认识真实的形式，真实的形式是概念的形式。

在真实内容的规定中精神尚不是其现实的我自身，引进这种内容的规定时，黑格尔用了这样一个极富启发性的说明，它驳斥启示自身的精神的丰富生命"在团体中似乎被拆散并且被引回第一条线索，大概引回到第一个不完美的团体的诸观念表象或者甚至是引回到那现实的人之所言"（9：408/38）。在今天的神学中占主导地位的诠释做了别的什么吗？完全按照基尔凯郭尔在如下要求中所表达的新教的意义，即去掉在我们与神人显现之间的一千八百年，也就是去除历史。黑格尔继续说:"这种回溯的根据是走向概念的直觉,但是回溯混淆了源泉作为第一次现象的直接此在与概念的单纯性"(9:409/1)。这个提示也解释了海德格尔在源泉性和哲学的源泉上所做的努力。这是路德的直觉,反对所谓的形而上学。但它也是愿意被扬弃在概念把握中的直觉。黑格尔在另一处非常准确地看到宗教改革精神对于近代哲学的这种铺垫意义;只是人们不应把宗教改革精神与宗教精神相混淆。

"由于精神、生命的贫困化,由于驱除了团体观念及其针对观念的行动,代替概念而产生的不如说是单纯的外在性和个别性,直接现象的历史方式和对个别意味的形态及其过去的无精神的回忆"(9:409/4),或者说关于"时间历史的"耶稣的文献资料。是无精神的回忆,而不是概念——这是岔路口,在穿行表象思维的必经之路上,精神必然到达这个分歧点。这里,一方面是所谓原始基督教的学术,寻找文献来源,界定所谓主的话语,认为它们比注释更为原始,更准确地说,比教会的宗教想象更为原始,教会把耶稣变成了主基督。另一方面是什么?我们马上会看到:三位一体的神学,时间历史把它当作上层建筑,建筑在所臆测的时间历史的现实性之上。

转向哲学,这里表明:具体说在属于近代原则的反思层次上,除了第一哲学的历史,有什么其他历史可以纯粹地加以概念把握?哲学历史概念以明确地取消在直接此在中的历史为前提,这种此在是自然理性之光的第一次显现并且在笛卡尔的方法中。在宗教改革的神学中以向基督教源泉的回归而直觉地发生的,并且在那里显示为教会历史的衰退的[东西],这在近代哲学中是一项刻意去完成的工作:以对所有传承下来的真理的否定为开端,也就是否定整个哲学史本身。只有这种积极而有意识地加以否定的[东西]返回到意识,在黑格尔这里表明,概念的单纯性不是"我是"这种确定性的单纯性,也不是"我思"这种确定性的单纯性,而是绝对概念的经过中介的单纯性。只有取消在费希特和谢林的原则中的直接性,黑格尔才达到对否定是真实的开始的认识,对于这种否定来说肯定[Position]只是预设的前提,所造的前提,并且只因如此近代原则在这里不再能够不带着其历史而出现。

至于**绝对本质的发展**,绝对本质才只是直接的概念,它必须经过观念表象的中介而把自己锻炼成为作为概念的概念,于是,在纯粹思和自我意识之间的观念表象中介在自己本身也显示出整个运动的所有三大契机:第一,纯粹实体下降为此在或者个别性——就像随着直接概念的呈现而已经发生的那样。第二,"成为他者的意识或者观念表象作为如此之观念表象"——目前正是这个阶段。第三,"从观念表象和他在之中回归"(9:409/13)。这三个契机从自身方面再一次于观念表象这个中项展开,现在须发展的是中项。与之一道发展的就是著名的宗教内容;宗教也在整体上通过自我意识的精神的观念表象而获得了自身的特征。

"精神首先作为实体在纯粹思的元素中表象化,这里它直接是单纯的自身相同的永恒本质,然而永恒本质并没有本质的这种抽象意义,而是具有绝对精神的意义。"(9:409/37)在抽象意义上本质既为不幸的意识也为启蒙的意识而出现。这里相反:"只有精神在此,不是意义,不是内在的,而就是现实的。"(9:410/3)这在一种已经苍白失色的"最高本质"观念的对立面而造成整体区分。这个区分也表现在:绝对精神出现在与自身的绝对区分中,这种区分把精神作为"在自己本身的否定"表达出来。精神不能够停留在本质的抽象纯洁性中;这样,它只是自在的和为我们的,在前面所回忆的启蒙的方式中它也为我们而悄然离去。然而,精神必须自己就是我自身并且是自为的,是自身的对象,也就是区别于单纯的观念而是概念。对于我们的观念表象这意味着,绝对精神为自己创造出他者;从它的这种区分中它却同样是"业已回归自身的统一性"(9:410/17)。用一句熟悉的话:精神是三位一体的。

更富有规定性地说,绝对精神在自身的运动如下:"本质在其自为存在中只直观自身;在这种舍身外化中它只是在自身[bei sich];(2)将自身排斥于本质之外的自为存在,是本质对自身的知;它是言辞,明明白白地把正在言说者外化、掏空并且丢在身后,但它却同样直接地被听见,而只有这种听闻自身是言辞的此在。以至于(3)所造成的诸区别一如其被造也直接地被消解,同样一如其被消解也直接地被造,而真实和现实同样是这种自身周行的运动。"(9:410/20)若没有理解,也就是概念地把握精神即是这种运动,那么,精神就是一个空名。

就精神团体没有概念地把握这个三位一体的概念,而只是将之观念表象化而言,这个自为地不宁的诸概念的运动——那些概念永恒地衔接成全体性——对于团体来说瓦解了,瓦解于孤立的诸本质的静态,并且带来这样的结果,即精神的团体最终摒弃三位一体的学说,内容作为概念没有找到概念的形式,这个内容被贬低"为历史的观念和传统的遗物"(9:411/13)。一如确实已经发生的那样。而启蒙立刻迅速地清除最高本质残留的抽象,向人们推荐耶稣或者不如说把他当作时间历史的遗物加以描述。抑或三位一体的学说萎缩成为纯粹思的储备物,这种思并不严肃地对待言辞的他在。而这意味着:它与纯粹本质的相峙相持没有实现。

这导向对在其全体性中的精神的第二个契机的解说。它又是第一个契机内的第二个因素,即三位一体的发展内的第二个因素,而现在在自身的行动中得到考察。三位一体的神"对于自身变成他者或者踏入此在并且是直接地踏入直接的此在。他创造一个世界"(9:412/1)——这个世界在直接性中"缺乏其存在的我自身并且因此只是为他者的存在"——于是对世界有效的是:使这个世界臣服于你们,这又向自然理性在其近代发展的第一个阶段所独具的宗教性投进一道光亮——正如它也照亮启蒙的信念:一切皆有用。正因如此,人们会发觉,宗教作为启示宗教造成怎样的区分。

"然而世界不仅是这种分为完整性及其外部秩序的精神,而且因为精神本质上是单纯的我自身,这个我自身在世上同样是现存的:在此的精神,它是具有意识的个别的我自身,它把自身作为他者或者作为世界而与自身相区别"(9:412/15)。这个本质尚不是自为的精神,因而不得不对于自身变为他者,这个本质必须从它无邪的天堂生活的散漫中回归到自身。才仅仅是感性的意识必须转向思想的意识,思想在自身具备他在——而这是"自身相对峙的善与恶的思想"(9:412/30)。人的工作开始于这个思想。

善与恶的思想在恶的意识中才是现实的。在相互排斥的对峙的意义上,它只是恶,但是同时在自身之外具有单纯善的意识并且处在与善的意识的关系中。对于观念表象,这个关系由此才规定自身,即它把恶放回到思想的第一个国度中,视之为堕落的光之子,对立于善之子。然而有关堕落的谈论就像对儿子和生育的谈论一样属于观念,观念没有把概念作为概念来思考。在精神运动的意义上,这里只有一点是本质性的,抓住了区分的思想。具体说,将之作为善与恶的区分。作为自身的诸权力而表象化,它们在尚没有我自身的人身上有"此在和战斗的土壤"(9:414/3)。但是我自身是其现实性,"就像恶不是别的,就是精神的自然此在走进了自身,同样,善转而踏入现实性并且显现为正在此的自我意识"(9:414/5)。对于观念表象而言:神性本质俯就下来。"另一个方面,恶,把观念表象当作对于神性本质为陌生的事件;将之在神性本质自身中理解为他的愤怒,这是与自身相斗争的观念表象的最高、最艰巨的努力,这种努力因为缺乏概念而一无所获。"(9:414/11)(参见 Lactantius, *de ira Dei*;① 在普罗丁的层面上不重要,对于奥古斯丁是重要的,我们的可朽性和劳作是 ira Dei [上帝的愤怒] 的结果;托马斯:ira simper est aliquo modo cum ratione; ira causatur ex centrariis passionibus, scilicet a spe & tristitia; ido includit in se contrarietatem[愤怒不知怎么总是和理性结合起来;愤怒由相反的激情所引起,诸如希望和悲哀;因此在自身隐藏着一个反面])。

绝对精神发展的第二个契机,其异化的契机至此已造成双重对立——一方面神性本质与非本质的自然此在乃至我自身相对峙,与人的此在相对峙;另一方面我自身的自为存在与非本质的单纯的神性相对峙。

这种对立的消解从第二个方面的运动出发,也就是从进入此在并且因而进入自我意识形态的本质出发,或者说从人神出发。神变成肉身,和创世一样,虽然设想为一种自愿的行动;"但是他舍身外化的必然性在于这样的概念,即自在存在者只在对立中获得如此之规定,正因如此不具备真实的持存"(9:414/38)。这种概念的必然性只是反对不可论证的自由,这种自由根本不是自由。必然性与在概念的自我规定意义上的自由是同一个。古老的自愿观念想要说的也正是这:在这个事件中没有外来的混合,没有任何的窘迫,例如在混乱

---

① Laktanz:三世纪的基督教作家,其著作 *de ira Dei*,《论上帝的愤怒》。

的知见里说出的那种困境,所谓上帝为自己而需要世界。这里糟糕的是,它既没有纯粹地说出观念,也没有纯粹地说出概念,而是掺和在一起。

"它,对于它有效的不是自为存在,而是单纯者作为本质"——过去这是三位一体的上帝——"是它将自身舍身外化,走进死亡,绝对本质由此而与自身和解。"(9:415/2)具体地,它扬弃第一个恶的我自身的方面,缓和在本质自身中的愤怒。"抽象的本质是自身异化了的,它具有自然的此在和自身的现实性"(9:415/5)——恰是人的现实性;"这个它的他在[Anderssein]或者它的感性当下通过第二个向他者的变易[Anderswerden]"——也就是道成肉身——被收回,并且"作为被扬弃的,作为普遍的而被设定;由此本质在感性当下变成了它自身"(9:415/6)——它把概念运动带到了此在。"由于现实性的直接此在是经过扬弃的、普遍的,它中止了相对于它为陌生的或者外部的存在;这个死亡因而是它作为精神的复活。"(9:415/8)这里,按照概念,旧神学的信念将自身付诸真理,这就是圣子的拯救性的死亡是第二次创世,具体说关系着所有受造物。

一切理性之所是皆是现实的,而现实之所是皆是理性的,这是由此才得到论证,即现实性的直接此在和因此而来的感性意识变成了精神的;这却只有通过死亡,绝对精神在舍身外化中作为人而担负起的死亡。即使这种宗教形态的运动的中间阶段也再一次表明自身对于整体是至关重要的——一如悲剧对于精神艺术作品。直到现在,"它是,是因为它是",这一形式的必然性才达到规定性,于此得到启示的是:为什么并非任何悲剧的历史必然地在此,而在整体上恰是这个历史并且只有它在此。这个思想,现在只是提及它。

精神的时间开始了,这是由于经过扬弃的个别的我自身——它是绝对本质——作为普遍自我意识或者作为团体的精神而得到启示。这里,它的发展开始于启示宗教的第三个因素,亦即在自我意识的因素中,自我意识直观到自身是普遍的。

团体——或者用更古老的名字:教会,教会是神人既为感性的又为普遍的现实性。这表达在这样的教会观念中,即教会作为基督的身体。在团体中,精神的自我意识与自身达到齐一。精神与它的对象或者它的形态达到齐一。然而它才仅仅自在地是这种普遍的自我意识。现在应该明白,死去的神必须也为这种普遍的自我意识而成为其所是。现在相对于先前的运动的另一种运动开始了,先前我自身的自为存在与非本质的单纯的神性之间的对立已经消解了——也是通过神变成人及其死亡。另一种运动从神性本质与非本质的自然此在和我自身之间的对立出发,这是神性本质与自然精神的对立,之所以说精神,是因为不再于第一对人的个别性中,而是在教会的普遍性中。再一次用古老的观念,它是斗争的教会[die streitende Kirche]。它具有自然性的一面,因而也具有恶的一面。"它自在地是恶;因而,走进了自身,这在于使自己相信自然的此在是恶"(9:417/18)。

首先在直接的表象观念中可以看到这一点:"自然的自我意识的内在化是在此的恶";只要这种观念属于自我意识,得到表象的东西在形式上就是已经扬弃的契机,而内在化乃至恶化只还是"恶的思想的生成"(9:418/3)。这种向知的过渡,却同样是对已经发生的和解的赞同;"作为从被规定为恶的自然直接性向自身的回归,它离开了自然直接性"(9:418/4)。但是它却没有离开自然的此在或者世界本身,而是在这样的意义上,即它知道自然是恶,具体说是一种背离上帝的情思。此外,世界在这个意义上才拥有历史。从走进了自身出发,从恶出发,世界才被预设作为恶的世界。这里说明,恶走进自身或者离开恶,这本身设立了这样的前提条件:"因为恶的缘故,人必须走进自身,但是走进自身本身就是恶。——正因如此,这第一个运动本身只是直接的运动,或者是它的[这种运动的]简单概念,因为运动及其根据之所是是一和同一。"(9:418/11)那种观念表象还必须得到中介。

而这是由此发生的,即对于团体来说神人的死丧失了自然意义;"死脱离了死亡的直接意义,脱离了这一个体的不存在[Nichtsein],而获得荣耀,死成为精神的普遍性,而精神生活在其团体中,每一天都死亡和复活"(9:418/32),这是旧教会在弥撒庆典中所直观的。这里说明:特殊的精神是神人,特殊精神的死亡的特殊性"逐渐消失在其普遍性中,这意味着消失在知之中,知是与自身相和解的本质。"(9:419/1)在纯粹思想中永恒的精神现在"不再处于观念表象的意识的彼岸,这种意识尚是我自身的意识,不如说整体向自身的回归正是把所有契机包含于自身。为自身(教会)所震慑的中介者之死是扬弃他的对象性或者特殊的自为存在;这种特殊的自为存在成了普遍的自我意识。"(9:419/6)正如关于教会成员的旧观念所说出的那样,所有人都被接纳为上帝的儿子,一道在他的死中被埋葬并且复活。对于单纯思想的最初为非现实的精神的现实化,这是决定性的过程——引申到近代第一哲学来说:其唯心主义的精神现实化的决定性过程。

"中介者的死不仅是其自然方面的死亡或者它的特殊自为存在的死亡,死去的不仅是脱离本质的已经死掉的外壳,而且也是神性本质的抽象……,这个本质没有被设置为我自身。"(9:419/13)这种抽象无法抵御启蒙,这种抽象的死亡包含在观念表象的灭亡中,而观念表象片面地把和解的行为与仅仅为思想的本质相关联,没有认识到这个本质同样是现实性的本质。正是这个观念表象属于不幸的意识,并且是作为痛苦的感情,重复一遍:感情,"上帝本身死了"(9:419/22)。概念地把握则相反,这说的恰好是:神性本质离开了其抽象,离开了纯粹思想的片面性,神性本质已经成为现实的。

第二十八讲

如果这里在呈现启示宗教时不时回忆起旧教会及其神学的诸观念，那么，这并非外在于思想进程的一些联想。这里，一再看见思想进程处于其历史具象的规定性中，具体说从一开始就看穿对宗教的探讨植根于双重土壤，并且发展了这一特性，在这之后必须说明的是，不同于与希腊世界或者艺术宗教的交往，黑格尔本人只犹豫不决地说出启示宗教的直观的宝藏。他虽然用宙斯、酒神、谷神这些名字，但是没有用基督这个名字，即使这一点也有其不同原因。一方面的原因是，并非艺术宗教，而正是启示宗教直接地为自我排斥的近代宗教所切中。另一方面是较为外在的原因，黑格尔信奉新教，新教的诸信念尤其在他的科学体系呈现之外和之后恰恰以完全偶然性的方式确立起来——直至关于圣体意义的陈词滥调，黑格尔自己在《精神现象学》中已经揭露这种解释是启蒙行动最后的偏狭之处。这样我们更不必过多关注这个方面。

即使对私人信念来说听起来也许不入耳，在意识经验的科学的意义上必须说，启示宗教的所有规定本质上属于旧教会及其神学，只有旧教会是教会或者说团体——这却带有不可避免的附加说明：它是曾经的教会，曾有的启示宗教的普遍自我意识，而曾有是在近代原则及其哲学的意义上，要说的是在诸原则的危机的意义上：值得回忆的启示宗教的形态，或者说第一哲学的第二个时代。相反，新教本质上关涉近代原则，黑格尔自己反复看到和说起这一点，不过没有首尾一贯地得出结论，把新教在概念上也就是说真实地与宗教分开。旧教会与它的知结合在一起,具体说与最终的托马斯神学及其所知相结合,就此而言,只有旧教会造成在历史意义上的灭亡经验。

神学之所知按照其概念分别展开于两种运动中:一方面道成肉身和圣子的死亡,另一方面从他的这种特殊性中回归复活的自我意识的教会的普遍性。旧教会把这种回归表象化为时间的终点,富有特征的是:时间是双向的回归——既是圣子作为世界的审判者的回归,即回到恶的世界,也是教会作为圣子的新娘向善的世界的回归。(精神的 HAGIOS GAMOS[神圣婚礼],它历练自身并且从天和地的外壳中脱颖而出)。

在这个历史中,概念的自由被表象观念化,就像其必然性在悲剧中被表象化一样。这样,即使悲剧的内容也停留为偶然的历史,因为从众多其他神话中的一个脱身,脱离了我自身的本己行动而进入仅仅对象化的行动。相反,启示宗教首先把历史作为圣子降世和死亡的历史,其次作为复活和教会的历史,教会的意义在于审判和极乐,历史以它的方式是唯一的历史。

道成肉身和教会的神化,这两种运动一道把精神的生命表象化。这种表达有权利要求人们仔细地去听,因为精神的腐败,人们一方面说起上帝是人,另一方面谈论社会的神性——自从费尔巴哈的《未来哲学原理》以来这太容易浮现在脑海里——这样一种表达也许刻画出这类"思想"的特征。

日常意识本身究竟拿启示宗教的历史做什么?对于它这不是什么启蒙问题。不如说它从来源上一定认为启示宗教已降而为众多其他悲剧历史中的一员,就日常意识的固有特性而言,它当然在这些悲剧历史上找不到乐趣。兴许启示的历史也应当让自己作为喜剧而为人记起?这种类型的努力,就像它不带任何幸福意识而别出心裁地上演过的那样——例如在《查拉图斯特拉如是说》中的《驴子节》——,只是陷于无谓的忙乱;显然,安适的状态是与不去回忆这唯一的历史联系在一起的。历史被拖进了日常性,历史也就被忘却了。相反,所谓自由精神的最大思想负担是永恒轮回的思想,相同的日常及其常人的永恒回返。

上帝自身死了,这是"不幸意识的痛苦情感"(9:419/21);其中表达了最为内在的单纯的知,也就是在"我 = 我"的单纯性中的自我意识。这个开端性的光,它投向万物,在向自身的回返中是"夜的深邃……,夜在自身之外不再辨别和知道任何东西"(9:419/23),或者费希特的第一个原理被当作结论——费希特自己只将之作为应该来思想,因而没有经验到它——当作理性的完整运动的结论,这一运动从整体出发,我与非我分享这个整体。作为情感,它直接地是绝对孤独的情感或者为神所弃的情感,死去的神人说出了它。应该注意的是,并非由这种或者那种关系而来的偶然的孤独化的情感,而是精神的孤独化并且是在本质与自身、神与人、实体与主体的关系中。走向死亡的神人已经成为完美的主体,以至于他感觉到实体的丧失;实体为他所掠去,成为意识对面的对象,他至为内在的东西变为外在的。正是在此人们能够经验到,什么叫做这种死亡取消了死的自然的方面,什么叫做神性本质的抽象在死亡中才彻底熄灭了。对于那种丧失实体的情感同样有效的是:它是"实体的纯粹主体性,或者主体自身的纯粹确定性,这种确定性缺少作为对象或者直接者或者纯粹本质的实体。这种知就是感悟[Begeistung],实体由此而成为主体,它的抽象和呆板死了,实体变成现实的,成了单纯而普遍的自我意识。"(9:419/26)因此最后的话是:圆满了。这种知得以践行[Dieses Wissen ist getan]。它成为教会的现实性。然而其现实性不是已经践行的这种知[dieses getane Wissen],而是这种行动的知[das Wissen dieser Tat]。

在一个哲学讲座上道出这一切,并非恰好是学院式的。然而,当今哲学课的习惯和禁忌与第一哲学有何关系?第一哲学难道会为启示宗教而感到羞愧吗?谁不愿或者不能说出从前被黑格尔看作且随着他而被看作是生成着的精神概念的[东西],现实精神的言辞"令人不悦地触犯"谁,谁就理应面对这部著作闭上嘴。我对我自己就是这么说的。

精神穿行其三大要素的运动构成其现实性:"推动自身的,是精神,它是运动的主体并且它也是运动本身,或者实体,主体穿行于实体。"(9:419/36)精神既是自我意识的真实而绝对的内容,也是现实的精神。作为后者它是团体的或者教会的精神。在团体中,具体说在它的那种知中,有对"上帝死了"这种情感的慰藉。教会的精神是安慰者。它知道教会在其自身有恶的一面,即使在这种知中它同样给予安慰;如果教会退而走进自身,同时不知道这种进入自身[Insichgehen]即是恶,那么团体就解散了。或者瓦解了(伊拉姆斯[Erasmus]曾警告过 seditiosa veritas[动荡的真理])。不过这种发展却不再属于《精神现象学》,原因是《精神现象学》没有理解和表达近代宗教的自我排斥的特性,不管怎样没有能够说出这一点。之所以如此,是因为把握近代宗教的自我排斥的特性以洞察诸原则的危机为前提条件。

(但是,近代哲学需要 die seditiosa veritas[动荡不安的真理]——其"光明本质"的真理。)

知道自身是精神,这一精神的概念——是启示宗教的事。这个概念首先在其直接性中观念表象化了,这种直接性所显示的没有别的,就是绝对者,具体说显示精神的真实形态的规定。启示本身在形式上又是一个直接者,并且因此是观念表象的启示。在内容方面它却是纯粹的中介,而呈现这种中介是精神在启示宗教中独特的运动。这种呈现在于,把这种内容作为精神的意识(它从事观念表象活动)的内容推向与精神的自我意识的齐一,也就是把这种内容付诸真理。这发生在三个步骤上,**从逻辑上可以理解和表述为绝对关系的发展**。

先回忆一番:"精神首先在纯粹实体的形式中是其意识的内容,或者是其纯粹意识的内容。这种思的元素是降而为此在或者个别性的运动。"(9:409/10)相应的**逻辑位置是实体性关系**,"绝对的相[Schein]在自身中的直接消逝和变易"(11:393/26),显然绝对关系的诸区分每一次都是"它们自身及其对峙者或者整体;反过来,因为它们是全体性,所以它们是相"(11:383/22)

纯粹思的元素的运动以三位一体的区分的发展为出发点,这种区分同时是其直接的消逝并且在变易中完善,精神通过变易踏入此在,在创造世界和人的过程中成为他者。这是从纯粹思的元素到观念表象元素的过渡,更准确地说,过渡到作为如此之观念表象的观念表象。

第二步不再只是成为他者,而是他者的意识。它是善恶之区分的意识。**从逻辑上看,这里实体规定自身是"针对他者的自为存在",或者说实体性关系过渡到因果关系。**

在第一种关系中,绝对本质只作为权力而启示[过去时]自身,具体说在世界和人的创造中。因为绝对本质向自身内反思,并且作为三位一体,所以它并没有过渡到其创造活动中,而是在自身中与自身相区分。它的启示停留为自身实体性的偶性。

这一点随着紧接着的阶段才起变化,通过人走进其本己特性而开启这样一个阶段,人听凭自己的意志而反抗造物主。对于实体,这里有效的是:"作为在受造物的规定中自己与自己相关涉的,实体自身是它设定为否定的[东西],或者是它所造成的被设定的存在。因此这就是被扬弃的实体性,仅是被设定者,是作用;而自为存在的实体则是起因"(11:396/31)。

成为他者的意识,这个阶段首先具有在逻辑上为形式因果性的特征,而这里显现为已变恶的人与恶的精神的关系,前者把他的恶理解为作用,后者则理解为起因,恶的精神是绝对本质自身,具体说在愤怒的形态中,或者在背离自身的形态中——对比:罪是背离上帝——处在这样的规定性中,即绝对本质舍身外化为世界,外化为人的个别性。人放任于其自身的意志,这与意志作为自身的意志而实现是同一的,具体说这是要与上帝平等的意志。在此,作用所包含的都包含在起因中,而起因所包含的,没有什么不在其作用之中——这就是精神作为恶的精神所涉及的。

相对于迄今仅为"形式的"因果性,可以用"具有规定性的"因果性来标识第二个步骤的特征,它把绝对关系呈现在"其实在和有限性"中。而这是成肉身的历史,这里重要的是人的母亲的思想,它反对神性并且以这样的洞见为理由,即"作用不可能大于起因",这是被无条件地认定的。有关于此,在逻辑上叫做:

"从微小的起因产生巨大的作用,为博大深厚的事件上演一场作为第一起因的奇闻轶事,这在历史上已经是平常的笑话。如此这般的所谓起因只被看作楔子,作为外部机缘,事件的内在精神或许并不需要它,或者精神可能用无数其他的机缘,以便藉此在现象中开始,释放自己并且宣示自己。相反,这些自为地狭小和偶然的[东西]是为精神所规定才成为它的楔子。因此,让伟大的形态从一根摇晃的

草茎中生发出来,那种历史的阿拉伯装饰风格的绘画当然是富有精神的,但却是最肤浅的处理办法。"(11:401/7)

回到启示宗教的历史,这个评论道出属人的圣母所本具的知——就像福音书和所谓路加福音圣母颂的开始所说的那样。就特定因果关系可以涉及道成肉身而言,朝向人的母系方向而把"具有规定性的因果关系"表象观念化,这正是启示的运动逻辑促成的。正是这种观念在现实性的概念把握上是最不愉快的无理要求,于是敬奉玛丽亚也是近代精神在古老宗教中发现的最令人反感的观念。

准确地说明这一点:**从逻辑上看,概念把握的第二个步骤总是那发展外在性的步骤**,从《精神现象学》的总体运动上,亦即从本质的逻辑上看,每一个主要部分都有一个极端的外在性特征。在第一阶段落在其第一部分——逻辑上这是相[Schein]的呈现,在《精神现象学》中是感知作为健康的人类知性的所在。在第二阶段落在其第二部分,更准确地是在第二部分的第二章。逻辑上这是"显现的和自在存在的世界",在《精神现象学》中是启蒙以及在那里作为经过论证的意识而出现的自然意识。而最后在第三阶段,[外在性的极致]在第三部分的第二段——逻辑上这是特定的因果关系,在《精神现象学》中却是"综合联系"的契机或者观念表象本身的契机。宗教就生活在精神的观念表象中,从中已经生发出这种对于宗教的整个发展富有标志性的外在性。

正因如此,这里甚至也指望这样一种听闻,它不仅听见黑格尔所说的"神性本质的舍身外化,成为肉身"(9:415/32),而且也听见"圣子的母亲"的名字,这里在占优势的关系的意义上,这位用特殊的方式参与了道成肉身的人。死去的神指示他的门徒:"看,那里是你的母亲自身",同时相应地也指示母亲,他舍弃了母子之间的自然关系。

因而也舍弃了他的自然的降生——就像他扬弃了死亡的自然方面。

这位妇人在历史上的独特地位也反映在对她的崇敬在旧教会里的发展上,她的意义最晚进入知,因此就已经在其历史线索的缠绕上最先落回到所谓原始基督教那里。

重新拿起启示宗教的逻辑:在绝对关系之内中间位置是因果关系,而因果关系的中间阶段过渡到"作用和反作用"的关系。神性本质的抽象必须死亡。神性本质至此只在与自身的抽象同一性上,所以它本质上是——正如逻辑所示(11:405/1)——"被动的实体":起因,它作用于自身就像作用于一个他者。而这种作用是作为外在力量的作用,这意味着,作为暴力。世界在暴力中宣告自己,因为对于神性本质来说世界尚是陌生的,所以它以暴力行为向神性本质要求权利。逻辑所说的在这里生效,"威力发生在某一方,对于它施予威力不仅是可能的,而且威力也必须被施加于它;对于另一方具有威力的东西,其之所以有威力,只因为它是既宣告自身也宣告另一方的同一种力量。"(11:406/2)另一方自身也说出的是怎样的知:它所蒙受的暴力,是它自身的力量。暴力在其外在性中只赋予已给定的力量。只有神人面对自身是强大的。因此,世界的外在性在他的死亡中被取消了。

在纯粹思这第一个因素和作为观念表象的观念表象这第二个因素之后,启示宗教精神的第三个因素最终是团体或者教会的普遍自我意识。这种自我意识是"从观念表象或者他在之中回归"(9:409/13)——**逻辑上看是相互作用关系或者起因关系**,而起因处在与自身的关系之中。

"首先它包含消失,那种对直接实体性的原始执着消失了"(11:407/26),这是由于精神自身从其自然性中随之也从恶之中回返,并且通过进入自身而知道恶是恶。"其次，[它包含]起因的产生，随之原始性作为通过否定而与自身相中介的"。这就是说：在教会的自我意识中世界与它的源泉和解了。

虽然教会精神知道自身是真实的绝对内容，但是它只才在观念表象的方式中知道这一内容，因此仍然在意识的方式中，意识在形式上还没有达到与自我意识的齐一。精神对自我意识的态度仍旧在思念的方式中，精神对于作为自我意识的自身仍是一个他者。拯救的行动仍然是"陌生的补偿。或者它没有为此而是拯救，即纯粹自身[Selbst]的这种深邃是一种暴力，由这种暴力抽象本质从其抽象中下降并且通过这种纯粹思念的力量上升为自身[Selbst]。"（9：420/25）

这里须回忆：第一次人的走进自身已经是恶。① 第二次团体的走进自身同样是恶，但却是走进恶本身的知，恶是神性本质所蒙受的暴力。在发现了片面的我之后，这第二次走进自身是对同一性的发现或者对我＝我的关系的发现。正是这种知是纯粹自身[Selbst]的深邃或者——如在较早的位置上——是我自身[Selbst]的黑夜，在黑夜里神性本质成为自身[Selbst]并且从它的实体性的抽象来到现实性。恰是在暴力行动中发生的启示与和解留给了团体，这是因为团体重视暴力的外在性，团体自身是一种外在的东西，与本质的统一所带来的满足仍牵连着彼岸的对立。

鉴于近代的第一哲学，这说明：虽然费希特把"我＝我"放在知识学的开始，可是向这个开端的回归耗尽在"我应该是我"的要求中。同一性的直观停留在夜的深处，停留在夜在观念表象中的完成，这是

---

① 这是指良心的恶。

因为我自身"从外部给它的纯粹否定性添加积极的意义,即添加它与本质的统一性",也就是综合化并且设想在何处可以概念地把握和发展,在何处"积极意义"作为结论,重复一次:作为"其纯粹否定性"的结论而亮相。"它的满足停留于对彼岸的对立的依赖。它自身的和解因而作为遥远而进入它的意识,作为将来的遥远,一如另一个我自身所造就的和解作为过去的遥远而显现。"(9:420/36)

这里达到了双重过渡的位置:一方面从费希特的位置过渡到黑格尔,另一方面从旧宗教进入新宗教,新宗教在自身中对抗遥远的意识——结果是:要把唯一而整体的历史作为与源泉的当下现实相分离的[东西]去除掉,接着把宗教当作与将来相分离的[东西]而推出,进而废除宗教。Quel drame[何种悲剧]!这里证实了我[博德先生]在考察"理性"在《精神现象学》中的呈现时早已确认的:只有一个意识形态——不过在多种层次上,它的基础在费希特的位置上,意识形态以寄生的方式对待费希特哲学。

当下现实地出现在意识中的:"作为直接性和此在的方面,是世界,世界还应等待它的光荣。"(9:421/10)对于这里所要求的耐心,还可能有一个充足的理由[或根据]吗?只有一个根据,可它瓦解这种"殷切的期待"——就像海德格尔仍然拳拳服膺地守候着一样。这个根据在于,"宗教团体的精神在其直接意识中与它的宗教意识相分离,宗教意识虽然说出它们在自身[an sich]不分离,但是这种自在没有实现,或者尚没有同样地成为绝对的自为存在。"(9:421/15)

即使也许还没有概念地把握,这里换一种方式说出的就是:教会精神在其自我意识完成时与宗教意识相分离,并且有可能从这种关系中脱落,堕入仅为直接的意识,再说一遍,堕入直接意识。这是所谓后黑格尔哲学的情况,它反对宗教意识,这是因为它从那种分离中产生，丧失了精神，具体说作为直接意识的形态也从它那个方面直接地理解上述分离。

"启示宗教的精神还没有克服它的作为意识的意识，或者，相同的是，它的现实的自我意识不是它的意识的对象；精神自身和在精神中自我区分的诸契机沦为观念表象并且陷在对象性的形式中。"(9：422/3)

历史地看，在这个位置上显示出双重灾难：一方面启示宗教及其教会的自我意识在近代哲学的自我意识中灭亡，近代哲学恰恰重蹈覆辙，从而在费希特位置上的结果是：所有耐心消磨殆尽，堕入意识形态的发展，而意识形态把向绝对知的过渡贬低为一种幻象，进而冲击并排斥第一哲学及其整个历史——认为哲学与世界的和解没有完成，不应该解释世界，而应该改变这个世界。

第二十九讲

在启示宗教的完整性中，精神完满地造就了它的真实的绝对内容。① 很清楚，无法在这个内容上添一笔或者划掉一笔。把这个内容变得合乎时宜的多种尝试并不知道，这个内容有自身的时间并且这是具有自身的方式的时间。诸种尝试只是服务于直接意识，直接意识不是期待当下世界的荣耀，而是要自己造出这种荣耀，于是它看见自己与宗教意识相分离。直接意识宣布宗教的绝对内容终究是不真实的，具体说，在欺骗的意义上不真实，于是它也与"民众的鸦片"相分离。正是这标志着这种意识的直接性，意识自身把自己理解为已经世界化的。

但是，不可以把这种意识与自然意识相混淆。已经知道绝对内容，不如说这是直接意识的重要的规定性。它也因此而不是日常意识，这种直接意识在黑格尔之后的学院哲学中广为流传，并非偶然地成为资产阶级文化教育所固有的，这种文化教育回顾艺术宗教——既不能够从根本上排斥宗教，也不能够坚守启示宗教。这种完全混乱的意识的倒退也无所顾忌降而为自然宗教。

---

① 《精神现象学》中译本下卷阐述了精神在意识和自我意识两个阶段的发展，前者结束于良心，后者结束于绝对知。良心作为第一阶段的结果呈现为自我意识的无内容的形式，它与宗教的绝对内容的统一具体呈现为绝对知。于此，概念成为此在的因素，同时精神在其对象性中达到概念的形态。在意识中整体性经验走在分析性契机的前面，在概念中则相反。然而意识的完整运动才造就了诸契机的认识内容，因此，概念的科学以意识经验的科学为先导，进而与经验内容或者现象相区分。黑格尔哲学体系完善了近代哲学的原则。

只有那种直接意识具有一种可以从中经验到某种东西的符号意义,直接意识对立于宗教意识并且在对立中执持着绝对内容的水准,但却是在一种富有特征的简化中,从《精神现象学》的体系中可以对此一目了然:表象化的精神,其表象活动不是宗教的,也就是说不是自我觉悟的精神的表象活动,这种[非宗教的]表象化的精神只能够是在表象活动中自我分析的精神,第一次整体运动的精神。① 具体说,它的意识是理性的意识。但是,因为[直接意识的]精神从宗教的来源那里无法忘记绝对的内容,所以它必然把理性的发展变得腐败,使之成为意识形态的发展。

理性所独具的确定性是:理性是一切实在。但是——**一切实在并非一切现实性**。所以,意识形态以一种它自己不明白的方式而是唯物主义的——以这样一种行动,行动的前提是所谓"生产力"。这种唯物主义同时却也是时间历史的——行遍宗教及其历史意识的发展之后留下的遗产,也是这样一种历史的遗产,这就是等待其荣耀的世界的历史。历史丧失了绝对关系的特性,这个历史是人的社会的历史,它是社会生产关系的历史。

关于由宗教向绝对知的过渡这个批判性位置的评论就到这里。这是一个批判性的位置,因为对意识对象的克服必须在这个位置上完成,或者说把真实的绝对内容从这种内容性的单纯形式中提取出来加以扬弃,这种形式没有将绝对概念呈现于其自身的形式中,也就是呈现在概念把握的形式中。但重要的是要明确:如果思想是表象

---

① "第一次整体运动"指精神在其抽象契机中的自我分析活动,亦即从意识经过自我意识到理性的发展。与之相应的《精神现象学》的章节见德文版的Ⅰ至Ⅴ章,分别为:Ⅰ、感性确定性,或这一个和意谓,Ⅱ、知觉,或物,以及欺幻,Ⅲ、力和知性,现象和超感性世界,Ⅳ、自身确定性的真理,Ⅴ、理性的确定性和真理。精神的"第一次整体运动"在商务印书馆1997年出版的《精神现象学》中译本中恰好是整部上卷。

活动,也就是对象性地去思想,那么,思想的真实而绝对的内容就是并且停留为启示宗教。

而为什么思想需要脱离对象化?为什么思想需要科学?而这种科学是第一哲学。这个问题既涉及近代哲学的开端,也涉及后黑格尔哲学的倒退。答案已经能够从近代原则发展的第一个阶段中得出:principium rationis[理性关系的原则]要求论证自身,这种自我论证历史地把自身呈现为向原始宗教的回归,或者更确切地说,向所谓形而上学的根据的回归。一方面直接地,另一方面间接地穿透近代第一哲学的完整教养。你们看到隧道的终点了吗?或者——说的是同样意思——看见自我意识的黑夜的终点了吗?对此我沉默得够久了,借用埃斯库罗斯[Aischylos]的说法——像在舌头上放了一条牛。

克服意识对象,其意义在于:"对象既作为如此之对象已经向它[意识]呈现为正在消失的,更有甚者,是自我意识的舍身外化设定物性,这种舍身外化不仅具有否定的意义,也具有肯定的意义,外化不仅为我们或者自在地具备意义,而且也为它[意识]自身具备这些意义"(9:422/12)。

一方面:对象作为如此之对象向意识呈现为正在消失的。这说明:宗教的诸形态被看作是正在消失的:首先是自然科学——就它来源于 theologia naturalis[自然神学]而言,其次是艺术——就其从神话而来而论,最后是启示宗教——就它作为历史而传承下来而言。这里以近代的方式说起它们,各个宗教形态都把自身推向本具的消亡。这在后黑格尔阶段显而易见,也已经从多方面表述出来。它们不仅从思想中消失,而且在现实中消失,这个世界的极其忍耐的精神在黑格尔之后才为这样一种现实做好准备。对象作为对象消失了,随之消失的是观念表象活动。而这种消失散布了灾难的假象，也尤其对观念表象的思想是一场灾难。在混乱笼罩下，也许只还不得不大声地说：依附于自然科学的"意义赋予"[Sinngebung]，只有过时的自然科学的形态还提供这种"意义赋予"。自然科学不给出什么意义——就像非欧几里得几何对于工匠毫无用处一样。

另一方面：自我意识设定物性，自我意识的舍身外化为自身而具有肯定意义。其积极性一方面在于随着物性自我意识也把自身设定为对象，知道外化的虚无。另一方面因为"它[自我意识]同样也扬弃了这种外化和对象性，将之收回自身，在它的作为另一种存在的他在中留驻于自身[bei sich]。"(9:422/20)为它自身而不仅仅为我们或者自在地，自我意识具备这种积极肯定的意义，这是因为对象在行遍它的所有规定，在历经万物的过程中，自身成为精神的本质，在这种变易中它自身[das Selbst]在每一个阶段都从对象中脱颖而出，并且正是由此从整体上把握穿行对象诸规定之整体的运动。然而如此种种，对象意识在其诸规定的完整性告成之后才知道。这就是那个瞬间，在此对象意识自己放弃了作为对象意识的自身，从观念表象活动变成概念的因素。再没有什么可供表象，再没有什么内容可赋之以当下现实（repraesantatio[再现]）。在明见[Evidenz]中启示放弃自身。

精神的绝对内容完成了自身的发展，在这里宗教意识和直接意识分道扬镳。虽然自然意识是直接的，但是反之不然，直接意识并非又是自然意识。所有自然性随着业已完成的启示而一去不复返，被否定为非确定性。直接意识知道对象作为自身在直接存在的规定中，或者说知道对象就是物。感知相应于对象向他者的变易[Anderswerden]或者说为了他者的存在；而知性相应于对象作为本质或者普遍。作为整体，对象却是"普遍经过规定向个别性的运动，一如相反的运动，从个别性经过受到扬弃的个别性或者经过规定而到达普遍"(9:423/1)。这是"在意识的诸形态的形式中"的**概念诸契机，或者说变易的知的诸契机，而不是纯粹知的诸契机**。这里，概念运动的全体性消融于各个形态以及这些形态的诸多统一的先后相续中，这里，并非概念自身的运动，而是我们作为变易的观察者是统一的给予者。

正是黑格尔的这个提示对于近代第一哲学中的精神历史运动具有举足轻重的意义，呈现每一个历史形态的统一是我们的行动，具体说，是近代原则的促进者的行动业绩，并且正是在每一个形态的完满及其独特性的外相中具有一种外在于概念的[东西]，它掩盖了各个形态在整体上的统一性逻辑。哲学并没有随着某位哲学家而完善，而这些哲人都拒绝这一点。不是因为虚荣心，而是因为在整体的运动还没有完善之前不可能将自身的位置作为契机来把握。

意识与直接的无所谓的存在是同一的。这种同一性在理性的水平上，具体说，在理性的第一次运动的结果上才能够道出自身，在观察中理性与它的实在相关涉，而实在是作为外部实在。理性说出，精神是头盖骨，或者：我的存在是物。蓦地一看，这个判断"毫无精神或者不如说是丧失精神者本身。可是按照其概念它其实是最富有精神的"(9:423/29)。这一点只是被唯物主义的命题所掩盖了，按照这种命题，精神以物为基础和依据。在这个命题中爬行的只是对那种真理的恐惧，对真理的无法忍受的单面性的恐惧。而正因如此，反命题也没有实现——具体说：物是我。反命题只是作为唯心主义的表达而遭受排斥。这里，相同的对真理的恐惧也潜入了这个命题。它所说的无非就是：物已经被扬弃了；"无物自在；物只在关系中具有意义,只通过我及其对物的关涉"(9:423/34)。当启蒙用以下命题向那些胆战心惊的人解释这一点时,他们才松一口气:"物终究是有用的,并且只可按照其益用来考察"(9:423/36)。这曾是信仰的瓦解,瓦解于纯粹的洞见,纯粹洞见能够说出感性确定性是绝对真理。但是,这种物的自为存在"本身作为契机,它不过消失,并且过渡到它的对立面,过渡到被舍弃的为他者的存在"(9:424/8)。

我的存在是一物——这里意识对象的直接存在说出了自己。物是我,这说出对象向他者的变易,具体说,作为为他者的存在或者按照对象规定性的存在。正是这种向他者的变易必须也还按照本质的方面或者普遍的方面显露出来。作为本质或者普遍,对象处在道德自我意识中;因为就像在良心中所显示的那样,"良心在对象性因素中作为行动着的向外显露自身,作为对自身的纯粹自知"(9:424/21)。

按照所引述的三个规定,意识知道对象是自身,还缺少三个规定中的最后一个,具体说是它把所列举的诸契机统一到概念把握的整体之中,也就是统一到从普遍到个别、从个别回到普遍的相互推论[Schluß]之中。这个运动紧接着良心的发展。它是行动的恶变[Boese-werden],行动只是被认为是合乎义务的,却没有获得来自普遍方面的承认,个别与普遍相对峙,但却通过说出它的恶而找到普遍的谅解,而普遍在与个别的对立中自己变成了个别。两者扬弃于"我 = 我的知,这种个别的自我[Selbst],它直接是纯粹知或者普遍的知"(9:425/8)。这是在**自为存在的形式**中的和解;宗教精神在**自在存在的形式**中完成和解;正是在这里和解具备现实性。

然而,这两方面仍然各落在一边。**绝对知是两者的统一的具体呈现,亦即自我意识的无内容的形式和宗教的绝对内容相统一。**

从宗教方面无法承担这种统一——无论如何不超过在启示宗教的历史中仅以普遍的方式而发生的，或者随着教会自我意识的出现而自在地发生的。不如说现在必须从自我意识方面或者从自内反思方面来推进这种统一。也就是说，历史地看在近代原则下，而近代原则首先规定自己是自内反思或者方法。值得注意的是，黑格尔在何种范围内完成并且能够完成这种统一。

正如自我意识在片面性中始终对立于宗教，这种自我意识是美的心灵，它直观并且庆祝其本具的神性，具体说其纯粹在自身内的存在。执着于这一点，它消失在无内容的空洞迷雾中。但是在它的无对象性中，通过上文所勾勒的与普遍的和解，灵魂赢得在我自身[Selbst]的纯粹形式中的自我，也就是行动着的自我。"这个形态是那个单纯的概念，概念放弃了它的永恒本质，它在此，或者说在行动"（9：426/20）。

概念如何行动？没有别的，仅以观念表象的方式在宗教的内容上已经可以见出：

概念是绝对的抽象或者否定性，就此它是纯粹的。作为如此之概念，它分裂自身，它现前。纯粹知是单纯的直接性存在并且作为如此之直接性同时是存在和本质——既为否定的亦为肯定的思，就此，概念在纯粹知上具备现实性的因素。第三也是最后，概念走进自身；其富有规定性的存在是在自身经过反思的存在或者恶的存在。这是概念的对立："非行动的、非现实的本质的纯粹知亮相了"（9：426/29）。甚至进一步的思想运动这里也在于：在随着启示宗教所完成的和解中让纯粹自我意识所独具的和解变得透明——个别性与普遍的和解，普遍与个别性的和解。宗教的内容在这种行动中成为自我[Selbst]本有的行动。

"精神同时赋予其完整而真实的内容以自身[Selbst]的形式,由此精神既实现了它的概念,又在实现过程中驻留于概念,这个精神的最后形态是绝对知;它是在精神形态中自知的精神或者概念把握的知"(9:427/28)。当哈贝马斯为众人说出:没有绝对知,或者:黑格尔没有证明有诸如此类的东西,这是多么荒谬。当然没有!黑格尔应该向谁——再说一遍——向谁证明绝对知?在"有"和"没有"中是何等混乱!这种混乱不过在那个概念里看到某种玄虚和神秘,它执着于"空泛"概念的观念,从而不了解《精神现象学》的运动,不知道概念把握本身。这种观念仅仅遮盖混乱本身的空洞。

绝对知当然只对于这样一种人有意义,对于他近代哲学的意图也具有意义:具体说让真理和确定性达到完美的齐一,近代哲学为了[意识的]万物不得不一度分开它们。因为关系到整体,这意味着:把宗教的真实而绝对的内容,更准确地说,把启示的真实而绝对的内容拯救到确定性中。不过这是一项自相矛盾的活动,一方面这项活动本身瓦解这种内容,另一方面在黑格尔这里也没有达到本具之知的稳健,尽管随着黑格尔这种知确实并且恰当地作为科学而得到了把握和巩固。何以至此?这个问题是:黑格尔如何成功地把科学世界化了?他特地从科学体系来寻求科学的世界化,具体说用《哲学全书》以及从属于它的对宗教、历史、法和哲学史的各个具体阐述。

在宗教中发生的和解,良心所成全的和解,绝对内容在这两种和解的结合中保持了自身[Selbst]的形态。正因如此,概念成为"此在的因素或者对于意识成为对象性的形式"(9:427/37)。在这种形式中,精神是显现的。作为如此之精神它是意识经验的科学。科学,这是因为"精神在其对象性中具有概念的形态"(9:428/15)。

科学是内容的运动,既是个别又是普遍的我[Ich]把这个内容和自己区别开来。内容"在其区别中本身是我,因为它是自我扬弃的运动,或者说,它是我所是的同一个纯粹的否定性……仅仅由此才把握了我在他在[Anderssein]中留驻于自己本身[bei sich selbst]。"(9:428/9)由此可见——明确这一点十分重要:自内反思是在与我相区分的内容中的我,这样它 ipso[自身]始终是再现活动或者观念表象。科学从来不能从内容上放弃精神的自我表象,即使自我表象在整体上把握住这种内容,这意味着,在精神的必然运动中透视这一内容。

"除非精神已经达到对自身的意识"(9:428/17),否则,科学——具体说无论是意识经验的科学,还是纯粹概念的科学——无法在时间和现实性中显现。这说出迄今没有一种哲学自己知道和能够自己知道的:**哲学在科学的完善中的显现是一种历史性的现象**——相反,习惯的观念假定它的反面,也就是说,历史只在哲学完善之前造成区分,在哲学达到了科学的完整性和稳定性的地方,哲学面对历史会采取无所谓的态度。

因此,在黑格尔之前的哲人那里寻找任何关于历史的思想完全是闲情逸致。他们停留在偶得和外在性的水准上。同样人们也不能为了自己对历史的漠然态度,更准确地说,对第一哲学及其诸区分的现实整体的漠不关心,而恪守黑格尔之前的哲人的态度;这只证明自己对在第一哲学中所做的[一切]和待做的[一切]毫无察觉。只有当人们把黑格尔所做的付诸实现,才能够明白,由黑格尔历史地规定的自我意识和意识的平衡并没有也同时完成精神本身的工作,**精神已经为更广阔的整体形态而做好准备**,这是在后黑格尔阶段的历史的整体形态。

"在现实性中知的[wissende]实体较早在此,比实体的形式或者概念形态更早……在此者,是作为尚未发展的单纯和直接,或者就是观念表象的意识的对象"(9:428/26)。科学认识这种观念表象的意识连同它的对象,科学具有"起初仅为贫乏的对象"(9:428/33);显然自我意识是科学作为科学所本具的,从实体方面属于自我意识的首先只是抽象的契机,精神在这些契机中分析自身:意识、自我意识、理性。但是,这些契机在发展中通过实体而丰富起来,也就是说彻底地透过实体的或者实存的精神,直到整个实体挣脱了意识及其观念表象,为知道自身是自我意识的自我意识所吸收。但是自我意识的这种在意识及其对象上的否定运动同样是科学认识的肯定运动,科学"从自身造出并且藉此同时为意识重新建立"(9:429/3)实体的诸本质性的完整建筑。这再度表明:科学并非把意识搁在一边,而是使意识的被设定的存在得到认识,这意味着:**意识作为万物成为近代哲学的原则**,意识是受历史规定的意识。

"概念知道自身是概念,在概念中,与充实的整体相比诸契机出现得较早,整体的生成是那些契机的运动。在意识中则相反,整体,但是未经概念把握的整体,比诸契机出现得早。"(9:429/4)契机——这里它们是历史的区分——按照概念是较早的。但是,当它们不为概念的运动,而是为意识的运动所选取时,它们才作为契机而得到认识,它们只是作为运动整体的契机。正因如此,在宗教中整体意识必然走在绝对知的前面。整体在意识中已经带有感性确定性,因此任何对《精神现象学》的开始的解释,如果不看到这个整体并且因为"这一个"的谈论而偏向日常意识的画地为牢的观念,它就永远地在死胡同里。

只要精神没有把握它的纯粹概念,它就在时间中;因为时间是"外部直观的、没有为自身所把握的纯粹自身[Selbst],是仅被直观的概念;由于概念把握了自身,它扬弃它的时间形式,而把握直观,并且是被概念把握的和正在概念地把握的直观"(9:429/10)或者——同样地说:认识。

"出于这个原因必须说,没有任何不在经验中的[东西]被知道,或者如同样的[意思]也表述为:没有作为所感觉到的真理,没有作为内心所启示的永恒,作为被信仰的神圣,或者无论用什么其他表述,——而存在的,[就不被知道]"(9:429/20)。确实,这里不必系附于哪种表达,但无论如何不可以由于对经验的谈论而走上追随对原则茫然无知的观念活动的歧途,这种观念活动只让经验在个别性的片面性中生效,看不到意识在感性确定性的形态中就已经有整体的观念;所有那些表达正是以整体为目标。只有这样经验才是"回归自身的圆周,它预先设定开端而只在终点才抵达开端"(9:429/31)。

如果前面说,完整的自我意识有一个与自身相区别内容,那么,现在内容的对立面进一步把自身规定为时间,而时间是仅直观到的纯粹概念。时间是"没有在自身完善的精神的命运和必然性"(9:429/13)——正因如此是一种尚没有洞察自身的、因而不自由的必然性——命运是精神的开端的隐蔽性,作为单纯的内容或者内在性。

与科学相比,宗教在时间上较早说出精神之所是——迄今所有的整体历史皆是宗教历史。直到宗教意识放弃了这样的希望,即"以一种外在的,这意味着陌生的方式,扬弃陌生的存在,……它才转向自身,转向自身的世界和当下现实,意识发现世界是自己的财产并且因而跨出了第一步,……用现实的我自身去赋予智性世界[Intellectualwelt]的抽象因素以精神"(9:430/11)。这是近代开端的情形——在另一种方式中是后黑格尔的情形,具体说不再是放弃希望,而是没有希望,这是因为科学既不能够稳固与纯粹概念相区别的历史内容——宗教,也无力去巩固概念本身——更准确地说:理念。

但是现实的、历史的精神的忍耐在这里也更加宏大,甚至丧失希望也只是一个标记[Indiz],它表示一种向知突飞猛进的形态在此已经结束了,即使这种知并非概念科学的知。

让我们随着黑格尔再一次把目光投向宗教的开端,和他一道清楚地洞察宗教的近代特征,洞见宗教的开端特征:意识过去知道是启示的[东西],现在它要作为自明性而具有。通过观察,也就是通过理性直接在外部寻找其自身的活动——人们曾称这个外部为"自然"——,意识发现"此在是思想,进而把握了此在,并且反过来在意识的思中发现此在"(9:430/16)。这里是否又可以听见笛卡尔?这在下面更加清晰起来:"由于它这样首先说出,即使是抽象地说出思想和存在的直接统一,抽象本质和我自身的直接统一,并且第一个光明本质更加纯粹,具体说与外延和存在的统一相比——显然外延是与纯粹思想相同的单纯性,而光明即存在——,它特此在思想中重新唤醒了如日东升的实体,因此精神同时受到惊吓,从这种抽象的统一、从这种无自身的实体性退回,并且针对这样的实体性而确信个体性"(9:430/17)。这种对峙是近代哲学所做的第一项工作。而这里近代哲学的第二个步骤是与**康德**的名字联系在一起:"精神把这种个体性外化于教养中,由此把个体性变成此在并且在所有此在中贯彻它,——变成为益用的思想,并且在绝对自由中把这种此在理解为精神的意志"——这里是向费希特的过渡,是费希特在继续说:"在这之后,精神才把它至为内在的深层的思想翻出来,说出本质就是我＝我。"(9:430/24)这不再是与纯粹思想或者观念表象相同的单纯性,而是与纯粹概念把握相同的单纯性或者是光明本质自身。

然而近代哲学直到费希特的这种张力并非它的全部。让我们只提及对于对象为基本构成性的那些因素:首先,对象是直接的存在或者就是一物。与之相应的是思想和外延的统一。其次对象是向他者的变易，对象的关系或者为他者的存在。与之相应的是思想与自身向个别规定性的舍身外化的统一，在空间中亦在时间中。然而对象最终是本质或者普遍，一种内在。与之相应的是思想与从外延的外部回归的[东西]的统一，不仅在时间中[回归]，而且[回归者]就是时间本身。时间不是整体，这是因为它作为纯粹的自身平等的绝对区别而对立于我。这个我让时间放任自流，丧失宁静和依据的时间在自身中倒塌了。时间所是的区别回到外延的纯粹平等中，而这又是我。我和非我没有和解为一个整体；它们的统一听任于应该。

这是对费希特的位置的一种批判，在这里精神只是"自我意识向其纯粹内在性的倒退"(9:431/13)；另一方面与之互补——谢林特地发展了这个方面，自我意识只是陷于实体，自我沉迷于意识的区分的不存在[Nichtsein]——谢林将之标识为无差别[Indifferenz]的原则。

对于黑格尔，绝对知必须在与整个近代第一哲学的关系中造就其自身位置的完美清晰性。出于对先前勾勒的两难选择的排斥，结果是这样：精神是"我自身的运动，这个自身把自身外化并且沉浸到它的实体之中，同样既作为主体从实体中回归自身，把实体变成对象和内容，又扬弃这种对象性和内容的区分"(9:431/16)。正是这是这部著作的四个阶段：1)精神在它的抽象因素中自我分析，同时向其实体突进。2)从实体中回归自身，开始于道德教化的世界，止于良心。3)实体作为自我确定的精神的对象和内容的发展：宗教。最后把这种内容的观念表象的区分扬弃到概念把握之中。

随着绝对知，《精神现象学》准备好了纯粹概念科学的因素。一如其进程的必然性所证明的那样，纯粹概念科学的运动似乎并非仅仅回到《精神现象学》并且亲自把它变成科学,而且也在自身中包含"这样一种必然性,即舍弃纯粹概念的形式,从概念向意识过渡"(9:432/31)。具体说在"直接的确定性"中或者在"感性意识"(9:432/35)中;因为精神知道它的概念,精神是"与自身的直接齐一"(9:432/34)。凭借这种知,精神把自身放逐到自身的形式之外,"这是其对自身的知的最高自由和稳健"(9:432/37)。

但是——这个局限已经预先标出从科学向《哲学全书》的过渡,因此预示了黑格尔的整个进一步的工作——但是这种舍身外化回到精神现象学的开始,它只表达"[精神对自身的]确定性和对象的关系,对象正是在这里,在关系中,没有赢得完全的自由。"(9:433/1)这就是说,精神自身的最高自由与它的对象没有达到同一。让对象自由,从这里开始了精神真正的危险地带,也就是其稳健性的危险地带——从对象方面来说。精神是科学,在科学中它知道自身在运动的必然性中,可是精神必须舍弃自身,从科学外化到其生成的演化之中,"在自由而偶然的事件的形式中"(9:433/6),"把它纯粹的自身,作为外在于它的时间,同样把它的存在作为空间加以直观"(9:433/7)。精神必须再度衡量自我意识从外延的存在到时间的存在的张力。《哲学全书》有步骤地完成了这场运动。

甚至这里也生效的是——究竟为什么?——根据是在矛盾中寻得的,这种矛盾推动着后黑格尔哲学,——这里生效的还有:没有任何不在经验中的[东西]被知道。对于是世界精神的精神,这是尚未完满的工作。在后黑格尔的这种工作中,精神剥夺了其知的所有自由和稳健,为了也从这种死亡里复活。

一般认为,黑格尔的工作只能是在自由而偶然的事件的形式中完成精神变易的范式[Schematismus]。紧紧盯住从空间存在到时间存在的可以直观的张力——鉴于两者的生成来说:自然和历史的张力。

我们的当下现实的精神必定穿行这种降到最后的无精神性的对抗;它必须把对抗的双方变为空洞的名号。"历史"这个名字被架空了,人们发现这容易接受。"自然"这个名字则更具有反抗力量,这是因为在这种情况中需要哲学本身,为的是在向其源泉的回归中并且通过揭示在源泉中的原则来打破各种知见的暴力。

精神必须把自然和历史变成空洞的名号,这些名字不再显示须加以概念把握的[东西],因而也不再能够激发概念的把握——没有概念的把握,而只剩下一定的思念——更清楚地说:没有知[Wissen],重复一遍:知,在这种知上可以看见真实的决断和完整性。集两者于一体。

在海德格尔的所谓形而上学的回忆中,完整性的一面又走进视线,这是因为就像黑格尔所指出的那样,整体的情感必然比在相互区别的诸契机中的分析更早在此。但是,只要整体没有在它的诸区分中固定下来,从区分中产生真实的决断并且找到解放性的赞同,这个整体就像雾气一般飞逝。

真实所本具的方式是"完整和不可动摇"——就像巴门尼德第一个说出它那样,真实是完整,真实的批判本性现在随着穿越《精神现象学》、穿越近代第一哲学、穿越在原则上相区分的第一哲学的诸时代的整个过程才回忆起来,并且在其区分的具象中得到直观。

真实所本具的方式,诸原则的真理的这种特性,从此被提升到整体并且在整体中得到巩固,这个整体只可能是我们的当下——更具有规定性地说:为我们所知的那些区分的寂灭的当下,以便——为了应和《精神现象学》的结束——在精神的墓地，在精神辞世的所在，再度听闻这句话：这真实不虚［过去时：Wahrlich war dieser］……——这一个是［现在时］……——这一个……谁？这尚待"洞察和说明"。

第三部分

访谈和论文

一、"我服务于智慧"
——育恩·穆勒与贺伯特·博德的谈话[①]

在您的学院生涯中留下深刻印记的经验是什么?

无疑是多年在海德格尔身边的学习,其次是在剑桥的居留,后来到巴黎在梅洛-庞蒂那里,最后在剑桥的吉尔伯特·赖尔那里。与海德格尔的关系由于我对前哲学语言中的"Logos und Aletheia"(in:Archiv fuer Begriffsgeschichte 4,1959,82-112)["逻各斯和真理",载于:《概念历史的档案》第 4 期,82-112 页,1959 年]的研究而长期受到牵累;因为这项工作表明,aletheia 与那种被多方引用的在 kryptesthai[停放棺柩于地下墓穴][②]意义上的遮蔽[Verbergung]并无关涉,而是关系着一种隐瞒[Verhehlen],它损害理性的注意力。这在当时是与海德格尔的基本经验的决裂。[③]

---

① 德语原文标题是:"Ich diene der SOPHIA, Jörn Müller im Gespräch mit Heribert Boeder",发表在《哲学资讯》第四期,2005 年 10 月(*Information Philosophie* 4, Oktober 2005)第 34-39 页,方括号内的文字为译者所加,注释皆为译注。

② Krypta 是地下墓穴。这个词的流行得力于德里达。德里达的思想又称为 decryptage(解密),意即:发现意识中的隐蔽物。隐蔽物涉及最古老的乱伦禁忌,德里达认为它是形而上学作品的乱伦欲,具有非现在时(Nicht-Praesenz)的特征,因而没有当下,也没有任何规定性。

③ 博德认为,海德格尔对在场不做分辨,进而没有彻底分开在场者和显现者。海德格尔没有接受理性的"Anwesen bei allem und daher bei allem einzelnen"("在万物中并且因此而在所有个别中的在场"),而只是接受了"Anwesen fuer"("为……在场"),后者正好也有显现的方面。理性关系的原则——"无物不带有根据"——已经为海德格尔所否定了,他跳离根据而进入无据深渊或者源泉。然而,在这种否定中海德格尔仍然保持着与根

尽管有这种决裂，在哪些范围里马丁·海德格尔对于您的思想仍然是决定性的？

把思想拢集在当下现实[Gegenwart]，可以把他的"思想之事的规定"转移到这个当下现实中——不考虑任何哲学上的偏好。不过在亚现代[Submoderne]的当今截然不同地确立了其他一些关怀。

究竟在哪些点上您从内容上最清楚地把自己和海德格尔分开来？

在他的原始隐蔽性[Verbogenheit]或者遮蔽以及相应的对 lethe [忘却]的评价上。在这里，以对早期希腊的研究结果为出发点，我明白了在所有哲学之前的知的馈赠[Wissenlassen 让其知道]中理性具有关键性的地位。

那就是说海德格尔没有理解 SOPHIA（智慧）的理性特质？

这在他的视域之外。对于我，哲学和智慧的区别只是慢慢地明晓起来的——哲学对智慧的关涉。它开始于对智慧取否定态度的自然理性的形成，然后是具有相近要求的世界理性，最后是概念把握的理性。在任何一种情况中，相应的建筑学都不等同于智慧的建筑学。智慧在第一时期发端于法权关系的缔结。

与其说它关系着隐蔽性，不如说它关系着存在者的约束性。

在哲学的开端根本不谈"存在者"。哲学无法像海德格尔所看到的那样在其整个历史中是"存在者的存在的理论"。"存在者"为巴门

据的关系，而这在德里达那里被刻意排除了。

另参见《亚现代的装置——当今哲学的建筑学》，维兹堡：科尼希豪森出版社，2006 年（Die Installationen der Submoderne - Zur Tektonik der heutigen Philosophie, Würzburg: Koenigshausen & Neumann, 2006），第 100 页。"在显现与在场之间若没有原则的区分，随着显现的现实性一道脱落的还有本质存在的可思性，一如这种可思性是在场所本有的，而在场只是由于自身而在的在场者那里。"

尼德所引入,他以此回答最早的"自然论"["Physiologie"]和"宇宙论"["Kosmologie"]。另外,亚里士多德的"存在者作为存在者"与存在者的存在根本不是一回事。后者在中世纪才成为主题,具体说在普罗丁的后继者那里。我在普罗丁那里才明白哲学"时代"[复数"Epochen"]的区分。它们各自具备自身独特的原则。

时代的一个准则这样说,是时候了,"用剑来思想,让分离者终于分开"。① 在您自己的事业中这个准则是如何表达出来的?

我并不情愿听到这个引文,但却看见它已固定在事情中。哲学的每一个时代都有它们自身的使命[复数],每当使命已经完成,时代就结束了。另外,每一个时代按照上述理性的区分而在自身中相区分。只有弄清楚这些区分,才能有对业已完成的使命的洞见。

与自身相区分的理性在您这里作为"自然理性","世界理性"和"概念把握的理性"而亮相。这里关系的是同一个理性,它在不同的事业中完成自身,还是关系着对术语的近乎同音异义的使用?

我认为,把理性作为一种统一的"能力"["Vermoegen"]来谈,在当今没有意义了,这就是说也不谈一种统一的哲学之事。哲学每一次都完成了不同的使命——不是随意的,而是约束在逻辑的形态[复数,in logischen Figuren]中。抽象一般的表述于事无补,因为它是空洞的。

也就是说,没有一个种属,好让不同的类别安置在其下?

正是。

亚里士多德以来哲学的重要区分是理论理性和实践理性的区

---

① "用宝剑来思想",这个说法源于荷尔德林。

分，而您至少没有明确地接受这个区分。它对于您的建筑学难道不起什么作用吗？

甚至起非常重要的作用。首先在时代的区分上：第一个时代以理论为宗旨，中间的时代以实践为宗旨，最后的时代以诗性为宗旨。古老的亚里士多德的按照起因［Ursache］的划分在这里却赢得了新的意义。按照起因的划分对于亚氏科学的分布当然仍保持其意义，而从哲学的使命［复数］上来看它随着时代而推移。如果最后的时代以马基雅弗利①为开端，那么是因为出现了引起根本变革的另一种使命。马基雅弗利的政治当然是实践的，但却尤其是诗性的，这是因为它关系到在共同本质存在分崩瓦解之后重新缔造共同本质。一个相应的开端在霍布斯那里尤为清楚。

您的事业以博大的建筑学［Architektonik］为标志，它从您的思想的某个特定点上起具备了稳定的轮廓。这么多年来难道没有产生一些变化或者建筑学的推移？

确实有变化。甚至在对智慧的判断和评价上。我清楚了，智慧也有范畴的发展，这种发展却与哲学的相反，具体说不是从"一"开始，而是从"一切"开始。在中间时代不是以"实在"为开端，而是以所谓的"限制"；在最后的时代不以"实体性"，而是以"相互作用"为开端。——在现代之内有必要做一种推移：第一个形态不是以弗雷格为开端的功能性的思想形态，而是以狄尔泰为开始的解释学的思想形态。

您的阐述方式在自身方面具有贯穿始终的三段式［triadisch］特征。在许多地方，尤其是在概念把握的理性与智慧和自然理性的关

---

① Machiavelli，意大利政治家，1469 年出生于佛罗伦萨。

系上，很接近扬弃的思想，这种思想属于从前的知的形式，它在辩证法三步骤的形态中。对这样一种关联的阐述是从黑格尔那里得到灵感的吗？

不如说从亚里士多德那里，在指明推理是完整的数时他提出了三段式[Dreiheit]。至于"扬弃"，它在这里没有地位；因为这里的哲学形态[复数，die philosophischen Figuren]与其说是完满的，不如说是正在完成的，这种特性要求它们的全部位置必须得到同样的承认和赞同——考虑到它们的相区别的诸使命。

世界理性作为一种思想，它从思想之事那儿造出其开端，您首先为现代清楚地阐述了世界理性，而在《形而上学的拓扑学》中没有特别着重地提到它。难道它不是在哲学乃至形而上学的历史中就已经发挥了较大作用吗？

确实在《拓扑学》里它还没有作用。那里还没有完整地区分哲学。当时我还没有明白这种世界理性——仅提及它的各个开端：阿那克西曼德，伊壁鸠鲁，霍布斯——是独立的结构。现代才迫切地要求正视它。这是为马克思、尼采和海德格尔所激发。

相对于第一哲学也就是形而上学，另一种哲学把自己划分为自然的和世界的，而这种差别在《拓扑学》中尚不清楚，是吗？

是这样。我当时仍抱有这样一种偏见，即最后时代的哲学只以笛卡尔为开始。这是一种牢固的先入之见，它忽略了世界理性的政治关怀具有同等的权利。

海德格尔思考了诗对于建筑之思的作用。在你的著作里也有大量的与文学的关联，并且正是鉴于后现代而关系到造型艺术。这些量值对于阐明西方之思有什么样的作用？

尤其在后一点上①必须考虑，艺术［复数］已经丧失了它的种属界限。甚至哲学也不再能够在艺术［复数］面前论证一种规范性的品级。涉及古老的诗歌艺术，我愿指出，直到五世纪荷马都不是作为诗人，而是作为 SOPHOS［智慧的传人］而得到承认。色诺芬［Xenophanes］仍然为"所有人都向荷马学习过"所困扰。而海德格尔把一位诗人的诗作，也就是荷尔德林的作品，提升到历史性将来的唯一性上。从理性关系的建筑学上来看，在与卢梭和席勒的密切联系上才可以评价荷尔德林的作品。他们构成了一个智慧形态。在这里他们显示出一个值得注意的特性，这就是他们每次都在哲学中开始，又必须特意与哲学相分离。紧随其后的是康德、费希特和黑格尔的哲学的推进。哲学家们接受了诗性的先行赋予［Vorgabe］并且把它们转移到科学之中。至于海德格尔对将来的评价，关于人道主义的信中的一句话曾始终触动着我："存在是它自身［Es selbst］，经验并且言说这一点，这是将来之思必须学习的"。必须学习——这个要求似乎完全是不被许可的。不可以预先对将来之思说什么。

当然有这样的问题：理性从哪里获得它的各不相同时代使命？理性在自身中就有吗？这些使命是从时间中成长起来？属于使命的当然有提出使命的人，假设是他自己提出使命

即使在科学［复数］中，使命也源于已知的［知识，Gewussten］，然而对于哲学它来自已所思的［思想，Gedachten］，所思这里在整体上造成区分。并非源于省思形态②的"存在"，就像这种存在应该先于思想那样。——在第一时代使命［复数］一方面源于缪斯的知，另一方面或者来自 theoria［观察/理论］，其次来自理论所观察的 kos-

---

① 指后现代的"艺术"。
② 指现代的思想形态。

一、"我服务于智慧"——育恩·穆勒与贺伯特·博德的谈话

mos[宇宙作为完满存在者],最后,所有的注意力转向神性尺度的显现者,它是纯粹的思想及其事的尺度。在中间时代,使命[复数]一方面源于那种要求自身就是 sapientia[智慧]的哲学(克吕西甫①和伊壁鸠鲁),另一方面却源于并非"这个世界"的,而是上帝的智慧(圣保罗)。在此对面普罗丁的哲学确认自身,它同样回溯到开端的赠礼。在最后的时代,理性使命[复数]一方面属于"人的本质"的创造性想象力,另一方面属于理性的科学形式的要求(康德、费希特和黑格尔)。这里,智慧却臣服于科学,以致它丧失了自身的正当权利。可以说,海德格尔突出荷尔德林的诗,他已经发觉某种东西,只是并非这一点:随着黑格尔而来的哲学的永逝－存在[Verschieden-Sein]从哲学的完满中变得可以把握和理解。

这就是说不是结束,而是完满?

不仅如此,哲学的时代使命[复数]已经完成了。

而现代的标志正是与这种方式的历史彻底决裂,是吗?

非常准确。在最不显眼的地方,人们看得最清楚,具体说在弗雷格那里。他从事－关系项开始,而不是从思－关系项开始,也就是从他的人工符号开始,这些为须思想的[东西,das zu denkende]而设的人工符号放弃了自然语言的依据。他开始于制造符号,强调它们的感性给定性。于是概念在其"精神性"中就彻底地不同于黑格尔的概念。可以类比的过程显示在狄尔泰和马克思那里:在体验中的思想基础那里或者在物质生产中。

让他们的思想作为理性关系建筑的思想而呈现自身的性格,就

---

① Chrysipp,公元前 276－前 204 年,希腊哲人和逻辑学家,生于 Soli,相传死于雅典。斯多葛学派最著名的代表之一。

会出现下面的问题,这种建筑性的思想怎么能够自由地为"历史的建筑工具"的正当性进行辩护？您对待材料的态度过于独创了,专业同行这样指责过您吗？

这会是一个很好的指责,我会乐意具体地予以回答。可我却没有听过。这里我可以断定,一种建筑学[Architektonik]统领着运思,也就是一种建筑[Bauen],它决定什么能够是它需要的。哲学家自古以来总是很多,尤其是在当今的诸关系下。如何在他们的"历史海洋"中找到一块陆地和一个方向？什么样的思想在这里从整体上造成区分,好让这种思想契合一种建筑学？为什么我让自己深入这里所必需的种种区分？用柏拉图的巴门尼德的话说：因为"行遍万物"。然而,只是鉴于这样一种当下现实,它明确地不允许任何在已思者中[im Gedachten]的逻辑形构[Gefuege]。不过在新近的工作中,如我所相信,我已经发现了穿行亚现代的各个位置,也就是贯穿无序之思、结构主义之思和语言分析之思的理性关系之路。

您的主要著作尚缺少第三部分,第三部分内容上的重点大致如何？

第三部分一方面论述亚现代的哲学,另一方面论述不在时下的SOPHIA[智慧]。第一方面的陈述即将完成。后一方面从我们传统的三大智慧形态出发："缪斯的"、"基督的"和"公民的"知。这里每一次皆有效的是：用理性关系建筑学的方法并且也就是在其完整性上阐明这些智慧形态。所有的智慧形态都曾为哲学带来丰硕的成果,可是当前须把它们释放到其独立性之中。只有这样才不是做时间历史上的回忆,才有为它们赢得自身的当下现实的出路。不过这意味着：没有一种形态停留于为自身,每一种形态都只在联合[Verbund]中。

您想把SOPHIA[智慧]的这三种形式重新带到记忆之中或者

带往语言?

前一种说法在这里更加合适。相反尽管有海德格尔的种种努力,"带往语言"却陷入迷茫。我用贝克特[Beckett]的问题支持这一点:"what is the word?"["什么是言语?"]言语,不是语言;只有言语是地地道道具有规定性的,语言相反,索绪尔[de Saussure]已经指出它始终在流逝,并不带来约束性。

就您想用建筑学的形式把三种 SOPHIA[智慧]形态唤入记忆而言,鉴于您的事业而谈论爱-智慧的哲学,这有充分理由吗?

完全有理由。由此也可见理性关系建筑学的思想的服务性地位。因为它表明自身是技术性的——对于海德格尔的耳朵是 horribile dictu[可怕的话],作为这样一种思想它只服务。

您自己也会与马克思、尼采和海德格尔相反把自己称为哲人,是吗?

不情愿,因为会引起大言不惭的联想。然而业已制定的任务让这样一种标志不受否认。我服务于 SOPHIA[智慧]。

"自黑格尔以来形而上学的唯一现实的进步是没落。"(《现代的理性结构》第 15 页)你如何看待在黑格尔之后修复形而上学的尝试?例如斯特劳森[Strawson]的"描述性形而上学"的构想。

空洞无物。当初我进了一个关于斯特劳森的"Individuals"[《个人》]的研讨班,却除了不切实的泛泛之谈以外没有发现任何别的。一个对莱布尼兹进行加工的混合头脑提出的见解。我只能告诫人们提防诸如此类的和语言分析的混合,斯特劳森的同事赖尔也做过这种事。

形而上学之思的现在时[Praesenz]在当前是否不再值得我们希

望了？

在所谓残余中对待形而上学之思，在我看来是有失尊严的。从前的概念把握之思负有继承智慧形态的使命，而不是在谈论中重新搬弄它。但仍然重要的却是这样一种思给当下的建筑带来了什么，在它的工具化的意义上——我们说得严峻一些。这种工具化没有使它丧失尊严，具体地说没有把它与它自身的曾经为统治性的关怀相混淆，而是只从它的技术方面重新拿起它。这里，古老的哲学和从前一样是伟大的宝藏。

从您的著作中人们听出一种清晰的对用效应历史乃至 philosophia perennis[永恒哲学]的范畴来解释思想的保留态度，这种哲学从事"永恒的"问题且不堪重负。无论时间历史的种种推移和变化，真理问题难道不是人的思想和追问的一个永远回返的主要问题吗？

这甚至会诱发对"真理的本质"的追问。然而这个问题并没有特别地推动较为古老的运思。古典的思想知道自己有权利把真理交给名称解释。真理当然有别于每次被当作是真实的东西。对此尼采肯定会说什么？① ——从奥斯汀和其他分析学家那里人们听说：真理概念只能够在特定的语言范围具有部分意义。被称作为真理主题的，今天似乎倒不如说是一头神圣的母牛②。

您对哲学运作的未来有何预测？

难道人们不宁愿在这种信念里安排自己：no future［没有未来］？我把这个问题交给那些处在上述运作中的人，他们有关于未来

---

① 如果真理只是执以为真，尼采会说：假象高于真理。在尼采身处的当下，还可以换句话说：艺术比科学更彻底地反对虚无主义。

② 母牛在德语里也用来比喻笨蛋。

发展的各种猜测。我自己完完全全地关注在哲学中已经完成的(成果,Vollbrachten)带来的丰富收益。

我们以海德格尔开始,我也想以他来结束。您如何看待他在《论大事件》[*Vom Ereignis*]里的名言:"把自身变得便于理解,这是哲学的自杀。"?

和在所有情形下一样,人们必须理解这样一种陈述的动机。海德格尔察觉到哲学消失在为日常所规定的思想的毫无辨别的统治中。日常生活想要直接地得到理解。

而在这种日常思维面前人们宁可不要或者不应该把自身弄得可以理解,是吗?

有时候海德格尔重提黑格尔对市场女贩们的语言的评论。而胡塞尔是如何使自身可以理解的?海德格尔的困境是:放弃专业语言并且同时转入一种言说,它恰好让习惯的语言变得不可理解。在现代中这种现象是哪里来的?它也在现代文学中,直到 Finnegan 的 *Wake*[《苏醒》]和庞德[*Ezra Pound*]的 *Cantos*[《诗篇》]。难道不应该承认海德格尔,他业已经验到语言的困境了吗?——即使不说言语的困境。我可以用这个赞同来结束。

附录:贺伯特·博德对西方思想的阐述[①]
育恩·穆勒陈述

贺伯特·博德(奥斯纳布吕克大学哲学系退职教授)出生于

---

① 德语原文标题是:"Heribert Boeders Deutung des abendländischen Denkens, Dargestellt von Jörn Müller",发表在《哲学资讯》第四期,2005 年 10 月(Information Philosophie 4, Oktober 2005),第 28-33 页。方括号内的文字为译者所加。注释皆是译注。

1928年,他的主要著作呈现出三部曲的构思。至今出版的有《形而上学的拓扑学》和《现代的理性结构》。这里所开始的不亚于对西方历史的一种系统的整体构思,从希腊的开端[复数]到当代。

这样精深博大的事业需要清晰的建筑学和目标明确的选材,整体和自己的主导的陈述意图才不至于在精微部分的细节上从视线中消失。博德[的思想]集中在造成"整体区分"的位置[复数]上,它们对于由他的工作所突出的在思想的各个时代的思想形态[复数]的整体性是不可放弃的。因而,宗旨不是时间历史-全书式的总体性,而是按照事质来划分的整体性。各个思想家乃至他们的位置对于思(Denken)是"建筑工具",这种思把自己本身理解为一种"建筑性的"思,更专业地说:一种"理性关系建筑学的"思。

在整个建筑学中,博德区分三种各自作为整体来理解的精神历史阶段:(1)从古希腊直到黑格尔的形而上学历史,(2)在马克思、尼采和海德格尔那里达到顶峰的现代和(3)接下来的"亚现代"[Submoderne](博德优先选择的措辞)或者后现代。博德所关心的是突出在这些阶段之间的每一次"切割"的彻底性,而不是在往往不加追问地设置为前提的哲学"运作连续性"的意义上,通过效用历史和问题历史的视角化把这些阶段"粘贴起来":这样的方式只是掩盖了[如下事实],思在每一个时代都遇到各不相同的理性使命。

就博德的首要的哲学关怀正是这种区分而言,因而需要划分各个使命的清楚界线乃至各自所完成的思想[Gedachten]的清楚界线。作为在个别阶段内的位置[复数](所谓 rationes[理性关系])的区分原则和建筑原则,一种三分式起着重要作用,博德从海德格尔的用语"思想之事的规定"那里借来这种三分。一个位置让自身由此来得到规定:它是从(一)思,(二)从[思之]事还是从(三)前两者的规定来取其开端,接下来的两个其他关系项[Termini]的顺序是如何构

一、"我服务于智慧"——育恩·穆勒与贺伯特·博德的谈话

成的。每三个位置亦即 rationes[理性关系]组成一个形态[Figur]，它的联系每一次由这些关系项的一位来承担并且完成。这种抽象的结构原则已经指出理性这一概念的基本的内容上的区分[复数]，博德的全部工作围绕着理性地运筹和继承这些区分："自然理性"(对于现代："技术理性")从作为第一关系项的思乃至认识来发展自身，"世界理性"["mundane"]的形态[复数]围绕着其 ratioes[理性关系]中的事－关系项，而"概念把握的理性"[die"coneptuale Vernunft"]或者"形而上学的理性"每次皆从规定开始。①

在献给西方之思第一阶段的《形而上学的拓扑学》(＝TM)中，博德阐明"自身不再运动的形而上学"，为的是"在形而上学之知中寻访开端性的理性的或者'开端的'思想的原则，而原则首先为历史性的。"(TM 49)。这里他发现一个基本模式，这让他把形而上学的历史分为三个同等的时代：时代所特有的智慧形态[Weisheits-Gestalt]每一次都走在形而上学的思的前面，这就是说，一种非哲学的知，一种关于人的规定的知先行于哲学。在否定的乃至排斥的关系中，自然理性处在这种智慧的对立面，自然理性从自己的经验或者更确切地说从观察中提出一种知，并且试图占据原始智慧的地位。这种自然之知最终表明自身没有根据，同时带来原始的已知者[Gewussten]的约束性的危机，这导致理性与自身相区分。区分是这样发生的，理性作为"概念把握的"["conceptuale"]("形而上学的")通过自然哲学的知而和原始的 SOPHIA[智慧]"结合"：这种衔

---

① 用博德的符号来直观地表示：思想(C)之事(B)的规定(A)。

	C B A		B A C		A C B
自然理性：	A C B	世界理性：	C B A	概念把握的理性：	B A C
	B A C;		A C B;		C B A.

三种理性形态出现在历史的每一个时代中。在现代和亚现代中有对这三种理性形态的模仿和再翻版。

接的发生是由于概念把握的理性赋予丧失约束力的智慧以相应的"逻辑"和与之不可分的确定性,这意味着,把智慧建立在相应的原则上并且将它带到第一科学——形而上学——的形式中。在这种由概念把握的理性所造就的对智慧中的已知者[Gewussten]的保护或者掩护[Bergen]中,理性显示为在哲学的词义["爱-智慧"]上的理性,形而上学显示为真实的"爱-智慧":"形而上学知道自己从它的每一个开端上就是爱-智慧。在它的每一个时代它皆以此为目标,这就是把智慧本身呈现为科学,并且是以这种方式:智慧是给所有理性[Vernuenftigen]去知晓的礼物。"(TM 442)

为了适应并非由理性所造就的智慧之知,为了能够恰当地"用概念来继承"["concipieren"]智慧之知,理性必须特地规定自身,把自己作为概念把握的或者形而上学的理性与自己作为自然的理性区分开来。所以,到黑格尔为止的哲学历史在博德的阐述中最后只有通过理性本身的区分运动才能够把握。因而,对海德格尔的问题"什么是形而上学?"的回答与其把注意力转向一种在本体论意义上的对象规定(存在者作为存在者的区分)或者神学(最高存在者的学说),不如将注意力放在作为思想形态的形而上学理性或者思辨的理性上,放在由这种理性所缔造的得到论证的洞见的统一性上,这是对一种在源泉上并非由理性所造就的知的洞见。

把这种结构原则应用在由博德的工作所突显的智慧形态[复数]的三分式①和与智慧形态[复数]相联系的形而上学的时代[复数]

---

① 智慧形态的理性关系用 A(规定或尺度)B(事)C(思)的符号来表示:
  A B C
  C A B
  B C A。
不同时代的智慧形态所传达的人的规定在内容上是不同的,但是智慧的理性关系是相同的。

上,其组织构成如下:缪斯之知出现在第一时代(荷马、赫希俄德、索伦),知的核心内容在所是[was ist]和所应是[was zu sein hat]的同一性上,这种同一性以神性的决议为依据。与这种得到启示和神性担保的关于如其所是的约束性的智慧相对立,自然理性出现在宇宙论的形式中(阿纳克西曼德,毕达哥拉斯,赫拉克利特),一种以观察为依据的知否定上述智慧。然而正是这种纯粹的人的洞见的不完满导致这样一种危机,在危机中形而上学的理性首次以巴门尼德的形态而出现并且把那种孤绝的[das eine]存在者规定为约束性和完美洞见的结合原则。柏拉图的善的理式处在认识论的完美中,在这里亦如在亚里士多德的作为第一科学和神学科学的形而上学那里——有不动的推动者作为理性的纯粹现实性,缪斯智慧的具有约束性的已知者[Gewusste]最终在变化了的形式中找到科学的掩护[Bergen]。结论是:"第一时代的形而上学用'让'['Lassen']的方式来完成可以洞见者和所应是的自一性[Selbigkeit],让 KOSMOS[宇宙秩序]存在——这是它最后的思想。而亚里士多德没有忘记,他在开端上须感谢谁:他的荷马。"(TM 165)

在形而上学的中间时代(在博德这里中间时代包括[从亚历山大大帝到奥古斯都的]晚期希腊文化和晚期古典)新约智慧的福音(对观福音、保罗、约翰)打破已经先于它而存在的教条的、怀疑论的和奥秘的哲学之知,哲学企图"以自然的方式,也就是由自己本身而成为智慧"(TM 205)。奥古斯丁关涉到基督的智慧或者 sapientia["智慧"的拉丁文],但却不是通过上述自然的世界智慧,而是通过时代的第一个形而上学的位置自身,这就是普罗丁。普罗丁否定了基督智慧,把最终为单纯的和不可言说的原则给予了中间时代。中间时代的哲学用奥古斯丁的爱-智慧(amor sapientiae)接受了原则的规定,与这种爱紧密联系的是"践行真理",作为精神的行动,在这里人的精神是上帝的镜像。在结束的位置上,托马斯的神学显示自己是"中间时代的形而上学的科学"(TM 301):作为神性的科学(scientia divina)它通过启示的中介在自然理性的前提下和人的第一科学联系起来。在这个合题中,自然之光在它的认识能力中始终依赖于给人们去信仰的 articula fidei[信仰的宣告],神性启示的智慧为概念所继承并且被掩护在科学的稳定性中。

核心的智慧在最后的时代为形而上学的理性所继承,它是在艺术(米朗凯基罗)、宗教(路德)、自然理解(布鲁诺、培根、伽利略)和公民的诗中(卢梭、席勒和荷尔德林)所宣布的对自由的知和情感。这种前-形而上学的自由的确定性现在依赖于一种形而上学,它在纯粹以自然因果性为依据的观察方式面前保护自由的确定性,把自由确认为必然设置为前提的理性理念。这个最后时代的完成也是形而上学历史的完满,它在黑格尔的著作中实现了,特别是在《逻辑学》中,它呈现了形而上学的"完满的体系"(TM 27):"没有什么在任何较早的形而上学中……的思辨,不在这部著作中被接纳,更有甚者:在其中被创造并且从方法上巩固下来。"(TM 44)在这里纯粹概念变成知的理性中介,自然和精神在理性中介里结合起来,具体说是以这样的方式,在物理自然和精神自然的理论框架里(《哲学全书》)最终有效地允许概念把握的理性成为其自然对应物的主人,理性表明自身与自然是一体。理性在自身的区分因此而回溯到一个唯一的原则,它最后在黑格尔的现实性的理性[Vernuenftigkeit]乃至理性的现实性的用语中也扬弃了任何存在和思想的差异。

尽管已陈列出呈现各个时代的结构原则,博德在这里仍然看到自身的理性使命,看到一种形而上学理性的特殊形态正在形成,一方面是在原始智慧的形式中的关联点,另一方面是事、思和规定的基本关系[复数]每次都在变化。形而上学是一个整体,这是因为时代每

一、"我服务于智慧"——育恩·穆勒与贺伯特·博德的谈话

次所完成的[使命]把理性与自身的区分在上述基本关系中带往穷尽自身的结束。"形而上学的共同事业"(TM 50)合情合理地完成了。随着黑格尔,形而上学"关闭起来",其完满的历史不是别的,就是爱-智慧的历史,因为:"所呈现的种种关系的结果让人认识到,人的规定已经完成,一如形而上学把它从原始的知的形态[复数]中掩护起来。"(TM 686)

博德在《现代的理性结构》(=VGM)中致力于后黑格尔的现代,现代在核心处的标志是对作为纯粹理性科学的形而上学的彻底拒绝,在理性科学中理性"事实上不和别的,只和自身打交道"(康德,《纯粹理性批判》B版708);世界理性在现代充分发挥其关键作用,并且"追求'从事情上'得到规定,抵达'事本身'[复数],事作为某种无法扬弃的与世界理性不同的东西对于它[指世界理性]是'被给定的'。"(VGM 689)现代理性也不再作为概念把握的而关涉到一种并非由它造就的知,而是面向三大"全体性":历史,世界和语言,现代理性与它们处在一种直接的关系中,这就是说,不再通过自然理性或者理性概念中介的关系。现代世界理性对先行给定者的省思可以分为三大形态,在这三大形态内每一个位置(或者 ratio[理性关系])皆完成了上述三大全体中的一个。这种双重的三段论[Triadik]与 ratio terminorum[理性关系的关系项]及其事、思和规定的变化顺序的动机密切相关,是现代整体的建筑学原则。第一个形态,对科学[复数]的省思,其标志是在内部发挥作用的理性的功能性或者操作性,每次进入省思的全体性由此显现为具有技术规定性的整体:相互关涉的思的技术语言(弗雷格),统一的自然现实性的世界(石里克),最后是科学的问题状况的历史(库恩)。这里,现代理性作为技术的是形而上学时代的自然理性的一种继续,然而不再有对应的概念把握与之相区别,以至于科学[复数]最终不断地陷入技术的内在本性[Inhaerenz]。随着这种自然理性和技术理性的连续性假设,博德同时突出与海德格尔的命题的区别,这个命题就是技术之思是形而上学理性的遗产。

如果形而上学或者概念把握的理性还在现代有地位的话,那么,似乎在第二种省思中,它以解释生活为目的:在历史性生活的解释学(狄尔泰)和世界意识的现象学更新(胡塞尔)中,难道不正是在这里一种先行的赋予[Vorgabe]被理性所继承并且由此建立了一种新的第一科学了吗?但是,这里必须注意先赋[Vorgabe]的区别:形而上学时代的智慧[先赋]提出真理的要求并且以内在的理性[Vernuenftigkeit]为标志,这种理性呼唤出哲学的理性[Vernunft],而现代理性的先赋是"无理性的,体验的生命……一如它在历史、世界和语言中展示自身并且总是被阐释出来那样"(VGM 231)。因此,不再可以把这种被体验的生命的"众说纷纭的"["doxischen"]形态放到逻辑上透明的科学统一性中,而只能放在一种奠立意义的理解学说中,理解在这里是对本身无理性的生命的理解。这种从根本上不同的逻辑表明现代解释学之思只是对概念把握理性的"模仿"[Simulation]。维特根斯坦对社会生活的语言性的省思给上述"形而上学的余烬"(VGM 188)一个结束,哲学概念的规范区别在语言游戏的多样性中灭亡了,语用的理性[Vernuenftigkeit]在一种 logon didonai [讲故事]①的形态中显示自身,这种理性在被制定的生活形式中,在消除任何论证的呼喊——"我正是这样来做"——中被取消了。

博德在马克思、尼采和海德格尔那里,在由他们实现的对人的创

---

① 宋立宏先生告诉译者,logon didonai 是希腊文,意思是 give an account(作陈述)。他进一步解释了这个短语在历史上的用法:这个用法出现在《使徒行传》1:1 中,有"relate/explain a story"之意;柏拉图也用过,他强调,掌握、传达最高的智慧十分不易,故要求哲学家"讲述"他们所知道的。

造性本性的省思中看到现代的完成(现代的"核心省思")。在这个"非哲学的核心省思"中(VGM 362),与哲学史的鸿沟最大化了,对人的规定的追问并非从先行的智慧之知中表达出来,而是从人的本质经验中说出来,人的本质不仅向外部是创造性的,而且也正是鉴于人自身是创造的。然而核心省思的经验表明这种创造性却在历史和当前被系统地歪曲了:在资本的自我兑现过程中创造性本性贬低为商品(马克思),意志的价值创造为否定生命的基督教道德所否定(尼采),在纯粹技术的理性中结束的形而上学之思的自我遗忘(海德格尔)。所有这三个位置都回答了这种"缺失－经验"和与此相连的人的创造性本质的"困境",答案是必要的人与自身在将来的区分:共产主义的人,超人和领受死亡的人此－在。这第三种省思形态的世界理性突出了存在先于思想的不可扬弃的先行性,与黑格尔的现实性和理性的同一性原则处于彻底的对立和否定中。彻底拒绝一切思辨哲学,指明即将来临的迄今之人与自身的区分,在这里现代的世界理性竭尽了自己的明辨力量;它也完成了其划时代的理性使命,其结果是:现代显现为一个整体。

以变化的目光关注业已完成者,博德结束了对历史(哲学或者形而上学的历史)和世界(现代省思的世界)两大"全体性"的工作,此后尚待完成的[①]是理性关系的建筑学与语言及当代或者亚现代之思的交锋:以建筑的方式,博德要用以整体为目标的三段式建筑学阐明亚现代的看来似乎不可简约的多元主义,他把无序的亚现代(梅洛-庞蒂、福柯、德里达),结构的亚现代(雅各布森、巴特、列维-斯特劳斯)和分析形态(赖尔、奥斯汀、达米特)区分开来。接下来最后一步应该

---

① 这项工作在本文刊登后一年完成。见于《亚现代的装置——当今哲学的建筑学》,维兹堡:科尼希豪森出版社,2006年,*Die Installationen der Submoderne-Zur Tektonik der heutigen Philosophie*, Würzburg: Koenigshausen & Neumann, 2006,第433页。

是对在西方智慧形态[复数]中给予尺度的"言语"的尊崇和评价,至此,博德的思想自身最终作为爱-智慧而圆满结束。

博德的事业在当今的哲学风景线上当然显得像一块漂流石般孤独,作为敢于体系化的思想的见证,它现在就自身方面屹立在其自身使命的完满之前,"理性地谈论理性"(VGM 16)。它以每每夺人心魄的西方之思的建筑学面对读者,这种建筑学无疑地要求矛盾。每一次交锋在这里都应该把博德下面的话铭记心上:"因为批判不在原则上也就不在整体上造成区分,所以它停留为学术活动,这种活动没有超出诸如牢骚的价值。"(TM 46)

二、历史当下的形而上学[①]

[15]人们认为形而上学是哲学的一种类型,而哲学又作为科学的一种类型,如果它落入这种一般的观念,就应该在当今的科学协作中找到它。然而如今它出现在哪里呢？它,带着它的本质的要求,即:是第一科学。甚至没有一次出现在"哲学的"诸学科下。它总还在这里和那里,以这样或那样一种从前的形态,甚或只是东拼西凑地加以讲述或研究,在这种和那种原理中它显得尚可以接受或者被加工得可以接受,所有这些并非将它作为始终具备当下的第一科学予以尊重和推崇。

众所周知,形而上学不是今天的,而一种科学似乎只存活于进步中,也许应该可以重复这个老问题:"形而上学有史以来"——不过,

---

① 本文德语标题为"Die Metaphysik in der geschischtlichen Gegenwart",是博德先生所著的《形而上学的拓扑学》一书的前言。译文曾以"历史现实中的形而上学"为题发表于《哲学与文化》月刊第二十六卷第二期,1999年2月出版,第152页至167页。收入本书时文句有所修正。方括弧内的数字是原著的页码。注释皆为译注。

把握形而上学是将它作为已经结束的整体,划分其历史是按照时代的基本关系(rationes)的三重性。其中尤其值得注意的是:形而上学的理性(Vernünftigkeit)在每一时代都以一种独特的智慧为先导或者与之交相辉映,使智慧之知具有逻辑的说服力。爱－智慧寻得固有的本源,因而是"纯粹理性";智慧在各个时代的形态依次是:缪斯之知、基督之知和对义务和自由的觉悟。

历史(die Geschichte)就是形而上学的"这一"历史,不同于按照时间、地点安排的事件及其效应的历史(Historie)。译文中的"历史"及"历史的"均为前者意义上的,个别后者意义上的"历史"都缀有原文,以示区别。

本文中的 Gegenwart 和 gegenwaetig 统译为"当下"和"当下的/地"。形而上学自身的"当下"已经脱离了所有再现(Vergegenwaetigen)意义上的假象,不受任何时间、地点上的规定;它是有别于现代省思的另一种知,处于自身本具的现实性中。

怎样的时间——"所做的真正的进步是哪些?"这里所考察的如果不是到黑格尔为止的时间跨度,还有什么其他的时间段呢?人们想在此表明哪些"真正的进步"呢?

如果这个问题并不令当今的人陷入难堪,之所以如此,是因为像这样的回答早已不是闻所未闻:自从黑格尔时代以来,形而上学的唯一真正的进步是它的没落,它再也不自以为是科学,更不用说是第一科学。

会有如此之答案,却是值得注意的。自黑格尔以来,围绕从前的第一科学所发生的一切,显然已经越过了那种危机,在这种危机中康德曾经提出决定性的质问:"诸如此类是否也可能是形而上学"。今天谁愿意像康德那样认为,"还根本没有形而上学"?谁能够重复这个"还"字,并给予作为科学的形而上学一个未来?因为和康德分享这样一种信念,"对形而上学的探究[16]却也从来不会失去"(《未来形而上学导论》)。今天将如何面对这个"从来不"呢?

首先重新提起世所公认的:曾有过形而上学,即使并且恰恰在康德对其可能性进行了检验之后。抑或诸如黑格尔的《哲学全书》不是形而上学的著作?对形而上学的新的进步的追问必须回顾至此。而相应的回答如何呢?它表现在如下诸信念中:不可能有形而上学;不必有形而上学;不允许有形而上学。怎样的理性今天如此判断"纯粹理性科学"呢?一种从"自然"理性分离出来的"世界"理性——世界的,因为它只把自己理解为人及其本具的创造性的。上述判断的独特位置进而也是世界理性对理解及其世界的省思,而理解是对体验的理解。

1. 世界理性①判断中的形而上学

历史当下的"哲学"思想表现在一种三重的省思中：首先对科学研究，第二对科学研究赖以为基础的生活，第三对规定这种生活的存在。

至于第一种省思，它首先在自然科学研究那里看到科学性的标志。按照自然科学的方法，形而上学不可能是科学。或者必须有两种科学性。但是即使如此，尽管允许有关黑格尔"科学体系"的模糊说法，也丝毫不改变这种无疑为自然科学研究所独具的声望的权威性；和技术认知相统一，它处处树立自己的权威性。

形而上学不可能是科学，与这种朴素的判断相比，如果人们为了满足认知以外的诸需求而又想方设法让形而上学在种种科学之外成立，这就使得形而上学蒙受蔑视——更不屑于这样一种手法，[17]即从形而上学的大量遗产中挑拣看起来和科学命题类似的东西；不值一提的是那种拙劣的纠缠，在传承下来的东西中翻寻兴奋剂。

形而上学不可能在了，如果它的科学要求为一种理性所检验，而这种理性在其世界性中不能够把自身理解为"原则能力"。这种理性同样知道：形而上学不必在了；因为这里规范性的诸科学从自身出发不需要"建筑学的"统一，也不需要第一科学；它们处于一种技术关联之中，相分相合各依其研究的变化不定的需求，假定需要一种第一科

---

① 世界理性（die weltliche Vernunft）、自然理性（die natuerliche Vernunft）和概念把握理性（die conceptuale Vernunft）是三种不同的哲学思想形态。它们出现在形而上学的各个时代，而只有概念把握理性珍藏并论证了智慧的天赋。现代思想在充分展开世界的三维（科学技术的世界，生活实践的世界和人的创造本质的世界）之后，也显示出其思维的理性特征，作者称之为世界理性。

学,那将是普遍的"科学理论"。进而假定在不同的方法论中有一种等级秩序,诸演绎科学的逻辑将是第一位的,就它——用塔尔斯基[Tarskis]的话来说——表示"联合起来的概念机制"而言,它"为人的认识整体提供共同的基础"。

在当下省思的每一个维度中,对形而上学的拒绝都以这样的判断为结束:不允许有形而上学——为的是再次且最后一次排斥它作为一种智慧的形态①。形而上学要求知道"人人必然感兴趣的东西",这似乎是一种奢求,它压制所有相关者的合理对话、妨碍他们在最关心的事务上参与决定。形而上学是这样一个极权思想的安全地,埋葬社会在辩护与要求辩护中的开放性。形而上学智慧的祸害迫使自己结成强制的封闭体系,这些体系从"第一真理"那儿获得统一性。这是真的吗?无法用历史的正确与否来对待世界理性对形而上学所做的这种乃至种种断言。为什么——这会在以下的省思维度中变得更加清楚。

对于在生活关联视野中世界理性,形而上学是如何呈现自身的呢?科学认识退回到体验的理解,那里每次所理解的首先是一个意义;意义特有的[18]结构造成生活或者行动的内核,正如它整体上按照其历史性、世界性和语言性所规定的那样。

什么是这里的生活,在其客观化上来理解;客观化的第一种是被理解的体验的历史,一如它在世界观上表现为共同的那样(狄尔泰);客观化的第二种是世界,一如它产生于个人的意向性体验(胡塞尔);客观化的最后一种是语言,一如它总是作为许多不断变化的个人小组中的一个,而服务于交往行为(维特根斯坦)。

---

① 博德先生后来称已经完满的哲学为"知的形态",而"智慧形态"则用来表示西方智慧传统的理性关系的完整性。

二、历史当下的形而上学　447

　　与对科学认识的省思不同,对生活的省思不仅排除形而上学,而且自己占据了从前的第一科学的位置。

　　狄尔泰在学院演讲中说:"我已经开始奠基关于人、社会和历史的个别科学的基础。我为它们寻找一种基础和联系,不依赖于形而上学,而是在经验之中。因为形而上学的体系已经崩溃,而意志不断地重新为引导个体生活和领导社会而要求稳定的目标"(《狄尔泰全集》5:11);它们应该在形而上学崩溃之后重新规定人的行为的意义水准。狄尔泰试图以经验为依据满足这一实践要求,而经验带着人的生活的对象化的表现。将之理解为同一物的不同方面,是历史意识的事情,而历史意识是每一种世界观无法扬弃的片面性的意识。

　　诸形而上学体系为什么必定崩溃呢？作为"一种世界观的概念描述"(《狄尔泰全集》:8:30),作为看起来是客观的知识,每每都要求普遍有效性,而反对一种开放历史序列的唯一可能的统一性。形而上学的体系压迫所有生者(《狄尔泰全集》:8:8)的多面性,忘记它的生活的源泉(《狄尔泰全集》:8:78)。脱离"世界关联被赋予其中的生活性"(《狄尔泰全集》:8:8),世界观就变得教条,而作为教条的世界观与世界格格不入。

　　这里狄尔泰总结道:"消极和辩解地:形而上学是不可能的,无论作为超验的还是作为[19]自然科学的。因此排除了意识局限于某种教条……积极地:通过自身省思和整个历史社会的生活关联的分析,哲学装备起来,以把握生活,理解历史并且胜任现实。"(《狄尔泰全集》:8:192)正是这种有用性使哲学不再成为形而上学;作为教条的,它否认它的源泉,陷自身于与生活的矛盾并且自己使自己不可能。

　　它不可能在了——并非着重于逻辑意义,而是在无能立足于生活的意义上,它不能为世界观的历史性负责,它作为它自认的科学,追随着永恒真理的幻象。它不必在了,狄尔泰只是要求以"普遍的科学理论"取而代之才这样认为。因为"(个别科学的)联系过去在形而上学中。如果抛弃形而上学,只承认经验科学,那么这个任务必须由一种百科全书,一种科学的等级制来解决。"(《狄尔泰全集》:8:199)

胡塞尔用一种第一哲学的努力接受了这个任务。显然在转化了的规定之下。它表现在,胡塞尔即使用世界观理论也摒弃这样的做法,即把所要求的科学理论置于一种解释学之下。因为科学理论只有形成独立于个别科学的科学自我规定,才成为各门科学的坚实基础。它要求注意力从"生活之流"的历史"客观化"转向主观意识功效之整体,整体于个体"体验之流"中完成,其最高成就是:判断作为科学判断的自觉的责任。

可以科学地开阐"主观性",但是,体验是特地"作为意识统一性的组成部分,在经验之我的现象学的统一意识流中"加以观察(《逻辑研究》:3:352)。"绝对被给定的意识"的孤立——重复一遍:[20]"被给定的"——通过"悬置",通过克制对世界的自然信仰(《胡塞尔全集》:1:8)而达到明见:一种原初的体验隐蔽在对象的相对体验下,承载着控制着相对体验。这种原初体验不再被关涉,而是纯粹关涉者,并且作为如此关涉者而敞开其"意向性"基本特征。只因此,对象的被给定状态的"如何"才能够单独地对象化,而随之才给予人充实的意义。

形而上学从自身出发给其"自然"的各部分规定对象和科学形式——完美地见于黑格尔的《哲学全书》——,相反,胡塞尔的第一科学置身于与已经具备扎实根底的诸科学的关系之中。在"精密"科学中它有效地作为第一,因为它把其他科学与更高的抽象知识只是连接起来——首先和"实质的区域本体论"["materiale regionale Ontologien"],然后和一般的形式本体论;其"存在者""对于哲学、进而也对于现象学的关联作用研究[是]一个实践(!)理念,即起理论规定作用的工作的无限性理念。"(《胡塞尔全集》:1:12)。实践理念不是在形而上学的道德意义上,而是一种献身于科学的生活理念。

科学赋予它从事的工作一种意义;而这个意义只由此可见,即正在出现的科学是"生活世界经验的理想化"的产物(《经验与判断》,44)。理想化行为的"隐蔽的主体性"工作能力,就自身而言,仅在"从生活世界向主体功效的进一步查问"中得以衡量,"它本身产生于主体功效"。从科学经验来说,它需要一个本身仍是科学的回溯,通过生活世界的经验到"完全出于主体本源的可能世界的结构和源泉"(《经验与判断》,47)。在不同的经验之我的世界的前世界源泉,可以看到一个世界,它——与自然不同——不仅是为人的,而且也是由于人的。不必是一种形而上学的"神学";不需要神学,而需要方法论地建立起来的第一哲学,也就是先验的原则理论,作为"说明性的"实事科学的基础。

[21]然而,处于当下状态的实事科学对胡塞尔的奠基努力漠然视之。这是由于——胡塞尔这样以为——近代形而上学给它们的"客观主义"烙印;它们忘记了其生活世界的源泉,因而也排斥从生活世界向生活世界的原始主体及其给予意义的工作的进一步追问。

胡塞尔曾著《纯粹语法的观念》,语法规则有"区分意义和无意义的功能"——为纯粹逻辑做准备,这种逻辑应该防止"形式上的悖谬"(《逻辑研究》II,1/294以下)。对生活的省思最后采取语法的形态,这种语法不是为了固定规则,而只是对遵守和建立规则进行描述,人通过这些规则巩固语言功能,亦即人所特有的行为的功能。

这里人的意义实现似乎达到理性,它为自己免除了一切对我的设想和意见的询问。所有意义在这里是意义充实的言谈的意义。除了理解这种言谈之外,不需要其他的意义实现。言谈应该不只是可理解的,也应该直接被理解。直到这里,"不允许有形而上学"这个判断才找到其本真的位置。据此,形而上学不再被看作一种世界观的体系、看作为精密科学奠定基础的努力,而是处于命题的形态之中,这些命题包含"一些形而上学的东西"。

维特根斯坦的《逻辑哲学论》将自身表现为一个规定科学世界的序列,此科学世界是唯一的——从名称的解释,什么是事实?什么是思想?什么是有意义的命题?什么是基本命题的真理功能?到一般的命题形式;命题形式"是命题的本质。说明命题的本质意味着说明一切描述的本质,亦即世界的本质"(5.471)。这种世界的什么(Was)的规定抓住了这样的中心,其一边是世界的怎样(Wie)的描述或者所有的"情形所是"(1.),另一边是怎样的感觉或者体验,即世界存在(6.45)。说世界是什么,是哲学的事;世界是怎样的,[22]自然科学的事;说世界存在,形而上学的不可能的事。

有意义的命题仅允许描述怎样;说世界存在或者陈述那种感觉,终究是无意义的。说"什么",也就是描述语言本身或者语义分析,抓住了中心。这个唯一可能的哲学的中心是转瞬即逝的,因为它必须不断使自己多余,只服务于将语言把握在工作范围的极限内,即有意义的命题中(6.54)。按照这一批判性的任务,"哲学不是理论,而是一种行动"(4.112)。这里再次跃入眼帘,形而上学究竟作为什么被第三种省思抛弃:不只是作为科学,不只是作为第一科学,而最终是作为智慧。

维特根斯坦趋向这样的信念:"哲学的正确方法本来是:什么也不说,除了让自己说的,也就是自然科学的命题——一些与哲学无关的东西——之外,并且,只要他人要说一些形而上学的东西时,就向他指出,他的命题中的一些符号没有意义。"(6.53)他没有将它止于那个世界存在的感觉而就此罢休,而是将情感贯穿于描述怎样,说出不可说的(6.522),说了无意义的。

意识,观念及其主体正是这样导向无意义,意识想要更多,而不满足于作为世界的界限(5.632),因而倒向界限之内的某物。那里它碰到"世界的意义"(6.41)这样无意义的问题,并且用所谓的智慧在一种伦理学的无意义的句子中说出它的价值观念、什么应该是好的之观念。

形而上学用语言"来表达作为有限的整体的世界感觉"(6.46)。《哲学研究》用"命题的一般形式"反对语言的观念统一(§65)。语言不是一个世界的统一性,也不以任何方式是系统的统一——就像胡塞尔的主体世界仍旧是的那样。[23]"不是提供某些我们称之为语言的一切所共同的东西,我说,对于语言的诸现象根本没有一种共同,因为这种共同我们对什么都用相同的话,——语言现象是以多种不同的方式互为亲缘的。"(参见§92)

这里试图彻底清除对于形而上学似乎是理念并且就是概念的东西;因为被形而上学所侵蚀的思想的所有病兆都归于这种"言过其实"[Über-Ausdruck](§192)——首当其冲的是寻找一种"共同"的"定义"(§65),其次是制定认识的唯一方法(§133),按照形式逻辑的唯一尺度判断所言的清晰明确(§81),将理解作为"心灵的过程"(§153)加以研究以及相应的个别思想主体的虚构(§293)。

"理解一个命题,意味着理解一种语言。理解一种语言意即掌握一门技术。"(§199)理解的技艺,命题"工具"的运用(§421),要在所有的理解方法之前得到锻炼。如果这种开始的技艺有一个主体,它练就这种技艺,那么它每每都是具有诸多特定"习俗"或"生活形式"的社会;这些"习俗"和"生活形式"对于所有的意义理解是首先"须接受的、给定的"(《维特根斯坦全集》,2:226)——已经融入并且游戏于理解规则,为它们所掌握并且也掌握它们的人可以改变它们,或者以新的"语言游戏"丰富它们。

在命题是真的以前，必须有意义，而它只有按照语言游戏的规则才有意义。这并非意味着"意见的一致，而是生活形式的一致"（§241）或者"行为方式"的一致（§206）。不是在任何一种真理上，而是在如此之协同一致上，社会具备其凝聚力的基本因素。在这一基本理解的视野中，有真理要求的命题，即陈述，失去在其他语言工具面前的优势，如命令、请求或者提问。

因此，科学中的理解就不能在日常理解面前要求优先地位了。科学的理解技术本身日常化了，并且正因此而不能够透达并且掌握"生活世界的经验"；数学和逻辑[24]没有表现出"理想的"理解技术，也没有带来立于日常理解之彼岸的"更高的"知识。理解技术没有等级制度。和科学本身一样只是工具性的。"这里我们的整个观察在旋转"，并且是"围绕着作为支点的我们原本的需要"（§108），也就是实践的清晰性和综观性（§122，§132）；并非在语言功能的理论化解释中，而是对多种形态的语言功能进行同样实际的描述，满足了这种需要。

"哲学的整个迷雾凝聚成语言理论的小水滴"（《维特根斯坦全集》，2:222）——这是对生活的省思的最后收获。其整个智慧是治疗性的，并且是对于这种说话者，他自身始终是与"不可说"、但却自身"显示"（6.522）的东西的界线——显示于情形的多样性之外，不可能是任何特定的东西，或者在"必须对此保持沉默"——为什么"必须"——这一表达中所标识出的矛盾的东西。

历史、世界和语言之全体性，每一个皆规定着本具的对象领域，这种整体性似乎是得自抽象理论化的风格。如是，则狄尔泰、胡塞尔、维特根斯坦的位置也不在一种显而易见的关联之中。问及他们对形而上学的态度时，作为意义的体验和理解的理论，他们的整体关系才为人所知。意义这里是世界理性索取和赋予的意义。

对形而上学的逐步排斥是与排斥性的省思的逐步自我限定同步而来的,开始于生活给思想的界限——狄尔泰的基本洞见。在这个局限之内呈献给思想的还有历史理解的整个领域,表现在艺术、宗教、哲学,尤其是国家的形象中。在胡塞尔那里,理解的考察集中在科学和生活世界这两个相隔离的领域中的对象的先验结构。随着维特根斯坦的语法,省思从对可供理解的东西的所有对象性规定中抽身而出,以巩固已有的、[25]且须不断扩展的理解技术,防止理解技术的滥用。

世界观历史的兴趣、生活世界的兴趣和日常语言的兴趣,这一兴趣之序列表明了什么?若仔细考察,它不是发展,而是某种莱布尼兹——解释自然的死亡时——叫做 involute,内敛,和 contractio,集中的东西(《数学全集》,3:553、560)。对生活的省思的诚实正见于:它——由于代替从前形而上学的位置——这么说吧,自己枯萎了。

它给了这样一个信号,不是教我们愤怒地或者胆怯地矢口否认维特根斯坦的结论,而是注意到一种省思,在这种省思中世界理性适应于一种存在,这种存在不那么迫切地区分意义和无意义,而需要意义和荒谬的区分。这里关系到存在,因为一切理论和实践的荒谬首先渗透人的生产。

2. 形而上学的历史当下

科学认识的省思致力于合理性,与科学抑或技术的工作方法的效果相一致,而对生活的省思与认识之思相区别,致力于前科学的理解,其"成绩"最突出地表现在历史、世界和语言的理解中。所有社会理解都蕴含于这种理解中,就此而言它是"实践"的。对生活的省思在社会及其需求中获得规定基础。

狄尔泰清楚地保证并且反复重复,哲学是一种"社会功能"("和York von Wartenburg 的通信",《狄尔泰全集》,5:365);"历史世界观"尤其是"人类精神的解放者,将之从自然科学和哲学尚没有挣脱的最后锁链中解放出来"(《狄尔泰全集》,8:225);不过它掩盖着对"迫近的信念混乱"(《狄尔泰全集》,5:9)的担忧。

胡塞尔的"绝对自我负责的理念"(《胡塞尔全集》,8:197)想控制这种无序;[26]因此哲学不仅必须——在所有世界观之先——成为"严密的科学",而且必须自许为相对于所有科学的第一科学,为所有以理据获得正当权利的知作最后的论证,并且在从"主体源泉"解开哲学所承载的"生活世界"的同时,巩固一个对所有人有约束作用的理解基础。于是胡塞尔相信:"我们做哲学,我们就是——我们怎么能够忽略——人性的公仆。"(《胡塞尔全集》,6:15)

维特根斯坦的看法相反:从一种前世界的"主体性"出发,哲学地说明理解活动,这本身干扰了语言中已经起作用的理解。相应的哲学只能是对语言误解的"治疗"——特别是哲学自身固定在"诸学说"中的误解。"如果要在哲学中建立命题,就永远不能去讨论它,因为所有人都同意它们了。"(《哲学研究》,§128)它们有社会理解基础作为内容——并非特定的意见,而是语言游戏规则,而意见也在这种规则中形成并且得到确认。

退回到语言理解,对生活的省思达到其相对于社会现实的最疏远状态。马克思关于"社会"所说的也适用于这里:它"不是由个体组成,而是表达了个体之间的关系总和"(《政治经济学批判大纲》,176)。个体只是在社会力量之维度中才是具体的,而从人的"生存"的角度来看,社会力量是"经济的"。这里个体关系才从本质上是社会关系,因为不再只是人的活动的关系,而首先是人的生产关系。

亚里士多德就曾提示:如果在人的知识的"建筑艺术"中,"神学"——形而上学——不一定是第一的话,那么"政治学"将会是第一。近代政治学本质上是"国家"政治学;针对国家作为业已实现的道德"理念",马克思批评黑格尔:概念的国家是一种假象,它掩盖了资产阶级社会的第一科技——"政治经济学"。这个社会的生产方式所缺乏的不是[27]理智[Verstaendigkeit];在迄今为止的所有社会中它是最富于合理性的。然而马克思看到这个社会中违背理解力的暴力,显然这要区别于违背概念的虚无。

为了在自然的和精神的自然整体中概念地把握已经实现的理念,人作为理性本质,自身与自身相区分。并非上述这个人,而是与自己相同的人——他理解他的需求和劳动的世界——肩负生产的历史。马克思、尼采和海德格尔在这个历史中分别在人的生产力、创造性意志、创造性之知上看到当下的荒谬统治的来临。

资本主义生产方式扭曲了依靠双手的人和自然的本源关系,在他必须出卖劳动力之处,他完全失去了力量。道德的行为方式扭曲了艺术与生活的本源关系,终于主人意志失去了目标,创造者屈服于反生命的评价。技术的思维方式扭曲了思想和语言的本源关系,排斥诗性的思,把烦恼的人交给信息运转活动。

黑格尔已经指出:违背概念的或者坏透的东西,其存在不以任何方式与其应该相吻合,它瓦解于自身中,从而没有现实性。荒谬却非如此,它渗透人的创造活动的世界。只有它达到其最高效用时,才毁灭自身。资本通过其自身平息"自我兑现"的过程;道德由于自己对真实性的要求和其谱系的相应揭示而削弱自身。技术的本质随着其效应的滥用无度而调整自身。

马克思、尼采和海德格尔的省思集中于历史当下的交锋,他们是如何面对形而上学的呢?

形而上学的完美体系,即黑格尔的"逻辑科学",在马克思那里降低为[28]对资本主义生产方式做"科学"呈现的方法工具；相反，黑格尔的实在哲学却没有用，沦为意识形态的非本质性，它引起这样的幻觉，即当下生产关系的世界能够通过"意识改造"而改变。

对于尼采，形而上学显现于寓言的无本质性；只有在宗教现实性中它的道德能够规定意志；是基督教才使柏拉图主义诞生。因此尼采把他的历史态度概括为一句话："狄奥尼索斯反对十字架上的耶稣"；局限于虚无主义的末流才有"尼采反对瓦格纳"，后者是堕落的艺术宗教的首席演员。

直到海德格尔才找到将形而上学理解为历史当下的形而上学的根据；作为思的形态，海德格尔认为技术的来源似乎在形而上学，这里，形而上学就自身而言不是被理解为知的形态，而是作为思的形态——作为第一哲学是技术之思占统治地位的根据。渗透人的生产性本质的，不仅是技术知识，而且还有人的思想和语言的技术性自我阐释。正是因为这一技术性的自我阐释，海德格尔看到自己应该去揭示形而上学在当下的历史整体。进而也为了将来的缘故，因为"另一种"思，海德格尔将这种思作为"本源的"与"迄今的"相区别。由此可见，海德格尔的省思只是表面上能够与哲学史［Philosophie-Historie］有共同之事，而哲学史的考证并非他的话题。

当下省思的第一、第二种形态不是通过它之外的考虑，而更是在它本身确立了这样的信念：形而上学不可能在，不必在，并且不允许在。这样一环紧扣一环地，它就自己方面而言将形而上学之思排除在社会理解之外——如形而上学之思最后只还出现在个别措辞上一样。直至维特根斯坦，建立在理解技术之描述上的判断才使针对形而上学的暴力明朗化，它胜过所有对其矛盾和多余的论证。

[29]以"实在的"，因为它贯穿人的创造的世界，荒谬经验为动力的省思，才以第三步真正深入形而上学之思。形而上学之思在维特

二、历史当下的形而上学 457

根斯坦那里只是作为幻象而登场——其规定性对立于社会理解基础所容许理解的东西——而对于海德格尔,形而上学之思达到经过区分的——按照开端和终点——,因为是历史的规定性。这让他追问形而上学的规定。正是因此,"不允许形而上学存在了"的断言才被对其历史必然性的认可所打破。所以,不是要剔除形而上学,而是要"忍受"它。

然而,不仅是维特根斯坦的判断,尤其是海德格尔的须读作一种本身仍为历史的标记——甚至是路标。指向哪里呢?并非走向相对于技术思维的"另一种"思想,它不再过问在技术思维中现前的形而上学(见于《存在与时间》);亦非走向不同于形而上学之思的另一种思想的将来,而是进入形而上学自身本具的当下。但是只有假象消逝,形而上学才是其本具的当下,而这假象就是:形而上学是形成技术思维的历史。必须打破这种连续性。不过,如果不是"存在"之历史在正当优势的技术思维中的当下,还留下怎样的当下给形而上学呢?诸如"长久以来尚未彻底清除的残渣"?或者干脆又是那些可以随心所欲地加以历史[historisch]再现的观点的灾难?

世界理性对科学认识的省思和对前科学的生活的省思,只把形而上学认作一种偶然现象;因为它虽然有可认识的起因,却没有根据——就这样出现了。而对于"存在"历史的省思,形而上学成为相对必然的现象——相对于一种"本源的"、从来不事先展开并固定的关系,它就是生产性的人与他的既定情况[ihm Gegebenen]的关系,具体说:与其权力、意志、思想的关系。这里形而上学是如何达到历史当下的,这显然表现在为将来所排斥的以往这一面,其规定性为听任自身——意即:听任从属于形而上学的技术思维的自身消耗。

[30]根据黑格尔的本质逻辑中的"现实性"模态,思想对形而上学的第三种态度一定是可能的,照第三种态度,形而上学将是绝对必

然的。然而,只要其现实性没有先行于这种可能性,对这样一种可能性的直接权衡就仍是空洞的。

3. 永逝的形而上学的当下

没有假设并且规定形而上学的统一,就无从谈起"这一"形而上学的当下。这一点针对那种直接的印象,即流传下来的诸学说是一种无规定性的多样性,它按照时间的顺序设想相关的历史[Historie],按照学说的相似性编排相关的历史。如果从它们从前的传统长河中还偶尔露出当下的东西,之所以如此,是因为它们的影响延伸到同时代的观念方式——典型地不着重于形而上学理性的判断甚或推论,而更多地是它的"概念"。按照对概念的"意义"的主导兴趣进行判断,那里所涉及的不如说是哲学语言史考察范围内的诸名称。

形而上学在其每一种形态中都是一种经过论证的洞见,一种知的统一性——区别于种种知见——或者最终为第一科学的统一性;其最高体现是黑格尔体系。在形而上学被公认为非科学、更不是第一科学之后,维特根斯坦和海德格尔给它一种思想方式的统一性。维特根斯坦视形而上学为一连串病兆,总是损害语言的理解,而对于海德格尔形而上学的统一性在于历史的规定性,并且它已经到达一个终点——由这样的开端表露出来,它把形而上学规定为遗忘的历史,遗忘本来须思想的。

黑格尔的"科学体系"——不过只在时间的外在性上——"有"一个历史,而海德格尔眼中的形而上学"是"历史并且甚至是"这一"历史。如此之历史不能够由事件的时间顺序来规定;它的规定——[31]正如黑格尔的"世界审判"对于所有历史[Historie]已经没有对象一样——在于其开端的唯一命运[Geschick,赠达]。正在这里海德格尔看到它的统一性的根基。

这种统一性的目光与其说是被历史[historisch]习惯,不如说是为功利的"研究兴趣"所遮蔽。此外,与"伟大的"哲学家交锋并且在最高威望面前确信其身,这样的机会总还是显得富有魅力——看起来继承哲学家们批判性的努力,同时无须担忧自己的批评没有在整体上做任何区分,因此也不留下任何历史。对形而上学统一性的淡漠还装出一副美德,即所谓面对形而上学现象的多样性的"公正"。

形而上学的统一性往往为对其形态抑或传统的这样或者那样的偏爱所掩盖。这种偏爱容易与"爱-智慧"相混淆。其影响之远,显示在它试图把这种或那种形而上学变得可以让今天的理解接受——就像它首先投合各人自身的体验。如此之审美活动永远逃避——用康德的话说——形而上学诸原则的"棘手",它要求人做出与他自身的区分。在对此保持安全间距的同时,也留有对"本体论"或者"一论"["Henologie"]的兴趣,它看来是最早把形而上学作为整体来对待的,而对于今天的本体论兴趣,这个整体剩下的只是漫无边际的"以往"的联系。这种兴趣恰恰从海德格尔对"存在"及其"差异"的追问中——包括对他的通常毫无建设性的批评——借来当前使命的招牌。

不是在科学的完善上,海德格尔能够看到形而上学的规定已经完成了,而是仅仅在思想的开端上,而这种思想的历史就是形而上学。思想作为"更接近开端的"抵达与它迄今的规定的区分,于是上述目光把自身理解为历史的。思想随着它迄今之规定的完成"失去了命运"["无所赠达"]并且成为"技术的"思想,就此而言,它已经与迄今之规定永诀。

[32]在技术思维中形而上学变为世界的,并且仅作为如此之世界的形而上学而有历史性当下。所以海德格尔必然把向形而上学思

想的告别和世界的区分相提并论,把它和世界从技术烙印中的解放合在一道考察。而这种区分的所在是"语言";这里区分才是当下的。如果不是通过在技术思维中的当下,形而上学的当下还会是怎样得以保存的呢?鉴于上文曾提到的可能性问道:形而上学怎样才是绝对必然的?在何种规定性中那种可能性已经具备现实性?为了它已经做了些什么?

坚持或者甚至革新这种或那种形而上学传统的所有尝试都毫无结果。无能再现当初之所思,只好滥竽充数地掩盖这一无能,即从历史当下中,准确地说,从省思的这种或那种形态中搜刮些思想——无视省思所独具的世界理性与自然理性以及相应的形而上学理性的区别。想暗中绕过历史的完整性[Geschlossenheit],而历史即形而上学的历史,于是人们就更不得不抑制这样一种预感,即:上文中所勾勒的省思领域就它自身而言可能已经结束了。

如果在它之外已经做了某些,那么在于完成海德格尔的那个要求,已经重复暗示过的要求:"放弃克服(形而上学)而让它听凭自身"[vom Überwinden abzulassen und sich selbst zu überlassen](《面向思的事情》,25)尽管他的关于放下[Lassen]的思想,海德格尔还是误认了这一要求的双重意义,准确地说:它的两面性(Zwielichtigkeit),而仅于这一面解读它:"不考虑形而上学而思考存在。"但是在另一种光线中——并且正是因为"存在"[Seins]和"兹予"["Es gibt"]——这一要求说:把形而上学从与技术思维的连续性中释放出来,让它回到自身,回到它自己所造就的概念,并且是在它自己"纯粹的"和"概念把握的"["conceptualen"]理性之中造就的。这样一种放下是怎样的作为呢?应从[本书]正文的阐述中水落石出。

现在只针对形而上学自身的现实再说一句。形而上学在一种"永逝的"["verschiedenen"]知的唯一性中得到尊崇,它就交付给自身的现实。与什么有别呢？与什么——这从决绝［Verscheiden］的意义上规定自己,决绝并非见自于泛泛而谈的形而上学"终点",[33]甚至不见自于它的完善,而仅见自于它的完美的造就［Vollbrachten］。

谈起永逝之存在,直接地是刺耳的,因为似乎在玩弄死之隐喻。然而今天还能影射怎样的死亡呢？如果不是指生命的衰竭。或者对体验的生活的省思教会我们另一种对死亡的理解？当然不是死之概念,形而上学并且只有它已经赋予此概念以规定性——心灵的理论规定、人格的实践规定和精神的创造性规定;这里死就已经不是从死之现象,而是每一次都从一种决绝来加以把握,因为永逝之存在。

对那种所谓"隐喻"的敏感为一种理解所特有,它不仅"不能够谈论"那种永逝之存在,而且简直不"必须保持沉默",因为它似乎一定对此有所了解。

相反,马克思、尼采和海德格尔的省思对死亡知道些什么呢？死每次都鉴于生产性的人而露面。

死首先面对依靠双手的人,他作为雇佣劳动力用陌生的工具进行生产;"资本"在工具中显现为"死的劳动,控制并且榨取有生命的劳动力"(《资本论》,1:144)。通过革命的劳动力群众夺取这种工具,对其占有者采取暴力而使这份"过往的劳动"服从于自身,劳动力群众自身变得人化并且充分实施了人对自己本身的最高公正。

然后,死不再于工具上,而是于生产的目的上面对人,人的意志这里屈从于基督教的、最终为社会主义的道德。有甚于死,从前所要的这种道德当下地是极端反生命的、颓废的意志的暴力。通过"一切价值的转换"来征服颓废意志,并非以人——在盲流中他已经是人——而是以超人为目标。其得以提升的生命的证明是善的流溢——不是同情(《查拉图斯特拉如是说》Ⅲ,"伟大的渴望"篇)。这并非为人的维持生存着想，[34]更不是为了从劳动中恢复健康，而是赞同毁灭，哪怕是毁灭他自身的形象、最终乃至超人自身。

最后，死不再面对现代人，既不对象化于生产的工具上，亦非于目的上，而是从对象化中抽离出来，以便首先在畏惧的气氛中粉碎人的理解技术的基础。相应的省思既不面向以非人的方式进行生产的大众，也不面向在少数"创造者"中的人的超越，而是面向"可朽者"的创造性的人之本质。

然而，畏惧——世界统一性的崩溃——才只是个别化；因为对于它死尚没有与自然的死分开，更准确地说：与世界内部的表象分开。海德格尔引入了相应的分野，他以令人瞩目的方式让它萌发于"什么是形而上学"的问题。随着这个问题，"存在问题"进入历史的规定性，遭遇到尼采的"虚无主义"经验；虚无主义似乎是形而上学在其颠倒中的终点。

只有终究不可支使的死——对于超人它也还是可支配的——让人成为"可朽者"。这是怎样的死呢？海德格尔回答了这个问题："虚无的呐喊。"这里虚无"在所有方面中从来不只是单纯存在者的东西"——在存在的本质"差异"意义上的存在。虚无作为存在之虚无而"在"["west"]（《演讲与论文集》，177）——历史地：作为"虚无主义"，或者是清算和了结那"就存在而言一无所是"（《林中路》，244）；这是形而上学的一贯历史。即使揭示了形而上学"本体论"的"一论"["Henologie"]，也不应隐瞒，海德格尔没有能够找到这样的思想的根据，即：于存在者之存在的彼岸把存在者的虚无作为一亦即善，海德格尔相反地有意排斥这样的根据。如果在上述关联中虚无"作为存在本身的秘密"而本质地在，那么不是作为流溢的善的秘密，而是遗忘存在的命运[Geschick 赠达]的秘密，亦即虚无主义的馈赠：存在于整个历史中抽身远去。因为虚无"甚至"须作为这种[35]秘密来思想,所以死在历史意义上是虚无的"呐喊";作为如此之呐喊它"于自身中隐藏着存在的本质之在[das Wesende]"。

历史的死显然是从存在本身的"差异"来规定的,而不是相反。这里死具有历史的唯一性,既脱离自然也脱离人的世界。这一"呐喊"所隐藏的,是因人的本质而不可触犯的:存在最终的本有,正如它一直收藏在形而上学的历史中。它不是神,但却是"神圣的"["das Heilige"]①。作为上述之死亡,它自己为它的不可触犯而倾注心力。

正如死在历史省思的顺序上——脱离人类学的理解基础——得到规定,接踵而来的是公正、慈爱和神圣。如果愿遵循康德的一个提示,形而上学准确地了解自己的统一性(《康德全集》,8:257)。

马克思已经看到:历史的人的一切世界观的理解不是别的,正是一种意识形态的贯彻,理解的原本之事,也就是生产关系中的公正,已经隐退,而意识形态当下地掩盖了这种隐退。尼采:人的理解的每一种科学基础都出于要求"不惜一切代价的真理"的意志,它向自己隐瞒了最高的代价:艺术比真理更有价值;它否认"创造者"及其弘扬生命的意志之善。海德格尔回忆:理解技术的编织使人听不见沉默,这是终究不可支使的语言的沉默,亦即来自神圣的理解。

这里的每一种经验都伴随着对当下的历史转折的期待而来。像马克思所期待的,它以必然的方式到来。像尼采所期待的,它以可能的方式到来。而海德格尔想,它不是不可能的。理解期待的这些模态转换并不着重于它的衰减——趋于这种既为毁灭又为缓解的判断,它增强了人类学的嘲弄:所期待的是不可能的——,而是把它作为期待着的思想自身的转换,转向安处当下危机的沉着,也就是思想

---

① 荷尔德林说:"das Heilige sei mein Wort"("神圣的是我的话"),见于"Wie wenn an Feiertage..."("犹如在节日……"),第 254 页,第 20 行,Carl Hanser 出版社,慕尼黑,1989 年第 5 版。

自身的区分。

[36]只要每次得出的另一种规定性的当下尚缺席,这种思想就恰恰不能在它"牵涉到定夺"的关键上达到知的已然和决断;因为海德格尔虽然把思想区别于它迄今的、形而上学的技术特征,但是也不能造出世界本身的转化或者历史意义上的"兹予"的转化;原因在于"存在"自身的"差异"。

因为一种缄默和保留守在本源的"兹予"之中,存在的历史是遗忘存在的历史。海德格尔的这种经验一直为"真理的本质"(ALAE-THEIA)所推动,为真理中须思想的遗忘——因为掩藏——所推动。此外,同在这一点上须认识到:如果海德格尔看出形而上学是"存在"的一种"遗忘"("LAETHESTHAI"),那么这也就它一方面跌落到一种隐瞒(LAETHEIN);因为听任自身的世界理性为了其省思所独具的事业必须向自己隐瞒形而上学完满造就了什么。这种情况持续着,只要世界理性仍致力于造就其独立性的诸可能地位并且完善这种思想自身独具的领域。即使对于这一领域那种无理性的感觉仍是外在的,即形而上学,尤其是黑格尔的形而上学已经变得"不值得相信了"。为什么不是:不可忍受了呢?自从恩培多克勒斯以来自然理性就已经知道形而上学是这样的。

形而上学业已完成,可以从它自己造就的概念、进而从它的哲学"理念"得知这一点。它的成就只能在它这一方面看到——在它自身曾是的历史,而不只是外在地"具有"的历史。这不是让哲学在"这一"科学中成长的历史,而是诸时代的历史,每一个时代都在自身本具的原则中;原则每次都要求与之相应的理性把洞见塑造成为科学的说服力。每一个时代原则都让人们认识到,形而上学是并且如何一直是爱-智慧,它每次都关怀并接纳一个并非由它带来的本源之知。这一"有""给予"形而上学的,首先并非任何"存在者",也不是存在者之"存在",而是关于人之规定的知,具体说:关于人的思想之规定的知。

[37]由于这样的知,形而上学的理性是"概念把握的";它每次从"不值得相信"的假象中把知掩护到它的说服力中,正因如此它是"纯粹"理性。为了适应被给予的知,理性必须自己规定自身。这种自由在那些只是观望自由之实现的人那里唤起一种印象,自由与一切无系,游戏于"涉及定夺"的一切的彼岸。

作为"形而上学的",概念把握理性总是一再特意与"自然"理性相区别;在概念把握理性证明自身涵盖自然理性之处,对于自然理性它才是最终的主人,具体地说在自然的和精神的自然之理论中,它作为《哲学全书》阐述了与理念达到齐一的哲学。概念把握理性同样也与"世界理性"相区别,直到形而上学完成之后世界理性才将思想展开到诸位置的体系之中,这里只是用省思的不同维度提示了这一点,尚需单独著书阐述①——在《形而上学的拓扑学》向详细论述概念把握理性之当下使命的过渡之中。

在对"存在"的省思中,世界理性区分并且规定了这样一个整体,它是历史当下中的人最吃紧之处:面向相应的另一个世界,按照他的权力、意志和知。即使另一个将来之思想已经为另一个世界预先作好准备,而期待的上述模态转换则让我们认识到,那个另一世界的将来什么都不是。对"兹予"的辨别,而不仅是思想的区分,必须在历史当下中本身变得清晰可见。这儿"给予了"爱-智慧的理性什么?不再是本源之知,而是历史之知,历史是处于自己所造就的圆满中的形而上学。而作为如此之形而上学,它却是"永逝"之形而上学。

---

① 参见贺伯特·博德(Heribert Boeder)《现代的理性结构》(*Das Vernunft-Gefuege der Moderne*)卡尔·阿尔伯出版社,弗莱堡/慕尼黑,1988年(Verlag Karl Alber Freiburg/Muenchen 1988)。

关键并不在于——甚至是不适当的——置身于形而上学的"立场"上,而是回忆并且继承[concipieren],它给予我们理性的先行赋予(Vorgabe)。正如形而上学的理性从来不直接地关涉到本源之知的诸形态,[38]而始终通过一种与之相对的否定的知作为中介与之相结合——这种推求是纯粹理性自身最有特色的行为——,当下与历史地给予的形而上学整体的关系也只能够是间接的,如果应富有成效的话;而它也通过马克思、尼采和海德格尔的历史省思得到了中介。这一点在下面的阐述中作为业已承认的。

正是如此,这部拓扑学只能是事业的第一部分,它的另一部分针对后形而上学的思想构造[Gefüge],而最后一部分致力于知的先行赋予,它在拓扑学中已经通过时代原则的发现[①]而彰显出来。

引用版本：

狄尔泰(Dilthey)

《狄尔泰全集》：*Ges. Schriften*, Leipzig, 1924。

海德格尔(Heidegger)：

1.《面向思的事情面》：*Zur Sache des Denkens*, Tuebingen, 1969。

2.《林中路》：*Holzwege*, Frankfurt a. M., 1950。

3.《演讲与论文集》：*Vortraeg und Aufsaetze*, Pfullingen, 1954。

---

① 时代原则亦即一个时代的智慧给予哲学的知,《形而上学的拓扑学》用独立的章节专门阐述了哲学史的三大时代的"先行的"知,见于此书第一部分"形而上学的第一个开端的时代"的第一章"缪斯之知",第二部分"形而上学的居中之开端的时代"的第一章"基督的知",第三部分"形而上学的最后的开端的时代"的第一章"实现了的知"以及第三章"形而上学的知"中关于卢梭的章节"自由的情感"。

胡塞尔(Husserl)

1.《胡塞尔全集》：*Husserliana*（Ges. Werk），Den Haag,1950ff。

2.《经验与判断》：*Erfahrung und Urteil*,Hamburg,1948。

3.《逻辑研究》：*Logische Untersuchungen*,3. Aufl.,Halle,1922。

康德(Kant)

1.《康德全集》：*Schriften*,Akademie－Ausgabe,Berlin,1910ff。

2.《形而上学》：*Metaphysik*,ed. Heinze,Leipzig,1894。

莱布尼兹(Leibniz)

《数学文集》：*Math. Schriften*,ed. Gerhardt,Halle,1855。

(1) 马克思(Marx)

1.《资本论》：*Das Kapital*,Berlin,1953。

2.《政治经济学批判大纲》：*Grundrisse der Kritik der politischen Oekonomie*,Berlin,1953。

(2) 尼采(Nietzsche)

《查拉图斯特拉如是说》：*Also sprach Zarathustra*,Berlin,1968。

(3) 维特根斯坦(Wittgenstein)

1.《逻辑哲学论》：*Tractatus Logico－Philosophicus*,London,1922。

2.《哲学研究》：*Philosophische Untersuchugen*,Oxford,1953。

3.《维特根斯坦全集》：*Schriften*,Frankfurt a.M.,1960ff。

三、单数意义上的现代①

[9]以下的阐述在一种有利的先入之见下;对"后现代"的谈论正在流行——在各种艺术中的新趋势中兴起,最惹人注目的是在建筑之中;然后才转而为同时代的哲学讨论所接受。认为现代已经结束,这已经并非耸人听闻。但是这是怎样的终点?怎样的开端?怎样的中介?——不妨断定,这里结束的是一个整体。

以下阐述欢迎那种先入之见,但却并非由之而缘起。不如说,是对另一个结束的认识开启了以下面对现代的目光,这是对已经结束的形而上学整体的认识,形而上学作为"纯粹的理性科学"。相应地,现代这里表现出它自身如何在独特的理性-结构中展现出来。

造访现代的开端,现代显示了传统沿袭下来的对"新"的自信。然而,它的结束不是又一个现代,而只是一种后-现代,似乎接下来并没有与之媲美的更新,这就让人猜测,那个现代肯定是一种单数意义上的现代。虽然它从历史中崛起并且与之相区分的力量已经耗尽了,可是现代似乎停留为我们的世界。

在世界的进程中,抽象地说在时间的进程中,每一个后来又自己

---

① 本文德文标题为"Die Moderne in singulaerer Bedeutung",是博德先生的著作《现代的理性-结构》的前言,卡尔·阿贝尔出版社,弗莱堡/墨尼黑,1988年(*Das Vernunft-Gefuege der Moderne*, Verlag Karl Alber Freiburg/Muenchen 1988)。方括弧内的数字是原著的页码。注释皆为译注。

变成从前,这个不言自明的注释同时也简陋贫乏。它忽略了时代的区分,时间不仅流露在每一个人的年龄上,而且也公开在人们认作为人类纪元的秩序上。对时间的陋见首先掩盖了这样一种独特性,一个特定的时代到来了,它确立自身是现代并且排斥某种后来的现代的可能性。这在现代的开端就显露出来。

[10]中世纪曾出现 logica moderne [现代逻辑],甚至 devotio moderne[现代誓愿]①,它并不排斥 antiqua(古典),而是相信和古典的区分是两难选择。即使双方遭遇时互相不理解,却维持两者并存——没有演变为无止境的"流行"系列,系列之末则作为及时的现代而独占当前并且把先前的贬斥为过时的。

在以黑格尔为结束的时代的艺术和科学中,"现代"和"古典"的斗争恰好结合在一个共同的当下,这是彼此较量和相互衡量的当下;这里,古典的作品始终找得到辩护人。对共同的尺度的承认和赞许表达在取胜的意愿本身中。这就使黑格尔所倡导的变得可能,黑格尔要求在哲学基础上的任何"真实的反驳""必须深入到对手的力量中去并且置身于对手的强势范围;在它自身以外攻击它,在它所不在的地方自以为是,对事情没有促进"(《黑格尔全集》,12:15/13)。如此之斗争的完备形态是"扬弃",这样也在事情本身的发展中保存了对手的思想,而事情即纯粹的概念。

在现代内部,海德格尔忆及上述言论(《同一与差异》,43)。可是,正是他与黑格尔、与形而上学的"思想家"所进行的关于"争议点"、关于思想之事的规定的对话让人立即发觉,现代的世界不再允许那种自古以来的争论方式。显然,在这里甚至尺度的共同性也有

---

① Devotio moderne 是一个固定表达,指在宗教改革之前的一次宗教革新运动,它提出了一种新的虔敬,但并不排斥旧的宗教精神。

争议,与古典共同的当下现实即使没有遭到排斥,却也中断了,古典所造就的只还被认为是"迄今的"。现代所要求的当下现实是"另一种",它甚至鉴于特定的另一个将来而得到辨别和规定。

历史的当下现实是"现代",其标识通过波德莱尔对"现代生活"的发现而逐渐清晰起来。波德莱尔用艺术家的方式标新立异,这种方式不再知道"永恒的美",因为不再认识"永恒的真",在这种方式的艺术中看不到知的形态,也根本没有理性的形态,诸如此类作为"形而上学家的不可理解的王国"[11]而遭到拒斥(《波德莱尔全集》,61)——美和相关的存在,一如当时科鑫[Cousin]给有教养的观众所展示的那样。出于悠久的历史习惯。

现代生活的画家将历史与艺术以一种方式结合起来,这种方式恰好不是时间历史的,而是在"historia"[讲述和报告]的原始意义上观察和认定当下现实,但是,由于它抓住"正在过往的,转瞬即逝的,偶然"却又富有特征的,而不是把握在过渡的显现者中的"本性"的留驻(《波德莱尔全集》,66),它同时与这种传统分开。如此之观察者"穿越人的伟大荒原"(《波德莱尔全集》,65),为的是在"平凡的生活"中,亦即在日常中,间或捕捉到"充满神秘的美"(《波德莱尔全集》,67)的闪电,它并非在艺术作品中才具备,而是首先并且原始地为人的生活自身所独具。正是在那里,他发现 originalite[原创性],原创几乎总是"来源于时间给我们的情感刻上的印章"(《波德莱尔全集》,69)。留下印迹的时间,历史的当下现实,它时刻都获得新的、"现代的"规定性,对此可以在左右人们的装模作样的"时髦"中略见一斑。波德莱尔特地把这些特征放进"la modernite"[关于现代性]的表达之中(《波德莱尔全集》,65)。

致力于现代性的艺术家仿佛是他的时代的感受力。他最典型地表现在新闻制图人那里,很快又在摄影师身上。他的作品,准确地说,他的工作是片刻－纪录,从"历史"、从所观察的大量个别－事实中提取"诗意",并且凝固一个时代为生活所创造出的富有特征的东西。

和美一样,"诗意"也并非为艺术以及艺术的知所有,不如说它是生活本身及其飞逝的画面所特有的。有鉴于此,每一幅画必定都成为一个剪影——在摄影中显然如此。早期现代的绘画与之相区别之处也不在于片断的取舍,而是通过把体验的目光带到呈现之中,眼光所特具的鲜明个体性。早期绘画随着塞尚而抵达其极限:目光从自然时间流程的片断性中解放出来,扩展为一种驻留,它寻找持续——同时却从来不和"永恒"相混淆,[12]尤其不与那种达到已知者的真理的永恒相混同。塞尚守护现代的界限,他把抄袭从前的美的事情让给了后现代,从前的美在后现代那里又变得昂贵起来——Bouguereau,Tissor 和其他鉴赏愉悦的行家。

只有在了解了一个世界的生活所独具的美的地方,它的"modernite"(现代性)才值得成为一种"antiquite"(古典)而进入时代的顺序(《波德莱尔全集》,67)。波德莱尔还没有去思考在单数意义上的现代,这在他的历史位置上可以理解。尼采更进一步,他想把《善恶的彼岸》理解为"现代性批判"(《尼采全集》,6(3):348/18),他的批判表达出一种对现代的完整看法:"时代引以为豪的所有事物都被感觉是"与 gentilhomme(绅士)类型的"矛盾,几乎就是糟糕的作风,例如著名的'客观性','对所有受苦者的同情','历史意识'及其向陌生趣味的臣服,及其在 petit faits(小事)面前的卑躬屈膝,'科学性'"(《尼采全集》,6(3):349/2)。在遗稿的一处笔记中尼采更加概括地说:"过于丰富的插曲/类型的萎缩/传统的破裂,学校,/直觉的超强统治

(在意志力量的弱化,目标和(!)手段的意愿的衰落已经出现之后……)(哲学上的准备:无意识更有价值)"(《尼采全集》,8(2):99/1)。这里谈到了在历史唯一性上的现代;显然,那种特性证实了生命本身的堕落,表达了整个历史的没落状态。进而,尼采在历史唯一的事件中认出了这个状态,"上帝死了"(《尼采全集》,6(1):8/6)。随之,传统的基督教道德堕落为社会主义道德,其标志也在上述笔记中被提及。就此,已经有理由来谈后－现代了吗?

现代是如何走向单数意义的?它是如何能够超然于现代性在历史进程中的反复重复?只有通过其当下世界与历史的彻底分离。更有甚者:只有通过当下现实本身的区分,分为迄今的当下和将来的当下——鉴于力量,意志和知。

[13]但是,在对相应的将来的期待破碎的地方,后－现代的氛围兴起了。于是,另一个世界的思想下降为对"乌托邦的"未来－场景的需求——丧失力量的思想变成对毫无规定的多样性的想象;与迄今历史的断然决裂遭到排挤;我们的世界与历史的界线开始消失;注意力集中到人的现象的相同结构上——至少集中于长寿——并且用同样的方式涉猎史前世界和无历史的世界;历史丧失了作为迄今历史的冲击力。然而,我们的世界仍然是在单数意义上的现代世界,作为如此之世界,它不允许一场新的现代与古典的富有建设性的较量;显然,对于较量极为重要的取胜尺度的共同性一直仍被排斥在外。

那种曾经推动现代建构的历史辨别力量已经耗尽,向后现代的过渡掩盖了这一点。具有标志性的是,这场过渡的革命－姿态与其说是世界性的,不如说是语言性的。正是在这个规定性中暗示着思想的新的使命。可是,发酵膨胀的语言否认宁静,而宁静中孕育着现代达到其纯粹性的可能性，现代由种种省思－形态而完善了自身，展示其省思－形态的世界是可能的。而这要求，以泰然自若的态度倾听现代并且听出它所独具的理性。

引用版本：

波德莱尔（Baudelaire）

《波德莱尔全集》：*Baudelaires Oeuvres complètes*, Paris, 1925。

海德格尔 Heidegger

《同一性和差异性》：*Identitaet und Differenz*, Pfullingen, 1957。

黑格尔 Hegel

《黑格尔全集》：*Gesamte Werke*, ed. Poeggeler et al., Hamburg, 1968 ff。

马克思 Marx

《马克思恩格斯全集》：*Marx Engels Werke*, 1964。

尼采（Nietzsche）

《尼采全集》：*Werke*（Kritische Gesamtausgabe）, Berlin, 1967 ff。

四、现代的完整性[1]

[15]如每一个当下,更像每一个时代,在其现象的多样性上现代也是不可忽略的。然而,恰是因为它的现代性,现代被感觉是一个统一体——尤其当人们相信已经看到了它的结束。在现代内部就已经不乏这样的尝试,突出其独具的特征并且把它们收集在一幅画上。如此种种画面本身能够列入现代的展示和阐释-历史。如果关心的不是它的现象,而是它的精神——无论这可能是什么,人们会把现代作为一种普遍的精神历史的阶段来考察,同时尤其注重它的艺术和哲学,不过几乎看不到它的宗教。依据不同的训练和兴趣而定,提供给这样的考察眼光的有黑格尔或者狄尔泰的阐述方法,亦或后现代的讲故事的方式。

与此相对,以下工作中的主导意图如何规定自身?对于本书,现代是一个已经充分展示出来的世界,它在阐释世界的过程中特殊化——不是变成毫无规定的多样性,而是成为一种构造(Gefuege),令人想起从前的认识、生活和存在的阶梯;因为现代在其阐释中分殊为科学和技术的世界;生活及其实践的世界,科学的生活基础;最后是生产性的人的本质的世界。这些维度的每一维都在省思-形态的一种结构中达到完善的规定性,而省思-结构的现代性正表现

---

[1] 本文德文标题是:"Die Geschlossenheit der Moderne",是博德先生的著作《现代的理性-构造》的导论,卡尔·阿贝尔出版社,弗莱堡/墨尼黑,1988年(Heribert Boeder, Das Vernunft-Gefuege der Moderne, Verlag Karl Alber Freiburg/Muenchen 1988)。方括弧内的数字是原著的页码。注释皆为译注。

在——与所有传统哲学不同——它们是并且是如何拢集于历史、世界和语言的。正是在这一点上，各个省思公开其理性；而这将表明，上述的世界区分依据于理性自身的区分。

[16]理性地谈论理性——这始终要求指出唤起理性的各个使命和相应的成就。

勾画现代的省思-结构并且看到其中的理性，可以理解，这样的眼光不可能在现代内部成长起来。所有参与者也相互示以冷漠；他们只是执守他们的思想所造成的每一次区分。那种实现发源于对历史的澄清和清楚说明，海德格尔曾经把这种历史思作形而上学的历史并且进而作为真理的历史。与海德格尔相分离，历史让自身被规定为对理性的关注，这首先是因为在 ALAETHEIA（去蔽）本身中，在对于其理解为本源的 LAETHEIN（无蔽状态）之中，对理性的关涉占据着支配地位。其次，正如这种理性在形而上学的不同原则中获得形态，理性的形态具备划时代的规定性。最后，时代区分的根据在于不同智慧-形态的亮相。是它们唤起爱-智的理性，理性每一次都把智慧的真理 concipiert（概念地把握，继承）在与之相应的逻辑之中。完成这样的任务的前提是，形而上学的理性把自身与一种已经形成的"自然"理性相区分。有鉴于此，《形而上学的拓扑学》[①]区分了第一哲学和其他哲学。其他哲学就自身方面再获区分，分为自然理性的和世界理性的哲学，至此，哲学的区分才告完成。尤其是现代的省思-结构促使我们尊敬世界理性的独特性和完整性。

为了事先指出这种区分的意义，让我们回忆"纯粹理性的辩证

[①] 博德先生的哲学史著作《形而上学的拓扑学》，卡尔·阿贝尔出版社，弗莱堡/墨尼黑，1980 年（Heribert Boeder, *Die Topologie der Metaphysik*, Verlag Karl Alber Freiburg/Muenchen 1980）。

法"。那里，康德接受了自然理性的独特对象，一如这些对象首先在笛卡尔、斯宾诺莎和莱布尼兹的形而上学中获得了规定性；康德在体系关联中设想"灵魂"、"世界"和"上帝"这三大整体；他检验下列判断的可能的真理性：灵魂不朽；世界是永恒的还是有在时间中的开始；最后涉及上帝：存在一个具备完美实在的本质，于是也是慈爱的本质。康德指出：这些判断对于理论的理性是不可企及的，[17]无法证明它们的真理。随着理性的区分，随着取消这些理念的自然性，它们的本真的重要性才显现出来。只有当理性 concipiert（概念地把握）自由的情感，将自由情感上升为自由的理念并且就此成为实践的理性，理性才明白，为什么必须思考上帝和将来的生活，而不是：认识上帝和将来的生活。

而现代的理性如何？显而易见的是，这些理念不是现代的——无论在理念的自然规定性上还是在其概念把握的规定性上。人们可以用借来的理性忽略这一点。这丝毫不能改变这样的事实，自黑格尔以后不再有形而上学的真实发展。在学术运作中不断向前滚动的，只是面临形而上学的"巨大困惑"。

如果康德说到纯粹理性：它"实际上除了和自身以外不与任何东西打交道"（《纯粹理性批判》，B 708），它只与理性的理念及其体系打交道，那么，这对现代理性没有效用。现代理性致力于和它不同的，先行于它的"存在"——与存在的历史、世界和语言的规定性打交道。这里没有在"自然的和精神的自然"中实现自身的理念——就像黑格尔的《哲学全书》所呈现的那样，这里出现的是为这一自然所放任的人自身的历史、世界和语言。从中展现出，什么是任凭自身的人？他是谁？

因为现代理性不以自身为事业，它也不谈论自身——与形而上学的理性不同。要解开并且阐明它，只有在它完整地构成了其省思的上述维度之后。对现代业已结束的感慨无济于事，不能帮助我们认识它的完整构造——尤其是这种情感促使我们去掩盖对于现代的开端为本质性的切割，情感驱使我们去散布历史连续性的假象。

这个假象甚至具有自为的省思强势——特别借着海德格尔的观点，他认为形而上学之思和技术之思有一种连续性。由此可见，只有重新提问"什么是形而上学？"，只有洞察形而上学历史的完整性——完善于划时代的理性-使命的完成，才能突破上述连续性并且用自由的目光面对现代的省思，考察这种省思的完整结构。[18]历史、世界和语言从以前束缚着它们的探究"自然"及其根据的视线中解放出来。

历史是哲学的历史，在历史中理性不仅认为自己是人的能力，而且这种能力又是礼物——无论是"智慧地养育我们的自然"的天赋（《纯粹理性批判》，B829），还是造物主-上帝的恩惠，抑或灵魂的逻各斯的赐予。正是这些礼物造成人与自身相区分的划时代的不同要求：在英雄的意义上，还是在圣人的意义上，抑或是公民的自我区分。现代的核心省思（马克思、尼采和海德格尔）把人与自身的区分放到新的土壤上。所谓后-现代却恰好排除这种区分和相应的理性。对于后-现代，共产主义社会、超人和领悟死亡的人仍然算作是"整体性的"理性。这种期待中的人和从前的理性本质存在一样，似乎到了"终点"。

现代理性既不愿被理解为能力，也不愿被理解为物理的和精神的自然现实性。须将之作为它所完善的省思的整体而加以尊敬。这个整体——用贫乏的抽象来设想——按照上述维度来划分躯干，每一种维度都呈现出有三个位置构成的完整关系形态（Figur）。每一个位置皆由海德格尔曾称作"思想之事的规定"的展开去；每一项都在特定的关系中，在这三个关系项（Termini）的 ratio（理性关系）中充分展示自身。关系项的不同顺序把个别的理性关系联结成为一个完整的关系形态（Figur）。关系形态的每一个另一种特征的发展皆由其第一个理性关系的第一关系项而来：对于自然的，乃至技术的理性由认识而来，对于 conceptual（概念把握的，继承的）理性由规定而来，对于世界理性由事而来。在这些关系形态的结构中，现代的省思证明它的完整性。①

整体的三段式布局需要一个先行的辩护吗？无法期待现代省思自身来激发如此之构想。但是在"纯粹理性科学"的历史中，这样的布局的根据却足够清晰。例如康德曾以最精确的规定性对此做出阐述（《康德全集》5：197）②。亚里士多德在回顾［19］最早的哲学时就提到，"宇宙万物由三而得到界定"（de caelo, 268 a 11）。

---

① "思想之事的规定"在 ratio（理性关系）中用 A（规定或者尺度）B（事）C（思）来表示。博德先生现在将对"生活及其实践的世界"的省思列为现代理性结构的第一种形态，代表人物有狄尔泰，胡塞尔和维特根斯坦，用 A（规定）B（事）C（思）表示其理性关系结构：
  A C B
  B A C
  C B A。
对科学和技术的世界的省思由弗雷格，施立克和库恩来完善，构成的理性关系形态是：
  C B A
  A C B
  B A C。
对创造性的人的本质的省思亦称现代的核心省思，马克思、尼采和海德格尔构成核心省思的完整关系形态：
  B A C
  C B A
  A C B。

② 《康德全集》引用版本为：Gesammelte Schriften, Akademie-Ausgabe, Berlin 1910f.

理性的对象是整体性，为了整体性，理性以建筑学的方式（architektonisch）行事。历史的整体从来不在故纸堆里。塑造出这个整体，这项工作敞开着。在它的每一部作品中，理性都拿起这种自由。它面向整体的目光欲依据其开拓力量而得到尊敬。

整体，在须呈现的现代省思－形态中展示自身的整体，它是我们的世界——相对于那种历史的世界，那种历史在哲学中已经充分展示了自身。展示工作在这样一个世界整体内划分维度和地点。澄清这个整体也是这里的任务，仅以此为准则从众多思想者中挑选出这样一些思想的位置，它们表明自身配得上整体，契合最简单的整体：一个由尽可能少的分支构成的整体。

哲学－历史的习惯执着于"效应历史"，停在影响－过程上，为对某项无止境地向前滚动的讨论的或大或小的贡献所牵绊，在毫无规定性的多数中要求或多或少的注意力，寻找听众。因而，如果以下工作没有提到一些被认为重要的、起着特殊作用并且富有影响或甚值得推荐的人物，可能会令一些人感到不悦。于是，人们将急于摒弃这样一种整体，尤其是指责它的"理性关系的"布局，或者在这个整体中确立其他一些位置。无论如何——詹姆斯或者罗素，贝克森或者萨特，卡尔纳普或者雅斯贝斯，这些鼎鼎大名对于上述结构就像不知名的 X 或 Y 一样无足轻重。在哲学主题的讨论中名噪一时的声望流于那种"或多或少"，柏拉图已经揭露了其中的无理性。如果涉及在现代省思中展示出的世界的整体性，可以把学院对哲学生命的仿效搁在一边。规范性的只是这个问题：谁做了整体上的区分？为了清楚说明整体的建筑艺术，不可或缺的是什么？

五、《亚现代的装置》导论[①]

谈论"理性",其重要性在于用不同的方式来谈我们笼统地称之为"思"的东西,这不是偶然的。它也许会联系上早期希腊史诗中对νοεῖν[思]的先行理解;想说的是:对万有的关注和对每一个["有"]的洞察。恰是这一点迎来了理性独具的使命。这是怎样的使命呢?打开显现者及其"本质"的全体秩序——理解它的始终相区别的、甚至对立的诸"本性"。一开始所构想的对立开启了这样一种关系,它超越对立而始终在与万有的关联上规定一,而万有表明自身是开端性的关系中的"第一"。其名字自古以来就是λόγος[逻各斯]。这个先行的赠礼对于哲学一直是标志性的;即使后来在哲学事业中上述全体性退到"存在者"(巴门尼德)之后——暂且不提为人们津津乐道的"存在"。

这里不需要重复这个过程的历史(参见《形而上学的拓扑学》和《历史的建筑工具》[②])。对所谓形而上学的最后位置、也就是黑

[①] 贺伯特·博德,《亚现代的装置——当今哲学的建筑学》,科尼希豪森&瑙曼出版社,维兹堡,2006 年(Heribert Boeder, *Die Installationen der Submoderne-Zur Tektonik der heutigen Philosophie*, Koenighausen & Neumann Verlag, Würzburg 2006)。——译者

[②] 贺伯特·博德,《形而上学的拓扑学》,弗莱堡/慕尼黑,1980 年(Heribert Boeder, *Topologie der Metaphysik*, Freiburg/München 1980)。

贺伯特·博德,《历史的建筑工具——希腊和中世纪哲学论文演讲集》,格哈特·迈尔编辑整理,维兹堡:科尼希豪森出版社,1994 年(Heribert Boeder, *Bauzeug der Geschichte, Aufsaetze und Vortraege zur griechischen und mittelalterlichen Philosophie*, hg. v. Gehald Meier, Würzburg: Königshausen und Neumann, 1994)。

格尔的位置做一番回忆,足以说明眼下的陈述和演历的意图。理性是说什么?鉴于这种考虑,黑格尔的位置充分展示了下列区分:理性首先是自然意识的理性——既在意识向理性的抽象的发展中,也在向精神和宗教的具体化过程中;随后,在规定了整个笛卡尔传统的意识没落之后,理性是从"我和对象"的关系之中解放出来的纯粹概念的发展;最终,理性是纯粹概念的实现过程,它是自然的和精神的自然之整体。可是,随着现代省思的破晓,这个自然整体已经"诀别"——带着历史最后一个时代所完成的使命,知道自由,要说的是:知道自始至终的自我规定在哲学中实现了,在一个绝对自我规定的概念中实现了。因此,人们普遍说起"形而上学的终结"——没有更新海德格尔的问题:什么是形而上学?许多人以为已经知道了,用的是那个一直仍算在亚里士多德头上的答案——存在者的存在。然而那个问题之所以无法作为问题逼仄今天的人,是因为海德格尔所思考的历史对于他们已经分崩瓦解。不过历史连续性运作没有察觉而已。

按照现代省思所做的分割,那个划时代的自由思想不再运动了。随之"纯粹理性科学"的关怀也消失了——连同从前的相应思想,在圣教义中存在首先作为被给予的在自由中的存在,之前在[4] 这样一种信念中的存在,即最好的是止于自身的现身者。从这里所产生的"神学科学"今天连名字都不复存在了,尽管人们把"哲学"这个名称像永动机一样固定下来。这个名称早就不再指某种统一的努力,而是指零散的兴趣的多样性——以技术的专业化为榜样。不言自喻的多元性也是哲学思想的多元性,它为纯粹理性科学的消亡加盖封章。

随着现代的开始,带有根本差异的思想使命确立起来了,它们实际上不为一个共同的名字提供理由。就何而言它们仍然是理性使命？理性的止于自身的存在［Bei-sich-sein］也许仍然是它们本具的，这不甚明了。止于自身的存在？关于这种言谈的意义，可以追忆康德——特别是因为人们久已听不进这样的话："纯粹理性实际上除了以自身为事之外不与任何其他打交道并且也无法有其他事业。"（《纯粹理性批判》B708）为什么听不进？这是因为现代省思的动因已经不在哲学的生命之中，要说的是：不在哲学的每一次都自我完善的λóγoς［逻各斯］当中，而是在于理解和表述，对于现代省思这是从其世界而来的独特之处。哲学所完善的，哲学的诸时代各自独具的完满，在现代省思面前苍白得无法辨认，所以付之于支离破碎的曲解——甚至为学院传承者所掩盖，这些人热衷于虚构的哲学进步。

就像现代认得的理性那样，理性不再是"原则能力"。它被局限在工具意义上，这在先行的贯穿始终的反形而上学的假定上已经略见一斑：存在先于思想。这个说法尽管没有规定性，却明确了：理性不再需要辨别自身，与自身乃至在自身中相区别——按照理性所承担的使命。如上所述，这些使命是带有根本差异的，按照各自的特征分别为解释学的（狄尔泰、胡塞尔、维特根斯坦），或者功用性的（弗雷格、石里克、库恩），或者末世的（马克思、尼采、海德格尔）。[1]

简要地回顾一番：在现代的开端狄尔泰明确地拒绝黑格尔，肯定："理性是集合概念，是思想、外在和内在经验的组合"[2]。虽然

---

[1] 参见《现代的理性结构》，弗莱堡/慕尼黑，1988年（*Das Vernunft-Gefüge der Moderne*, Freiburg/München 1988）。

[2] 《生命哲学导论》，《狄尔泰全集》第5卷，斯图加特/哥廷根，1961年（Dilthey, *Wilhelm*: Einleitung in die Philosophie des Lebens. Gesammelte Schriften 5. Stuttgart/Goetingen 1961，第XXIX页）。

有对康德的赞赏，狄尔泰对第一科学的"更新"以与它的决裂为前提，具体说他使这样一个基础稳固下来，它明确地不在理性中，而是在体验中，原始地在"生活关联"中，生活关联的视域是世界。

接着是胡塞尔对解释学思想的转化。这里尤为叛逆性的是谈论对"理性"的信仰。在体验之内理性应该每一次皆是意向之所趋，每一次皆在与非理性的交换中。这里理性也保持与始终先行的体验基础的联系。在无意识的体验流内每每才提出理性独特的使命，巩固所达到的自明性本身。是赋予意义的纯粹我，并非理性，必须在此自问：相关体验的对象意义已经实现了？还是包含着空虚的成分？[5]在诸科学中确立起源于"最后的论证"甚至"最后的自我负责"的判断，这样的科学才是真正的理性领域。这甚至开启科学的道德要求，具体说带有鲜明特征的科学理性，一种规定着行动的思想——考虑到人性的目标。

维特根斯坦的解释学是在知性中有限的理性，更准确地说，理性退入一种语言理解，却没有离开体验的基础——正如它特别在疼痛感上具有基本意义；而疼痛感触及清楚的言谈的界限（《哲学研究》§310）①。所谓的哲学问题所显示的理性在这里没有位置，这是因为它已经丧失了任何一个它所独具的使命（§119）。在诸多语言误导面前不得不留神的只还是知性（§109）。知性独自地一再坚持通过回溯到"语言的实际运用"（§124）来保护自身，也就是通过坚持生活形式的语法（§19）；显然，诸多生活形式的存在是为了理解及其艺术，即为了解释学，为了首先须"接受的并且既定的东西"（同上，第572页）。

---

① 维特根斯坦：《哲学研究》，《维特根斯坦全集》，第一卷，法兰克福，1995年，第225–580页（Wittgenstein, Ludwig: *Philosophische Untersuchungen. Werkausgabe 1.* Frankfurt a. M. 1995, 225–580）。

以上是关于理性主题的消失，也是在现代解释学维度上论及传统的哲学作为第一科学的观念。

至于另一方面所涉及的，仔细地考察——与这里也流行的连续性联想相反——根本不可以期待一种与哲学传统的联系。它是在科学自身内对诸科学的省思：开始于在功能性思想所做的基础关联中的第一性；功能性是在函式和自变元的关系的意义上，就像弗雷格所规定的那样。弗雷格的逻辑证明它的基础是在现代世界之中，它把思想置于一种文字技术之下，这种文字技术想让思想摆脱自然语言的混乱——用完全单义的标识，只有人工语言保证这种单一性。这里必须完全排除被理解为观念能力的理性。只有这样才能确认一种合理性，想说的是：一种可靠性，它不仅能够放弃作为观念能力的理性，而且为了逻辑化的数学恰恰必须排斥这种能力。按照哲学的学科习惯，一些混合头脑照常搬弄理性的名字，而弗雷格与那些人毫不相干。在上述维度中取而代之的是这样一种思想方式，藉此现代似乎成了某种与从前的诸原则同等的东西，具体地说，这里无论在整体上还是在细节上都"笼罩"着那些原则。这是什么？

这一点随着石里克尔而更加清晰地显露出来，石里克是这种省思的中间位置，它不仅令人从语言特征上认识这一维度的省思，而且也认识其世界性的特征。这是单数意义上的"技术"。知的传统秩序源自根据和起因，它给予理性第一流的地位——随后是科学的体系和技术的多样性，可是单数意义上的"技术"不再按照传统秩序规定自身，而是按照"统一科学"所遵循的尺度。其统一性首先从[6]哲学来理解自己，这种哲学已经放弃了在逻辑化的自然科学面前的独立性；它给自己的唯一任务是检验科学论断的意义，通常是鉴于诸论断赖以为基础的逻辑句法。其次，所要求的统一性在科学论断的无一例外的雷同上证明自己，所断定的事态处在已变成自然的世界之中，这是由技术掌控的验证的独特领域。最后，这一点也是服务性的，效力于这样一项任务，即用自然科学、更进一步地用生物学来解释人的生活——直至研究活动本身的动机是来自其自身兴致的增长。在为"统一科学"奠基的这种过程中，单数意义上的技术的意义实现了，它从哲学而来并且回到前哲学的推动因。技术已经与这个名称习惯上从工具来理解的知不是一回事了，这是因为知始终处在应用的多样性当中并且是分散的。相反，"统一科学"因为"哲学的冲动"而活着，这种冲动公然地属于技术本质。

在这种省思的结束阶段，哲学销声匿迹了。似乎终于从肉身上理解了诸科学，统一的赋予意义变得多余。科研运作证明自身是单数意义的技术的最后现实（库恩）。社会一再为这种科研运作提供个人，这些人愿意融入专家团体之中——作为科学知识生产过程的雇员。他们必须先看准方向，学会应对每一种问题状况，像学手艺那样，熟练地完成不同的"解答谜语"的任务。Doing science［科研活动］的诸多要求使得创造性的业务知识领域越来越狭窄。诸领域的近邻关系只按照需求突现出来。按照通用的例子，在这种生产中规范性的是不同的模板，研究活动在这些模板中运行。然而给研究活动留下权威性特征的，并不是科研进步，而是它的危机，在这些危机中已经变得无用的范例受到排斥。诸科学正是在这里宣布其历史性。一场危机粉碎了在科学协作内所共同理解的。这里，个人由于脱离了研究团体已经习惯的运作方式而孤立起来。如此之孤立却还不保证另一种世界视线的有效性。习惯的势力通常如此强大，它只还允许已经熟悉的研究模式的变形。在诸多世界视域之中，物竞天择这个过程还从来没有像在科研活动中这样照顾每一次 Survival of the fittest［适者生存］。但这里作为新的而有待保存下来的，却是技术想象力的设定。只有具备了在通常的科研进步中融合诸危机的能力，技术的不受限制的威力才确信自己是一个单数意义上的整体。

现代的第三个省思维度被称为末世的；不是分析过去的历史，而是分析当下的历史，它在这种历史中"发现"不断增长的，甚至深化到极致的对人的本性的剥夺，剥夺他的创造本性，就像这种本性处在资本的尺度、群氓道德的尺度以及单数地理解的技术尺度之下。对此作出的回应是筹划另一种人，将来之人。在所有的筹划中[7] 现代不容忍人们在历史连续性中提供的前史和后史。现代所了解的历史只是它离别了的历史。哲学及其所本具的理性曾经是什么，在这里，甚至在对它的歪曲中，仍表现出它本具的尊严，这是其历史性力量的尊严。这一点显示在诸多位置上，这些位置不属于历史进步的先后次序。这么说吧，它们停留在深化自身的现代世界。现代世界在自身构成省思的不同层次。作为省思，它同时把光线投向一种历史，无法再从目的论所规定的理性发展来把握这个历史，这么说吧，它把自身理解为导向致命危机的发展——involution［衰老］，就像莱布尼兹所称的那样。

在开启现代的最后一个省思维度时，马克思特地与哲学决裂。他的拒绝实际上只还能够抵达那样一种哲学，它已经变成了一种世界观，以为理性的基础能够为感性的基础所代替。马克思认识到，随着费尔巴哈纯粹的理性科学已经丧失力量，变成了意识形态。哲学堕落成为世界观和宗教，但这种衰败还是发生在最后一个哲学时代的结束阶段。费尔巴哈对前人思想的依赖充分地证明了这一点。

现代省思本身必须斩钉截铁地开始——不是出于和迄今思想的对立，而是迎接世界的现实性。马克思的思想之所以已经不依靠哲学而活着，是因为它无法与之有共同的事。马克思的事业要求他去从事"政治经济学批判"。这就是说，他并非有感于意识在观念表象上的异化，而是为人在社会物质生产关系中被剥夺本性的经验所激发。在此，他做出决断："意识的诸阶段终止了，现实的知必须登上它们的位置。随着现实的演历，独立的哲学丧失生存的媒介"。① 如果哲学有能力承认理性的和现实的这两者的同一性，那么马克思就能够谈论不在同一个意义上的现实性，甚至不在与上述世界观的——人类学的——诸形态相对立的意义上。在马克思所打开的视野里，只要离开了生产关系的经济学的当下，一种"人的历史发展的"知识就没有任何价值。这是因为这种知识恰好遮盖了处于当下现实——资本的现实——的尺度，因而也掩盖了为什么关键在于改变它。这里才开始富有揭示性的"对人的生活的诸形式的思索"②。显然并非以哲学的方式，而是在以相应的揭示为宗旨的经济学思考中。因为将来而是"末世的"。

尼采和马克思一样坚决地离开了哲学——即使好联想的博学多才总是一再错解这一点。他的思想视野是世界，即使这里也不是表象的世界，而是血肉的世界。世界给他提出任务，在成为肉身的智慧的水准上思想。

[8] 他收回投向社会力量的目光，转而考察权力意志现象。这

---

① 卡尔·马克思和弗里德里希·恩格斯：《德意志意识形态》，《马克思恩格斯全集》，第 3 卷，柏林，1958 年，第 27 页（Marx, Karl und Friedrich Engels: *Die deutsche Ideologie*. *Marx - Engels Werk* 3, Berlin 1958, 9 - 530）。

② 卡尔·马克思：《资本论-政治经济学批判》，第一卷，第一篇：资本的生产过程。《马克思恩格斯全集》，第 23 卷，柏林 1969，第 89 页（Marx, Karl: *Das Kapital*. *Kritik der politischen Oekonomie*. Erster Band, Buch I: Der Produktionsprozess des Kapitals. *Marx - Engels Werk* 23, Berlin 1969）。

里在"狄奥尼索斯反十字架上的耶稣"① 的标题下了结了一场斗争。依照尼采,"一切价值的转换"成为"人性最高自我省思的行动,它在我这里已经成了血肉和天赋"② ——这不仅迎合基督的道成肉身和他的真理之行,而且要与之平等,具体说是通过揭穿这个真理是所行的谎言。

这里所关心的再度是渗透于当下的历史,而不是过去,为的是把当下与人的将来相区分,这样一种将来和马克思那里的不同,它的来临不是必然的,但是可能的。"追问道德价值的来源"③,当下的区分不仅必须把历史的最后时代放在眼里,而且眼中更要有中间时代,由基督的启示所规定的时代。在尼采所处的当下,它的含义是:以社会主义为特征的人的现实。鉴于它的来源,尼采把自己理解为"反基督"。

他的使命:"预备人性最高自我省思的瞬间……在这个瞬间人性……把为什么?什么是目标?的问题第一次作为整体而提出来"④ ——正是那个在虚无主义的当下所排斥的问题,在如下经验中爆发,"诸最高价值贬值了"⑤。缺少目标;缺少对"为什么?"的回答。这个问题同时就是在追问生命的价值和无价值。它不愿与

---

① 尼采,《瞧这个人——人如何成其所是》,《尼采全集》,历史考证版,第 6 卷,第 3 册,出版人柯利、蒙梯那利,柏林,1969 年,第 372 页(Nietzsche, Friedrich: *Ecce homo. Wie man wird, was man ist*. Kritische Gesamtausgabe VI3, hrsg. Von Giorgio Colli und Mazzino Montinari. Berlin 1969)。

② 同上。第 363 页。

③ 同上,第 328 页。

④ 同上,第 328 页。

⑤ 尼采,《遗稿,1885 年秋至 1887 年三月》,《尼采全集》,历史考证版,第 8 卷,第 2 册,出版人柯利,蒙梯那利,柏林,1970 年,第 14 页(*Nachgelassene Fragmente, Herbst* 1885 - *Maerz* 1887. Kritishe Gesamtausgabe VIII2, hrsg. Von Giorgio Colli und Mazzino Montinari. Berlin 1970)。

一个从前哲学的如此提问相混淆;它是以哲学已经变得没有意义为基础。这是地道的另一种"理性",在这里为目标的缺失和目标——也就是正在确立的诸价值——所推动的理性。更准确地看,它并非理性问题,而是生命问题——借用尼采的话——作为"最高自我省思的见证"对立于先行的占优势的"对自我省思的恐惧";后者证实当下生命的极端堕落。正是前者,它尤其以奥古斯丁对智慧和良知的评价为依据,在真理作为最高价值的评价中直觉地发挥着毁灭的作用。相反"虚无主义,作为对真实世界的否定,对存在的否定,可能是一种神性的思维方式"①;在此,权力意志征服了真理意志,随之也征服了理性,权力意志释放自身,成为作为最高价值的艺术。

视线再度收回到权力与权力意志的权力之间的必然区分。海德格尔在权力意志中辨别一种知和与之相对的"省思",这种知是由形而上学而来的技术本性所本具的,而省思作为相对他者。正因如此,他提出疑虑,"几百年来颂扬的理性是思想的最倔强的仇敌"(《林中路》247)②,他把上述对原因的追问就问题本身方面加以置问。海德格尔对理性的拒斥尤其针对笛卡尔传统,可是在"什么是形而上学"的问题上,他要切中每一种理性科学,任何第一哲学。完全在这个问题的当下意义上,集中于人的本性的将来,问题要求的不是历史学的答案,尽管与现代的任何其他人不同,海德格尔[9]高度评价了思想史整体。这却是在唯一的尺度之下,即揭示迫

---

① 尼采,《遗稿,1885年秋至1887年三月》,《尼采全集》,历史考证版,第8卷,第2册,出版人柯利,蒙梯那利,柏林,1970年,第14页(*Nachgelassene Fragmente, Herbst 1885 - Maerz 1887*. Kritishe Gesamtausgabe VIII2, hrsg. Von Giorgio Colli und Mazzino Montinari. Berlin 1970),第18页。

② 海德格尔,《林中路》,法兰克福,1950年,第247页(*Holzwege*. Frankfurt a. M. 1950)。

在眉睫的技术本质。之所以迫在眉睫，是因为在技术本质中，与之前在资本和道德中一样，显露出对人的本性的剥夺。

与那种向科学省思显示的在单数意义上的技术不同，技术"本性"是由此规定的，它不仅是去蔽的事件，更有甚者，它首先是遮蔽的事件。在此遮蔽自身的又是人的创造性本性——但按照他的被动而又主动的设置特征，按照他的听任的特征而有区别。但是这种区别只在对真理"本性"的省思中才是可能的，更本源地说，对非真理的"本性"的省思；更贴切地看，在技术本性中公开的是人的世界的荒芜。这在一种历史趋向中，这个历史当下地——就像在马克思和尼采那里一样——走到极端。仅仅鉴于这个ἔσχατον[极端，边际]海德格尔的思想回到历史——这一次不再是历史的道德所把握的开端，而是其第一个时代的哲学所统辖的开端。他首先在亚里士多德对存在者的解释中面对它，最后却在理性的自身阐释中遭遇它。随这种向纯粹理性科学的根据的回溯，总而言之随着存在者的存在的理论，海德格尔看见自己不得不揭示这种理论的根据，其根据不可能在理性之中，而是在先行的存在本身的现实之中，根据是存在自身的隐退和"不给予"。历史的将来只还不是不可能的，随着这个历史转折的前景，现代的末世之思达到了其边际。

面对这种情况，何种使命承担起思想的当下？首先：明确现代的告退。是如何离别的呢？它早已在"后现代"的标题下露出端倪并且在此期间咄咄逼人地不满足于重复单纯的"随后"，在此之后，上述离别不仅在艺术上而且在哲学上的兑现吸引了所有的注意力。但是它却只在这样一种方式中才能达到规定性：这里区别于现代的东西首先处在"从属于"它的关系中，一如在谈论"亚文化"时已经有类似的意指。还在阐明这里的思想方式的独特状态之前，也许能够称之为"亚现代"。这里立刻引人注意的是，现代对传统的否定已经耗尽力量。不再需要滞留于否定的工作。从前具有挑战作用的思想史脱落了——尽管仍有种种历史学上的努力。这一点变得尤其明显,一个新的视野向亚现代思想打开了,语言和世界的视野取代了那种世界和历史的视野。

在语言和世界的关系中,"自然"对于思想再也没有统一的作用,甚至不在否定的意义上发挥这种作用。这种古老的统一观念彻底消失了,当前的所谓多元主义才在今天的语言习惯中具有渗透一切的力量。即使在"本性"的意义上,统一的自然观念也丧失了力量,这使得言说意向的差异性在交往中得到前所未有的认可。与此相对,观念的差异性是第二位的。[10]世界仍然令人想起全体性,而这不再对这样一种语言有效,这种语言具有原始地造成差异的功能——并非:拢集的功能。

这也解释了当今思想对任何趋向整体性的目光的抗拒,它反对把所思[Gedachten]看作圆满的。只有当现代世界,尤其是历史已经让人们认识到一个完整的建筑学之后,圆融的整体性视线在这里才发挥作用。在我们的与前两个领域相区别的当下,这种建筑学的建筑方式如何保存下来呢?

不同领域的差异性不再依据从前之所思[Gedachten]的划时代的"诸体系",但却使用它们,目的是在现代诸省思形态和亚现代诸反思维度中推出一个形构,在这个形构上它们的使命的多样性变得显而易见。此外更清楚的是:它们的衰竭。相应的建筑学虽然不再属于理性驻于自身的存在所具有的诸历史特性,但是已经学会了转化纯粹理性概念和纯粹知性概念并且使用这些先行的馈赠。"理性关系建筑学",它不再能够认定理性是天赋能力,而是满足于把它作为三分的 ratio terminorum[理性关系的关系项]加以实现,想说的是:作为不同关系项的诸种圆满关系而加以实现。这些关系项是各个考察点，在建筑过程中理性关系建筑学依此而循序渐进。诸关系项就自身方面相互契合，构成诸形态［Figuren］，在这些形态上同时可以认识到思想的三个位置每一次都衔接为一个整体。这是在这样一种联合中，其最辽远的视平线首先是哲学的三大历史时代，其次是已经说起的省思的诸层次，它们让现代世界得到辨认，最后是当下所展开的反思的诸维度。这些维度的区分，不如说这些维度的完整性有待以下工作①去澄清。

进一步待完成的是按照思想、事情和尺度关系项来区分上述 rationes［诸理性关系］。虽然在海德格尔那儿已经遇见"思想之事的规定"这一说法，但却没有对其关系意义的最起码的暗示。相反：其"合理性"的重要性似乎与海德格尔的经验相悖。它将意味着对海德格尔自身的省思的侵犯，具体说，即使不是单调的知性的算计和制作，省思之所得也被技术化了。

现代告退了，理性关系建筑学才有能力在 rationes［诸理性关系］的基础上建筑，另一方面理性关系建筑学允许每一个关系项形成自身的 ratio［理性关系］，甚至让理性关系展开成为各自独立的形态，由此才充分表明了它与通常对哲学的描述［Philosophie‐Historie］的决裂。从各自打开一个 ratio［理性关系］的关系项出发——无论是从思想、从事情还是从尺度开始——，在这样的视线中哲学始终完成了不同的使命。把相应 rationes［诸理性关系］建筑成为各自独立的形态，这才辨别出"理性"对于哲学说明了什么，与所有习惯相反，这种辨别是当下地在历史中进行的。由此得出的诸种区分，在每一个时代都可以标识为"自然的"、"世界的"

---

① 指《亚现代的装置——当今哲学的建筑学》这部著作。本文是其导论。——译者

和"概念把握的"理性之间的区分。按照这些标识,理性只从其在同一个时代内相区别的诸使命上解说自身。[11] 有鉴于此,要把理性还原为一个唯一的,这种努力没有意义。每一种理性都有它本具的权利。为了举出我们最不熟悉的,以中间时代的诸区分为例,它起初由克律西波[Chrysipp]、伊壁鸠鲁[Epikur]和普罗丁[Plotin]构成;这些是开启各自独立的发展的位置。以其使命为特征的理性既不是统一的,也不是毫无规定性的多样的——迎合着当今的需要,而正好是三重的。清楚地阐明这三种理性是理性关系建筑学唯一的事情,因此,它承认每一个已经圆满的位置——远离在亚现代占据着优势的"批判作风"。

这么说吧,刚才所勾勒的进程的技术特性已经克服了尤其在现代成长起来的那种厌恶,厌恶把真正的思想和"技术"、或者甚至与技术的"本质"相联系。对所思[Gedachten]的"技术性"呈现,在建筑中开展并且阐明其建筑学,这令人想起一种运思,它比哲学更加古老,也就是用言辞造出一个κόσμος[完整和谐的秩序,宇宙]。并非随意的制作,像我们同时代的"装置"那样,而是善始善终的所曾是[Gewesene],从其λόγος[逻各斯]的、其理性关系的批判性中项着手,须将之建构为透明的整体。如果要贬低它是"诗歌"而搁在一边,那么人们就活在遗忘之中——不仅遗忘了庞德[Ezra Pound]所提醒人们的东西:densitare[浓密]① 作为现代的第一现实性,而且还真遗忘了亚里士多德所理解的μυθος[完整的言说/神话],忘记了是什么让诗比历史"更加哲学",历史在其论断中局限于"如其过去是",而这又在"如其是"的视域中。

---

① densitare [浓密] 与前面所说的所曾是 [Gewesene] 在整体上的透明相对照。"浓密"指思想无法洞见的生活现实,其质感的浓密和厚实。与理性现实性的通透和明亮相反,现代世界是深不可测的。——译者

建筑一个整体，如其可能曾经是的，这本身还在其可能性中就比历史描述具备更多"真理"。为什么？因为这馈赠对"如其应是"的思考，就像亚里士多德知道的那样，为什么φιλόσοφος[爱智慧]也是φιλόμυθος[爱神话]。① 当然，铭记着"科学"的优势，扎扎实实地基于根据和起因的知识的优势，这是因为在原则意义上的理性的缘故。这种"第一科学"却随着其诸使命的完成而一去不复返，但绝非为他者所克服。

一如在现代，在不再可能保有自然乃至在κόσμος[宇宙]意义上的美的地方，其次，一如在亚现代，在美甚至在去对象化的图像中也无法拯救自身的地方，比如在莱茵哈特［Ad Reinhardt］的画板上，在美消失于当今热门艺术的无差异性的地方，比如捷夫·巩斯［Jeff Koons］的明星"圣像"——哲学运作不是也认得如此这般的圣像吗？不过光环削弱了一些——，这里，理性关系建筑学的思想意图完全隐入孤绝之地。尽管如此它在最冥顽的素材上也仍然保持了阐发和启示的力量。如果结束了亚现代，那么，即使是亚现代的反思也给予思——超越了它所表达的多样性。正是由此理性关系建筑学的介入转移了亚现代，不是将之推向过去，但却因为得到理解的缘故而转为所曾是［Gewesene］。去除亚现代思想最为内

---

① φιλόσοφος与φιλόμυθος。此处引文出自亚里士多德《形而上学》982b18：διὸ καὶ ὁ φιλόμυθος φιλόσοφός πώς ἐστιν· ὁ γὰρ μῦθος σύγκειται ἐκ θαυμασίων 上下文谈的是哲学的或者爱智慧的缘起：起于惊异。暂取两翻译供参考：

1. 吴寿彭先生译文：因此神话所编录的全是怪异，凡爱好神话的人也是爱好智慧的人。（亚里士多德，《形而上学》，吴寿彭译，商务印书馆1997重印本。）

2. 苗力田先生译文：所以，在某种意义上，一个爱智慧的人也就是爱奥秘的人，奥秘由奇异构成。（苗力田主编，《亚里士多德全集》第七卷，中国人民大学出版社1993年。）

3. 我的试译：故而"神－话"之友或亦可谓之"智慧"之友：因为"神－话"由令人惊异之事撰集而成，μυθοςMythos作"神－话"。——黄水石

在的信念——对新兴品种的无限制的开放。

现代省思本身在其每一个层面的诸位置上都是有限的——倘若不是"可朽的"。亚现代的反思则相反，[12] 为"延异"的无休止的重复所纠缠，就像日常的时间性本来具有延异的特性——无休止地尤其是伴随着诸多"更新"。只要这些更新没有为理解人的人性做出整体上的区分，它们就流于无所谓的语言。怎样是整体上的区分呢？划时代的诸智慧形态为此提供了唯一的依据。智慧形态的奠基性的言辞每一次都造成人与自身的区分，只因如此他才区别于动物。在哲学以自然或世界所规定的态度反对开端性的智慧之后，是诸智慧形态推动了哲学去完成理性与自身的划时代区分。

与此相对，现代的伟大否定成就了什么？这种否定尤其在"末世的"诸思想位置上表达出来。它们的忧烦直指人的本性，而其本性不再由对其合理性的自我理解来承担，也就是说不再能够激发理性与自身的区分，但是也没有孕育新的概念把握；显然，哪里有能够宝藏于概念之中的智慧？虽然马克思、尼采和海德格尔思考过人与他迄今的本性在将来区分开来；但是这个区分达不到"存在"中的当下，仅仅才只是在思想之中。即使即将来临，毕竟没有抵达世界。这个洞见或者哪怕只是感觉，对于亚现代成了基本构成性的。

我们的历史的诸智慧形态——要说的是：缪斯的知、基督的知和公民的知——仍然为现代省思当作砥砺之石而予以尊重，可是进入了亚现代，它的冲击性甚至无法保留为一种历史的变形，在历史变形记中为曾经的哲学所放任，它们仍然发挥着规定作用。今天并非仿佛取消了诸智慧形态的历史现象，但它们的法度的任何痕迹却消失了。完全听任泯灭差异的所谓热门思想，流于大众化的言谈和评价。于不再有任何挑战的地方，它们如何还能够经受住惨淡的面目？

如果理性关系建筑学不能够把语言的区分作为当下之思的共同视野而服务于语言的区分，它就是闲事。在它的慎思明辨中，他者是思想的亚现代的诸立场；而在我们的传统中规范性地给予思的，第一性的，曾是σοφια[智慧]的"言辞"。正是于此可以找到对亚现代问题的回答：Qui parle？谁在说？按照那第一性的方面，涉及的不再是在语言 performance [演示]的多样性中语言，没有说的也属于这些演示，而是涉及单数的言语，想说的是：一度得到赞许的划时代的指示，指向人与自身的区分。

如果海德格尔谈及"古老的远古"，它"在我们的思之中从我们后边而来，却迎接我们"①，那么，以这样的期待他仍然停留于原始的遮蔽事件的不可思议的黑暗。即使对夜的光明做了重新阐释，这种末世思想的最后局限也不再守护所谓在语言领域的存在。"源自黑夜的爱智者"（亚里士多德）所思的，无法在现代世界——以他们的原始经验——确认自己。[13] 向亚现代的推移，向其自身的语言视野的推移造成一个当下的区分，向单数的技术世界和技术本质的拢集达不到这样的区分。激发思想的，愿在此得到重新规定——也就是由语言的区分来规定，不再是一向所理解的"存在"的区分。海德格尔反省语言的言说，可是语言总是仍然牵连在与言说有别的世界里——一方面是技术本质的或者构架的世界，另一方面他的诗的"四大"之世界。

相反在语言自身的领域里是这样：没有实际的存在，因存在者的存在的关系而为海德格尔所强调的存在也没有结果——他为所言说和所道而确立的一般性区分也丝毫没有作用——，不如说一方面

---

① 海德格尔：《来自思的经验》，《海德格尔全集》，第 13 卷，法兰克福，1983 年，第 82 页（Aus der Efahrung des Denkens. Gesamtausgabe 13. Frankfurt a. m. 1983. S. 82）。

为所言说，另一方面而实际上是第一方面为规范性的所道，亦即所思，前者在交往中，而不是在说话者那里具有地位，后者在这样的意义上，它在我们的历史中作为σοφια[智慧]为人所见闻——具有指示的规定性的言辞，一如在缪斯的知、基督的福音和人的人性的构撰之中展开其规定性。因为言辞的规范性，言辞总是已经公开的，确实也曾如此——作为踏入特定规范作用的言辞，而不是仅仅走向语言的话语。

因为最基本的对φύσις[自然]的关注，哲学已经把这种对智慧的听闻收回到"如其是"和"如其应是"的关系之中，或者说真理和真理之根据的关系之中。可是哲学所思的"自然"，包括"本质"乃至海德格尔所思的"本质的真理"，对于思想不再蕴含着法度了，相反，仿佛是布满黑洞的天空，在这之后另一个方向走进视线。正是那个朝向所思[Gedachten]的诸划时代之形态的方向。在"如其应是"的彼岸，它们曾公开于诸智慧形态中，是这些智慧形态使得"如其不应是"发挥作用。而这仅仅只能在所馈赠的言辞之中，在其"不"["Nein"]或者"非"["Nicht"]的清晰性和说服力之中。可是如何变得公开呢？

为此需要相关的第一和他者在语言领域的交锋。为此所要求的区分却只能够在理性关系建筑学中变得清晰——从亚现代之思中从来生长不出清晰性。[这种慎思明辨]也绝非源于现代之思，而仅来自曾经有过的哲学，无论其理性是以否定的还是以取而代之的方式与智慧相关涉，抑或以概念的继承方式。然而，从听任自身的，甚至是独立的哲学那里看不到智慧这一先行的礼物。如果不从哲学的理性中见出，又如何呢？

这里和海德格尔一起回溯到原始地思考的ἀλήθεια[真理]吗？可以。但是并非以他的由现代所预先规定的意图，即在无蔽中打开原始的遮蔽。这引出思想的第一个开端和另一个开端的区分——第一个被理解为形而上学的开端，另一个被理解为向他的思想的"转折"。这种转折在海德格尔的技术本质经验的压力下颠倒了第一和另一个的关系。与这种经验告别，尤其是［14］告别其现象性，一种洞见明晰起来，被理解为哲学的形而上学是 σοφια［智慧］的第一性的他者。

σοφια［智慧］的理性证实了这一点。这种理性对于海德格尔是陌生的，其思想并非原始的，而是开端性的。荷马的、为亚里士多德 mutatis mutandis［毅然决然地］承认的"主人"的理性就已经是开端性的。第一性在此不是在场或者不在场［现身或者不现身］，而是理性在其知当中，知道"如其不应是"却又在盲从者当中"是"。在中世纪开端和我们历史的最后时代的开端，相应的知同样得到思考。这里也显示了从现代到语言所规定的当下的推进的意义，这种语言地、而不是世界地规定的当下。

在当下思想的——不过不是亚现代的——语言视野中智慧和哲学的区分随着理性关系建筑学的领域而展开，这是因为洞见到它们的使命的完满；不带有任何克服甚或捱过形而上学的冲动。这种冲动对于理性关系建筑学之思的独特建筑不再有意义。其无序的邻居在那个标题下所尝试的，与海德格尔的冲击有天壤之别。倘若理性关系建筑学的建筑工作陷于面对亚现代思想的诸形态而持相反意见的依赖性里，它就忽略了泰然自若的态度。

然而理性关系建筑学既不能让亚现代思想，也不能让从前的智慧一成不变；它把它们呈现在唯一的 κόσμος［和谐的整体秩序］中，在自然的整体秩序——无论是"星空"还是"道德法"——消失之后，能够确立这样的秩序：σοφια［智慧］自身之所思的 κόσμος［和谐的整体秩序］，而其所思能够为理性所把握和继承。

五、《亚现代的装置》导论　499

　　这是什么？在我们的当下它首先在否定的双重基本意义上跃入眼帘。"如其是"和"如其应是"一方面退回到"如其不应是"，这在σοφια[智慧]的开端的意义上，另一方面退回到"如其不是"，这按照当今规范性的意义：某种反反复复使社会不安的未至者，这里社会从来就无法有一个清晰勾画的目标；不如说某种单纯的倾向；来自无休止的又如饕餮般的"不"[nicht，表示否定的副词]，它不断地趋向"更"：更公正，更民主！这里比较而言少数本身总是坏东西。与此相反，σοφια[智慧]的"如其不应是"发源于已然：对于非正义和正义、邪恶和仁慈、自我规定的不自由和自由的每一次决定①都曾是岿然不动的东西。

　　一如它们在历史的每一个时代内都赠与尺度，在此，不可能重新在规定性上确立这些划时代的关怀。这因为那些曾相互排斥的尺度规范就已经是不可能的。它们的可协调性在当下才变得可见。然而首先须做的是这一点：退出它们的指示而怀抱谨慎。它们在记忆中所唤醒的首先是这个：愿接受一种规范性的理性，相应于σοφια[智慧]的言辞——言及人自由地与自身相区分。所曾是[曾经存在的]证明了这一点：自由地与自身相区分并非不可能。正是于此，在整体上做区分的当下之思承当起本具的开端。

　　[15]虽然如是——在这一点上这种思证明自身是亚现代之思的邻居——，在亚现代之思的诸层面上突显的诸区分对于它是至关重要的，作为它的他者的诸区分。对于它，第一并非是在万物中统治着的理性，而是λόγος[逻各斯]或者ratio[理性关系]并且最终是诸理性关系的契合，多种理性关系在其贯穿始终的三重性上宣

---

　　① 这里的决定关系着智慧在三大历史时代的尺度或者原则性的知。缪斯的知以正义为法度，基督的知以仁慈为法度，而在自由人格意义上的公民的知是自我立法的自由。——译者

告了理性本身的差异性，这是因为它们的使命的差异性——每一次的他者，仔细地看，并非"理性"["Vernunft"]，而是在井然有序并且总已经是现实的诸形态中的合理性[das Vernuenftige]。在这样的自持中，他者方才是它的，因为一开始就为自身所关涉，更准确地说：相关系的———一言以蔽之：合理的[rational]。当今思想在整体上、从根本上所区分的，因而就是它对"合理性"[Rationalitaet]的态度。

六、"当下地"[①]
——《亚现代的装置》后记

[415] 这里把亚现代作为具有自身完整性的形态做了介绍。在其构成中，当今反思的诸层次铺展开去又凝聚起来。或许有人认为：这是当下的反思。然而，这个称谓若言之有物，仅就对当下自身方面做出区分而言，按照思想的诸意向在 σοφια[智慧] 和 φιλοσοφια[哲学] 的开端性区分的意义上。这是为什么？在亚现代诸反思的形构上昭然若揭的是：这里赋予它的建筑学并非取自于它自身。不如说建筑学属于一种秩序，因而也属于逻辑，这种秩序对于所呈现者是离心的。只有如此，上述"当下"才能够是与它相区别者的另一方面，甚至是第一个方面。

首先它显现为这里已经确立起来的"理性关系建筑学"的当下。不过理性关系建筑学只是一种建筑的技术，用业已思就的思想[Gedachtem]来建筑，这种建筑造成了整体上的区分，最后是与亚现代整体的区分，这是以建筑的"理性关系的"诸形态来实现的。作为如此之形态，它每一次皆是由——如前所述——三个关系项所组成，而关系项也是它的诸元素："尺度"，与尺度相应的"思

[①] 本文德文标题为"Gegenwaerts"，是博德先生的著作《亚现代的装置——当今哲学的建筑学》的后记。《亚现代的装置——当今哲学的建筑学》，科尼希豪森&瑙曼出版社，维兹堡，2006 年。(*Die Installationen der Submoderne – Zur Tektonik der heutigen Philosophie* Koenigshausen & Neumann Verlag, Würzburg 2006)。除特别标注者，注释皆为译注。

想"以及由思想规定的"事"。这些关系项处在变化着的顺序中，但绝非随随便便，而是在臻于完善的秩序之中。

让事情变得具体起来：在西方历史的开始就形成了在σοφία[智慧]和面对它为自由的φιλοσοφία[哲学]之间的区分。正是这个区分与时俱进，在每一个时代都更新自身的规定性——甚至在现代的世界主题的诸领域中亦复如是，最后在打上亚现代烙印的语言领域之中。

服务于当下对σοφία[智慧]的展望，先对这个区分做个介绍，依照其开端的，同时又是最简单的——因为无条件的先行于哲学——特征。在此一方面是人与自身的区分，具体说是那样一种人，他懂得自身是"可朽者"；要说的是：并不怎么在意与所谓众神的区分，而是与"不朽者"的区分——无论他们是谁，也就是在λόγος[道]或者ratio[理性关系]的意义上，而理性关系只能够从不朽者这个方面得以开解。在此另一方面是人与其同类的区分；这是在他与动物的行为态度的亲缘关系的基础上。最后，这里是每一个人在自身中的区分，具体说按照"灵魂"与"身体"——这是为了灵魂不朽的缘故。

如何亲见这种人的区分的三重性呢？在第一个位置上，它为荷马的缪斯智慧所开启，想说的是：知道一切并且在言谈中授知的缪斯。[416]她们知道什么？业已在整体上造成区分的诸事变。关涉到可朽者：可朽者杰出的行为和言论，这些为他们争取到名声或者荣誉的不朽；名声和荣誉存活在缪斯的言语中，这种言语能够取得记忆的资格。

接着发挥作用的是地地道道的人的世智辨聪，"蜉蝣般的"机智言谈，中断于对人的愚蠢的经验，不过"散文"早已把这种愚蠢表达出来，首先是伊索寓言令人思考鲁莽者的种种行为方式：它们的普遍性尤其在为人熟知的动物身上典型化了——取代了为"命运"["Geschick"]所规定的人，不如说笨拙[Ungeschick]的人。

最后，这儿是一种与幽冥界及其灵魂相关的智慧，最早与"俄尔甫斯"这个名字联系在一起。它为每一个人打开了这样的可能性：通过灵魂为其不朽所做的准备而摆脱可朽的"厄运"——为那位如此之信念的开创者的行为所推动，他用赞歌的力量甚至打动动物和石头，简单地说：与任何"自然"攀谈，值得注意的：不再只是卓越的行动者。

σοφία[智慧]的三个层面的每一个都挑起与智慧的分离，并且是通过形成哲学之知。一开始起决定作用的是一种与荷马的σοφία[智慧]呈逆向的关系项序列——代替尺度、事、思想的是另一种顺序：思想、事、尺度。① 这种逆转是如此根本，以至于σοφία[智慧]的诸形态作为整体继而不在任何情况下与哲学的诸形态取得一致，这是因为哲学始终执着于ρεωρία[理论]的基本轮廓——甚至在πράξις[实践]的或者ποίησις{诗性}的划时代基本特征确立自身的地方依然如故。即使一开始为"观察的"乃至自然的理性通过

---

① 智慧形态的理性关系用 A（尺度）B（事）C（思）的符号来表示：
   A B C
   C A B
   B C A。
不同时代的智慧形态所传达的人性的知在内容上是不同的，但是智慧的理性关系建筑是不动的。
哲学的理性形态同样可以用上述符号直观地表示，与智慧形态的理性关系呈逆向的是
自然理性：   C B A
       A C B
       B A C

第一个关系项的推移把自身塑造成为世界理性和概念把握理性，这一点也没有改变。① 重复一遍：哲学的理性关系形态无法在其历史的任何一处融合到 σοφία｛智慧｝的理性关系形态之中——尽管在诸项单个 rationes［理性关系］中有一些相似性。这种分裂甚至在现代不再允许智慧形态作为哲学的近邻的地方也仍旧存在——在智慧形态于"省思"的诸形态中经验到对其划时代的否定，经验到对其力量的解除，而这直至其开端。

而在亚现代的当今如何呢？现代在其每一个层面上都加固了这样一种遗忘，即遗忘从前推动哲学的东西，而亚现代的诸多反思则歪曲它，直至不可辨认，这甚至也在亚现代偶尔提起对从前之所思的兴趣上。对完满之思的歪曲恰好掩盖着对诸智慧形态的最高危险；在所谓形而上学与世长辞之后，诸智慧形态在哲学反思的讨论之中听任摆布。更准确地看，在对历史的排斥中现代误认了那种诀别的存在的意义，而这种意义只有从形而上学划时代的诸使命的完满实现中才展现出来。

不同于从前的哲学，诸智慧形态在理性意图上并没有几于被遗忘或者受排挤。不如说，智慧形态［417］是被歪曲了。其先行性

---

① 自然理性的第一个关系项是 C（思），它的位移也是理性关系的变化，分别表现在

世界理性：

B	A	C
C	B	A
A	C	B

概念把握的理性：

A	C	B
B	A	C
C	B	A

三种理性形态出现在历史的每一个时代中。在现代和亚现代有对这三种理性形态的模仿和再翻版。

意味着什么？这恰好显示于此：智慧的诸评价一直在使用中。而"理论"就其造就一种令人欣悦的知而言，则大相径庭，尽管这种知曾经因为自身的缘故而为人们所寻求。智慧的评价虽然被歪曲成为"社会需求"，却一直都在。亚现代的反思并没有抽去它们的反正还只影影绰绰的正确性，而是拆除了它们的说服力，在这种说服力中诸智慧形态有过它们的生命。表面上以任何一种方式被使用的"智慧"拯救了自己，成为人的一般的"宗教性"——不仅在德里达或者列维·斯特劳斯这里，而是也在人们极少能够猜测到它的地方，也就是在达米特那里，在某种原始"无神论"的语言分析之内。

对于当下思想方式的建筑学，由此得出什么结论呢？思想分为两种方式，一种是亚现代反思，一种是σοφία［智慧］的记忆。这种记忆不再一如既往地是礼物，这是因为它被歪曲了，因而不再给予什么去思想。就像自古以来那样，当今给予思想的，是人的众多需求和恐惧。借助于修正须作为智慧而承认的东西，会了结这种局面吗？这既是无望的，也非正路。开始于人们根本就不知道可以从何开始——更有甚者，根本也没有弄清必定会关系到怎样的"智慧"。为什么不从古代东方的或甚离我们更加遥远的那些智慧特性开始呢？反正像列维·斯特劳斯所承诺的那样，前史神话在今天的人当中具有持久的当下性。

以何种权利我们不为"欧洲中心主义"的指责所困扰呢？还以曾经在此的哲学的权利吗？确实，仅就只有哲学已经选择了哪一种知与它有亲缘而言，仅就哪一种知因此是概念有能力继承的而言。但是，在恰恰是哲学随着"形而上学"而终结的地方，概念继承能力今天怎么还能引领我们呢？这一点丝毫没有改变这样的提示，我们把它作为σοφία［智慧］形态的关系因：智慧恰好没有随着哲学因为已经完成的诸使命而长逝，但却被歪曲为日常的诸语言习惯。它们从属于非同寻常的话语，亚现代尤其以它的无序特性不仅允许而且为了自我确认特地要求这种话语。这里听不见智慧的言说本身了；显然"另类"的话语方式统治着，正如它产生于社会，更加肆无忌惮地渗透社会。将它拒之门外的首先是 λόγος［逻各斯］的规范地位。什么是逻各斯的标志？鉴于哲学：真理的批判本性。逻各斯在哲学开始之前就已经缔造了它的国度，如果由此出发，这番提醒还足够充分吗？

如何面对这个国度呢？先来回想列维·斯特劳斯，他对口头文化和书面文化做了区别。那里称作"神话"的，并不依靠口头话语的书面文字化——就像魔术及其世界的诸多宗教观念那样不依赖文字。一如古代东方，社会形成之处才有书面文字，所谓"训令"——实际上还不是"法规"，这些社会并不在共同商量中弄清楚每次须做什么，须放下什么，而是归功于唯一的掌权者和操纵者的不可探究的意志。［418］主人的财富清单在开放的领域也发现其所在。甚至有对万物的占有，其合法根据引自他的"造物主"。

与之截然不同的是索伦在希腊引入的合法性。它也要求书面文字化，但只是为了城邦的利益，城邦自身要求具有约束力的指令——特别是为了能够提起诉讼索求每一个城邦应有的份额。城邦所委任的法官是主人，他们偶尔的武断受到书面指令的限制。不过这些指令显然区别于一开始随着神性的合法关系建制本身而发挥作用的立法和法的约束力。甚至众神也服从这样的法。于是，索伦的法令也在缪斯的知中有其本来的位置。① 而缪斯的知不需要书面化。

---

① 参见《形而上学的拓扑学》，第 70-74 页。缪斯之知的真实性在于正义的法度在万物中现身。索伦的事业是城邦的法的秩序，真理在此是已知的。相应的思想是在取舍财富上的辨别力，这依赖于缪斯的"正直心念"。真理的现身直接关涉人的现实关系，落实在城邦宪法上，这是书面的立法。

并非"专制者"的意志——哪怕他是"神性的"——规定着原始自由人的共同体，而是知作为知，一如它——用品达的话来说——融入"法规"（《残篇》，169）及其指令之中。在此，λόγος[逻各斯]的给与取具有它的开端性位置——先于"陈述"。逻各斯愿被理解为礼物，这个礼物首先在授知或者拒绝传授那里为人们所熟悉。所以，如赫西俄德所评，这样的礼物也会是一个"美的灾祸"：吸引人，却败坏人。正是在那里——根本不在φύσις[自然]——希腊人对άλήθεια[真理]①，所谓真理的理解有"否定的"基本含义，再来一次：不是作为"无蔽"而关系到那原始的遮蔽和隐藏。

不是"自然的"抑或"命运的"遮蔽，而是在言说本身中对"如其是"的掩盖，导向λόγος[逻各斯]本身的独特力量——也就是欺骗和歪曲。说"如其不是"，误导听众，这种意图推动习惯的思想。在此，λόγος[逻各斯]发挥它独具的能力，制造授知的假象——在听众那里假定，言谈者具备或者可能具备所期望的知。他有能力让误导达成，这种能力证明智力，希腊人在奥德赛拯救生命的计谋上惊叹这种智力，他给自己取名为"无人"。不被察觉地欺骗，虽然不是理性的最高功用，却是λόγος[逻各斯]的。理性在这样的决断中证明自身，决定不让自己迷惑或者受骗。

鉴于授知而假定知，其最具有说服力的特征在缪斯身上。缪斯满足这样的条件，即亲身在她们所告知的一切事情中，或者至少由她们的母亲的记忆所传授。在她们这里，言说带上神性的质地，也

---

① άλήθεια这个词的意思有两个。其一：不忘记什么是永远值得思念的。其二：不应该忘记的东西的总和，它们是已经决定的（由女神忒密斯来表示）和已经辨别清楚的（由女神狄克来表示）。

就是令人欢悦的迷惑。赞歌的魅力一时让听众忘记日常烦恼而心醉神迷。她们的作品不是误导，却是一种善意的欺骗，只要缪斯的艺术赏心悦目，也就是说服听众进入一个人工的当下，魅惑就成功了。[419]这是缪斯真正的礼物，但却才是平常的。

不平常的是"传达"缪斯的知，而且是"毫无隐瞒"的传达。可朽者作为可朽者既无法通达又不可检验的东西，关于它们的真相需要特别的决定——经过深思熟虑的恩惠，让可朽者知道他们本身无法知道的事情：一方面是来自各不相同的源泉的诸神的谱系，其次在谱系内创建不朽者和可朽者的法权关系的原因——当下的并且须一再认定的κόσμος［完整和谐的秩序］的根据，这是经过斗争而获得的根据。① 可是在诸语言功能中却找不到它所独具的果断和强力。

没有得到贯彻，法就什么也不是，一席空谈；正义必须从更古老的非正义的先行统治出发——从既基本又强大的否定性出发，这是λόγος［逻各斯］在辨别"如其不应是"时的否定性。"如其不应是"首先在混沌和大地通过爱欲结合起来的"非－关系"上确立自己，然后在大地和天空的关系上，尽管有均衡的分配，这个关系发挥的作用是不平等的，原因是它不能平息自身中"诸多自然"的斗争。② 这些自然的均衡分布尚不能够扬弃母亲大地的压迫；还没有建立起法权状态，在法权状态中参与者各自的优势和缺陷得到了考

---

① 参见《形而上学的拓扑学》，第64-70页。赫西俄德在《神谱》中把正义的世界秩序呈现为宙斯与原始的暴力统治进行斗争的结果。法的来临是神性的完满的当下，逻各斯在此具备欢乐的本性，它置换出时间性的当下，正义的约束力由此而深入人心。完满的当下及其欢乐毫无隐瞒，隐去的是缪斯在授知时的再现。这也得到听众的承认，诗人塑造出当下的相，而不是发明一个当下。

② 参见《神谱》第115-139行。

六、"当下地"——《亚现代的装置》后记　509

量和权衡。诸多关系的关系只在思想、在权衡中建立起来，作为逻辑化的关系，它才成为非正义的暴力的主人，非正义的暴力本质上是沉默的，不可以与之交谈或者向它要求自己的权利。正因如此，λόγος[逻各斯]造出开端——注意并非语言肇始。

但是，如何"当下地"？对赫西俄德的回忆难道不是这样一种对久已沉寂的东西的记忆？一种单纯对历史或者"神话"的纪念——当然与亚现代诸种参差不齐的反思相去甚远。可是由此还没有达到当下的区分。博学的尤其是"批判的"联想不认得当下。不过如何亲近当下并且巩固它呢？这里特别强调已经显露出来的东西：通过"理性关系建筑学"的λόγου[逻各斯的复数]，理性关系建筑学当下地才启用，开辟并且阐明思想的所有领域。然而它需要回忆那种逻辑的开端，恰好在最早的希腊文化中逻辑与不同语言的自我理解分离开来。这些语言即使在其早期的印度日耳曼语系的演变种类中也对λόγος[逻各斯]的独特功用一直很陌生，从邦维尼斯特[Benvenistes]① 的奠基性的研究工作 *Vocabulaire des institutions indo-européennes* [《印欧语系惯例汇编》]里可以对比并且看清楚这是怎么一回事。

在荷马的καταλέξαι，即讲述活动中已经宣告了λόγοι[逻各斯的复数]的独特性；讲述恰好不是没完没了地罗列对"如其是"的描述，而是"叙述"特地建立的开端和结束，通过中介而塑造成为整体，首尾衔接到一起。只因如此，叙述人能够唤起这样的印象，仿佛他或者提供他消息的人曾经身临所讲述的事件。② 这谁怎么回

---

① Emile Benveniste（1902—1976），法国结构主义语言学家和符号学家，索绪尔著名的学生，法兰西学院语言学教授，曾任国际符号学协会第一任主席（1969-1972）。
② 参见《形而上学的拓扑学》，第58-64页。

事？他不是作为观察者和描述人对待他的对象［420］，而是作为发现真相的人，他有能力细致入微地呈现这个真相，就像他仿佛是这些细节的见证人。甚至比历史编纂者更加准确。正因如此，他能够令人信服。不过为此还须在整体关联上"再现"事件的完满。完满是来自种下原因的那件事——如阿喀琉斯的"怨恨"或者那位难忍能忍的奇伟丈夫。在自身甚至与自身相区分的万有，在如此之λόγ ου［逻各斯的复数］面前，西方思想史始终负有责任。

这样一种对当下的"再现"，看上去应该与"如其是"不辨真假，在其创造性中证明λόγος［逻各斯］独具的力量。在此发生的不是通常意义上的再现，即对不现身者的再现，无论是一个往事还是某种将来，而是在言辞中的创造。它能够不同于单纯的观念设想，令人惊奇地让完满的当下整个儿现前，它确信这个整体。然而不是任意的当下，而是吟唱的当下，赞歌已经通过它的"建筑"——依据"诸法度"的建筑——宣布了与日常话语的区别。就此，那种当下的"置换"才出现，一如它在最后一个时代归功于奠基性的想象力的记忆，在中间的时代要感谢对圣子传道的记忆，在第一个时代则归功于缪斯的赞歌。只有缪斯承诺所发生的事件的当下，这不是可朽的观察者的回忆所抵达的。这儿要求的是辨别真伪的思想，非日常的思维，每每令言语的听众心悦诚服——只需要如幻如真的"如其是"，不带任何其他依据。听众在"凝神"静听，听任他的思想接受规定。

这里，当今的但却日常的理解怎么不会抗议或者不如说嘲笑——指责这里有人在言谈中堕入狂热，或者就像古人更文雅地称之为"激情主义"。这个印象无可争议，而是仅限于这样一个拙见：上述解释和阐发并非不可能的。它绝非要求"强行"的权利，就像一些人按照过时的习惯——尤其是不顾语言分析的反思——总是还愿意听到的那样。

现在明确下来：像荷马这样的人，他关心的首先是叙事过程的建构，始终处在与"如其是"的亦真亦幻的相似性中——甚至在没有人能够作证人那些情况下，例如独眼巨人波吕斐摩斯[①]。但是赫西俄德从如此之当下退回到欺幻的根据。绝非是取消欺骗，而是要用它的"[对整体的]补充"巧妙地避开欺幻。毫无保留地传达真理，或者传达"毫无隐瞒的东西"，这依赖于一种特别的恩惠，它通过令人心驰神往的赞歌而必然超越了欺幻，这是因为它导向那种第一当下，这个当下揭示出区分"如其应然"和"如其不应然"的根据。这是法的思想，必须特地去思考正义，也就是要正义，用武力来贯彻它。[武力]针对原始的掌权者——尚不是统治者——的抵抗。

什么原始地给予思？在此开启了对这个问题的回答，答案是跟随第一而来的整个序列。无可隐晦的是［421］混沌和大地在开端的分歧，前者是裂开的空虚，后者是"万物安稳的住地"。两者各有后代，它们始终相互隔绝。然而共同束缚于它们各自的贪欲——爱欲。《神谱》的开始就也已经认为：爱欲的暴力无一例外地夺走"所有众神和人"（116）的理性和谨慎。是什么或者是谁从这种沉迷中解脱出来？"诸神和人的父亲"——一位不是按出身，而是按关怀和照料来定的父亲。他把他们共同从祖先的暴力中"解救"出来了——进入一种自由的关系，摆脱从氏族的第一位继承下来的男性的权力贪欲。再说一遍：这针对原始地沉迷的理性和谨慎。

[①] 参见荷马：《奥德赛》，第一篇第 70 行，第九篇第 403 行。

理性如何战胜了原始的昏沉状态？在天的暴力上有理性的第一个敌人。他压迫自己的孩子们，让他们不见天日，一直隐藏在母亲的怀里——出于这样的思量：孩子们可能长大成为对他的全权的威胁。专制者原始的隐瞒在此有其意图；尤其因为他把暴力本身作为享受。母亲针锋相对地发明一个推翻他的诡计，工具性的思想这时发挥作用；她需要一个工具来阉割第一个主人，就和她的"心思弯曲的"儿子克洛诺斯商量。母亲藏起克洛诺斯，直到他从埋伏处出来实施了行动：第一个同时也是双重的隐瞒。

不义生出不义。而正义从来不是自己出现的。法根本不是"自然的"——当它服务于一种工具性的思想，就更不是自然而然的；工具性的思想既为了征服者的自我保存，也为了发明使征服者丧失力量的诡计。克洛诺斯也嗔恨他的孩子，因为他不得不害怕他们将夺取统治权——在相同的传承的意义上。因而他吞噬他们。"审慎的"宙斯却逃脱了，这是因为母亲能够隐藏这位将来之主的降生；父亲受蒙骗了。知性的隐瞒力量再一次生效——在无法达到的地域。① 但是这一次通过迷惑父亲的方式事情才决定下来：他吞咽下一块石头，而不是孩子，结果是他必须吐出所有分娩出的孩子。对原始暴力行为的重复到此为止。

现在是在思想的规定上与如此之遗产相断绝的关键步骤：施暴者被扔到一个与世隔绝的地方②，思想的工具性被克服了。和他的父亲一样，无法处死不朽者。他受到束缚，这个怪物仍然存在，但是不再能够显出身形——不再能够显威。这里继承了的暴力第一次受到理性和审慎的限制。也就是说，诸源泉的暴力必须臣服于根据

---

① 这里指大地在黑暗掩护下把宙斯带往克里特岛的羊山，藏在洞里。
② 参见《神谱》中对塔耳塔罗斯的描写。720 行以下。

六、"当下地"——《亚现代的装置》后记

的透明性。κόσμος[宇宙,完整的秩序]建立在这个根据之上,是众神和人之中的法的秩序。它虽然和暴力结合在一起,但却由对"所应是"的洞见所引领。

要求至上的主人与兄弟波塞冬和哈德斯分享统治权,视他们为生来具有平等权利的(《伊利亚斯》15卷第185行以下),这里荷马已经注意到上述洞见。出于周密的考虑和思量而放弃暴力[422],这样的舍弃是法的唯一开端,法在它之内不允许阴谋,而法的开端在所有源泉的彼岸。在这种三分天下的关系中宙斯诚然是primus inter pares[同等者中的第一],在这个万物中λόγος[逻各斯]才具备其第一个具象。

在此,ἀλήθεια[真理]才达到第一义谛——不再作为相对于原始遮蔽性和遮蔽的反对力量,而是在毫无保留的授知的惠爱之中,惠爱在理性生命当中缔造了每一个共同体。合理性可能被隐瞒所伤害。相应的"真理"在识别先行的无知之处才有意义。然而,像品达发觉的那样,对于无知有效的也许是:授知应该注意到,不是每一个真理在展示其面目时都收效(《尼米亚》Nemeen 5, 30)①。相应地,判断力应该用λόγος[逻各斯]来统治,辨别对什么人须说什么话。这种考虑对于建立一个自由社会及其交往是基本的并且在所有哲学之前。明显地伴随着羞怯和羞耻。这儿即使隐瞒某个特定的知也一定是无害的。在希腊人中,荷马就已经绝妙地练习并且奠立了相应的判断力。

这触及赫西俄德的缪斯的上述表白:"我们擅长说很多假造的,

---

① 品达的抒情诗歌可称作《颂歌集》或者《胜利者之歌》("奥林匹亚"、"辟提亚"、"伊斯特米亚"和"尼米亚"诸集相对完整,大体皆为奥林匹亚竞赛得胜者有所颂赞而作;其余多是残篇),这里是"尼米亚"第5首。——黄水石

它和如其是相像"(《神谱》,第 27 行以下)。这样的 λόγος[逻各斯]甚至是她们的第一个礼物——正是那种馈赠,它之所以对于可朽者是一种恩惠,是因为让他们忘记过日子的烦恼。相反,海德格尔的"无蔽"经验保留了黑暗和沉闷的方面,"墓穴"的一面——尽管有与"白昼之晨光"的关联。这种晨光也仍然没有达到授知所独具的自持的自由或者 άλήθεια[真理]的元素——尤其达不到不是拢集的、而是进行辨别的 λόγος[逻各斯]的独特馈赠。这个逻各斯首先是缪斯谨慎地给予的言辞。如幻的,乃至幻化出当下本身的言辞大师不需要像具备有限的知的可朽者那样去"辩论"。

这些沦落于死亡中的人,从全知的缪斯方面获得恩惠,用沉迷于幻境的欢乐来减轻他们的负担。然而令人欢乐的接下来首先是一种知,缪斯自己从她们的母亲那里得到这种知——这是为了颂扬她们的父亲。

哲学一旦变得独立,缪斯的知就在哲学的起始处经验到异议的发端。首先是来自哲学的"理论性"转折,具体地在其"历史"或者对万物的观察之中。接着,哲学在它视为"诸现象"的东西的结构中推出了 κόσμος[宇宙],而现象是对立的"诸自然"的现象,最后是这个宇宙所把握的真理。相应的诸项哲学任务已经完成了。然而这一点如何才清楚起来呢?并非哲学的完满,一如最终在黑格尔的逻辑学及其统一性的基础上。不如说是划时代的区分——考虑到诸项理性使命的差异性。

可是哲学的后裔们终于在亚现代的诸反思形态中确立了自己。然而回忆哲学的先行赋予 [423] 却唤起对诸智慧形态的记忆——作为第一性的"理性关系的"形态而相对于其他这里作为亚现代形态而展开的。亚现代和现代省思一样,绝少从自身方面让人们认识到一种举措有力的建筑学；不如说要赋予它这种建筑学。σοφία[智慧]的情况很相似，同样不需要解释其建筑，这是因为曾经伴随它的哲学满足了这样的需求。当前，哲学的这种支持已经失落——其后果首先在基督教神学那里变得棘手。

相应的计划以重建在西方历史中的诸智慧形态为宗旨吗？也就是说：荷马、赫西俄德、索伦的缪斯之言辞，对观福音书、保罗、约翰的福音之言辞，卢梭、席勒、荷尔德林的"诗"之言辞。按照对他们的传统理解，重构他们几乎是不允许的，尤其是因为他们在各自的基础上对其邻居的态度是排斥的——尽管在多少打上"基督教"烙印的知之下做了各种概括归纳的努力。不过，拯救这种知的单独统治或者优先性，这些努力自现代以来就已经中断了；尤其随着亚现代思想方式的"多元主义"而消失了。在它们今天幸存下来的地方，它们身上仍有一点不再为人所宽容：旧教会的统治形式。

这一点也促使划时代的诸智慧形态先在它们开端的不可协调性上清楚起来，迎接占据优势的对之平面化［的曲解］。换句话说：它们所谈的根本不是同一个，因而倘若诸智慧形态没有统统丧失力量，每一个先前的形态就根本无法在随后的形态中被"扬弃"。只有这样，它们才是可协调的。它们各自具备本身的品级和尊严，于是也各具完整性。

不过它们的诸形态特征的数目并非随意的，而是在理性关系建筑上得以维护并且受到限制。这一点可由亚里士多德的洞见来佐证，这个洞见直达哲学开端的κόσμος[宇宙]："结束、中项和开端"——以这样的顺序！——"是整体的数目；这个数目却是三分的"；在思想的习俗中恰恰由一种推理而"奉为至尊"，这种推理遵守"自然"或者事物的本性①——遵守事物的规律性。但是，在看

---

① 亚里士多德，《论天》（de caelo）（*Ueber den Himmel*），268a 11。——黄水石

到它们的诸形态的共属性的地方——在诸智慧形态只有和它们的邻居一道才具备说服力的地方，这种"智慧"的地位难道不必然彻底地转换吗？只有在它们的共同演历中才造成那种区分，它当下地让智慧形态的划时代意义富有力量并且发挥作用。

在此它们是协调一致的，不是依据它们各自的"真理"——无论是首先观察到的真理，还是已经践行的真理，抑或创造出的真理——，而是考虑到它们相互契合的构造的"纯逻辑性"［Logizitaet］。而纯逻辑性在于λόγος［逻各斯］的批判本性，也就是并非依据语言——既不在语言的口语性，也不在其书面性。逻各斯在辨别力上是第一位的。这一点仿佛在敦促前所未有地"更加逻辑中心地"去思想。对于逻各斯，语言所形成的象［Gebilde］——从音位开始——始终是第二位的；甚至在形成自身领域的过程中依然如此。

在已经成为历史性的σοφία［智慧］的言辞上，在这既定的"精粹的"言辞上［424］证实了逻各斯的种种应答［Antworten］——甚至在它们的真理可证实之前。为此不再需要"宗教"，但是需要那种慎思明辨的老师，就像思想的区分在每一个历史时代都赠送了内心要说的话——每一次皆为人与自身的区分而深思熟虑。"末世的"现代省思甚至还提醒过人与自身相区分的可能性——即使前景渺茫。丝毫不为之所迷惑，一种当下的爱-智之努力坚韧地上路了："行遍万物而臻于完善的路"①——这一次带着σοφία［智慧］与哲学的区分——feliciter［更为幸运］。

然而，亚现代的听觉要求这个吗？根本不；其反思的不同轨道

---

① 柏拉图，《巴门尼德篇》，第136e节。——原注

充斥着这样一个因素，因为这个因素前反思地建立自己，所以它脱离了任何描述的距离——不是在无意识的意义上，就像无意识仍是解释学所能接近的，而是一种自己的语言演示，没有目标和目的。这里，"如其不是"甚至完全脱离了与"如其是"的关系，不再能够出于欲望而说话，而只是以死灰般的冷漠对待任何在世界视域中的"实现"

——更谈不上面对完满的思想历史。亚现代只保留在其语言性的因素中，在所有体验的彼岸。这种日常语言向某个"之前"的萎缩，与意义和无意义的区分相反，只能够以诗的方式获得成功。在贝克特［Samuel Beckett］的作品中它成功了——例如在《最糟糕呼》［Worstward Ho］① 中。

这里遭遇到开端性的日常 ἀ-λογια［混乱，无理性］或者一种无所谓，它在虚无主义的彼岸凝聚 σοφια［智慧］真正的对立本质——不仅在已变成枯木冷灰的古人那里，而且也在"关系匣子"里的"幸福日子"②，关系匣子的所有者不再有能力变老。无论哪里都不再可能有对 σοφια［智慧］所做的区分的思考。

没有缜密思想的生活，这本身还在"滑稽的"表达形式中得到赞誉。在纯属"他者"的社会的无差异性（Company③）演变为消解幻象的单纯语言演示的强势——不如说弱势——的地方，空虚的漩涡才陡然现前，这湍急的水流在 σοφια［智慧］的隐秘的敌人那里。这种演变与其说是生长，不如说是力量的削弱。这里，智慧所赢得的是其不仅仅为曾经所是的当下。荒诞不经成为对它的挑战，

---

① 贝克特的散文作品，写于 1983 年。
② 《幸福日子》［Happy days］，贝克特的两幕话剧，写于 1961 年。
③ 《伴侣》［Company］，贝克特的散文作品，写于 1980 年。

尤其是当这种荒谬已经丢尽了思想本身的区分；显然荒唐使人昏聩，听不见所有曾给予思想的言辞。这里，完满的"当下地"为我们而出现。Hic Rhodus, hic saltus［这儿是做出决断的地方］。这种记忆的"这儿"愿就此而重新做出区分，也就是上路吧。

附：博德教授的著作和部分论文目录

著作：

1、《形而上学的拓扑学》，弗莱堡/慕尼黑，1980年。

Topologie der Metaphysik，Freiburg/München，1980.

Topología de la Metafísica：la Época Media，Eunsa，Editcones Universidad de Navarra, S. A., Pamplona, 2009.（西班牙文译本）

2、《现代的理性结构》，弗莱堡/慕尼黑，1988年。

Das Vernunft-Gefüge der Moderne，Freiburg / München，1988.

3、《根据和当下作为早期希腊哲学的追问目标》，海牙，1962年。

Grund und Gegenwart als Frageziel der Früh-Griechischen Philosophie，Den Haag，1962.

4、《历史的建筑工具——希腊和中世纪哲学论文演讲集》，格哈特·迈尔编辑整理，维兹堡：科尼希豪森瑙曼出版社，1994年。

Das Bauzeug der Geschichte，*Aufsätze und Vorträge zur griechischen und mittelalterlichen Philosophie*，hg. v. Gehald Meier，Würzburg：Königshausen und Neumann，1994.

5、《动荡——海德格尔和现代性的限制》,纽约:纽约州立大学出版社,1997年。

Seditions-Heidegger and the Limit of Modernity, Translated, edited, and with an introduction by Marcus Brainard, State University of New York Press, Albany, 1997.

6、《亚现代的装置——当今哲学的建筑学》,维兹堡:科尼希豪森/瑙曼出版社,2006年。

Die Installationen der Submoderne Zur Tektonik der heutigen Philosophie, Königshausen und Neumann, Würzburg, 2006.

贺伯特·博德先生1997年之前发表的论文的目录详见《古典智慧和现代理性——献给贺伯特·博德》,奥斯纳布吕克大学出版社,1996年,第293-296页(*Antike Weisheit und moderne Welt Heribert Boeder zugeeignet*, Universitätsverlag Rasch, Osnabrück 1996, S. 293-296),又见于《动荡——海德格尔和现代性的限制》,纽约州立大学出版社,1997年,第337-341页(*Seditions Heidegger and the Limit of Modernity*, State University of New York Press, 1997, S. 337-341)。此后用德语发表的论文主要有:

1)"理性关系建筑学地思",《智慧》第53期,1998年。
„ Logotektonisch Denken ", *Sapientia* LIII, 1998.
2) "世界理性的运动",《布伦瑞克科学协会文集》,第48卷,1998年。
„ Eine Bewegung der mundanen Vernunft ", *Abhandlungen der Braunschweigischen wissenschaftlichen Gesellschaft*, XLVIII, 1998.
3) "尼采思想的统一和局限",《特斯托纪念文集》,那不勒斯,1998年。

„ Einheit und Schranke des Nietzschen Gedankens ", *Festschrift Tessitore*, Neapel, 1998.

4)"在艺术假象中的亚现代思想的建筑学",《智慧》第54期,1999年。

„ Die Tektonik des submodernen Denkens im Schein ihrer Kunst ", *Sapientia* LIV, 1999.

5)"神性的二律背反",《智慧》第54期,1999年。

„ Göttliche Paradoxa ", *Sapientia* LIV, 1999.

6)"语言学分析的亚现代烙印",《布伦瑞克科学协会文集》,第51卷,2002年。

„ Die submoderne Prägung der Linguistic Analysis ", *Abhandlungen der Braunschweigischen Wissenschaftlichen Gesellschaft*, Band LI, 2002.

英译:"The submedern Character of Analytic Philosophy", *The New Yearbook for Phenomenology and phenomenological philosophy* II, 2002, pp. 117 – 136.

7)"德里达的最后一场戏",《现象学研究·艺术和真理:比梅尔85生辰纪念文集》,2003年。

„ Derridas Endspiel ", *Studia Phaenomenologica* III, Special Issue, *Kunst und Wahrheit*, *Festschrift für Walter Biemel zum seinen 85. Geburtstag*, 2003, S. 63 – 82.

英译:"Derridas' Endgame", *The New Yearbook for Phenomenology and phenomenological philosophy* III, 2003, pp. 121 – 142.

8)"在哲学的第一时代中的真理-主题",《智慧》第58期,2003年。

„ Das Wahrheits-Thema in der Ersten Epoche der Philosophie ",

Sapientia LVIII, 2003.

英译:"Truth in the First Epoch", *The New Yearbook for Phenomenology and phenomenological philosophy* IV, 2004, pp. 249 – 262.

9) 马基雅弗利的历史地位——不合时宜的敬意,《价值伦理学和价值目标:阿尼·瑞根伯艮纪念文集》,哥廷根,2004 年,第 267 – 280 页。

„ Der geschichtliche Ort Macchiavellis-eine unzeitgemäße Würdigung", in *Wertehitk und Werterziehung: Festschrift für Arnim Regenbogen*, Hg. von Reinhold Mokrosch / Elk Franke, V&R Unipress, Göttingen, 2004, S. 267 – 280.

10)"海德格尔思想的推动力",《智慧》第 60 期, 2006 年, 第 451 – 460 页。

„ Das Bewegende des heideggerschen Gedanken ", *Sapientia* LX, 2006。

11)"语言的区分",英译发表于《现象学和现象学哲学年鉴》第 6 期, 2006, 第 185 – 198 页。

„ Die Unterscheidung der Sprache ", *Sapientia* LX, 2006, S 451 – 460.

英译:"The Distinction of Speech", *The New Yearbook for Phenomenology and Phenomenological Philosophy* VI, 2006, pp. 185 – 198.

12)"中世纪开启阶段的建筑学",《形而上学和现代·哲学当下之所在的规定:克劳斯 – 阿图·沙尔纪念文集》。维兹堡:科尼希豪森瑙曼出版社, 2007 年。

"Die Tektonik der Mittleren Epoche in ihrer Eroeffnungsphase

", Metaphysik und Moderne, Ortsbestimmungen philosophischer Gegenwart, Festschrift für Claus-Artur Scheier, Königshausen und Neumann, 2007.

13)"语言对面的逻各斯",《宗教概念的统一性的当下:本哈特·伍德纪念文集》,弗莱堡,2008年,第87-104页。

„ LOGOS versus Sprache ", Gegenwart der Einheit zum Begriff der Religion: Festschrift zu Ehren von Bernhard Uhde, Rombach, Freiburg, 2008, S. 87-104.

14)"哲学自我意识的创立",《自身及其他者:克劳斯·艾里希·凯勒纪念文集》,墨尼黑,2009年,第81-97页。

„ Die Stiftung des philosophischen Selbstbewusstseins ", Das Selbst und sein Andere, Festschrift für Klaus Erich Kähler, Alber, Freiburg/München, 2009, S. 81-97.

15)《最高信条:一次挑衅》,个人出版,2010年。

„ Das höchste Gebot: Eine Provokation ", Privatdruck, 2010.